역사추적 임진왜란

역사추적 임진왜란

초판 1쇄 인쇄	2013년 06월 14일
초판 1쇄 발행	2013년 06월 21일

지은이	윤 인 식
펴낸이	손 형 국
펴낸곳	(주)북랩
출판등록	2004. 12. 1(제2012-000051호)
주소	153-786 서울시 금천구 가산디지털 1로 168, 우림라이온스밸리 B동 B113, 114호
홈페이지	www.book.co.kr
전화번호	(02)2026-5777
팩스	(02)2026-5747

ISBN 978-89-98666-83-5 03900

이 책의 판권은 지은이와 **(주)북랩**에 있습니다.
내용의 일부와 전부를 무단 전재하거나 복제를 금합니다.

이 도서의 국립중앙도서관 출판시도서목록(CIP)은 서지정보유통지원시스템 홈페이지(http://seoji.nl.go.kr)와
국가자료공동목록시스템(http://www.nl.go.kr/kolisnet)에서 이용하실 수 있습니다.
(CIP제어번호 : 2013008785)

역사 추적 임진왜란

임진왜란 한국 일본 기록 비교

글·일러스트 **윤인식**

조선 초기에 조선과 일본 무로마치 막부 사이에는 사신을 각각 파견하여 우호적인 외교 관계가 성립되었다. 쓰시마의 기록상으로는 태종 8년에 첫 왕래가 있었으며, 일본의 기록상으로는 3대 막부 장군 아시카가 요시미쓰에 의해 일본국왕사라는 칭호로 당의 예를 갖추어 해·패검된 것이 시초으로 기록되어 있다. 당시의 조선은 기축사화(기림의 모반사건)와 건저문제(세자 책봉 문제) 등으로 동인과 서인이 서로 격한 대립을 하고 있었다. 당시 동인의 류성룡과 대신들의 보고내용 또한 당쟁으로 인해 서로 다른 주장을 내세웠다. 통신사의 보고 내용은 전쟁 가능성을 일축하였다.

도요토미 히데요시는 처음부터 조선통신사를 복속 사절단으로 착각했다. 대마도주 요시토시는 원만한 협상을 위하여 조선 조정에 고하였다. 따라서 조선에서는 일본 통일을 축하 사절단으로 보내는 경이나 도일 조선 조정에서 답서가 거만하다는 이유로 더 이상의 송사에 응하지 않기로 결정하였다. 따라서 도요토미 히데요시는 조선에서 더 이상의 송사에 응하지 않기로 결정하였다는 것을 듣자 착신이 무사할 것을 보장한다고 격노하게 된 것이나

글·일러스트 **윤인식**

book Lab

| 머리말 |

　임진왜란의 진실. 이 책은 한 사람의 영웅 이야기가 아니라 역사의 실체를 다룬 책입니다.
　수년 전에 이순신 장군 관련 애니메이션 작업 의뢰가 왔을 때 작업을 하면서 개인적인 의문이 들더군요. 과연 이 그림이 맞는가? 과연 그 당시 조선군과 일본군은 이런 배를 타고 이런 식으로 싸웠는가? 그렇다면 명나라는 시나리오대로 뒤에 그냥 있었는가? 하나의 의문에서 시작하여 관련 서적과 자료들을 수집하면서 개인 블로그와 전쟁 역사 카페에 글을 올리기 시작했습니다.
　그러나 책 출간을 위한 글을 작성하며 사실은 수차례 글쓰기를 주저했습니다. 필자가 학창시절 때인 70~80년대 학교에서 배운 바로는 임진왜란은 국난극복의 사례로 주로 의병의 항쟁, 권율 장군의 행주대첩, 이순신 장군의 연전연승 등으로만 배웠기 때문입니다. 그러나 역사 공부를 시작해 가공되지 않은 기록 원문들을 수집하면서 그동안 잘못 알려지고 은폐되고 미화된 것이 매우 많다는 것을 뒤늦게 깨닫게 되었습니다. 왜 그동안 잘못 알고들 있었는가? 왜 사실을 알고 있는 사람들은 사실대로 제대로 알리지를 않는가? 이런 잘못된 부분들을 바로잡고자 3년간 직접 발로 뛰어 다니며 기록의 원문을 복사, 수집하며 되도록이면 중립적이고 은폐 없이 작업한 기록들입니다. 학교에서는 절대로 가르쳐 주지 않는 것들, 가슴 아프고 슬픈 기록들입니다.

  사실 이 책 원고를 작성하는 데에는 한국과 일본의 문헌 해제된 기록들이 큰 도움이 되었습니다. 본인은 단지 수집과 번역, 재구성만을 했습니다. 만약 이런 귀중한 역사기록의 원문들이 없었다면 본인은 이런 작업을 처음부터 하지 못했습니다. 마지막으로 기록원문 수집에 큰 도움을 주신 한국고전번역원, 서울 대학교 규장각 도서, 국립 도쿄대학교 관계자님들과 책 출간에 도움을 주신 (주)북랩의 관계자님들께 감사를 드립니다.

2013년 6월
윤인식

| 차례 |

머리말   4
기록출처들   8

제1장 조선통신사와 일본국왕사   16
제2장 일본의 출전 기록   25
제3장 부산진, 동래성 전투   38
제4장 상주 전투와 탄금대 전투   47
제5장 선조의 몽진(피난)   70
제6장 임진강 전투   80
제7장 용인 전투   90
제8장 조선 수군의 활약   97
제9장 1차 평양성 전투   118
제10장 2차 평양성 전투   128
제11장 해정창 전투   134
제12장 청주성 전투와 700의총   146
제13장 연안성 전투   155
제14장 1차 진주성 전투(진주대첩)   162
제15장 북관대첩   170

제16장	평양성 탈환	182
제17장	벽제관 전투	198
제18장	행주대첩	210
제19장	한성탈환	220
제20장	2차 진주성 전투	226
제21장	협상결렬과 정유재란	248
제22장	남원성 전투	262
제23장	황석산성 전투	271
제24장	직산 전투	279
제25장	울산 왜성 전투	287
제26장	사천 왜성 전투	304
제27장	순천 왜성 전투	315
제28장	노량해전	324
제29장	코 베기와 조선인 포로	344
제30장	조선 군기(軍旗), 일본 군기(軍旗), 마인(馬印)	355
제31장	조선 무기, 일본 무기	372

참고서적 및 참고논문   386

| 기록 출처들 |

⟨조선 측 기록⟩

선조실록(宣祖實錄)

조선 제14대 선조의 재위 기간 1567~1608년까지의 기록. 1609년(광해군 1년) 부터 편찬하여 1610년 11월에 완성했다. 다만 임진왜란 이전의 기록은 전쟁으로 유실된 부분이 많고, 임진왜란 이후 16년간의 기록이 대부분이다. 원문은 한국고전번역원에서 받았다.
한국고전번역원〈gojeon@itkc.or.kr〉

선조 수정실록(宣祖修正實錄)

선조실록을 수정한 책으로 42권 8책으로 구성되어 있다. 국보 제151호. 인조 즉위 초에 선조실록을 수정하자는 의견이 나왔으나 1657년(효종 8) 3월에 이르러 수정실록청을 다시 설치하고 영돈녕부사 김육(金堉)과 채유후(蔡裕後) 등이 그 해 9월에 완성을 하였다. 원문은 한국고전번역원에서 받았다.

징비록(懲毖錄)

서애 류성룡(1542~1607)이 임진왜란 때의 상황을 기록한 것이다. 류성룡이 말년에 조정에서 물러나 향리에서 지낼 때 전란 중의 상황을 기록한 것이다. 필사본은 인조 25년(1647)에 16권 7책으로 간행하였다. 숙종 21년(1695)

일본에서도 간행되었으며, 당시 조선에서는 징비록을 국가 기밀 자료로 분류하여 해외반출(일본유출)을 금지했으나 일본에 유출되었다.

국보 제132호. 현재 국내 여러 출판사에서 여러 종류의 징비록을 출간했다. 내용은 동일하다.

서애집(西厓集)

서애 류성룡(1542~1607) 사후 막내아들 류진(柳袗)이 해인사에서 간행하였다. 20권 10책의 목판본으로 원제는 서애선생문집이다. 징비록과 같은 내용이 중복되는 부분이 있다. 원문은 한국고전번역원에서 받았다.

연려실기술(燃藜室記述)

조선 후기의 학자 이긍익(1736~1806)이 유배지에서 30년간에 걸쳐 수백 개의 기록을 수집하여 원문을 그대로 기록하여 지은 59권 42책의 방대한 기록이다. 태조~현종까지(1392~1674) 각 왕대의 주요한 사건을 기록하였다. 당파에 연연하지 않고 공정하고 객관적으로 역사를 다뤘다. 선조조고사본말(宣祖朝故事本末)은 제12~18권까지이다. 원문은 한국고전번역원에서 받았다.

난중일기(亂中日記)

충무공 이순신의 진중 일기. 국보 제76호. 크게 난중일기 7책과 서간첩, 임진장초 등으로 구성되어 있다. 친필 초고본은 아산 현충사에 보관되어 있다. 부분적으로 결본된 것이 있다.

기재사초(寄齋史草)

조선 중기의 문인, 사관(史官) 박동량(1569~1635년)이 임진왜란 전후의 상황을 기록한 사초이다. 2권 1책으로 1591년 2월~1592년 6월까지의 일기체 기록이다. 임진왜란 이전의 조선통신사의 보고내용과 왕과 조정대신 간의 논의, 임진왜란 초기의 군사 활동과 선조의 몽진 등이 자세하다. 원문은 한국고전번역원에서 받았다.

상촌집(象村集)

조선 중기 때의 문신인 신흠(申欽)의 문집. 본집 60권, 부록 3권으로 구성되어 있다. 특히 56권, 57권은 임진왜란 당시의 종군 기록과 명나라 군대의 구성 등의 기록이 자세하다. 원문은 한국고전번역원에서 받았다.

〈일본 측 기록〉

루이스 프로이스 일본사(Luis Frois historia de japam)

포르투갈 예수회 선교사 루이스 프로이스(1532~1597)의 기록. 일본 전국시대의 혼란상과 오다 노부나가, 도요토미 히데요시의 일본 통일과정의 기록이다. 특히 마지막 69~80장에는 임진왜란에 종군했던 세스페데스 신부(Gregorio de Cespedes)와의 서신기록으로 가톨릭 교도인 1번대 고니시 유키나가의 행적 중심으로 기술되어 있다. 부산진 전투와 탄금대 전투, 도성 입성, 평양성 전투, 명나라 사신과 협상까지의 기록이다. 임진왜란 초기 고니시 유키나가의 행적에 대한 주요 기록이다. 국내에도 국립 진주 박물관 번역본과 살림출판사 번역본 등 2종류로 출간되었다. 내용은 거의 비슷하나 살림출판사 번역본은 추가 수정본 성격이다.
본 책에서는 고니시 유키나가의 평양성 퇴각까지의 두 번역본을 비교하며 인용하였다.

요시노 각서(吉野甚五左衛門覺書)

1번대 고니시 유키나가 소속의 마츠라 가문의 가신 요시노 진고자에몬(吉野甚五左衛門)의 참전기록으로 부산진 전투, 상주와 충주 전투, 도성 입성, 평양성 전투까지의 기록이 자세하다. 명나라 심유경과의 교섭으로 부산으로 퇴각하는 시섬에서 끝난다. 저자는 1593년 7월 일본으로 귀국하는 배에서 기억을 더듬어 기록했다고 한다.

마츠라 고사기(松浦古事記)

저자 미상. 1789년 무렵의 기록으로 추정된다. 상중하 3권으로 구성되어 있다. 1~2권은 마츠라 당(松浦黨)의 성립, 전설, 풍토, 옛 사적(여·몽 연합군 하카타 연안에서의 토벌, 전국시대에 마츠라 당의 왜구활동) 등의 기록 중심이고 하권에 임진왜란 기사가 있다.

서정일기(西征日記)

1번대 소속의 승려 덴케이(天荊)의 일기. 1592년 3월 임진왜란 출병부터 도성에 주둔하던 8월까지의 기록으로 부산포 도착, 상주와 탄금대 전투, 조선 도성에서의 일들을 기록하고 있다.

청정고려진각서(淸正高麗陣覚書)

2번대 가토 기요마사 일대기의 일종으로 조선 출병의 준비부터 전쟁이 끝나서 귀국하기까지의 내용. 시모카와 효타유(下川兵大夫)의 기록. 다만 사료로써 신뢰성은 떨어진다. 특히 조선의 도성에 제일 먼저 입성하고, 1593년 명나라 남부군(절강성 군대) 10만 대군을 혼자서 8천 병력으로 개성부의 강(임진강)에서 몰살시켰다는 등 다른 일본 문헌과도 내용이 다르고, 당시 상황, 시기적으로 앞뒤 사건이 일치하지 않는다. 일종의 영웅담식 기록물이다.

청정기(淸正記)

별칭 가등청정기(加藤淸正記), 3권 3책으로 구성되어 있다. 1권은 임진왜란 이전의 가토 기요마사 행적을, 2권에 임진왜란 관련기록이 있다. 청전고려진 각서, 기요마사 조선기(朝鮮記)와 내용이 비슷하다.

구로다 나가마사기(黑田長政記)

3번대 구로다 나가마사 일대기. 구로다 나가마사의 어린 시절부터 임진왜란, 세키가하라 전투(1600년)까지 전체적으로 간략하게 기록되어 있다.

구로다 가보(黑田家譜)

후쿠오카 중급 번사(藩士)의 아들로서 일본의 유명한 유학자가 된 가이바라 에키켄(貝原益軒)이 1687년에 완성했다. 저서로는 양생훈(養生訓), 지쿠젠 속풍토기(筑前國續風土記), 야마토 본초(大和本草), 화속동자훈(和俗童子訓), 에키켄 10훈(益軒十訓), 신사록(愼思錄) 등 60부 270여 권에 이른다. 구로다 가보(黑田家譜)는 구로다 가문의 명령을 받고 관련 기록과 노인들에게 물어보고 의심되는 부분은 삭제하고 신중하게 17년간 작업했다고 한다. 특히 명나라 기록과 조선의 징비록의 내용도 참고하고 있다. 저자는 1695년 교토에서 간행된 징비록의 서문을 작성하는 등 임진왜란의 전체 상황을 폭넓게 이해하고 있었으며 주군 구로다 가문의 공훈을 기록하고 있다. 그러나 임진왜란 이후 관련기록과 노인들에게 직접 듣고 작성했다고 하지만 직산 전투 부분 등에서 부분적으로 과장, 미화한 부분이 있다.

정한록(政韓錄)

시마즈 히사미치(島津久通)가 1671년에 완성했다. 임진왜란에 4번대 병력을 이끈 시마즈 가문의 기록이다. 임진왜란 초기에 도성에 도착 이후 강원도 금화, 춘천의 주둔의 일부터 거제도 주둔의 일 등이 시기적으로 기록되어 있다. 특히 정유재란 당시의 상황과 사천성 전투, 수천만 해전(노량해전)기록이 자세하다.

일향기(日向記)

규슈 휴가(日向)지역의 이토 스케타카(伊藤祐兵)와 그의 조카 이토 요시타카, 이토 스케카쓰의 임진왜란 당시 행적의 기록이다. 4번대 시마즈 가문의 일원으로 규슈지역에서 병력모집, 조선출병 상황, 강원도 지역 점령 등의 일이 기록되어 있다.

음덕기(陰德記)

임진왜란에 참전한 카가와 하루쓰구(香川春繼 1545~1619)의 손자 카가와 마사노리(香川正矩 1613~1660)가 초고를 작성하고 그의 차남 카가와 센아(香川宣阿)가 음덕태평기(陰德太平記)로 완성시켰다. 음덕기는 전 81권으로 매우 방대한 양이며 모리 가문, 깃카와 가문, 고바야카와 가문 등 주코쿠(中國) 지역 모리 가문 3가문의 주코쿠 지역 평정 등의 기록위주이다. 집필과 간행에 있어서 모리 가문, 깃카와 가문의 감독과 지원을 받아 작성된 기록으로 주코쿠 관서(官書)의 성격이 짙다. 깃카와 가문 계통의 문헌인 안사이 군책(安西軍策)의 영향을 받았다고도 한다. 임진왜란과 관련된 부분은 마지막 부분인 76~81권이다. 특히 전쟁 중에 조선인과의 대화를 위한 조선어 실용회화집도 포함되어 있다.

협판기(脇坂記)

와키사카 가문 기록, 특히 임진왜란 당시 아와지 수군을 지휘한 와키사카 야스하루(脇坂安治)를 중심으로 상권의 한산도 해전, 하권의 칠천량 해전 등의 기록이 자세하다. 2권 1책. 와키사카 야스하루의 아들 와키사카 야스모토(脇坂安元)가 1642년에 작성했다. 별칭 협판가기(脇坂家記)라고도 한다.

고려선전기(高麗船戰記)

1592년 7월 28일에 부산포에서 도노오카 진자에몬(外岡甚左衛門)이 기록한 문헌으로 1책이다. 옥포, 합포, 안골포 해전 등 임진왜란 초기 해전에서의 일본 수군의 패배와 전투 양상이 비교적 자세히 기록되어 있다.

조선정벌기(朝鮮征伐記)

일본의 유학자 후지와라 세이카의 제자 호리 교안(堀杏庵)이 1659년 정리한 것이다. 도요토미 히데요시가 조선, 류큐, 필리핀 등에게 복속을 강요한 일부터 조선 도성 함락의 일, 고니시 유키나가의 평양 점령, 명나라 대군의 평양 공격과 고니시 유키나가의 퇴각, 가토 기요마사의 함경도의 일, 강화 교섭과 재침공의 일(정유재란) 등이 기록되어 있다.

조선물어(朝鮮物語)

조선물어는 종류가 여러 개이다. 여기서 다룬 것은 대하내수원(大河內秀元)이 정리한 것으로 정유재란을 기록한 부분(울산성 전투의 일)과 목촌리우위문(木村理右衛門)이 정리한 것으로 조선과의 교섭, 고니시, 가토의 조선국 선진지사, 재차 침략의 일(정유재란) 등을 인용했다.

일본전사 조선역(日本戰史 朝鮮役)

구참모본부 편찬(參謀本部編). 1924년 출판(大正13年). 일본 국립국회도서관(国立国会図書館)사이트에서 원문 열람이 가능하다. 문서, 보전, 본편, 부기 등으로 구성되어 있다. 조선과 일본의 여러 기록을 수집하여 재구성되어 있다. 일본에서 임진왜란을 연구하는데 시금석 중 하나라고 한다.

회본태합기(繪本太閤記)

도요토미 히데요시의 일대기. 초판은 1797년에 간행되었다. 태합기, 조선정벌기 등의 일본 측 기록과 징비록, 서애집 등의 조선 측 기록, 중국의 무비지 등의 기록을 근거로 집필한 소설류이다. 조선의 성곽과 풍경 등 삽화가 많이 포함되어 있는데 사실성은 떨어진다. 저자 오카다 교쿠잔(岡田玉山 1737~1812) 등.

제1장

조선통신사와 일본국왕사

1. 조선통신사와 일본국왕사

조선 초기에 조선과 일본 무로마치 막부 사이에는 사신을 각각 파견하여 우호적인 외교관계가 성립되었다. 조선의 기록상으로는 태종 4년(1404년)에 첫 왕래가, 일본의 기록상으로는 3대 막부장군 아시카가 요시미쓰(足利義滿 재위 1368~1394년)에 의해 일본국왕사(일본왕사)라는 칭호로 양국의 친분을 위해 파견된 것이 시작으로 기록되어있다.

이들은 주로 막부의 새로운 승계를 축하, 또는 막부장군의 사망에 대한 조의, 왜구(해적)금지 요청, 교역 등이 주요 임무였다. 일본에서 막부의 새로운 승계가 생기면 대마도주는 막부의 명령으로 '통신사청래차왜'(通信使請來差倭)를 조선에 파견하고, 이에 조선에서 조선통신사를 일본에 파견하는 절차이다. 대마도주는 조선통신사의 행렬을 부산에서부터 안내, 호위를 하며 대마도와 이키섬을 경유하여 교토까지 맡는 임무를 하였다.

대마도의 소(宗)가문은 텐쇼 15년(1587년)도요토미 히데요시가 규슈

정벌 당시 복속을 했다.

그 조건으로 도요토미 히데요시로부터 조선국왕과의 교섭 명령이 내려졌고, 선조 21년(1588년 무자년) 일본사신 귤강광(橘康光유타니 야스히로)이 조선에 도착하여 통신 할 것을 요청해 왔다.(일본 측 기록에는 대마도인 유타니 야스히로가 조선에 건너온 것은 덴쇼(天正) 15년(1587년 9월)이다.) 이후 덴쇼 16년(1588년 6월) 대마도에서는 유타니 야스히로를 일본왕사(日本王使)로 위조하여 재차 파견했다. 귤강광(橘康光)은 당시 대마도의 소(宗)가문 17대 당주인 종의조(宗義調 소 요시시게)가 파견한 사신으로 조선조정에 일본의 정세를 알렸다고 한다. 소 요시시게는 1588년 12월 병사하고, 소 요시토시(宗義智)가 대를 이어 조선과의 교섭에 참여한다. 조선에서는 "(일본)신하가 (일본)국왕을 폐하고, 그 자리를 빼앗은 것은 인정할 수 없다."는 주장과 도요토미 히데요시의 서계 내용이 오만하다 하여 통신사 파견 요청을 거절한다. 다만 조선에서는 답서를 보냈는데, 수로가 멀고 수로를 잘 알지 못한다는 이유로 거절을 한다. 징비록과 연려실기술, 난중잡록 등에 귤광강에 대한 자세한 기록이 있는데 다음과 같다.

2. 조선 측 기록

〈징비록과 연려실기술에 기록되어 있는 귤강광〉

귤광강(橘康光)은 당시 나이는 50여 세였다. 얼굴이 큼직하였는데 행동이 거만스러웠다.(대마도의 작은 두목小頭이다) 경상도 인동(仁洞)을 지날 때 고을 장정들이 창을 잡고 서 있는 광경을 보더니 "그대들이 들고 있는 창자루가 왜 그렇게 짧은가." 하며 빈정거렸다. 국서내용은 "일본국은 조선에 사신을 자주 파견하였는데, 조선에서는 사신을 보내지 않으니, 이는 곧 우리를 깔보는 것이 아니고 무엇이겠는가?"라는 내용이었다. (조선에서)사신 보내기를 거절하니 귤강광은 심히 걱정하였는데 일본으로 돌아가니 수길(도요토미 히데요시)이 크게 격노하여 그의 일족을 멸하였다. 귤강광은 그 형 귤강녕과 함께 원 씨 때부터 우리나라에 사신으로 와서 조선의 관직을 받았으므로 조선을 두둔하다가 화를 입었다고 한다.

조선과의 교섭이 힘들게 되자 대마도에서는 또다시 사신을 보내었는데 선조 22년(1589년) 대마도주 종의지(宗義智 소 요시토시)와 성복사 승려 현소(겐소)등 총25명을 파견하였다. 이들은 일본국서와 공작새 한 쌍, 조총(화승총), 창, 칼(일본도)등을 바치며 조선통신사 파견을 요청해왔다.(조선에 조총이 처음 들어 온 것은 이때라고 한다.) 조선에서는 1587년 2월 흥양을 침범해 녹도 만호 이대원을 죽인 왜구와 조선인 반적 사화동과 붙잡아 간 조선인들의 쇄환을 먼저 요구했다. 이에 종의지(소 요시토시)는 일본으로 사람을 보내어 왜구 3명(긴시요라, 삼포라, 망고시라 등 3명은 규슈의 오도(五島)사람이라고 한다. 오도열도는 규슈 히젠의 서쪽에 있다.)과 조선인 반적 사화동을 포함하여 조선인 포로 김대기 등 116명을 돌려보내어 일본의 요구를 들어주어 조선 통신사를 파견하게 된다.(기록마다 다르지만 80~160명이 쇄환되었다.) 1590년에 파견된 조선통신사는 정사 황윤길, 부사 김성일, 종사관 허성 등으로 1590년 음력 4월 29일 부산포를 출발하여 음력 7월 일본 교토에 도착하였으나 도요토미 히데요시는 오다와라 정벌(고호조 가문 정벌)에 출전을 하여 접견을 한 것은 11월 7일이었다.(이후 1591년 음력 1월 28일 귀국했다.) 명목상으로는 도요토미 히데요시의 일본 통일을 축하하는 것이 목적이었지만 조선 침공의 사실을 확인하기 위한 목적도 있었다. 다음은 선조수정실록 등에 기록되어 있는 도요토미 히데요시(豊臣秀吉)의 용모와 조선통신사의 보고 내용이다.

〈선조 수정실록 1591년 3월 1일〉
수길(도요토미 히데요시)의 용모는 왜소하고 못생겼으며 얼굴은 검고 주름져 원숭이 형상이었다. 눈동자가 빛이 나고 사람을 쏘아보았는데 신하 몇 명이 배열하고 모시고 있었다. 사신(조선 통신사)이 좌석으로 나가니 연회 준비는 전혀 해놓지 않았고 탁자 하나를 놓고 떡 한 접시에 옹기사발에 술도 탁주였다. 세 순배를 돌리고 끝냈는데 예는 없었다.

〈연려실기술 제15권-선조조 고사본말〉
임금이 정사 황윤길(서인) 등을 불러 왜국의 형세를 물으니 황윤길은 "왜적이 반드시 침범해 올 것입니다." 하였다. 그러나 부사 김성일(동인)은 "일본은 지금 군사를 일으킬 기미가 없으니 걱정하지 않아도 됩니다. 황윤길이 장황하게 아뢰어 인심을 동요시킴은 심히 실상에 어긋난 것입니다." 하였다. 임금이 다시 수길(도요토미 히데요시)의 모양이 어떻더냐고 물으니 황윤길은 "수길은 눈이 광채가 있어 담력과 지략을 갖춘 사람 같았습니다." 하고 김성일은 "그 눈이 쥐 눈 같아 두려워할 만하지 못했습니다." 하였다. 종사관 허성(동인)은 그 중간을 잡아 황윤길의 말을 약간 두둔하였다. 임금이 "세 사람의 견해가 이렇게 다른 것은 무슨 까닭이냐?"고 물으니 류성룡(동인)이 옆에 있다가 하는 말이 "설령 수길이 전쟁을 일으킨다 하더라도 그 모양과 행동을 들어볼 때 두려워할 것이 없을 듯합니다. 더구나 그 국서는 협박하는데 불과한 것이니 아직 근거 없는 것을 미리 명나라에 알렸다가 변방에 소요만 일으키게 되면 극히 미안하고 복건(福建)이 일본과 멀지 않으니 만일 우리가 이렇게 알린 것이 일본 사람의 귀에 들어간다면 의혹을 살지도 모르니 결코 명나라에 알릴 필요가 없습니다." 하였다.

당시의 조선은 기축사화(정여립의 모반사건)와 건저문제(세자책봉 문제)등으로 동인과 서인이 서로 격한 대립을 하고 있었다. 통신사의 보고 내용 또한 당쟁으로 인해 서로 다른 주장을 내세웠다. 당시 조선조정은 동인들이 세력을 잡고 있었는데, 통신부사 김성일을 비롯한 좌의정 류성룡과 대부분의 동인들은 전쟁 가능성을 일축하였다.

〈기재사초 상권〉

선조 24년(1591년) 5월 5일, 윤두수, 황정욱 등은 명나라에 보고해야 한다고 말하고, 류성룡은 보고할 필요가 없다고 말하였다. 그러나 상은 반드시 보고해야 한다고 하였다. (동인)류성룡 등은 조정의 공론을 잡고 있는 까닭에 계속 반대만 하다가 결국 내용의 대략만을 간단하게 하여 명나라에 보고하자는 말이 나왔다. 그래서 왜군의 출병 시기 및 통신사의 내왕 등의 사실은 빼버리고 보고하지 않았다. 이산해는 둘 사이에서 우물쭈물하였고, 이양원은 본래 나약한데다가 또한 술에 빠져서 다만 남의 말만 듣고는 대답만 할 뿐이었다.

〈석실어록〉

이때 (서인)윤두수는 당연히 명나라에 알려야 한다는 것을 주장하고, (동인)류성룡은 알릴 필요가 없다고 주장하였다. 그때 조정 양편이 서로 논쟁을 하였으나 결정짓지 못하고 낮이 되어 자리를 파했다. 그런데 류성룡의 징비록(懲毖錄)에는 왜국 실성을 중국에 알리는 일을 기록하면서 조정 공론은 알리지 않기로 했는데 자기가 홀로 알리자고 아뢰었다 하였다. 윤근수(尹根壽)가 일찍이 말하기를 "서애(西厓-류성룡을 뜻한다)가 임진년 일을 기록한 것이 공평하지 못하다. 모든 잘된 일은 다 자기에게 돌려 앗아갔다." 하였다.

〈징비록〉

왜국 국서가 왔을 때에 나(류성룡)는 당연히 명나라에 자세히 알려야 한다고 하였다. 이산해는 명나라에서 우리가 왜국과 사통했다고 문책할 것이니 숨기는 것만 같지 못하다 하였다. 내(류성룡)가 말하기를, "왜국이 만약에 진실로 침범할 음모가 있는 것을 중국에서 조선이 아닌 다른 나라를 통해 알게 되면 중국이 반드시 우리를 깊이 의심할 것이다." 하였다.

〈서애집 제16권 -임진년 일의 시말〉

왜군들이 쉽게 오지 않는다고 방비를 태만하게 한 것은 사실 나(류성룡)의 본뜻은 아니었다. 단지 나의 소견으로는 민심이 먼저 동요되면 안 되기에 우선 민심을 안정시킨 뒤에 일을 착수할 생각이었다. 그리고 남쪽 변방에 성을 쌓는 일은 백성들의 힘만 수고롭게 한다는 홍문관의 차자를 보고서 (내가)그대로 읽고 진술한 것 같으나, 오래된 일이라서 기억이 잘 안 난다.

⟨명나라에 보낸 조선국서-서애집⟩

"작년(1590년) 3월경에 일본국 대마도 태수가 사로 잡혀갔던 사람 김대기 등을 돌려보냈습니다. 그들의(김대기) 진술에 따르면 "일본 왕이 배를 매우 많이 장만하여 내년 봄에 명나라를 치러 들어간다."라는 말을 들었다고 합니다. 금년(1591년) 6월경에는 대마도주 종의조가 아들 종의지(소 요시토시)를 보내어 부산포에 와서 급한 일을 알리겠다고 하며 "일본 관백(도요토미 히데요시)이 배를 많이 만들어 명나라를 칠 것이니, 조선도 피해를 입을 것이다. 귀국(조선)이 명나라에 먼저 알려 화해를 얻어주면 화를 면할 수 있을 것이다."라고 하였습니다.

쇄환인 김대기 등의 말에 의하면 내년 봄은 바로 금년(1591년)을 가리키는데 이미 맞지 않았습니다. 이어 왜승과 평의지(소 요시토시)가 와서 말한 것이 금년 5, 6월경인데, 쳐들어오는 시기는 또 내년이라고 말합니다. 이들의 말이 자꾸 변하여 터무니가 없으니, 공갈하며 간악한 꾀를 부리는 것이 확실합니다.

왜적이 하는 것을 보건대 모두 허황되어 믿을 것이 못되며, 교만하면 곧 망하는 법이니, 과히 염려할 것이 없습니다. 이미 우리나라(조선)의 변방을 지키는 장수들에게 방비를 엄히 하게 하였으니, 왜선을 만나면 바로 잡아 죽일 것입니다. 이상 삼가 갖추어 아룁니다."

신묘년(1591년)선조 24년 조선국왕 신 성휘(선조 이연)

3. 일본 측 기록

⟨루이스 프로이스 일본사-제 71장 조선에 대한 설명과 조선출병⟩

1591년 조선 국왕은 쓰시마의 소 요시토시의 간청과 설득으로 200명의 수행단을 거느린 사절단(조선 통신사)을 관백(도요토미 히데요시)에게 파견하였다. 관백은 조선 국왕에게 새로운 편지를 보내어 중국을 정복하기 위하여 길을 빌려달라고 간청을 하였으나 거절당하자 몹시 분노하여 전쟁을 결정하였다. 관백의 명령에 따라 규슈 히고국의 절반을 차지하고 있는 아고스티뉴 쓰노카미(Agostinho, 고니시 유키나가)가 즉시 원정을 위한 전쟁준비를 하였다. 그가 데려간 사람들은 모두 규슈지방의 가톨릭교도 영주였다. 고니시 유키나가는 쓰시마(대마도)에 도착한 다른 선박들을 포함하여 700척 이상의 크고 작은 선박을 거느리고 (조선으로)출발하였다.

〈조선물어 朝鮮物語〉

덴쇼(天正) 15년(1587년) 태합 도요토미 히데요시는 강광(귤강광)을 사신으로 조선에 보내어 통신을 요구하였다. 무로마치 막부가 멸망하여 이미 십여 년인데도 이를 함부로 발설하지 못하므로 조선에서는 그 사실을 모르기 때문에 강광을 조선에 보내어 일본의 주인이 바뀌었다고 알린 것이다. 그러나 조선에서는 서신의 내용이 거만하다고 하여 사신을 보내지 않고 답서만 보내 온 것이다. 강광도 어쩔 수 없이 일본으로 돌아와 그러한 사정을 태합에게 아뢰었는데 태합은 크게 진노하여 강광을 죽였다. 이리하여 쓰시마(대마도)의 소(宗)도주에게 다시 한 번 통신사를 요구하게 한 것이다. 원래 쓰시마의 소(宗)가문은 그의 선조 대대로 조선과의 교제가 깊었고 조선의 일을 담당했었다. 쓰시마(대마도)의 소(宗)도주는 조선 조정에 거듭 요청하여 조선에서 사신을 보냈는데 조선의 대신 황윤길, 김성일, 허성 등 3명이 대마도의 소(宗)도주(소 요시토시)와 함께 일본으로 항해를 하였다. 이들 사신단 일행은 1590년 7월 교토에 도착하였다. 이때 태합은 군사(軍事)의 일이 있어서 동국(東國)에 출병(오다와라 정벌)하였기에 조선의 사신단은 머물며 기다렸다. 1590년 11월 7일 태합은 사신단을 접대하고 문서와 예물을 받았다. 그 후에 답서를 보내어 현소(겐소)를 동행시켜 조선으로 보냈다. 그러나 이후에 조선에서의 답서가 없었다. 태합 도요토미 히데요시는 조선 측의 답서가 더 이상 오지를 않자 괘씸히 여겨 조선을 치기로 하였다. 태합 히데요시공(公)이 말씀하시기를 "온 일본을 내가 통일하였는데 감히 조선은 나를 무시하였다. 조선의 사신이 더 이상 오지 않는 것은 무슨 까닭인가? 조선을 가만히 놔둬서는 안 되겠다!"라며 여러 신하들을 모아 조선 정벌을 의논하였다.

덴쇼(天正) 20년(1592년) 정월, 고니시 유키나가, 가토 기요마사 등을 불러 조선 정벌을 위해 두 사람이 교대로 선두에 설 것을 명령했다. 이윽고 4월 12일 쓰시마의 오우라항(大浦)을 출발하여 같은 날 오후에(선두 고니시 유키나가)부산에 도착하였다.

도요토미 히데요시(豊臣秀吉)는 처음부터 조선통신사를 복속 사절단으로 착각했다. 대마도주 소 요시토시(宗対馬守)는 원만한 협상을 위하여 조선조정에게 정명(征明 명나라 정벌)이 아니라 입명(入明 조공 등을 위해 명나라로 가는 일)이라고 하였다. 따라서 조선에서는 일본통일 축하사절단으로 보낸 것이다. 또한 조선조정에서는 일본의 답서가 거만하다는 이유로 더 이상의 답서를 보내지 않았다. 따라서 도요토미 히데요시는 조선에서 더 이상의 응답이 없자 자신이 무시당했다고 격노하게 된 것이다.

제2장
일본의 출전 기록

위 그림은 임진왜란에 출병한 1번대 마츠라 시게노부(松浦鎭信)의 수군 함대이다. 마츠라 시게노부(1549~1614)는 규슈 히젠(현 나가사키)지역 다이묘이다. 원래 헤이안~전국시대에 히젠의 마츠라 지방에 조직된 마츠라 토우(송포당 松浦党)라는 무사집단 연합체로 해외무역과 해적질(왜구)을 하며 부를 축적한 호족이다. 마츠라 토우(송포당 松浦党)는 가마쿠라 막부시절 고려, 몽고군의 일본정벌 당시 규슈 하카타 해안에서 여, 몽 연합군을 상대로 전투에 참여한 세력이다. (1274년 1차 정벌, 1281년 2차 정벌) 임진왜란 당시 1번대 고니시 유키나가(小西行長)의 휘하로 출전한 마츠라 시게노부는 병력 3천 명을 이끌고 참전을 하였다. 마츠라 당(토우)은 단련된 수군으로 고니시 유키나가의 수군에 속해 선봉으로 출병하였다.

1. 조선국 출범지사(朝鮮國出帆之事)

〈마츠라 고사기 松浦古事記〉

일본력 4월 12일(조선력 음력 4월 13일) (대마도의)각 진을 출발해 함성 소리가 울려 퍼지니, 천지가 진동하는구나. 수천 개의 돛대는 나무숲과 같았다. 바다에 가득 찬 큰 배, 작은 배가 각 가문의 (문장이 있는)막을 걸치고 각자의 기지물을 장식하고 (조선으로)출병하였다.

〈서정일기 西征日記〉

군종 승려 덴케이(天荊) **일기**

일본력 4월 12일(조선력 음력 4월 13일) 맑음. 병선 700여 척, 진시(오전 8시)에 대마도 오우라항(大浦)을 출발하였다. 같은 날 신시(오후 4시)에 부산에 도착하였다. 태수(고니시 유키나가)는 즉시 (절영도의)산기슭 위로 올라갔고, 나 또한 뒤따라갔다. 술시(오후 8시)에 배에 다시 돌아왔다.

2. 일본군 출전 병력(군역장)

임진왜란 당시의 일본군 병력 규모에 대한 기록은 각 가문의 기록마다 조금씩 차이가 있다.

마츠라 고사기(松浦古史記) 기록에는 20만 5,570명이 조선에 건너가고, 나고야(규슈 히젠)주둔 인원은 10만 2,400명, 합계30만 7,900명 이상으로 기록되어 있다. 모리 가문서(毛利家文書1592년 3월 13일 기록)에는 9개 군단 15만 8,700명으로 기록되어 있다. 따라서 마츠라 고사기(松浦古史記)와 모리가문서(毛利家文書)기록 두 가지를 비교하며 살펴보기로 하겠다. 다음은 규슈 히라도의 마츠라 가문 기록 마츠라 고사기(松浦古史記)이다.

규슈 히젠국 나고야 주둔 병력

名護屋在陣衆(나고야 재진중)

一万五十人　武藏大納言　德川公 (무사시 이에야스-1만 5천 명)

一万人　　　大和中納言　秀長 (도요토미 히데나가-1만 명)

八千人　　　加賀宰相　　利家 (카가 재상-마에다 토시이에-8천 명)

合　七万三千六百二十人

등등 36명의 장수 이하 7만 3,620명

御前備衆 合 五千七百四十人 (어전비중-히데요시 호위대) 합계 5,740명

御弓鉄砲衆 合 千七百五十人 (히데요시 직속 활, 철포대) 합계 1,750명

御馬廻衆 合 一万四千九百人 (어마회중-히데요시 직속 기마대)

　　　　　　　　　합계 1만 4,900명

御後備衆 合 五千三百人 (어후비중-히데요시 호위대) 합계 5,300명

도요토미 히데나가(大和中納言秀長)는 도요토미 히데요시의 이복동생으로 임진왜란 이전에 사망하여 그의 양아들이 승계했다.

조선에 출전한 병력들

朝鮮國先駈御勢(조선국 선구어세)

1번대

七千人　　　小西攝津守 (고니시 유키나가-7천 명)

五千人   宗対馬守(대마도수-소 요시토시-5천 명)

三千人   松浦刑部法印(송포 형부 법인-마츠라 시게노부-3천 명)

二千人   有馬修理太夫 島原城主(아리마 하리노부-2천 명)

千 人   大村新太郎 (오무라 요시아키-1천 명)

七百人   五島若狭守(고토 스미하루-700명)

合 一万八千七百人 합계 1만 8,700명

  왜군 1번대는 임진왜란 초기 부산진, 동래성 전투, 탄금대 전투, 한성(도성)에 최초로 입성한 부대로 전형적인 일본 전국시대 군진 형태이다. 기록에 의하면 최일선에 조총부대를 배치하고 좌우 양익에 장창병을 배치하고, 바로 뒤에 단병기로 무장한 병력을 배치한 보병 위주 병력이었다. 다만 평양의 대동강을 건널 때 왜군 기마 200기가 먼저 도강했다는 조선 측 기록이 있기 때문에 이들 1번대도 보병 외에 척후 기병대를 당연히 편성했다.

2번대

八千人   加藤主計頭 (가토 기요마사-8천 명)

二千人   波多三河守(하타 미카와수-하타 지가시 -2천 명)

一万人   鍋島加賀守(나베시마 나오시게-1만 명)

八百人   相良宮内少輔(사가라 요리후사-800명)

合   二万八百人 합계 2만 800명

  마츠라 고사기에는 가토 기요마사의 병력이 8천 명이라고 되어 있으나 모리가문서에는 1만 명으로 기록되어 있다. 대부분의 서적들에서도 거의 비슷하게 1만 명으로 다루고 있다. 그러나 가토 기요마사의 군역장 '고려국 출진 무사비정'(高麗国出陣武者備定)에는 좀 더 자세히 기록되어 있는데 다음과 같다.

(가토 기요마사 병력)

部将クラスの武士　１５０人　　　(부장급 무사 150인)

寄騎　５７８人　　　(기기-말을 탄 하급무사 578인)

鉄砲衆１８２０人　　　(철포중-조총 부대　1,820인)

弓２５６人　　　(활 256인)

忍１０人の直人　　　(닌자-주로 첩보, 암살, 첩자역 직인 10인)

下僕 浪人衆合わせて９７９０人　(이외 하인, 잡역부, 낭인 등 9,790인)

計１２６０４人　　　합계 1만 2,604명

실제로는 병력이 좀 더 많은 1만 2,604명이다. 당시 가토군의 전술은 최전방에 조총, 활 부대를 배치하여 일시에 공격한 다음, 상대 진영이 무너지면 곧바로 기병대를 투입하는 돌격 전술을 사용했다. 해정창 전투에서 새벽에 기습전을 벌였을 때와 그 이후 울산성 전투 당시 가토 야스마사(加藤清兵衛安政 가토 키요시)에 의한 500기의 기마대 투입 전술 등 기록이 남아있다. 하타 미카와수(波多三河守 하타 미카와카미)는 하타 지가시(波多親)를 뜻한다. 임진왜란 당시 2번대로 조선 출병을 하였으나 1593년 개역을 당하였다. 하타 가문은 규슈 히젠국의 나고야가 근거지인데 임진왜란 당시 독립된 부대로서 나베시마 나오시게와 떨어져서 독자적으로 진영을 구축했다는 이유(군령위반)로 영지 몰수당하여 하타 가문은 17대에서 명맥이 끊어졌다. 그러나 실제로는 히젠의 나고야 영지를 몰수하기 위한 핑계였다고 한다. 루이스 프로이스의 일본사에는 "관백(도요토미 히데요시)이 규슈에서 조선으로 가장 쉽게 건너갈 수 있는 항구를 물어보니, 가신들이 답하기를 '히젠국에 아리마 하루노부의 형인 하타 가문의 나고야라는 항구가 있는데, 수천 척의 선박이 입출항 할 수가 있습니다.'라고 하였다."라는 등 나고야에 눈독을 들인 도요토미 히데요시가 하타 가문을 강제로 개역시켜서 영지를 몰수했다고 보는 것이 타당할 것이다. 모리가문서에는 하타 지가시(波多親)의 병력이 빠져 있다.

3번대

六千人   黒田甲斐守 (구로다 나가마사-6천 명)

六千人   大友豊後守(오오토모 분고수-오오토모 요시무네-6천 명)

合 一万二千人 합계 1만 2천 명

구로다 나가마사의 병력이 6천 명으로 기록되어 있다. 모리 가문 기록에는 5천 명으로 기록되어 있다. 오오토모 요시무네는 규슈 분고국 오오토모 소린의 아들이었으나 평양성 전투당시 곤란한 상황에 빠진 고니시 유키나가를 놔두고 마음대로 후퇴를 하여 도요토미 히데요시의 분노를 사서 영지 몰수를 당한 인물이다. 이 부분은 평양성 전투에서 상세하게 다루기로 하겠다.

4번대

一万人　　島津薩摩守(시마즈 요시히로-1만 명)

二千人　　毛利壱岐守(모리 이키수-모리 카츠노부(모리 요시나리)-2천 명)

千　人　　高橋九郎 秋月三郎(다카하시 모토타네, 아키즈키 타네나가-1천 명)

十　人　　伊藤氏部人輔 島津又七郎(이토 스케다카, 시마즈 도요히사 1천 명)

合　一万四千人 합계 1만 4천 명

규슈 지역 다이묘 군대로, 임진왜란 당시 강원도 방면으로 진출했다. 4번대의 수장으로는 시마즈 요시히로(島津義弘)인데 사천 왜성 전투와 노량해전에서 자세히 다루겠다.

5번대

五千人　　福島右衛門太夫(후쿠시마 마사노리-5천 명)

四千人　　戸田民部少輔 伊予宇和島主(도다 카츠타카-4천 명)

七千二百人　蜂須賀阿波守 徳島主(하치스카 아와수-하치스카
　　　　　　　　　　　　이에마사-7,200명)

三千人　　長曾我部宮内少輔 土佐主(쵸소카베 모토치카-3천 명)

五千五百人　生駒雅楽頭 高松主(이코마 치카마사-5,500명)

合　二万四千七百人 합계 2만 4,700명

이들은 주로 충청도, 경기도 직산 등지에 점조직 형태로 주둔하였다. 시코쿠 지역 다이묘 군대이다. 모리 가문서에는 구루시마 형제(来島兄弟)의 700명이 5번대에 포함 되어있다. 구루시마 형제는 시

코쿠의 이요지역 해적출신인데 임진왜란과 정유재란에서 각각 형과 동생이 전사했다.

6번대(모리 가문 군대)

三万人　　　毛利安芸守(모리 데루모토-3만 명)

一万人　　　小早川侍從(고바야카와 다카카게-1만 명)

八百人　　　高橋主膳正(다카하시 나오츠구-800명)

千五百人　　久留米侍從秀包(모리/고바야카와 히데카네-1,500명)

二千五百人　柳川侍從(야나가와 시종-다치바나 무네시게-2,500명)

九百人　　　筑紫上野介(치쿠시 히로카도-900명)

合　四万五千七百人 합계 4만 5,700명

모리 가문의 경우 모리 데루모토의 3만 명 병력을 별도로 7번대(7진)로 분류하기도 한다. 고바야카와 다카카게는 모리 모토나리의 아들로서 모리가문 사람이다. 다치바나 무네시게의 경우 야나가와 현 다치바나 가문 기록에는 3천 명으로 기록되어 있다. 이것은 동생 다카하시 나오츠구의 병력을 합쳤기 때문이다. 모리 가문은 주코쿠(中國)지역의 병력으로 임진왜란 당시 제일 많은 병력을 투입한 세력이다. 아이러니한 것은 이들 모리 가문은 강항의 간양록(看羊錄)등에 의하면 백제의 후손이라는 것이다. 강항의 간양록에는 "모리 가문(毛利家)은 원래 백제가 망하자 임정태자(또는 임성태자)가 배를 타고 일본으로 들어가 대내좌경대부(大內左京大夫 오우치 가문)가 되어 주방주(周防州 주코쿠 스오국)에 도읍을 정했다. 그 자손이 47대를 내려오며 대대로 일본의 중요 관리가 되어 영지를 받았는데 모리 데루모토의 선조는 바로 그의 종자였다. 임정태자의 후손이 대가 끊어지자 모리 데루모토의 조상이 그 영지를 이어받았다. 성질은 너그럽고 완만하여 조선 사람의 기질이 많이 있다고 한다."라고 한다.

朝鮮國都表出勢衆 (조선의 한성 주둔 병력)

一万人　　　浮田 宰相(우키타 재상-우키타 히데이에-1만 명)

三千人　　　增田右衛門尉(마시타 나가모리-3천 명, 봉행)

二千人　　　石田治部少輔(이시다 미츠나리-2천 명, 봉행)

千二百人　　大谷刑部少輔(오오타니 요시츠구-1,200명, 봉행)

二千人　　　前野但馬守(마에노 나가야스-2천 명, 봉행)

千　人　　　加藤遠江守(가토 미츠야스-1천 명, 봉행)

合　一万九千二百人 합계 1만 9,200명

조선의 도성에 주둔했던 병력이다. 모리 가문서에는 우키타 히데이에의 1만 명 병력만 기록되어 있다.

後援軍一 (후원군 1)

三千人　　　浅野左京太夫(아사노 좌경태부-아사노 요시나가-3천 명)

三千人　　　中村左衛門太夫(나카무라 좌위문태부-3천 명)

千四百人　　郡上侍従(稻葉貞通)(이나바 사다미치-1,400명)

合　一万五千五百五十人

등등 15명의 장수 이하 1만 5,550명

모리 가문서에는 이 부분이 빠져 있다. 아사노 나가마사(浅野長政)는 아들 아사노 요시나가(浅野幸長)와 함께 임진왜란에 출전을 했던 인물이다. 아사노 요시나가는 1597년 울산성 전투에서 가토 기요마사와 함께 농성전을 했던 인물이다.

後援軍二 (후원군 2)

八千人　　　　岐阜少将　織田秀信(오다 히데노부-8천 명)

三千五百人　　細川宮津少将(호소카와 다다오키-3,500명)

五千人　　　　羽柴藤五郎長谷川秀一(하세가와 히데카즈-5천 명)

三千五百人　　木村常陸介(기무라 시게코레-3,500명)

合　二万五千四百七十人

등등 18명의 장수 이하 2만 5,470명

이들도 후원군으로, 모리가문서에서는 9번대로 분류되어 있다. 9번대 수장으로는 모리가문서 등에는 기후 재상 도요토미 히데카츠(豊臣秀勝)로 기록되어 있다. 그러나 도요토미 히데카츠가 거제도에서 병사한 이후, 오다 히데노부(織田秀信)가 상속받아 기후의 성주로서 기후의 재상이 된다. 오다 히데노부는 도요토미 히데요시에 의해 오다 가문의 당주가 된 인물로 오다 노부나가(織田信長)의 손자이다.

同船手之勢　水軍(수군)

千五百人　　　九鬼大隅守(구키 요시타카-1,500명-이세국 시마반도 수군)

千五百人　　　脇坂中務少輔(와키사카 야스하루-1,500명-아와지 수군)

七百人　　　久留鳥信濃守兄弟(구루시마 형제-700명-시코쿠 이요국 수군)

千　人　　　桑山小藤太　同小傳太(쿠와야마 모토하루와 그의 조카-1천 명-기이국 수군)

二千人　　　藤堂佐渡守(도도 다카토라-2천 명-기이국 수군)

千　人　　　加藤左馬外(가토 요시아키-1천 명-시코쿠 이요국 수군)

二百五十人　菅平右衛門(스가다이라 다쓰나가-250명-아와지 수군)

合　九千四百五十人　합계 9,450명

이 부분도 기록에 따라서 약간씩의 차이가 있다. 특히 각 다이묘들은 개별적으로 수군을 보유했기에 이들이 전부는 아니다. 예를 들어 1번대 고토 스미하루(五島若狹守)는 병력705명 중 선두수주(船頭水主-선장과 선원) 200명이 포함되었고, 4번대 시마즈 요시히로의 1596년 군역기록에는 加子(카코-선장과 선원) 2천 명이 기록되어 있다.

스가다이라 다쓰나가(菅平達長)는 아와지의 해적 출신으로 임진왜란 당시 경고선봉행(警固船奉行)으로 수송선단을 호위, 경계하는 조직의 봉행이었다. 그의 아들을 포함하여 4명의 부자가 출전하였다. 이들 수군 중에 해적 출신은 구키 요시타카, 구루시마 형제(무라카미 해적), 스가다이라 다쓰나가 등이다.

〈임진왜란 직전의 일본 유력 다이묘 분포도 (1580~1592년)〉

　도요토미 히데요시의 덴쇼(天正) 19년(1591년) 일반법 공포 및 병역 지정에는 "병농상공의 신분 확정(신분 고정령)과 농민 일부를 징병하고 경작은 마을의 공동 연대로 책임. 이와 함께 66개국의 호구 조사(인원 수 조사)를 발표하며, 규슈, 시코쿠는 1만 석당 600명, 주코쿠, 기슈(기이紀伊)는 1만 석당 500명, 기나이(교토와 오사카 인근)는 1만 석당 400명."으로 병역 지정을 한다.(실제로는 각종 이유로 병역이 공제 받은 곳도 있었다)
　그러나 일향기(日向記-규슈의 이토 가문 기록)에 의하면 도요토미 히데요시는 조선의 역을 이유로 규슈에 가혹한 병역을 부담 시켰다는 기록 등이 남아있다. 일향기에는 시마즈 요시히로 등 4번대는 병사 1만 5천 명에 조총 1천 500정, 활 1천 500장, 말 300필의 군역을 할당 받았다고 한다. 게이쵸의 역(정유재란)규슈의 사츠마 지역 시마즈 요시히로 술병기록에는 군신 121식, 卍당니 1천 5신 익, 말 270기가 동원되었다고 한다.

제3장

부산진, 동래성 전투

    1592년 음력 4월 13일, 대마도 오우라항(大浦)을 출발한 왜군 제1번 대 고니시 유키나가(小西行長)와 휘하의 수송선단 700척(병력 1만 8700명)이 신시(오후 4시)에 부산 절영도에 도착했다. 다음날인 음력 4월 14일 오전 5~7시에 왜군이 부산에 상륙, 부산진성을 포위하고 공격을 시작하면서 임진왜란이 시작된다.(일본에서는 분로쿠의 역-文禄の役-이라고 한다)

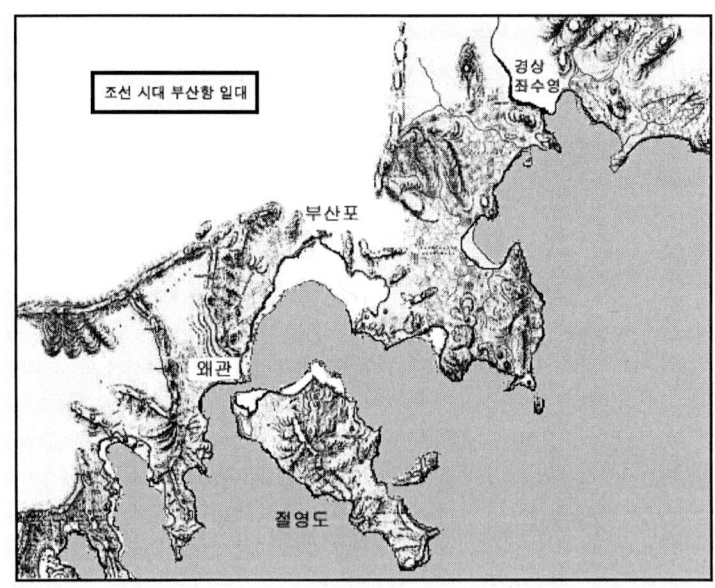

1. 부산진 전투

부산진 첨사 정발(鄭撥)은 절영도에 사냥을 하러 갔다가 왜군의 대규모 선단을 보고 급히 돌아와 성에 들어갔다. 그리고 부산진에 있었던 전선1척, 방패선1척, 중선1척을 바닥에 구멍을 내어 가라앉게 했다. 소 요시토시(宗義智)가 먼저 부산진에 도착하여 교섭을 했으나 거절당하자 왜군은 4월 14일 새벽에 부산진을 여러 겹으로 에워싸며 서쪽의 높은 지대에서 조총을 쏘며 공격을 했고, 정발은 서문을 지키며 싸웠다고 한다. 경상좌수사 박홍(朴泓)은 병기와 군량미를 모두 불태우고 좌수영을 버리고 도주했다. 당시 왜군 1번대 고니시 유키나가 진영에 종군한 포르투갈 신부의 기록 루이스 프로이스 일본사와 마츠라 가문 기록을 살펴보기로 한다.

2. 일본 측 기록

〈루이스 프로이스 일본사 제72장 아고스티뉴의 조선출병과 전투와 명예〉

조선에 도착해 처음으로 공격한 곳은 해안에 있는 부산포(부산진)였다. 부산포에는 조선군 병력이 600명뿐 이었다. 조선군은 가죽 갑옷을 착용했고, 우리 포르투갈의 철모와 비슷하게 생긴 투구를 쓰고 있었다. 이들이 사용한 무기는 개머리판이 없는 소총(총통)과 길이가 짧은 터키식 활(반궁)을 사용했다. 전투는 3시간 가까이 지속되었고 조선군 중 가장 먼저 전사한 사람은 부산진의 총대장(첨사 정발)이었다. 성 안에는 300여 채의 가옥이 있었다. (성 안의) 아이들은 일본군의 시중을 들게 하려고 포로로 잡았다. 고니시 유키나가는 이곳에서 하루를 머물고 다음날 출발했다.

〈요시노 각서 吉野甚五左衛門覺書〉

(부산)항구의 성은 석벽이 2겹, 해자가 2겹이고 그 외에 목책과 높은 망루가 설치되어 있었다. 조선군은 철포, 봉화시, 반궁(짧은 활)등을 갖추고 굳게 방비하고 있었다. 묘시(새벽 6시)에 배에서 내려 곧바로 공격을 하여 사시(오전 10시)에 함락하였다. 부산 사람들은 모두 무릎 꿇고 손을 모았다. 조선어를 모르지만 살려달라고 말하는 것이 틀림없었다. 그러나 우리는 남녀 구별 없이 모두 베어 죽였다.

〈마츠라 고사기 松浦古史記〉

마츠라당(松浦党)은 단련된 수군으로 고니시 유키나가의 수군에 속해 전투에 선봉으로 출전하였다. 부산포에 도착해 즉시 상륙해 전투를 벌였다. 조선군은 수많은 화살을 쏘아대며 방어를 했으며, 아군(왜군)은 철포로 응전해 사시(오전 10시)경에 완전히 점령을 했다. 조선군 포로 200명을 생포했다.

3. 동래성 전투

부산진에서 내륙으로 15km정도 떨어진 동래성에서는 동래부사 송상현이 왜군의 침략 소식을 듣고 마을의 백성과 군사, 이웃 고을의 군사까지 모두 모집하여 전투 준비를 하고 있었다. 경상도 좌병마사 이각(李珏)도 동래성에 들어 왔으나 부산진의 함락소식을 듣고는 "나는 소산역(蘇山驛)을 지켜야겠다."라며 성을 빠져 나갔다.

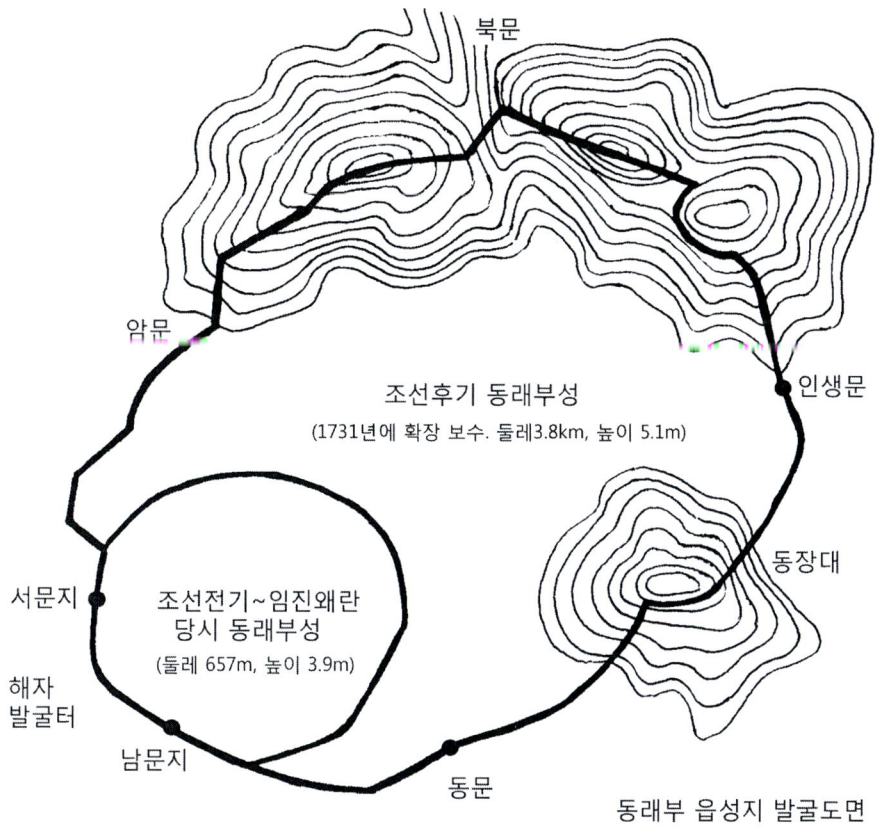

동래부 읍성지 발굴도면

〈연려실기술 제15권-선조조 고사본말〉

동래부사 송상현이 적이 온다는 말을 듣고 이웃 고을 군사들을 불러 동래성을 지켰다. 경상 좌병마사 이각이 성 밖으로 나가려 하니 송상현이 만류하였다. 그러나 이각은 듣지 않고 아병(牙兵 친위병)20명만 남겨 두고 별장(別將)과 함께 달아나서 소산(蘇山)에 진을 쳤다. 왜군은 "싸우겠다면 싸울 것이로되, 싸우지 않으려면 길을 빌려 달라."(戰則戰 不戰則 假我道)라는 나무 패목을 동래성 밖에 세웠고, 동래부사 송상현은 "싸워 죽기는 쉬우나, 길을 빌리기는 어렵다!"(死易 假道難)라고 적은 목판을 적에게 던졌다. 적이 드디어 3겹으로 포위하며 반나절동안 전투를 벌였다.

4월 15일 새벽에 왜적이 긴 장대에 허수아비를 묶어놓고 붉은 옷과 푸른 천을 씌우고 등 뒤에 붉은 깃발을 꽂아 성안을 향해 들어 보였다. 성 안이 발칵 뒤집히고 사람들은 놀라 울부짖었다. 왜적이 칼을 휘두르며 성 안에 난입하자, 동래부사 송상현이 벗어나지 못할 것을 짐작하고 급히 조복을 가져다 갑옷 위에 입고 남문루에 올라 걸상에 걸터앉아 있으면서 적이 가까이와도 꼼짝 않고 꾸짖었다. 송상현이 걸상에 앉아 꼼짝하지 않으니 적병이 모여들어 사로잡으려 하였다. 송상현이 신발 끝으로 차다가 드디어 해침을 입었다.(혹은 칼을 빼어들어 휘둘렀다고도 한다.) 왜장 종의지(소 요시토시)와 현소(겐소-왜 외교승려)가 공(송상현)의 죽음을 듣고 모두 슬퍼하고 아까워하면서 공을 죽인 부하를 나오게 하여 베어 죽이고 공의 시체를 찾아 공의 첩의 시체와 함께 동문 밖에 매장하여 나무를 세워 표하고 시를 지어 제사 지냈다. 그 뒤에 적이 포로로 잡힌 조선 사람에게 말하기를, "너희 나라 충신은 오직 동래 부사 한 사람뿐이다." 하였다.

〈루이스 프로이스 일본사〉

2만 명의 조선군이 집결해 있는 동래성(동래성에 있던 군민 모두 포함한 숫자일 것이다.)은 나무판을 연결해 방패를 만들었으나 철포(조총)의 위력을 견뎌낼 수는 없었다. 동래성은 돌로 높게 쌓고 견고하게 축조를 했으나, 일본군은 수많은 사다리를 이용하여 성벽에 오르는데 성공했다. 고니시 유키나가는 이날 저녁 무렵에 성을 공격했다. 일본군은 처음에는 사다리를 이용해 여러 방향에서 성벽을 기어 올라갔으나 조선군의 저항은 매우 격렬했다. 조선군이 쏘아대는 화살은 마치 비처럼 쏟아졌으며 집의 기왓장도 사방에서 날아왔다. 일본군은 계책을 쓰기로 했다. 그들은 사시모노

(등 뒤에 꽂고 다니는 깃발)를 긴 대나무에 매달아 손에 들고 사다리를 올라가 조선 궁수들의 시야를 가리게 했다. 마침내 성 진입에 성공한 일본군과 조선군은 양측 모두 두 시간에 걸쳐 용감하게 전투를 했다. 조선군은 약 5천 명이 전사했고, 일본군은 부산진, 동래성 두 곳의 전투에서 약100 명이 전사, 400명 이상이 부상당했다. 이 전투 에서 동래성이 갑자기 전사했다.(동래 부사 송상현) 이 성에는 16개의 큰 창고가 있었다. 쌀, 밀과 곡물, 활, 화살, 6문의 대포, 수많은 화약통과 수많은 물자가 창고에 가득 차 있었다. 이 지역에는 말과 소도 셀 수 없을 정도로 많았다. 고니시 유키나가는 부상자를 치료하고 군사가 쉬도록 이곳에서 이틀간 체류했다.

4월 15일 경상도 좌병사 이각은 소산에서 경상도 본영으로 도망쳐 왔으나, 지킬 생각은 하지도 않고 그의 첩과 무명 1천 필을 함께 싣고 새벽에 도주해버렸다. 이각이 도주하니 여러 군사들도 흩어져 도주하기 시작하였고 좌위장 울산 군수 이언함(李彦誠)은 왜군에게 항복하였다. 기재잡기에는 이언함이 동래에서 적에게 잡혔다가 이틀 만에 탈주해 왔다고 한다. 그러나 사실은 고니시 유키나가가 조선조정에 보내는 문서를 그에게 주며 풀어 준 것이다.

동래부사 송상현과 울산 군수 이언함에 대한 자세한 이야기가 알려진 것은 1594년 왜군 1번대 사령관 고니시 유키나가가 회담장에서 말을 꺼내면서이다. 이 내용은 난중잡록 갑오년(1594년)에 기록되어 있다.

〈난중잡록 갑오년 1594년 11월 21일〉

경상 우병사 김응서와 왜군 평행장(고니시 유카나가), 의지(소 요시토시), 현소(겐소), 조신(야나가와 시게노부), 요시라(통역관)가 만난 일.

행장(고니시 유카나가)이 말하기를 "군사가 건너온 날 부산 남문 밖에 문서를 걸어 놓았는데, 부산첨사(정발)가 보지도 않고 응전하여 우리 일본 군사를 죽이므로 부득이 그 성을 함락시켰고, 동래에 이르러 또 문서를 보여도 답하지 않고 마구 (활을)쏘므로 또한 부득이 함락시켰습니다. 이 때 동래부사가 갑옷위에 홍단련과 사모를 쓰고 손을 모아 조금도 요동 없이 앉아 있었습니다. 일본 군졸이 칼을 휘두르며 돌입하여 목을 베려 하는데도 조금도 안색을 바꾸지 않고 입을 다물고 말이 없으므로 무지한 부하 군졸이 공(송상현)의 머리를 베어 나에게 바쳤습니다. 나는 동래 태수에게 예전부터 은혜를 입었으므로 곧 동문 밖에 묻고 기둥을 세웠으니, 이것은 요시라가 자세히 알고 있습니다." 또한 말하기를 "동래성이 함락되었을 때 울산군수(이언함)로 수염이 많은 자가 우리 군사에게 잡혀서 항복을 하며 살려 달라고 하므로 내가 일본이 요구하는 내용의 서한을 주어 살려 보내 주었는데, 그 사람도 역시 조선조정에 서한을 전하지 않아서 이 지경이 되었으니 후회가 많습니다. 그 사람은 살아 있는지요." 하였다.

부산진과 동래성을 함락시킨 고니시 유카나가의 1만 8천여 명의 군대는 양산, 밀양, 대구 등을 거쳐 내륙으로 진군을 했다. 조선군은 부산진, 동래성이 함락됐다는 소식에 성을 버리고 도망가기 시작하여 일본군은 거의 무혈입성하다시피 하나씩 점령했다. 당시의 조선 조정의 사정은 기재사초 하권에 상세히 기록이 되어있다. 다음은 기재사초 1592년 4월 기록이다.

〈기재사초-하권〉

4월 17일, (왜군 침략)보고가 조정에 도착하였다.(경상 좌수사 박홍의 장계로 '산 위에 올라가 바라보니 붉은 깃발이 (부산)성에 가득 차 있습니다. 성이 왜군에게 함락된 것 같습니다.'라는 내용이었다.) 도성의 조야는 크게 놀라서 문무백관이 모두 말하기를 "적이 침략한 의도는 하루 만에 정해진 것이 아닙니다. 급히 영·호남의 좌·우 방어사와 조방장을 우선 출동시키소서." 하였다. 그래서 이일(李鎰)을 경상도 순변사로 임명하여 먼저 보내고 의금부 도사를 보내어 경상 병사 김성일을 잡아 오게 하였다.(김성일은 이전에 조선통신사로서 왜군이 쳐들어오지 않는다고 했던 인물로 죄를 추궁하러 잡아 오게 했다.)

4월 20일, 신립(申砬)을 삼도 순변사로 삼았다.

4월 22일, 신립(申砬)이 출발에 앞서 상과 면대를 하였다.

4월 24일, 상이 의금부에 유시하여 김성일을 체포하지 말라고 하였다. 김성일은 경기도 직산까지 왔다가 되돌아갔다.

4월 27일, 적(1번대 고니시 유키나가)이 밀양에 도착하여 사람을 보내어(역관 경응순을 말한다) 이덕형을 만나기를 원한다 말하므로 마침내 이덕형과 역관 경응순을 내려 보내었다.

역관 경응순은 상주에서 왜군에게 포로로 잡힌 인물로 고니시 유키나가에 의해 일본 측 서신을 갖고 도성으로 돌아온 인물이다. 그러나 이덕형과 함께 다시 일본 진영을 찾아 가다가 도중에 왜군 2번대 가토 기요마사를 만나서 참살되었다. 고니시 유키나가와 가토 기요마사는 서로 경쟁관계였기 때문에 고니시 유키나가 진영을 찾던 경응순을 가토 기요마사는 살려주지 않는다. 이 두 사람의 관계는 도성 입성전(入城戰)에서 다시 다루겠다.

제4장
상주 전투와 탄금대 전투

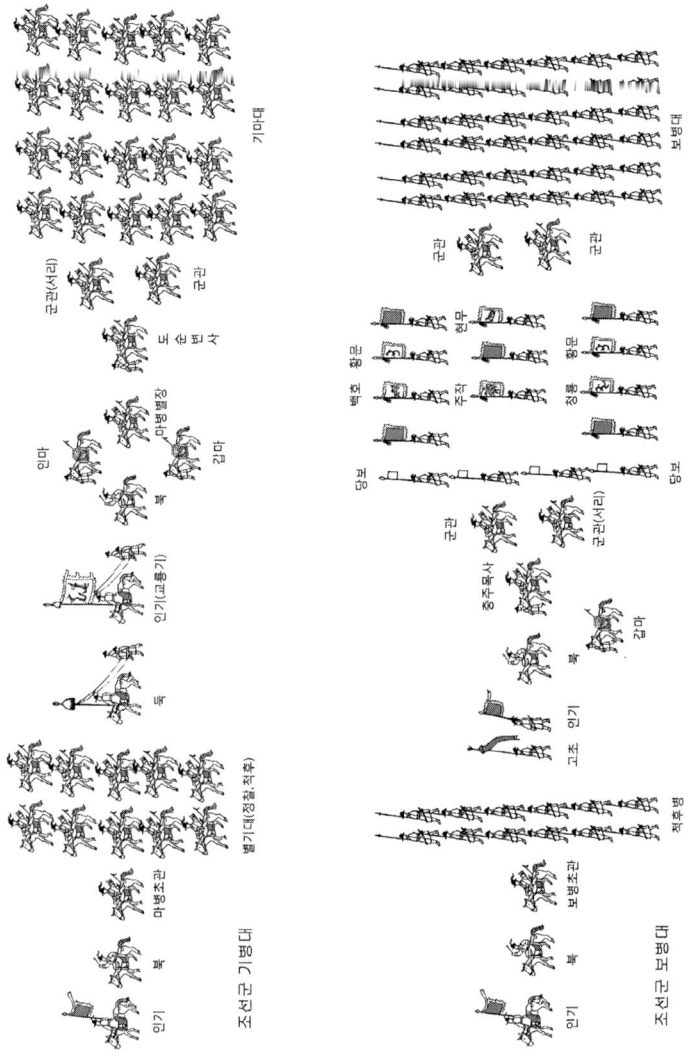

〈조선군 기병대와 보병대 행렬도(세종오례, 악학궤범, 반차도 참고)〉

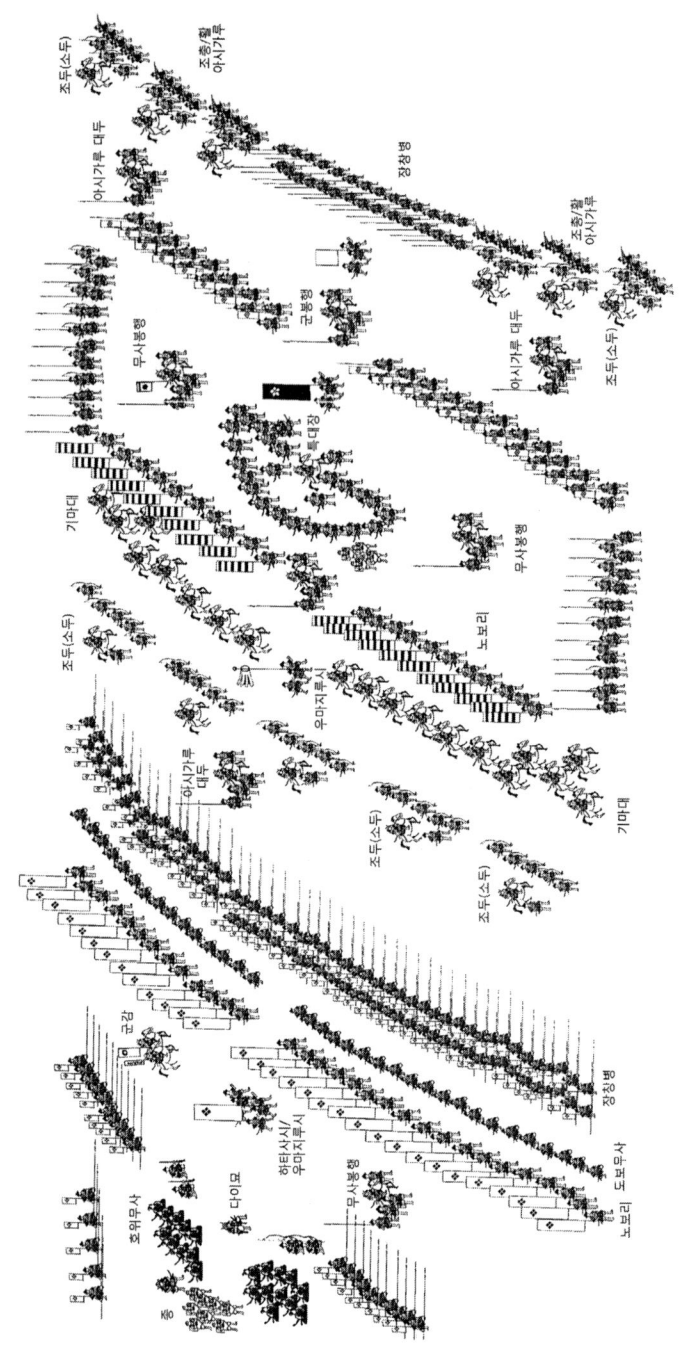

〈일본 전국시대 다이묘 군진 배치도(다케다 신겐의 가와나카지마 전투 병풍도 참고)〉

1. 상주전투

1592년 음력 4월 17일 아침에 왜군의 침략 보고가 처음으로 도성에 도착하였다.(좌수사 박홍의 장계) 조선 조정에서는 이일(李鎰)을 순변사로 삼아 중도(中道)로 내려 보내고, 성응길(成應吉)을 좌방어사로 좌도(左道)로, 조경(趙儆)을 우방어사로 서로(西道)도, 유극량(劉克良), 변기(邊機)를 조방장으로 삼아 유극량은 죽령을 변기는 문경새재를 수비하게 하였다. 군관은 모두 자기가 각자 선발하여 거느리고 가게 하였다. 순변사 이일이 모집 한 병력은 신흠의 상촌선생집에는 4천 명을 모집하였다고 한다. 그러나 류성룡의 징비록에는 8~9백 명으로 되어 있다. 따라서 상촌집과 징비록, 일본 측 기록을 서로 비교해 보기로 하겠다.

2. 조선 측 기록

〈상촌선생집〉

경상도 순변사 이일(李鎰)이 도성을 출발할 때 단지 군관과 사수(궁수)60여 명을 이끌고 내려가는 도중에 군사 4천여 명을 모집했다. 음력 4월 24일 상주에 도착하였는데 (모집한)우리군사가 오합지졸이었고, 진을 펼치기도 전에 왜적이 갑자기 이르러 적이 먼저 포를 쏘아대 철환이 비 오듯 쏟아졌다. 아군은 교전을 하였으나 감히 대적하지 못하였다. 왜적이 함성을 지르며 진을 무너뜨리자 우리 군사는 궤멸되었다. 순변사 이일만 홀로 달아나고 종사관 윤섬, 박지 등은 모두 죽었다.

상촌선생 신흠(申欽1566~1628)은 1592년 임진왜란이 터지자 양재(良

才)찰방으로 임명되었던 인물로 삼도 순변사 신립이 대군을 이끌고 바로 뒤에 도착하여 양재역에서 만나게 되었다. 이후 신립을 따라 조령으로 갔던 신흠은 탄금대 전투 이후 도체찰사 정철의 종사관으로 일하다가 사헌부 지평, 이조좌랑, 동부승지 등을 역임하였고, 인조즉위 당시 우의정, 좌의정, 영의정을 역임하였다. 양재역은 서울 강남구에 있었던 역사(驛舍)이며 마죽거리, 말죽거리라고도 하였으며, 종6품 찰방이 관장하였다.

〈징비록〉

이일(李鎰)이 상주에 이르니 상주 목사 김해(金澥)는 산으로 도망갔고, 판관 권정길(權井吉)만 혼자 있었다. 이일이 군사가 없음을 책망하여 그를 베려 하다가 용서하고 군사를 모으게 했다. 이일이 또 창고문을 열어 곡식을 나누어 주며 흩어진 백성들을 달래어 모이도록 해서 수백 명을 얻어 군대를 편성했다. 저녁에 개령(開寧) 사람이 와서 적이 가까이 왔다고 알렸다. 그러나 이일이 여러 사람을 현혹시킨다 하여 죽였다. 그날 밤에 적이 선산에서 진군해 와서 이미 남쪽 20리 가까이 왔으나 이일의 군사는 척후병이 없었으므로 알지 못했다. 25일 아침에 성 밖에 진을 치고 군사와 백성 8, 9백 명으로 북천 가에서 훈련을 하였다. 잠시 뒤 성안을 바라보니 두어 군데 연기가 일어났다. 군관 박정호(朴挺豪)를 시켜 알아보고 오게 했는데, 적이 다리 밑에 잠복해 있다가 조총으로 군관을 쏘아 머리를 베어갔다. 우리 군사들이 이것을 바라보고 기가 죽었다. 얼마 안 있어 적이 몰려와서 조총으로 공격하니 맞은 자는 (즉시)죽고, 우리 군사가 활을 쏜 것은 수십 보쯤 가다가 떨어지고 말았다. 적은 이미 좌우로 나누어 포위해 왔다. 이일은 말을 달려 북쪽으로 달아나고 종사관 윤섬, 박지(조방장 변기의 종사관), 판관 권정길은 모두 죽었다. 왜적이 이일을 추격해 오자 이일이 말을 버리고 옷을 벗고 머리를 풀어 헤치고 알몸으로 도망가 문경에 이르러 급히 장계를 올리고 신립이 충주에 있다는 말을 듣고 새재를 버리고 신립의 군중으로 들어갔다.

3. 일본 측 기록

〈요시노 각서 吉野甚五左衛門覺書〉

(양산을 지나)큰 강이 있었는데 그 강가 윗산에서 조선군 3천 명이 내려왔다. 선봉의 고니시 사쿠에몬(小西作右衛門)의 야츠시로(八代-구마모토현 야츠시로) 무리와 교대하여 히라도의 철포대(마츠라 시게노부 소속 철포대)가 총을 쏘자 바람에 낙엽이 날리듯 모두 무너져 도망가는데 그것이 장관이었다. 무사들이 그것을 보고 쫓아가 죽인 급수가 300정도였다.(고니시 사쿠에몬은 고니시 유키나가의 선봉장으로 가톨릭 교도이며, 히고의 가장 중요한 성의 장수로 용맹하고, 충성스러운 가신이다. -루이스 프로이스 일본사)

〈서정일기 西征日記〉

일본력 4월 24일(조선력 음력 4월 25일) 맑음. 오각(오전 11시~오후 1시)에 상주에 도착하여, 조선군 대장 이일을 패배시켰다. 북쪽으로 공격하여 조선군 참수 300급.

〈고니시 유키나가(小西行長)가 관백(関白)에게 보낸 서신〉

일본력 4월 24일(조선력 음력 4월 25일)인 어제 상주라는 곳의 산 위에 조선군이 집결하고 있었습니다. 곧바로 조선군을 공격하여 별 어려움 없이 단시간에 승리를 했습니다. 이 전투에서 조선 측 대장을 포함하여 약1천 명의 병사를 죽였습니다. 산 속으로 도망가는 조선군을 추격했으나 곧 날이 저물어서 전멸시키지 못한 것이 참으로 아깝습니다. 이 전투에서도 많은 포로를 잡았는데 이 중에는 일본어를 하는 역관 한 명(경응순)이 있었습니다. 저는 몇 가지 조건과 서신을 주며 조선 국왕에게 돌려보냈습니다. 이 역관은 조선의 중요한 인물과 함께 회답을 받아 돌아올 것이니 기다려 달라고 요구했습니다.

일본력 4월 25일인 오늘 문경에 도착했습니다. 성 안은 텅 비어있었습니다. 내일 충주로 갈 예정이고 저는 그곳에서 조선의 역관을 기다리고 있겠다고 말을 했습니다. 규슈와 시코쿠, 모리(毛利)군대 등 많은 병력이 조선에 도착했다는 소식을 들었습니다. 이들과 만나게 되면 서로 협의하여 앞으로의 일을 결정하겠습니다.

4. 탄금대 전투

탄금대 전투에 앞서 신립 장군의 병력규모에 대하여 자세히 알고 넘어 갔으면 한다. 대부분의 경우 신립 장군이 거느린 병력은 충청도의 병사 8천 명으로 알고 있다. 그러나 실제로는 이보다 훨씬 많은 규모였다. 우선 임진왜란 이전의 조선군 병력 규모를 살펴보자.

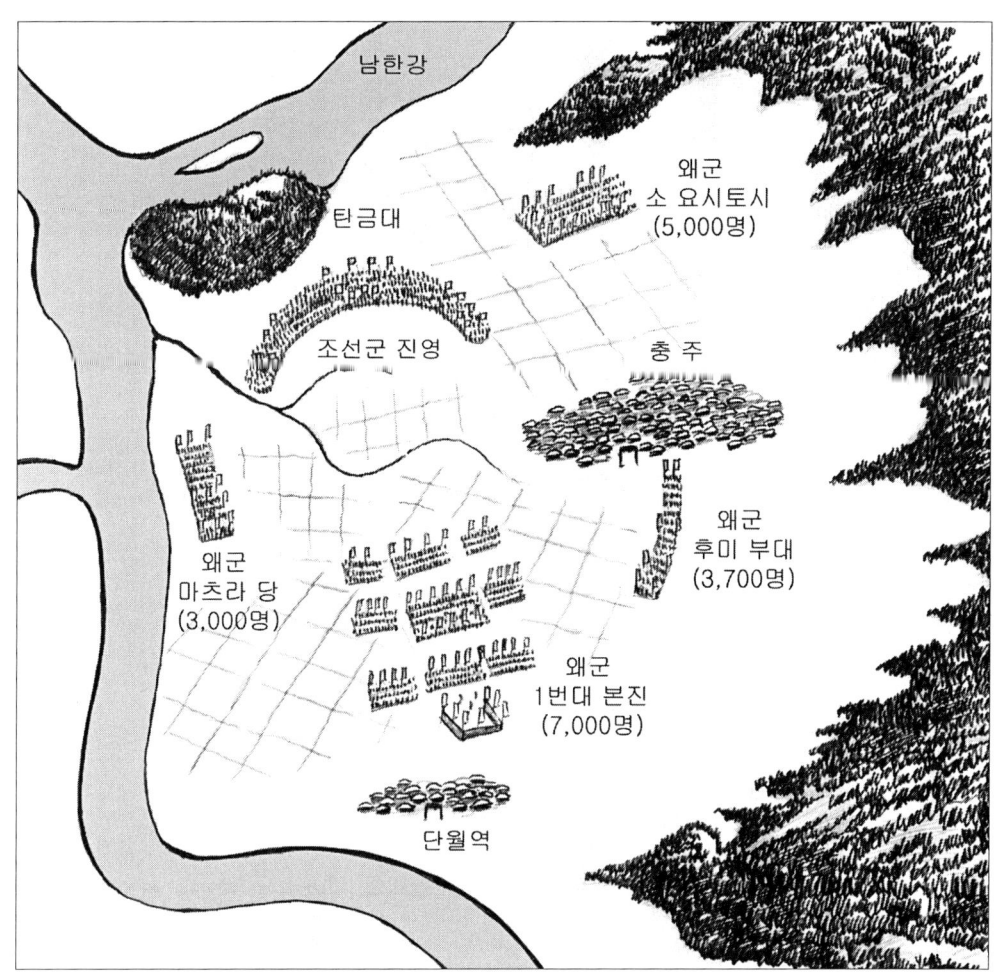

5. 조선 측 기록

〈서애집 제5권〉

신(류성룡)이 지난 기묘년(1579년)에 형방승지로 있으면서 상번한 기병과 보병의 수를 따져보니, 모두 3만 7천여 명이었습니다. 그 후에 공역과 천역이 모두 중지되어 점차 그 수가 증가되었습니다. 평상시에 상번한 기병의 수는 2만 3,700명인데, 각각의 보인이 3명씩, 상번한 보병의 수는 1만 6,200명인데, 각각의 보인이 1명씩, 기병과 보병, 보인을 모두 합치면 12만 2천 명입니다.

이외에 상번한 별시위(別侍衛)가 1,119명이고 보인이 각각 2명씩, 갑사(甲士)가 4,640명이고 보인이 각각 2명씩, 정로위(定虜衛)가 2,161명이고 보인이 각각 2명씩이며, 이밖에 각 관청의 노비가 있습니다.

조선의 상번제는 지방의 군인이 차례로 돌아가며 도성 또는 각 군영에서 근무하는 제도이다. 병농일치의 군사제도이며 당나라의 부병제를 모방한 것이다.

별시위(別侍衛)는 국왕의 친위대를 뜻한다. 양반의 자제 등이 시험을 거쳐 들어오게 되어있다. 개인의 말(馬)과 노비가 있어야 한다. 태종이 가장 신임한 병종으로 주로 기마병이다.

갑사(甲士)는 궁궐과 도성의 경비를 담당했으며, 이들 또한 기마와 군장, 종자(노비)가 있어야 한다. 유사시에 변방 방어 임무에도 동원이 되었다. 법적으로는 모든 양인(농민 포함)에게 개방되어 있으나 경제력과 엄격한 심사를 통과해야 했다.

정로위(定虜衛)는 1510년 삼포왜변으로 정예병 확보의 필요성으로 1512년(중종 7년)에 설치 된 병종으로 양반신분의 한량들 가운데 육량전 3개(矢)로 90보 이상을 쏘는 자를 뽑아 조직한 군대이다. 임진왜란 이후 폐지되었다. 명종 8년(1553년)에는 정원이 1,500명이였다.

위의 기록을 보면 임진왜란 이전 조선군의 전체 병력규모가 최소 14만 명 이상이라는 이야기가 된다. 다음은 신립장군이 도성 출발 당시의 기록이다.

〈선조 수정실록 1592년 4월〉

류성룡이 (도성에서)모집한 장사 8천 명을 신립에게 소속시켜 도성을 출발시켰다. 상이 신립을 인견하고 보검을 내리면서 이르기를 "(순변사)이일 이하 명령을 따르지 않는 자는 모두 참하라." 하였다. 신립이 거느린 병사는 도성의 무사(武士), 재관(財官)과 서류(庶流), 한량인(閑良人)으로 활 잘 쏘는 자 수천 명이였다. 조관(朝官)으로 하여금 각기 전마(戰馬) 한 필씩 내어 돕도록 하여 출발시켰다. 또한 충주 인근 고을에서 (추가로)모집한 군사는 8천 명이였다. 충주의 백성이 (신립의)대군이 온 것을 믿고 모두 피난하지 않았는데, 이로 인해 다른 고을 보다 심하게 죽임을 당하였다.

당시 충청도 관찰사 윤선각의 1592년 6월 장계에 "충청도의 평상시 병력은 기병, 보병, 보인 합쳐서 2만 5천 명이였는데 상주, 탄금대 전투 등에서 1만 명을 잃었습니다. 나머지 1만 5천 명을 수습하여 이중에서 8천 명을 근왕군으로 삼았습니다."라는 등의 기록으로 미루어 볼 때, 신립과 충주목사 이종장 등의 병력은 도성에서 모집한 8천 명과 충주 등지에서 모집한 병력 8천 명 등으로 대략 1만 6천 명 규모이다.

〈일월록, 연려실기술〉

처음에 종사관 김여물이 말하기를 "적의 기세가 날래어 맞대고 싸우기가 힘드니 새재를 지키는 것이 좋겠습니다." 하였으나 신립은 듣지 않았다. 신립은 이일에게 적세를 물으니 이일이 말하기를 "이번 왜적은 경오년, 을묘년과는 비교가 안 되며 북쪽 오랑캐 같이 쉽게 제압할 수 있을 것 같지 않습니다. 차라리 물러나 도성을 지킵시다." 하였다. 이에 신립이 화를 내어 말하기를 "네가 패전을 하고 또 군중을 놀라게 하니 마땅히 목을 벨 것이지만 공을 세워 속죄하도록 하라." 하였다. 드디어 탄금대에 배수진을 쳤다. 곧이어 왜군이 아군 뒤로 나와 여러 겹으로 포위하였다. 전투가 벌어지자 아군이 모두 흩어져 달아나고 장수와 군졸은 모두 강물에 뛰어들었다. 신립과 김여물은 탄금대 밑에서 손수 적 수십을 죽이고 함께 물에 뛰어들어 죽었다.

〈상촌집〉

4월 26일, 충주에 도착했다. 단월역 근처 언덕에 진을 쳤다. 이때 이일을 만났다. 신립이 말하기를 "적들은 보병이고 우리는 기병이니 들판에서 철기로 짓밟아버리면 반드시 성공한다." 하였다.

4월 28일, 적이 민가를 불태운 뒤에야 적이 조령을 넘어왔다는 것을 알게 되었다. 신립이 군사들을 지휘하여 차례로 진격시켰으나 마을길이 비좁고 논밭이 많아 말(馬)타고 달리기가 불편하였다. 이때 적이 우리 군대 좌, 우로 포위하며 공격해 왔다. 곧 아군은 도주하기 시작하였고 신립이 단신으로 말을 타고 강 언덕에 이르렀는데 적이 군사를 풀어 추격하자 강물 속으로 투신하였다. 김여물도 강물 속으로 투신하였다.

〈선조실록 1592년 4월〉

제장들은 모두 새재의 험준함을 이용하여 막자고 하였으나 신립은 따르지 않고 들판에서 싸우려고 하였다.

27일 군졸 가운데 "적이 이미 충주에 들어왔다."고 하는 자가 있자 신립은 군사들이 놀랄까 염려하여 그 군졸을 목 베었다.

28일 적이 아군의 후방을 포위하자 아군이 대패하였다. 신립은 부하에게 "전하를 뵐 면목이 없다."고 말하고 물에 빠져 죽었다. 그의 종사관 김여물, 박안민도 함께 빠져 죽었다.

6. 일본 측 기록

〈서정일기 西征日記〉

일본력 4월 27일(조선력 음력 4월 28일) 맑음, 인각(오전 3~5시)에 문경을 출발, 오각(오전 11시~오후 1시)에 충주 도착하였다. 충주부 북쪽 송산에 조선군 신립 장군이 수만 명의 병력을 이끌고 집결하였다. 조선군 진영에 제일 먼저 공격한 것은 대마도의 종의지(소 요시토시)의 병력이었다. 곧이어 고니시 유키나가의 병력이 공격하여 참수 3천 급, 포로 수백 명, 조선군 대장 신립은 전사했다.

〈루이스 프로이스 일본사 제73장〉

고니시 유키나가는 자신의 군대를 이끌고 조선의 역관(역관 경응순)을 기다리기로 한 충주에 도착했다. 그런데 조선국왕의 회답대신 그들을 기다리고 있는 것은 한성(도성)에서 온 8만 명의 군대였다.(이는 전공을 부풀려 보고하는 과정에서 8만 명으로 기록한 것으로 보인다.) 그들 대부분은 조선 조정이 선발해서 내려 보낸 기마병들이다. 고니시 유키나가의 군대는 행군으로 매우 지친 상태였기 때문에 승리는 조선 측에 있는 것 같았다. 조선군은 달(月)모양의 전투 대열을 펼치면서 포위하듯 일본군을 에워싸기 시작했다. 포위망이 거의 좁혀졌을 때 일본군은 갑자기 깃발을 세우며 조선군 양쪽 끝을 목표로 철포 사격을 시작했다. 조선군은 잠시 후퇴했다가 다시 공격해 왔다. 그러나 일본군이 철포 공격과 함께 대검으로 공격해 들어가자 조선군은 도주하기 시작했다. 대부분의 조선군은 강에서 익사했다. 대략 8천 명의 조선군을 죽였다. 이 전투에서 조선의 매우 중요한 장수 한 명을 생포했는데, 이 조선군 장수는 자기 목을 가리키면서 머리를 자르라는 흉내를 냈다. 결국 일본군은 그의 목을 베었다.

〈회본태합기 絵本太閤記〉

조선의 장군 신립은 하천변에 진을 치고 일본군을 기다리고 있었다. 전투가 벌어지자 조선의 병졸들은 도망가고, 혹은 강물에 몸을 던져 죽었다. 조선의 대장 신립도 강물에 몸을 던져 죽었다. 이때 조선 군중에서 키가 7척이나 되고 얼굴에 수염을 좌우로 기르고 두 눈이 크고 둥근 조선의 장군이 온 몸에 피를 흘리면서 큰 도끼를 들고, 황토색 말을 타고 나타나 "김여물이 바로 나다!" 하고 크게 꾸짖으며 고니시 유키나가 진영으로 단마로 달려 들어와 (일본의)갑옷 군졸 8~9명을 베고는 20여 합전을 벌였다. 이때 황어전감좌위문 (荒御田勘左衛門)이 횡창을 들고 들어가 김여물을 말에서 끌어당겨 땅으로 떨어뜨리니 군졸들이 모여들어 그의 목을 취하였다. 조선군 대장 이일은 이 와중에 동쪽 산 계곡으로 도망쳤다. 고니시 유키나가는 이 전투에서 조선군 3천여 급의 수급과 함께 승첩을 히젠국 나고야에 보고했다.

일본 오사카(大阪)부 사카이(堺)시 도아라타 신사 마츠리(祭)에서 묘사한 김여물 장군 이미지. 조선 측 기록에는 신립 장군과 함께 강물에 투신 자결했다고 한다. 그러나 일본 측 기록에는 조선의 김여물 장군은 단마로 일본군 진영에 뛰어들어 끝까지 싸우다가 전사한 매우 용맹한 인물로 묘사하고 있다.

+ 신립(申砬 1546~1592)

본관은 평산(平山) 자는 입지(立之) 1568년 22세에 무과에 급제하여 선전관에 제수되었다. 1583년(선조 16년)온성부사로 있을 때 여진족 니탕개(尼湯介)를 격퇴하고 두만강 건너 여진족 소굴을 소탕하였다. 1584년 3월 함경도에서의 전승이 조정에 보고되자 함경북도 병마절도사에 임명되었다.(이때 철릭, 환도, 수은갑, 투구 등을 하사받았다.) 1590년 평안도 병마절도사, 1591년 한성부 판윤(정2품)등을 역임하였다. 1592년 임진왜란이 일어나자 삼도도순변사(三道都巡邊使)로 임명되어 보검을 하사받았다. 이때 신립은 특청(특별히 요청)하여 류성룡이 모집한 김여물 등 군관 80명과 종족(宗族)1백여 명, 내시위와 갑사 등 도성의 정병 2천 명과 서출(서자), 한량인 등 8천여 명을 이끌고 도성을 출발하였다. 이후 경기도 용인을 거쳐서 충주에 도착하여 충주목사 이종장과 함께 충청도 병력을 추가로 모집하였으나 탄금대 전투에서 패전하여 "전하를 뵐 면목이 없다."며 강물에 투신 자결 하였다. 영의정 추증. 시호는 충장(忠壯)

+ 김여물(金汝岉 1548~1592)

본관은 순천(順天). 자는 사수(士秀) 1577년 알성문과에 장원급제. 1591년 의주목사로 있을 때 서인 정철의 일당으로 몰려 파직되어 의금부에 투옥 되었다. 1592년 임진왜란이 일어나자 선조의 특명으로 사면이 되었다. 신립의 종사관으로 출전하였다. 힘이 세고 활쏘기와 말 타기를 잘하였다고 한다. 류성룡이 말하기를 "김여물은 무용과 재략이 매우 뛰어 납니다." 하였고, 신립이 말하기를 "일찍이 서로의 진영에서 김여물을 알게 되었는데, 재능과 용맹 뿐 아니라 충성스럽습니다." 하였다. 김여물은 탄금대 전투에 앞서 새재의 지형을 이용하여 방어할 것을 건의하였으나 신립은 평지에서 기병대를 이용한 전술을 펼쳤다. 탄금대에서 신립과 함께 투신, 자결하였다고 한다. 일본 측 기록에서는 단마로 왜군진영에 뛰어들어 손수 왜군 십여 명을 죽이고, 말에서 낙마하여 포위되어 죽은 것으로 되어있다. 영의정 추증. 시호는 장의(壯毅)

+ 이종장(李宗張 1544~1592)

본관은 홍주(洪州) 자는 문경(文卿) 1569년 무과중시에 급제하여 선전관에 제수되었다. 1591년 신천군수로 있었다. 임진왜란이 일어나자 충주목사 겸 조방장(忠州牧使兼助防將)에 제수 받고 충청도 각지의 군사 8천 명을 모집하여 아들 이희립과 함께 참전했다. 사전에 문경새재의 험한 지세를 이용하자고 주장하였다. 척후로 이일(李鎰)과 함께 전방에 나갔다가 왜군에게 고립되었고 부자가 모두 전사하였다. 병조판서 추증. 시호는 무강(武剛).

+ 이일(李鎰 1538~1601)

본관은 용인(龍仁) 자는 중경(重卿) 1558년 무과에 급제. 전라도 수군절도사 등을 역임하였다. 1583년 니탕개(尼湯介)가 난을 일으키고 경원부를 함락하자 경원부사를 제수 받아 여진족을 격퇴하였다. 이어서 1586년 회령부사로서 니탕개의 본거지를 소탕하는 등 공을 세워 함경북도 병마절도사가 되었다. 1588년 시전부락 전투에서 장양공 이일(李鎰.당시 종2품 함경도 북병사)이 우후 김우추의 기병 400기, 회령부사 변언수, 온성부사 양대수, 부령부사 이지시 등을 장령으로 제진의 군사 2천여 기를 출동하였다. 이때 원균은 종성부사(종3품), 이순신은 조산만호(종4품)로 참전했다. 이순신은 시전부락 전투에서의 전공으로 백의종군의 처벌을 면하게 되었다. 이 전투에서 여진족의 가옥 200채를 불태우고 380급을 베었다. 이일(李鎰)은 1592년 임진왜란 당시 순변사로서 상주, 충주에서 참전했으나 패배하였다. 탄금대에서 패전한 후 동쪽 산으로 도망쳤다. 이후 강원도 경계로 해서 평양성에 도착하였다. 이일은 무장들 중에서도 원래부터 명성이 있었기에 비록 전투에 패해서 왔지만 모두가 기쁘게 맞이하였다고 한다. 평양성 방어전에서 강나루를 지키게 하였다. 1601년 부하를 죽이고 살인죄를 받아 호송되던 중 병사했다. 좌참찬 추증. 시호는 장양(壯襄)

1. 고니시 유키나가

2. 소 요시토시

3. 아리마 하루노부

4. 마츠라 시게노부

왜군 1번대 장수

1. 고니시 유키나가(小西行長 1558~1600)

사카이(오사카)지역의 상인 집안에서 태어나 21세 무렵에 도요토미 히데요시의 하인으로 들어가 무사가 되었다. 이후 많은 공훈을 세워 1588년 히고국 구마모토 남쪽(우토성)다이묘가 되었다. 임진왜란 당시 선발 1번대 총사령관으로 참전하여 부산진, 동래부, 상주, 충주 탄금대 전투를 승리로 이끌고, 한성(도성)에 최초로 입성했다. 이후 평양성에 주둔하였다. 명나라 참전으로 평양성에서 패퇴한 이후 명나라 심유경과 함께 강화협상에 주력했으나 협상실패로 정유재란이 발발하였다. 정유재란 당시 순천 왜교성에 주둔하였다. 2번대 가토 기요마사와는 사이가 좋지 않았다. 세키가하라 전투(1600년)에서 서군으로 참전했으나 패하여 교토에서 참수되었다. 가톨릭 신자이다.(세례명 아고스티뉴)

2. 소 요시토시(宗義智 1568~1615)

대마도 소(宗)가문 20대 당주(다이묘)이다. 고니시 유키나가의 사위이다. 조선과 지리적으로 가까워 외교창구 역할을 하여, 일본사신으로 조선에 자주 왕래를 했다. 1590년 조선통신사 황윤길과 김성일 등을 복속사라고 사칭하여 도요토미 히데요시에게 인견시켰다. 선조실록에는 '왜적들 중에서 가장 교활한 자'라고 평가한다. 징비록 등에는 '종의지(소 요시토시)는 나이는 어리나 성품이 사나워 다른 왜인들도 모두 두려워했다. 이 사람 앞에서는 감히 얼굴을 들어 쳐다보지도 못했다.'라고 기록되어있다. 포르투갈 군종 사제 세스페데스 신부는 '지극히 신중하며 학식이 있고 훌륭한 성격의 소유자'라고 평가한다. 가톨릭 신자(세례명 다리오)로서 임진왜란 당시 1번대 선봉으로 5천 명을 이끌고 대마도 북단 오우라항에서 출전하였다. 대마도지(對馬島誌)에 의하면 이름이 기록 된 무사 510명, 병사 2,048명(별도의 철포 아시가루 200명), 통역사 64명(조선어 통역), 이외 여러 가신, 항로사람들(노꾼), 잡역부 등이 포함되었다. 특이점은 도요토미 히데요시의 명령서(덴쇼 20년(1592년) 4월 25일)에 의해 대마도 직할(소 요시토시)의 조선어 통역사 60명을 모집하여 다른 다이묘(조선에 출전하는 다이묘)들에게 파견하라는 기록으로 대마도 소속의 조선어 통역사 64명이 포함되었다는 점이다.

3. 아리마 하루노부(有馬晴信 1567~1612)

가톨릭 신자이다.(세례명 돈 프로타지오) 규슈 히노에번 초대 번주이다. 임진왜란 당시 1번대 예하로 병력 2천 명을 이끌고 참전하였다. 루이스 프로이스 일본사에 의하면 규슈 지역 가톨릭 다이묘 중에서 제일 뛰어난 인물로 과단성과 주도면밀한 성격으로 천주교의 지원을 받아 조선출병 전쟁준비가 가장 잘되어 있었다고 한다.

4. 마츠라 시게노부(松浦鎭信 1549~1614)

히라도 초대 번주(현 나가사키 일대)이며 마츠라당(松浦党)26대 당주이다. 덴쇼 17년(1589년)에 출가했으나 마츠라 실권을 계속 잡고 있었기에 임진왜란 당시 아들과 함께 출전했다. 병력은 3천 명으로 히젠수(히젠 카미)이다. 히젠 지역 수군을 거느린 지파로 해외무역으로 철포(조총)와 대포를 다수 구입하였다. 마츠라당은 단련된 수군(해적 출신)으로 고니시 유키나가의 수군에 속해 선봉으로 출전을 했으며, 병력 3천 명 중 철포(조총)는 700정으로 고니시 유키나가가 벌인 거의 모든 전투에서 마츠라 당의 철포대가 주력으로 참전하였다.

5. 오무라 요시아키(大村喜前 1569~1616)

규슈 히젠 오무라번 초대번주. 아리마 하루노부와는 사촌 관계이다. 가톨릭 신자이다.(세례명 돈 산쵸) 1천 명을 이끌고 참전했다.

6. 고토 스미하루(五島純玄 1562~1594)

나가사키 오도(五島)열도 일대를 지배했던 다이묘(고토성 20대 당주)이다. 오도 지역 병력 700명이 참전했는데 이중 200명이 수부(노꾼 등 항해 사람들)이었다고 한다. 원래 오도(五島)열도는 왜구(해적)의 본거지였다. 고토 스미하루는 1594년 7월에 천연두로 사망하였다.

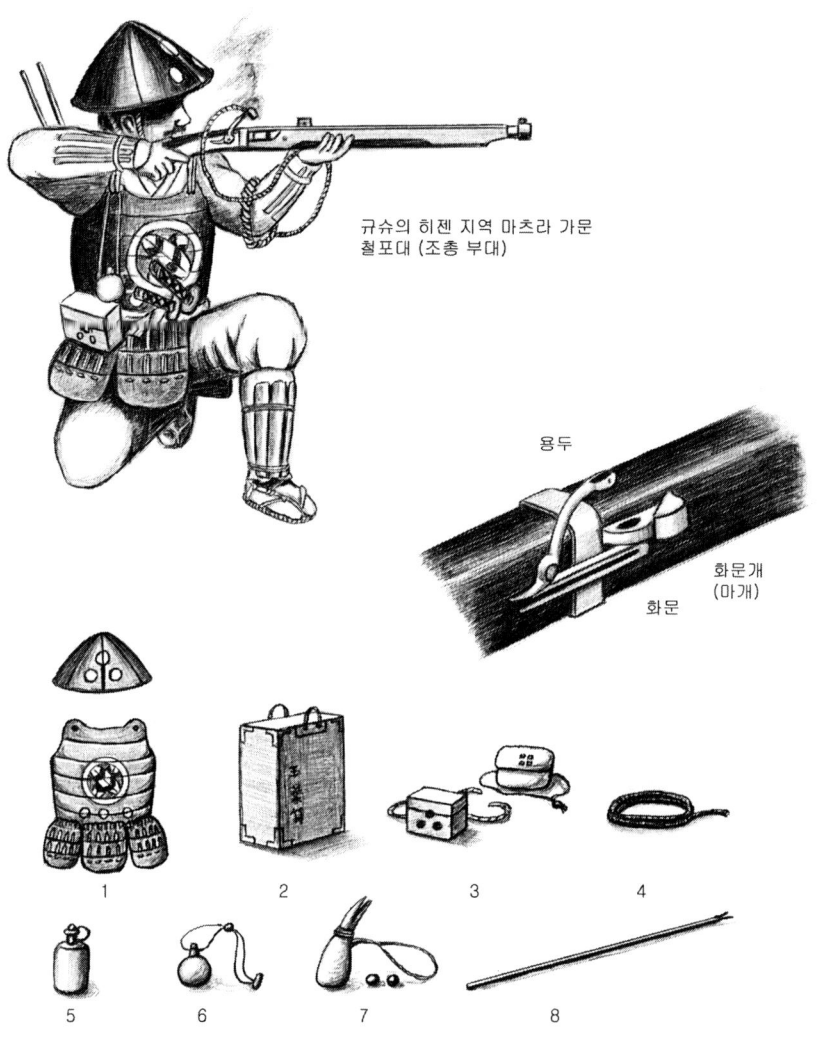

규슈의 히젠 지역 마츠라 가문
철포대 (조총 부대)

용두
화문개
(마개)
화문

1. 마츠라 철포대의 진립(진가사)과 대여도구. 철판 재질이다.
   가슴 부분의 문양은 대조인(피아 식별용 표시)이다.
2. 옥약상자. 300발 분량의 화약과 탄환이 들어 있다. 높이 45cm, 폭 37cm
3. 도우란. 가죽이나 목재 재질로 허리나 어깨에 걸고 다니는 수납용 가방이다.
4. 히나와. 화승점화용 노끈. 무명, 노송 섬유질에 염초를 입혀서 만든다.
5. 카야쿠이레. 발사용 화약통. 화약 분말이 거칠다.
6. 구치구스리이레. 발화용(점화용) 화약. 화약 분말이 세밀하다.
7. 다마이레. 탄환 보관 주머니. 입구가 새부리와 같아서 탄환 1개씩 나오게 되어있다.
8. 카루카. 탄환과 화약 장전용 막대. 철재 또는 목재 재질이 있다.

무기편-일본 철포 (조총)

사츠마 철포
규슈의 사츠마 지역의 철포.(임진왜란 당시 4번대 시마즈 가문이 사용)
다네가시마(종자도)와 가까운 관계로 포르투갈인에 의해 전해진 총포의
모양과 규격에 제일 유사한 형태.길이 116cm,구경 16mm

히젠 철포
규슈의 히젠지역의 철포(임진왜란 당시 1번대 예하의 마츠라,아리마 가문)
총신이 굵고 무거운 총이 다수임.나무에 옻칠.

비젠 철포
임진왜란 당시 총사령관 '우키타 히데이에'의 비젠지역 철포.
용수철 장치가 밖으로 둥글게 튀어나온 형태.
방아쇠 울타리가 없는 것이 특이점.

아와 철포
시코쿠 아와 지역 철포. 일반적으로 총신이 긴편.
길이 140cm,구경 10mm(일본식으로 5문)이 표준
총열 받침대에 줄무늬로 구별이 가능

사카이 철포(사카이즈쓰)
전국시대에 유명한 철포 생산지역의 철포.
장식적인 요소가 많음. 소장가치가 높아서 현존하는 화승총의
상당수가 이 계열이라고 함.

도사 철포
시코쿠의 도사 지역 철포(임진왜란 당시 5번대 조소카베 모토치카 가문)
별다른 장식이 없고 기능적인 요소에만 충실.

마상 철포
말 위에서 사격용.길이가 짧은 것이 특징.길이 60cm미만.
명중률은 떨어짐.

30문 통
규격 27.5mm(30문) ,길이 62cm, 무게 11.5kg
일종의 대포와 총의 중간 규격.
규슈의 구로다 가문(임진왜란 당시 3번대)의 형식의 총이라고 한다.
이보다 큰 50문 통은 대포로 구분되어 성곽이나 선박 파괴용.

조총(철포)의 전래

포르투갈 총포 사학회와 일본 시마즈 가문의 철포기(鐵炮記)에 의하면 포르투갈인들은 아시아 각 지역에 교역을 위해 통역 상담인으로 중국인을 데리고 다녔다. 일본의 화승총은 1543년 표류중인 중국배에 타고 있던 포르투갈인에 의해 다네가시마(種子島)에 전대되었다고 한다. 이 배는 명나라 왕직(王直)이라는 상인의 배이며 왕직은 중국 안휘성 출신의 상인으로 나중에 나가사키 히라도의 마츠라 다카노부와 결탁한 해적의 두목이다. 다네가시마 영주 토키타카(種子島時堯)는 영락전(명나라 은화)을 주고 표류해서 들어온 포르투갈인에게서 총 2정을 구입하였다. 또한 그 제조법을 배워 철포(조총)가 본격적으로 생산되기 시작하였다. 이후 다른 지역의 다이묘들도 철포에 관심을 가지게 되면서 전국적으로 제조되어 철포대를 구성하기 시작했다. 다네가시마 토키타카(種子島時堯)의 아들인 16대 다네가시마 영주 히사토키(種子島久時)는 시마즈 가문의 가신으로 들어가 오오토모 가문과의 전투에도 참전을 했으며 임진왜란 때에는 시마즈 요시히로(島津薩摩守) 예하로 조선에 출병하여 사천 왜성 전투, 노량해전 등에 참전했다. 다네가시마 출신 조총수(철포 아시가루)는 조총 다루는 솜씨가 탁월했다고 한다. 규슈의 시마즈 가문의 철포대는 사무라이들 계급 중심으로 철포대를 편제시켜 엘리트적 성격이 강했다. 임진왜란 당시 시마즈 가문은 철포 1,500정, 활 1,500장을 준비했다고 한다. 가토 기요마사(加藤淸正)는 시즈가타케의 전투에서 조총의 위력에 감탄하여 구마모토 입봉(1588년)이후 철포대를 집중 양성했다고 한다. 청정기(淸正記)에는 가토 기요마사가 철포의 중요성을 알고, 철포대가 부족하다하여 히라도, 아리마의 철포 기술자들을 고용하고 사카이(오사카)에서 매입하도록 지시를 했다고 한다.(사카이 상인들은 종자도를 직접 찾아가 조총 제조법을 배워 일본 최대의 조총 생산지가 되었다.) 가토 기요마사의 임진왜란 당시 철포대(조총 부대)는 1,820명이라고 한다.

조총의 운영방식

조총은 발사 후 재장전에 시간이 걸리기에 전술적으로 지휘관의 호령에 따라 일제 사격을 하는 것이 기본이었다. 따라서 병사들을 여러 대열로 나누어 순서에 따라 돌아가며 일제 사격하는 방법을 사용했는데 대부분의 경우 2열 횡대, 3열 횡대가 기본이었다. 기록에 의하면 임진왜란 당시 일본군은 이미 교대사격 전술을 사용했다.(선조실록 1595년 7월 24일 기록에 선조가 이르기를 "만약 왜군이 부대를 3개 조로 나누어 차례로 조총을 쏘며 번갈아가며 앞서거니, 뒤서거니 하면 어찌 감당하겠는가?"라는 기록 등 여러 기록이 있다.) 이외에 1명의 사격수에 몇 사람의 조수가 소속되어 여러 개의 화승총을 장전해 주는 방법도 사용이 되었다. 이는 철포 용병대 사이가 사람들(雜賀衆)의 전술로 알려져 있다. 가토 기요마사의 울산성 공방전 당시 가신 가토 오스케(加藤大助)는 종자(하인)4명에게 철포 2정을 교대로 장전시켜 하루에 280발을 발사했다고 기록되어 있다. 임진왜란 당시 가토 군대의 낭인중(浪人衆 용병 집단)에는 기슈(紀州)사이가 사람들(雜賀衆, 스즈키 가문 鈴木氏)도 포함 되어 있었다.

조총의 구경과 위력

　조총은 생산지역 별로 차이가 많은 편이지만 대략적으로 최대사거리 300~700m, 유효 사정거리는 100~150m이다. 100m의 거리에서 두께 3cm의 나무판을 관통시키는 위력이다. 서애 류성룡의 서애집과 싱비룩 등에 의하면 "이것은 수백 보 마필 물체까지도 명중하여 관통시킬 수가 있다. 왜적은 조총을 잘 사용하는데, 우리나라는 단지 승자총통만 있을 뿐이라 대적하기가 힘들다. 승자총통은 다만 소리만 도와줄 뿐, 명중하지는 않는다."라고 하였고, 평양성 전투당시 왜군이 대동강 건너에서 조총을 쏘자 강을 건너 성안까지 날아왔다는 기록이 있다. 평양성의 대동강 폭은 대략 600m에 이른다. 일본 조총의 구경은 탄환의 무게에 따라 분류가 된다. 탄환의 무게가 1문(一匁 3.75g)이면 1문통, 무게가 10문이면 10문통이라고 불렀다. 보통 30문통은 중통, 그 이상의 것을 대통이라고 부른다. 중통과 대통은 성문, 선박 파괴용이다.

제5장
선조의 몽진(피난)

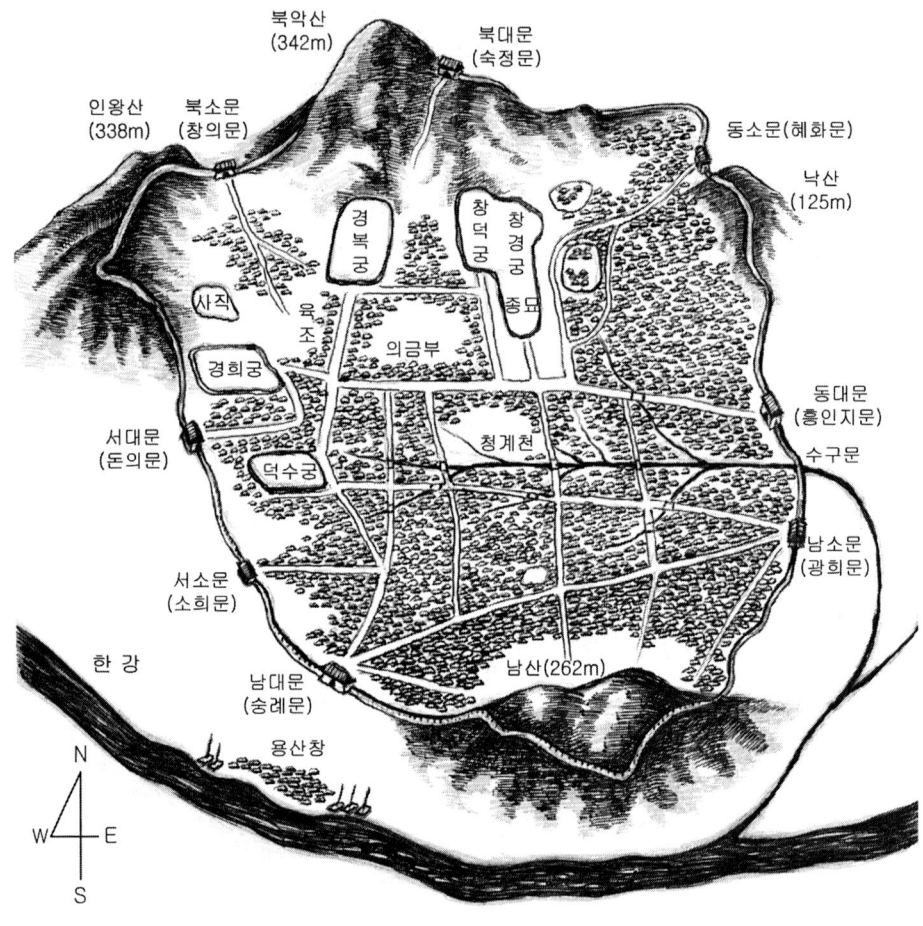

〈조선시대 한성부 지도〉

조선의 태조 이성계는 1396년 서울에 성곽을 쌓았다. 전국에서 11만 8천 명을 동원해 축성한 서울 성곽은 총 길이 18.6km이며, 크게 4대문과 4소문으로 이루어졌다. 조선에서는 수도의 고유 명칭으로 한성부(漢城府)라는 용어를 사용했다. 한성부의 최고직책은 한성판윤(정2품)이다. 경복궁은 성궁이며, 경복궁의 남쪽으로는 6조를 비롯한 한성부와 행정부의 각 건물들이 있었다. 경복궁은 임진왜란 때 소실되었다. 창덕궁은 태종 5년(1405년)에 완공 된 별궁이었다. 임진왜란 때 소실되었는데, 1607년 복구가 시작되어 1610년(광해군 2년)에 거의 완공되어 정궁으로 사용되었다. 덕수궁(경운궁)은 원래 조선 초기 정릉동의 월산대군의 집이었다. 임진왜란 이후 선조가 도성에 돌아와서 이 집을 임시 거처로 사용하면서 궁으로 사용하게 되었다. 나중에 광해군이 여기서 즉위를 하였다. 임진왜란 당시 도성의 수비는 우상 이양원(李陽元)을 도성 수성 대장으로, 이진, 변언수, 신각을 좌, 우, 중위대장으로, 김명원(金命元)을 도원수로 삼아 한강을 지키게 했다. 그러나 우상 이양원이 병조에서 모집한 군사는 4천 5백 명으로 도성의 성가퀴 3만 개를 모두 방어하기 어렵기에 속히 병력을 더 뽑아 증원하려고 했으나 추가로 모집할 병력이 없었다고 한다.(징비록에는 7천 명을 모집했다고 한다.) 결국 선조는 서대문(돈의문)으로 피난을 떠났고, 왜군 1번대 고니시 유키나가는 음력 5월 3일(일본력으로는 5월 2일) 동대문(흥인지문)으로 입성하였다. 이어서 2번대 가토 기요마사가 한강을 건너 다음날 남대문(숭례문)으로 입성하였다.

1. 태조 때　　　2. 세종 때　　　3. 숙종 때

〈도성 축성 방식〉

1. 태조 연간(태조 5년, 1396년)에 축조된 성벽은 큰 메주만 한 크기의 자연석을 이용하여 쌓았다. 따라서 상당히 불규칙적이다.
2. 세종 연간(세종 4년, 1422년)에 대대적으로 보수공사를 하며 축조된 성벽은 장방형 돌을 다듬어 쌓았다. 이 당시 쌓은 구간에는 도와 현의 이름이 새겨져 있다. 이것은 조선 팔도 각 지역에서 인원을 동원했기 때문에 각자의 담당 지역을 표시한 것이다.
3. 숙종 연간(숙종 30년, 1704년)에 쌓은 구간은 정사각형에 가까운 석재를 규격화해 쌓았다. 조선후기 성곽 축성 방식이다.

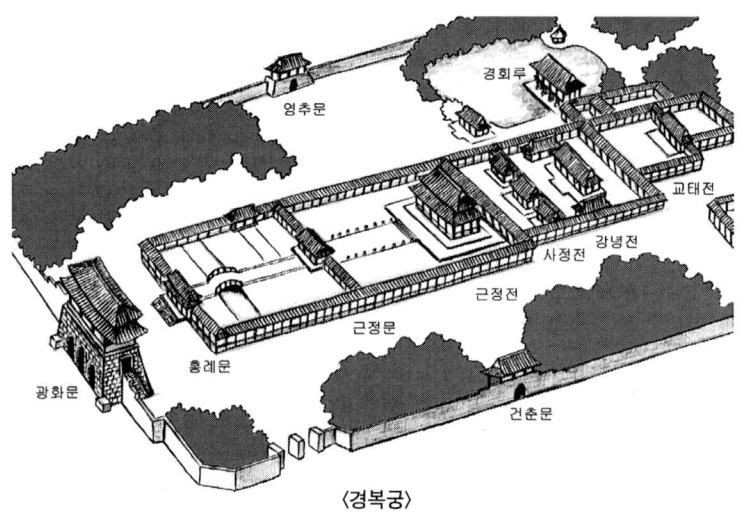

〈경복궁〉

조선의 건국과 함께 창건(1395년 완공)되어 정궁으로 사용되었으나 임진왜란 때 전소되었다. 이후 조선 말기 고종 때(1867년) 중건되었다. 정전은 근정전이다. 강녕전은 침소(침실)이다.

1. 선조의 몽진(蒙塵 먼지를 뒤집어쓰며 피난함)

4월 29일 저녁에 충주 패전보가 도성에 도착하니(전립을 쓴 3명이 말을 타고 도성에 도착하여 패전 소식을 알렸다. 이들은 3도 순변사(신립) 군관의 하인이었다.) 온 도성 안이 모두 두려움에 떨었다. 조정에서는 급히 재상들을 불러 피난할 것을 의논하였다.

4월 30일 새벽 2시경, 선조는 말에 올랐다. 그 뒤로는 여러 종친, 의정부의 정승, 6조의 판서 등 고관들이 말에 오르고, 돈의문(서대문) 밖으로 빠져 나갔다. 그 밖의 관원들은 도보로 뒤를 따랐다. 모두 합쳐 1백 명도 안 되는 인원에 호위군도 없이 피난길에 오른 것이다.

한편 도성의 수비는 우상 이양원을 도성 수성 대장으로 하여 이진, 변언수, 신각을 좌, 우, 중위대장으로, 김명원을 도원수로 삼아 한강을 지키게 했다.

2. 조선 측 기록

〈기재사초 하권〉

4월 30일, 이미 밤은 삼경(밤 11시~새벽 1시경)이 되어 대가가 출발하려고 하였지만 호위군이 없었다. 비는 세차게 내렸고 밤은 매우 어두웠다. 사경(새벽 1~3시)에 비로소 궁문을 나와 상은 말을 탔고 수행 관원은 순서를 이루지 못하였다. 이날 낮에 벽제에 도착을 하였다. 저녁에 임진강을 건너려 하니 강물이 불어 범람하였다. 나룻배는 겨우 5~6척 이였다. 대소 관리들이 서로 먼저 건너려고 다투니 상하가 문란하고 마부와 말이 흩어졌다. 밤새도록 건너가지 못했다.

〈선조실록 1592년 4월〉

4월 30일 이날 온종일 비가 쏟아졌다. 저녁에 상(선조)이 임진강 나루에 도착하여 배에 올랐다. 한밤중에 동파(東坡)에 도착하였다. 상이 배를 가라앉히고 인가(人家)도 모두 철거하여 나루를 끊도록 하였다. 이는 왜적이 강을 건너지 못하게 한 것인데, 백관들은 강을 건너지 못한 사람이 절반이 넘었다.

5월 1일 저녁에 대가가 개성부에 도착 했다.

5월 2일 파천을 주장한 영상 이산해와 류성룡을 파직시켰다. 양사(사헌부, 사간원)가 제일 먼저 파천을 주장한 이산해를 파직시킬 것을 아뢰었다. 상이 이르기를 "죄는 영상(이산해)이나 류성룡이나 같은데 만약 죄를 준다면 류성룡까지 아울러 파직해야 할 것이다. 군사의 일을 허술히 하여 실패시킨 죄는 류성룡이 더 무겁다. 나는 이전에 왜적을 한없이 우려했는데, 류성룡은 오히려 내가 한 말을 비웃었으니 이점에 대해서는 류성룡이 그 죄를 받아야 된다. 민폐가 된다고 하여 전쟁준비를 하지 않아 허술하게 만든 것 또한 류성룡의 죄이다." 하였다.

류성룡은 동인으로서 부사 김성일의 편을 들어 왜군침략 가능성을 일축하였고, 중국에 사실을 알릴 필요가 없다고 하였다. 또한 성곽 수리 등에 대한 백성의 민폐 등 홍문관에서 올라 온 차자를 이유로 전쟁준비를 소홀히 했던 책임 등을 말하는 것이다.

5월 3일 상이 개성부에 있다. 황해도에서 병사 6천여 명을 징병하였다.

이날 왜적이 한성을 함락하였다. 적의 기병(騎兵)두어 명이 한강 남쪽 언덕에 도착하여 장난삼아 헤엄쳐 건너는 시늉을 하자 우리장수(도원수 김명원)들은 얼굴빛을 잃고 말에 안장을 얹도록 명령을 하니 군사들이 전부 붕괴되었다. 수성대장 이양원은 도성을 버리고 달아났고, 신각등도 뿔뿔이 흩어져 도망갔으므로 도성이 텅 비게 되었다.

3. 일본 측 기록

왜군 1번대 고니시 유키나가(小西行長)의 군대에 이어서 2번대 가토 기요마사(加藤淸正)의 군대도 음력 4월 29일 충주에서 합류하게 된다. 가토 기요마사는 4월 18일(일본력 4월 17일) 부산에 상륙해서 4월 20일 경주성을 공격하였다.(일본전사 조선역日本戰史 朝鮮役에 의하면 경주판관 박의장은 맨 먼저 도주를 하였고, 일본군은 경주에서 조선군 수급1,500급 이상을 얻었다고 한다.) 이어서 4월 21일 영천에 도착, 조선군이 없어서 쾌속 진격하여 29일 충주에서 고니시 유키나가의 군대와 합류하였다.

〈청정기 淸正記〉

고니시 유키나가(小西行長)가 말하기를 "이곳(충주)에서 도성까지는 길이 두 갈래이다. 동대문으로 가는 길은 남대문으로 가는 길보다 10리가 더 멀다. 남대문 길은 가깝지만 큰 강이 있다." 하였다. 이에 가토 기요마사(加藤淸正)가 자신이 남대문으로 가겠다고 하자, 고니시 유키나가가 화를 내며 제멋대로라고 하며 나무랐다. 나베시마 나오시게(過島直茂)가 두 사람 사이에 들어오며 "여기서 서로 싸운다면 관백의 풍문을 나쁘게 하고 크게 실망을 안겨 줄 뿐이다."라며 여러 가지 말을 하자 두 사람은 화해를 했다.

⟨청정고려진각서 清正高麗陣覺書⟩

청정(가토 기요마사)이 조선의 도성(한성)으로 가는 안내자와 통역사를 대마도주(소 요시토시)에게 청했더니, 도쿠에몬(德右衛門)이라는 자를 보내주었다. 이 자는 조선의 도성에는 가본 적이 없는 말더듬이였다. 그를 말에 태우고 앞세워 이틀 반을 가자 큰 강이 있었다.(한강을 뜻한다.) 강 건너편에는 배가 있었지만 이쪽에는 없었다.

⟨가토 기요마사 서신, 한진문서 韓陣文書⟩

관백(関白, 도요토미 히데요시)께 말씀 올립니다. 금일 2일(일본력 5월 2일, 조선력으로는 5월 3일이다.)조선의 도성으로부터 1리(일본식 一里는 3.93km이다.)떨어진 한강이라는 곳에서 문안을 드립니다. 곧바로 도성으로 밀고 들어가니 조선 국왕은 3일 전에 이미 도망간 후였습니다. 이에 소서(小西, 고니시 유키나가)와 상의해서 문안 올립니다.

이 서신은 나중에 고니시 유키나가와의 공명심 경쟁으로 가토 기요마사가 보낸 거짓 서신임이 밝혀진다. 가토 기요마사의 군대는 실제로는 하루 늦은 음력 5월 4일(일본력 5월 3일) 입성한다.

⟨음덕기 제76권 陰德記⟩

가토 기요마사(加藤淸正)도성 입성

한강 남쪽에 도착한 가토 기요마사는 배를 찾도록 명령을 내렸다. 이 강은 폭이 꽤 넓어 1리(일본식 一里는 3.93km이다)가 된다. 가토 기요마사가 말하기를 "조선군이 배를 한 척도 남기지 않은 것은 우리의 진군을 방해하기 위한 것이다. 반드시 이 강은 최적의 방어 지점일 것이다. 아마 수만 명의 군대가 도성에 집결하고 진을 치고 있을 것이다. 대전투의 땅은 조선의 수도가 될 것이다." 하였다. 이때 소네(曽根)라는 젊은 무사가 나서서 말하기를 "저는 강 근처에서 자랐기에 수영을 잘 합니다. 제가 강 건너로 헤엄쳐 가서 배를 구해오겠습니다." 하였다. 소네(曽根)는 헤엄을 쳐서 강 건너 가서 작은 배 한 척을 끌고 왔다. 그 배에 몇 사람을 더 태우고 다시 강 건너의 배를 구해왔다. 이런 식으로 차례차례 건너갔다. 도성에 도착하니 도성 안에 불이 나서 연기가 올라가고 있었다. 정찰병이 와서 말하기를 "도성 안에 불이 났는데 조선군의 깃발은 없고, 고니시 유키나가님(小西行長)의 깃발만 보입니다." 하였다. 이에 가토 기요마사는 말을 타고 도성의 남쪽(남대문)으로 달려 들어갔다. 조선의 도성은 이미 텅텅 비어서 적막감만이 있었다.

〈루이스 프로이스 일본사 제73장〉

가토 기요마사는 고니시 유키나가의 군대가 (탄금대 전투에서)큰 승리를 거두자 전략과 용맹함에 감탄했다고 한다. 가토 기요마사는 부러워하면서 고니시 유키나가의 선두 부대와 함께 진군하기를 요청했으나 거절당하였다. 이에 가토 기요마사는 대신 도성까지 다른 길로 진군할 수 있도록 길잡이 한 사람을 요청했고, 고니시 유키나가는 그 요구를 받아주었다. 양측의 군대는 다음날 아침에 함께 출발하기로 하였다. 그런데 교활한 가토 기요마사는 함께 동행한 히젠국의 나베시마 나오시게(鍋島直茂)에게도 아무 말도 하지 않은 채 한밤중에 먼저 출발했다. 나중에 이 사실을 알게 된 고니시 유키나가도 곧바로 출발하였다. 조선의 도성에 도착한 고니시 유키나가는 쇠로 만든 성문(동대문, 흥인지문)이 닫혀 있어서 병사들과 함께 성벽을 타고 넘어 들어갔다. 가토 기요마사는 다음날 정오에 도착했으며 두 명의 무사를 보내어 찬사를 했다. 가토 기요마사는 곧이어 수차례 사람을 보내어 두 사람의 이름으로 함께 관백에게 소식을 보내기를 요청했으나 고니시 유키나가는 단호하게 거절하였다. 그런데 가토 기요마사가 마치 자기가 혼자 도성을 점령한 것처럼 관백에게 몰래 보고를 했다. 고니시 유키나가가 이번 원정에 그의 군대 길잡이 역할을 한 대마도의 통역관 곤노스케(權之助)를 관백에게 보냈다. 곤노스케는 관백과 여러 제후로부터 칭찬과 환대를 받았다. 그리고 허위 사실을 보고한 가토 기요마사를 크게 질책했다.

곤노스케(權之助)는 대마도의 유력 인사의 아들이며 조선의 사정에 밝아서 조선에서 길잡이 역할을 한 인물이라고 한다.

〈요시노 각서 吉野甚五左衛門覺書〉

일본력 5월 2일(조선력 음력 5월 3일)저녁에 (고니시 유키나가의 1번대)동대문 도착. 도성에는 방화로 연기가 가득 찼다. (일본)군졸들은 그것을 이상하게 여겼다. 16만 명의 수도인 조선국 도성의 궁전, 누각, 내전 등 여러 곳이 불타고 있었다. 5월 3일 가토공(加藤公), 6일, 7일에는 우키타 히데이에공(宇喜多秀家公), 모리 이키수(毛利吉成), 구로다 나가마사(黑田長政) 등등이 입성하였다. 조선의 상하만민이 우리에게 다가왔다. 드디어 진을 치고 금과 은, 진귀한 보물과 견포(비단, 명주)등을 모두 취해 관심을 버리게 하였다. 이것은 군사들에게 급료로 지급해야 하기 때문이다.

루이스 프로이스 일본사에서도 조선의 도성 백성들이 일본군에게 다가와 친절하게 물과 먹을 것을 제공했다고 한다. 또한 서애집 제16권에도 4월 30일 임금의 행차가 도성을 나가자 난민들이 제일 먼저 장례원과 형조를 불태웠다고 한다. 이는 공사 노비의 문서들이 있던 곳이다. 또한 난민들이 내탕고에 들어가 금과 비단 등을 약탈하고 경복궁, 창덕궁, 창경궁을 불태웠다고 한다.

제6장

임진강 전투

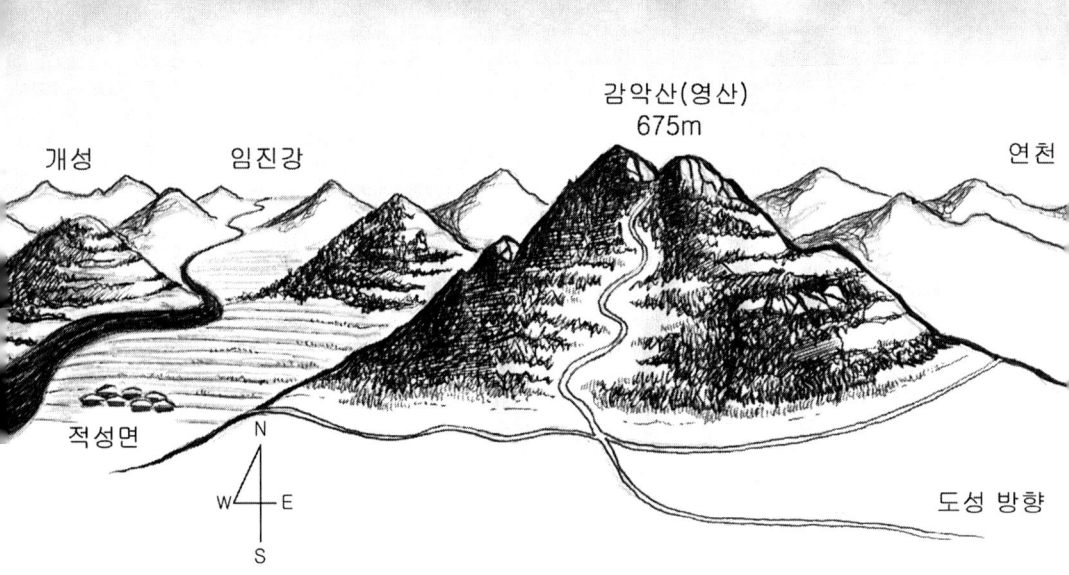

경기도 파주에서 본 임진강과 감악산의 모습. 강 건너가 북쪽이다. 일본 측 기록에는 영산(靈山)전투, 레이센 합전으로 기록되어 있다. 이는 임진강 동파역 맞은편의 파주시 적성면의 감악산을 뜻한다. 해발675m인 감악산은 감색 바위산이라 불렸으며 바위가 많고, 기암의 신비를 간직하여 영산(靈山)이라고 하여 전국의 무속인들이 모여들어 하늘에 제사를 지내던 곳이다.

1. 임진강 전투

1592년 음력 5월 4일 도원수 김명원이 임진강에 도착하여 장계를 올려 도성에서의 상황을 알렸다. 선조는 김명원이 군사가 없었다는 상황을 참작하여 죄를 묻지 않고 임진강을 지키라고 명령하였다.(선조 수정실록에 의하면 김명원이 한강을 지킬 때 김명원은 병사 1천여 명을 이끌고 주둔하였다.) 곧이어 한응인, 이천에게 평안도의 정병 5천 명을 인솔하여 임진강에 내려 보내며 김명원의 명령을 받지 말라고 하였다. 김명원이 12일 장계에 "신은 이빈, 유극량 이하 여러 장수 20명과 군사 7천여 명으로 임진에 주둔하고, 이양원은 이일, 신각 이하 장수 10여 명과 군사 5천명을 거느리고 대탄에 주둔하고 있습니다. 곧 도성을 되찾겠습니다." 하였다. 이어서 13일에 선조는 이성임을 순찰부사로 삼아 뒤늦게 도착 한 강변 토병(土兵) 800명을 거느리고 임진강으로 출발시켰다. 일본군은 5월 10일에 임진강 남쪽에 도착했고, 임진강을 경계로 조선군과 일본군은 서로 8일간 진을 치고 대치중이었다. 그러던 중에 임진강변에 있던 왜군들이 파주방면으로 철수하기 시작하였고, 한응인(도순찰사), 신할(남도병마 절도사)은 왜군을 공격 할 좋은 기회라고 생각하여 신할은 유극량과 함께 병사 1만 명을 이끌고 임진강을 건너 철수하는 왜군을 추격하였다. 그러나 파주 감악산 기슭에서 왜군 본진과 정면으로 만나게 되었다. 왜군은 조선군을 향하여 활과 총포로 일제사격하며 공격하니 반대로 조선군이 쫓기는 신세가 되어 임진강변에서 전멸 당하게 되었다. 결국 임진강 북쪽에서 구경하고 있던 나머지 조선군도 뿔뿔이 흩어지고 임진강 방어선도 무너지게 되었다.

2. 조선 측 기록

〈선조 수정실록 5월〉

5월 17일 적군(왜군)이 (임진강)남쪽 언덕에 도착하여 서로 대치한 지가 8~9일이 되었다. 적이 군막을 불태우고 철수를 하며 아군을 유인하였다. 남도병마사 신할(申硈)은 강을 건너 추격하려고 하였고 경기감사 권징의 의견도 같았다. 이날 한응인이 도착하여 모든 무리를 거느리고 강을 건너 공격하려고 하였다. 이때 유극량(劉克良)은 나이가 많고 군사에 노련하였기에 경솔하게 공격해서는 안 된다고 말하였으나 신할이 그를 참수하려 하였다. 유극량이 말하기를 "내가 어렸을 때부터 종군하였는데 어찌 죽음을 두려워하겠습니까? 일을 그르칠까봐 그렇습니다." 하고는 스스로 그의 군사를 거느리고 먼저 강을 건너가서 적의 정찰하는 기병 몇 명을 참획하였다. 신할의 군대도 모두 건너갔는데 왜적은 산 뒤에 군사를 매복시키고 있었다. 적이 조선군을 보자마자 일시에 일어나서는 총포를 쏘며 칼로 접전을 벌이자 조선군은 허물어졌다. 유극량이 신할을 부르며 퇴각하려 했으나 신할은 응하지 않고 끝내 죽었다. 유극량 또한 말에서 내려 "여기가 내가 죽을 곳이다." 하고는 활을 끝까지 쏘다가 죽었다. 아군 군사들은 도망가며 강 언덕에 이르렀는데 적이 뒤따라 와서는 마구 칼로 베었다. 나머지는 모두 강물에 몸을 던졌는데 마치 바람 속에 낙엽이 날리듯 하였다. 김명원과 한응인이 그것을 바라보고 기가 죽었는데 성산군 박충간이 말을 타고 먼저 도망을 가자 군사들이 이를 보고는 도원수가 도망간다고 부르짖으며 모두 흩어졌다.

〈징비록〉

신각(申恪)은 도원수 김명원(金命元)의 부장으로 있었다. 그러나 한강 방어에서 도망가는 김명원을 따르지 않고 이양원(李陽元)을 따라서 양주로 갔다. 이때 함경도 병마사 이혼(李渾)의 군사가 마침내 도착했다. 신각은 이들과 함께 합세하여 도성(한성)에서 나와 민가를 약탈하는 왜적을 격파했다. 이것은 우리군사가 처음으로 이긴 전투였다. 그러나 김명원이 임진강에서 장계를 올리기를 "신각이 자기 마음대로 일을 하고 제 명령에 복종하지 않습니다."라고 하였다. 이것을 보고 우상 유홍(兪泓)이 그대로 임금에게 아뢰었다. 이에 상(선조)은 신각을 처벌하라고 선전관을 내려 보냈다. 그때 마침 신각의 승첩이 올라왔다. 신각이 양주에서 적과 싸워 적병 60여 급을 베어 승전보를 올린 것이었다. 조정에서는 급히 사람을 뒤쫓아 내려 보냈으나 이미 선전관에 의해 참수되었다. 신각은 비록 무인이었으나 청렴하고 신중한 사람이었다. 전에 연안 부사로 있을 때에 성을 쌓고 해자(도랑)를 파고 군기를 많이 장만하였다. 이후 임진왜란이 터지자 이정암이 연안성을 지킬 때에 사람들이 모두 이것은 신각의 공로라고 칭찬하였다. 또한 신각에게는 90세가 넘은 늙은 어머니가 있었다. 이를 듣는 사람들은 모두 애석하게 여기고 죄도 없이 죽었다 하였다. 이후 한응인으로 하여 평안도 정병 3천 명을 거느리고 임진강에 가서 적을 치게 하였다. 그러나 김명원의 명령은 받지 말라고 했다.

3. 일본 측 기록

〈나베시마 가문 문서 鍋島家文書37〉

1592년 5월 16일, 도요토미 히데요시 명령서. 조선국 도성 내에 어전(도요토미 히데요시 숙소) 공사 명령과 여러 장수들 도성 밖에 야진(야영지)을 치는 것을 지시, 어마중(上樣御馬衆-어전 호위 기마대), 어번중(上樣御番衆-어전 호위 군사)은 도성 내에서 대기하도록 지시, 자세한 명령은 가토 기요마사, 고니시 유키나가 두 사람에게 따로 명령을 전달할 것.

〈음덕기 제76권 陰德記〉

영산(靈山)전투

태합 히데요시공(公)이 조선에 건너오신다는 소식이 있자 부산포를 비롯하여 조선의 도성에도 히데요시공(公)이 머물 저택을 짓게 되었다. 따라서 여러 제장들은 모두 저택 공사에 몰두하고 있었다. 이때 영산(靈山)이라는 곳의 (임진)강 건너편 언덕(북쪽)에 조선군 수만 명이 진을 치고 있었다. 조선군 대군은 붉은색이나 황색 등 여러 가지 색의 깃발을 세워서 기세를 뽐내었다. 이때 깃카와 히로이에(吉川広家)는 4천 명의 군대만 있었다. 수세는 8천 명이었는데, 조선국으로 항해할 때 배가 부족하여 두 번 나누게 되었다. 깃카와 히로이에(吉川広家)는 겐조(源蔵)라고 하는 승려를 불러들였다. 조선인과 필담하여 통역으로 하기 위해서 데려온 승려이다. 겐조(源蔵)가 "일본의 장군이 근일 이쪽을 건너신다. 순순히 복종하도록 하라." 하였더니 조선군 진영에서 답하기를 "일전(전투)을 하자." 하였다. 이에 다시 "우리(일본)가 물러서는 것은 강화를 위한 것이다. 전하(도요토미 히데요시)는 귀국에 길을 빌려 명나라에 원한을 갚기 위할 뿐이다." 하며 그에 대한 성의로 군대를 물리었다. 그런데 (일본군이 퇴각한 이후) 조선의 대군이 산에서 내려오더니 차례차례 강을 건너 일제히 처들어 왔다. 조선군도 처음에는 용감하게 싸우는 듯 했으나 막상 일본군이 철포를 쏘며 함성을 지르며 쳐들어가자 금방 무너져 도망치기 바빴다. 조선군을 뒤쫓아 3,500급을 베었다. 다음날 아침 조선군의 잔당을 수색하러 강가에 가보니 강변에 죽은 자가 매우 많았다. 태합 전하(도요토미 히데요시)가 이 사실을 듣고는 매우 감탄했다고 한다.

〈깃카와 가문 문서 吉川家文書821〉
5월 27일, 도요토미 히데요시, 깃카와 히로이에(吉川広家)의 조선 도해와 조선국 도성 인근에서 조속한 전투지역 평정에 대한 공로를 크게 칭찬하며 상을 내리다.

〈모리 가문 문서 毛利家文書906, 1005〉
5월 28일, 도요토미 히데요시, 조선의 도성으로 입성중인 모리 데루모토(毛利輝元)에게 조선국으로의 무사 항해에 대한 격려와 모리 가문의 선봉대(깃카와 히로이에)의 전황보고 및 전공을 칭찬하다.

〈구로다 나가마사기 黒田長政記〉
대마도 북부 토요사키(対馬豊崎)에서 출항하였다. 고니시 유키나가는 하루 먼저 출발하였다. 고니시 유키나가는 부산해의 성을 공격하여 점령했다고 한다. 구로다 나가마사(黒田長政)는 항해도중 선중(船中·선박)에서 소식을 들었다. 구로다 나가마사는 김해성을 공격해 조선군 수백 명을 베고 점령했다. 고니시 유키나가 보다는 이틀 정도 늦게 조선의 도성에 도착하였다. 계속해서 일본의 여러 지역 군대들, 봉공(奉公-무관 관료로서 도요토미 히데요시 직속 무사단)들이 도성에 도착하여 집결하였다. 도성에서 회의를 하여 조선국 여러 곳에 각각의 장군을 배치하여 통솔하게 했다. 구로다 나가마사는 해도(海道-황해도)를 배치 받았다. 일본에서 구로다 요시타카 (원문에는 여수로(如水老)로 기록되어 있다-구로다 나가마사 부친)가 상사(上使)로서 조선 도성에 도착하였는데, 조선군 수만 명이 (임진강에) 집결하였다. 선수사람들(선발대)이 공문서를 거듭하여 조선군에게 보내어, 명나라를 치러 가는 이유를 밝혔다. 그러나 바로 그날 밤에 밤새도록 수만 명의 조선군이 몰려와 아군을 공격하니, 선수(선발대)의 일본군이 이를 무너뜨리고 수천 명을 베었다.

⟨청정고려진각서 清正高麗陣覚書, 청정기 清正記⟩
가토 기요마사님께서 조선의 도성 근처의 강(한강)을 건너 가장 먼저 도성에 진입하는 공을 세우셨다. 가토 기요마사님과 고니시 유키나가가 조선의 왕을 잡기위해 길을 나누어 가토 기요마사님은 함경도로 진격하여 회령에서 조선의 왕(왕자)을 잡았다. (1593년)가토 기요마사님은 함경도에서 철수하며 개성부의 강(임진강)에서 명나라 대군 10만여 명을 단 8천 명의 병력으로 몰살시키고 그 대장을 직접 죽이셨다.

이것은 사실이 아니다. 청정고려진각서, 청정기는 2번대 가토 기요마사의 일대기의 일종으로 영웅담식 기록물이다. 개성부의 강(임진강)전투에서 명나라 대군 10만 명을 물리쳤다고 하는데 시기상으로도 1593년으로 기록하고 있다. 가토 기요마사의 일대기의 일종인 청정고려진각서, 청정기는 기록의 앞뒤 상황이 안 맞고 사실왜곡을 한 것이 많아 사료로써 신뢰도는 떨어진다. 일본의 모리 가문 계열의 음덕기(陰德記)는 가토 기요마사의 공적에 대하여 다음과 같이 기록하고 있다.

〈음덕기 77권 陰德記 77〉

가토 기요마사가 개성부의 강에서 명나라 군을 공격했었다는 것에 대한 비판.

가토 기요마사의 가인(家人)들이 다른 사람들에게 과시하고 싶었는지 명나라 대군 10만 명을 단 8천 병력으로 물리쳤다고 공공연하게 말하고 다닌다. 그때 조선의 도성에 있었던 사람들은 명나라 대군을 가토 기요마사가 혼자서 무너뜨렸다고 하는 이야기를 들어본 적이 없었다. 만약 가토 기요마사의 가인(家人)이 말하는 것이 사실이라면 그때 도성에 진을 치고 있던 여러 장군들은 (가토 기요마사가 혼자 싸우도록 내버려 두었기 때문에) 오오토모 요시무네와 같이 대겁장이라고 매도당하여 영지몰수가 되었을 것이다. 그러나 우키타 재상, 고바야카와, 깃카와, 구로다, 다치바나, 다카하시 등은 지금도 모두 고금무쌍의 명장이라고 칭하고 있다. 가토 기요마사의 가인들은 "조선에서의 싸움은 벌써 오래 전의 일이다. 지금은 실제로 조선역에 출전했던 사람들은 모두 늙거나 죽거나 했다. 무슨 말을 해도 사람들은 그것이 진실인지 거짓인지 모를 것이다."라고 생각하고 있을 것이다. 자신의 주군 용맹을 알리기 위해 3살 어린이라도 믿도록 거짓말을 하기 시작했을 것이다. 또 고니시 유키나가와 가토 기요마사는 사이가 매우 나빴다. 가토 기요마사의 가인들은 고니시 유키나가를 조롱하며 "고니시는 대겁장이다. 평양성에서 명나라에 크게 패하여 간신히 도망갔다."라고 한다. 이것은 매우 야비한 행동이 아닌가? 실로 질투가 깊다. 무도의 예는 아니다. 또한 고니시 유키나가가 조선의 도성에 제일 먼저 입성한 것은 모두가 알고 있다. 그런데 그것을 반대로 가토 기요마사가 제일 먼저 도성에 도착했다고 말하며 다니고 있으니 이것은 진실을 은폐하는 것이다. 그때 가토 기요마사의 가인들은 자신들의 주군 가토 기요마사에게 "저쪽에 연기가 보입니다. 저곳은 분명히 조선의 도성입니다. 북동쪽에 보이는 것은 고니시 유키나가님의 깃발입니다."라고 하자 가토 기요마사가 곧바로 말을 타고 도성으로 달려 들어갔다고 그 당시의 가인들은 분명히 말을 했었다. 이것은 고니시 유키나가가 먼저 도성에 들어갔고, 이미 진지를 구축하고 있었기 때문이 아닌가? 비록 가토 기요마사가 도성 도착이 고니시 유키나가 보다 늦었어도 이것은 전혀 수치가 아니다. 가토 기요마사의 무용은 일본에서도 매우 유명하다. 조선 침공의 선봉이라는 것도 모두들 잘 알고 있다. 가토는 조선에서 조선국 왕자 형제들을 포로로 잡았고, 특히 울산에 있었을 때의 용맹은 고금무쌍이다. 자랑스럽게 말하지 않아도 모두가 잘 알고 있다. 그런데도 이렇게 계속 낭설을 꾸며내므로 그렇게 유명한 가토 기요마사의 무용담과 전공을 후대의 사람들은 오히려 의심하면서 진실을 잘 살펴봐야 할 것이다.

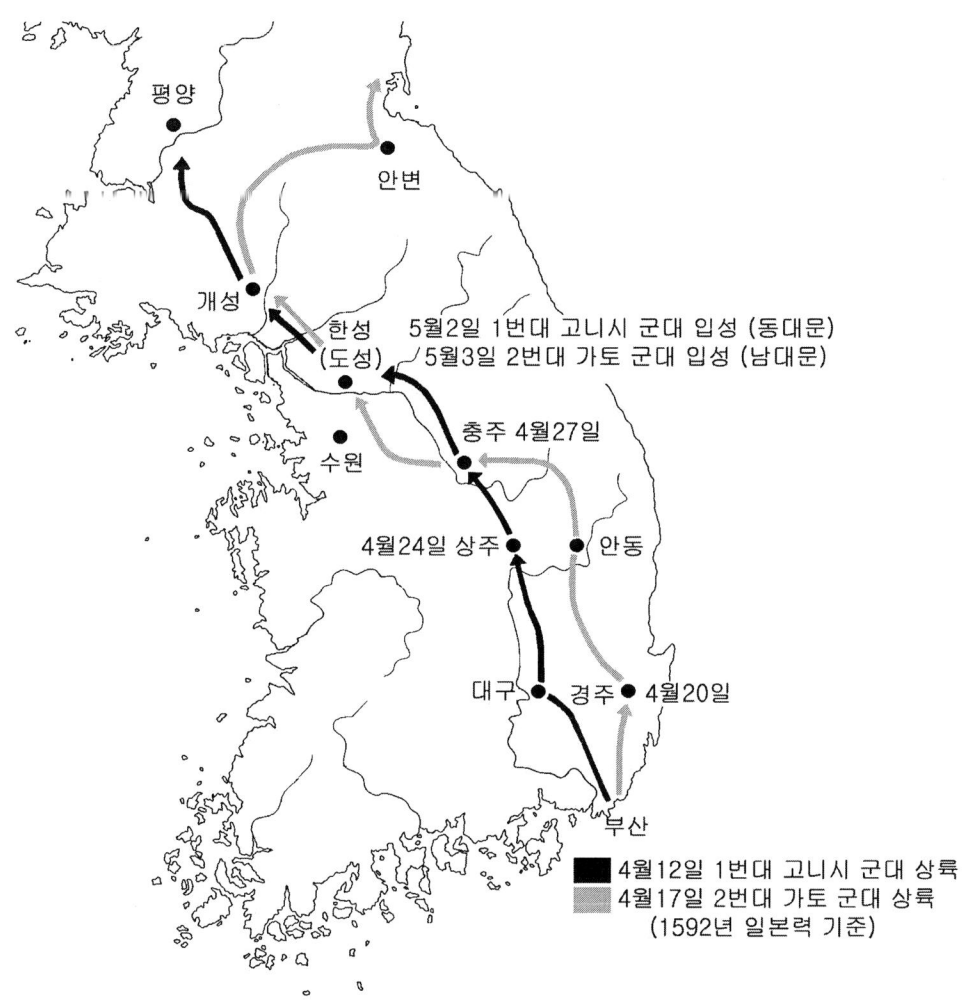

〈1592년 임진왜란 초기 일본군 진군 경로〉

조선력과 일본력은 하루 차이가 난다. 1번대 고니시 유키나가가 부산에 상륙한 날짜는 조선력으로는 음력 4월 13일, 도성에 입성한 날짜는 음력 5월 3일이다.

제7장
용인 전투

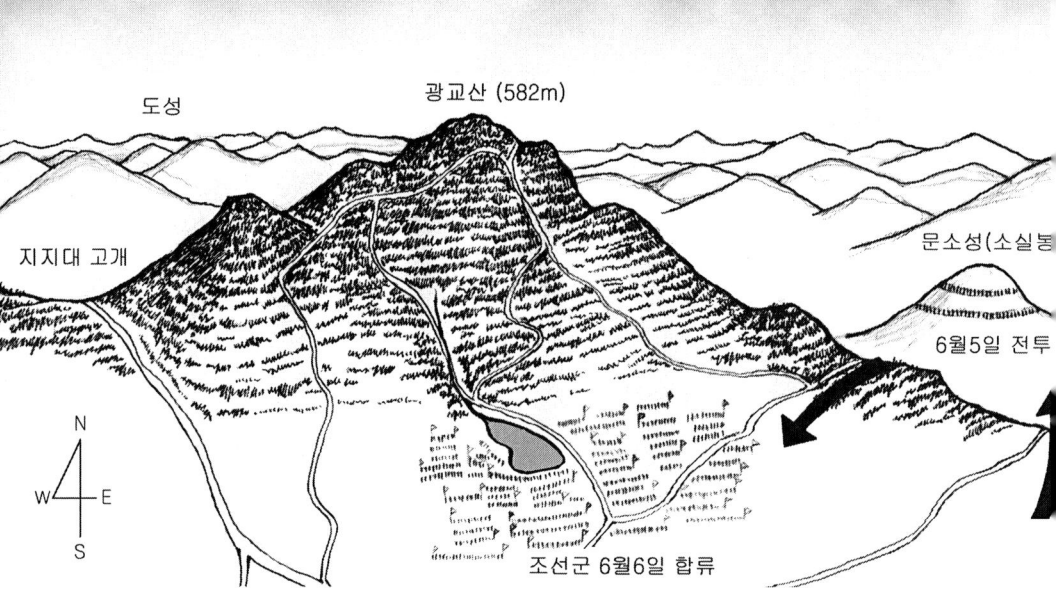

〈용인 문소산(文小山)의 위치〉

임진왜란 이후 조선 중기 이후의 기록에서는 문소산, 문소성의 기록이 사라져 버린다. 아마도 크게 패전을 해서 의도적으로 기록을 회피한 것 같다. 다만 용인 향토 문화 연구소 등에 의하면 현재의 용인시 수지구(풍덕천)일대의 소실봉(해발 188m)으로 추정된다고 한다. 현재 경부고속도로 수원 나들목(신갈)에서 서울 방향 바로 위쪽이다. 왜군 와키사카 야스하루(脇坂安治)의 기마대는 현재의 경기대학교 후문의 광교산 기슭을 타고 내려와 광교산 일대의 조선군을 공격한 것으로 추정된다.

1. 삼도 근왕군(三道勤王軍)

전라도 감사 이광(李洸)은 전라도의 각 군현에 명령을 내려 군을 모집하여 4만 명을 모집하였다. 이어서 전라도 군의 북진계획을 조정에 장계를 올리니 경상도 순찰사 김수(金睟)와 충청도 순찰사 윤선각(尹先覺)에게 명하여, 전라감사 이광(李洸)을 도와 힘성 탈회을 히도록 명령이 내려왔다. 이에 충청도 온양에서 전라도, 경상도, 충청도의 군사들이 합류하게 되었고 그 규모는 대략 5~6만 명에 이르렀다.(선조실록과 수정 실록에는 6만 명으로 기록되어 있다.) 다음은 조선군 출전당시의 기록들이다.

〈선조실록 1592년 6월 21일〉

경상도 관찰사 김수(金睟), 전라도 관찰사 이광(李洸), 충청도 관찰사 윤선각(尹先覺) 등이 치계하기를 "신들이 기병, 보병 등 6만여 명을 거느리고 6월 3일에 수원(水原)에 진을 쳤는데 양천(陽川)북포(北浦)를 경유하여 군사를 건너려고 합니다. 앞뒤 양쪽에서 들이치는 계책을 조정에서 급히 지휘해 주시기 바랍니다."

〈선조실록 1592년 6월 28일〉
충청도 관찰사 겸 순찰사 윤선각(尹先覺)의 치계

"본도(충청도)의 군사가 2만 5천 명이었으나 세 차례의 패전으로 흩어진 병사들을 다시 모집하여 1만 5천 명을 얻었습니다. 그중에서 우도의 군사만으로 근왕병을 삼았는데 그 수가 8천여 명입니다.(이전 탄금대 전투 등에서 죽거나 흩어진 병사가 대략 1만 명이었고 윤선각이 다시 모집한 병사들로서 나머지 병력은 청주등지에 남겨두어 방비하도록 하였다.) 신이 이미 경기도에 도착하였으니, 이광, 김수 등과 함께 의논하여 좌우에서 협공하여 도성을 되찾겠습니다."

〈선조실록 1592년 6월 28일〉
경상도 관찰사 김수(金睟)의 치계
"신은 비록 거느린 군사는 없으나 의리상 차마 물러가 본도(경상도)만 지킬 수는 없기에 군관과 수령 등 80여 명만을 거느리고 전라감사 이광과 합세하여 도성으로 가기로 약속하였습니다."

2. 삼도 근왕군의 병력 구성 및 규모

전라도 군(4만명)

전라감사 이광(李洸), 나주목사 이경복(李慶福), 선봉장 부사 이지시(李之詩)

전라방어사 곽영(郭嶸), 광주목사 권율(權慄), 선봉장 부사 백광언(白光彦)

충청도 군(8,000명)

충청도 순찰사 윤선각(尹先覺), 충청병마절도사 신익(申益), 충청방어사 이옥(李沃)

경상도 군(80명)

경상도 순찰사 김수(金睟)

김수는 임진왜란 개전초기에 병력수습을 못하여 병력이 매우 적었다. 이 문제로 곽재우 장군과 대립하게 된다.

　이렇게 합류한 대군은 스스로 '남도근왕군'(南道勤王軍)또는 '삼도근왕군'(三道勤王軍)이라 칭하고 한성 탈환을 하러 수원까지 상경했다. 그 규모가 얼마나 컸는지 여러 기록들을 보게 되면 '깃발은 해를 가리고, 군기(병사)와 무기와 군량미를 실은 수레의 행렬이 50리 길에 달할 정도였다. 피난민들 중에는 이 군사대열을 잘못 알고 모여든 사람도 더러 있었다.'(연려실기술) '진군하는 모습이 양떼몰이 하는 것 같았고, 흡사 봄나들이 나온 것 같았다.'(징비록)등 당시 상황들이 기록되어 있다.

　음력 6월 3일, 남도근왕군이 수원 독산성으로 이동하니 수원에 주둔하고 있던 왜군들이 대규모의 조선군이 갑자기 오는 것을 보고 용인으로 도망갔다. 전라감사 이광이 선봉장 백광언을 시켜서 용인의 왜군을 정탐케 하였는데 용인의 왜군은 문소산(文小山)에 진을 치고 있었다. 백광언이 말하기를 "용인에 있는 적은 그 수도 적고 엉성한 군사들이니 급히 쳐서 기회를 놓치지 맙시다." 하였다. 이에 광주목사 권율이 말하기를 "도성이 멀지 않고 대적이 눈앞에 있습니다. 지금 도내의 모든 병력을 모병하여 나라를 구원하려 하는데 국가의 존망이 이 한 번의 거사에 달려 있으니, 자중하여 소규모의 적들과 칼날을 다툴 것이 아니라, 조강(祖江 임진강과 한강의 합류 지점)을 건너 임진강을 막아야 합니다." 하며 극력 말렸으나 이광은 듣지 않고, 이지시, 백광언에게 각각 정병 1천 명씩 거느리고 용인의 적을 치게 하였다.

3. 용인 전투(문소성 전투)

음력 6월 5일, 이지시, 백광언이 왜군이 주둔하고 있는 문소성을 묘시(05~07시)부터 사시(09~11시)까지 공격해도 적은 나오지 않았다.

오시(11~13시)가 되자 아군은 기운이 풀려 나무그늘과 풀숲에 쉬고 있었다. 이때 와키사카 야스하루(脇坂安治)가 한성에서 급보를 듣고 수하의 왜군 1천여 명을 데리고 급히 출발하여 용인에 도착하였다. 왜군이 풀 속으로 기어 들어와서 군중에 들어와 기습 공격해, 좌우에서 베고, 찍으니(또는 동쪽 측면에서 바로 밀고 내려오니) 이지시, 백광언, 정연 등이 전사하였다. 선조수정실록 1592년 6월 기록에는 '백광언은 (용인 문소산)의 왜군이 적은 것을 보고 먼저 공격하였는데, 왜군은 군사를 거두고 싸우지 않다가 아군의 주의가 흩어질 때 몰래 숲속으로 기어 나와 일시에 총을 쏘고 칼을 휘두르며 아군진영으로 들어오니 백광언과 이지시가 먼저 총탄에 맞아 죽었다. 두 장수는 모두 용력으로 명성이 있었는데, 그들이 죽었다는 말을 듣고 모든 군사의 사기가 떨어졌다.' 라고 되어 있다.

4. 광교산 전투

음력 6월 6일, 남도근왕군은 수원 광교산으로 후퇴하였다.

전라도 군은 원래 용인~한성으로 진군 계획이었는데, 이지시, 백광언의 선봉부대가 전멸 당하자 수원광교산으로 후퇴하여 충청도, 경상도 군과 합류하게 되었다. 이날 아침에 조선군은 광교산 일대에 모여 아침밥을 먹기 위해 불을 피우자 왜군의 척후대가 이것을 보고 기습공격을 하였는데, 연려실기술과 선조 수정실록에 이날 상황을 다음과 같이 기록하고 있다.

〈연려실기술-제15권 선조조 고사본말, 선조 수정실록 6월〉

(광교산에서) 아침밥을 지어 먹기 위해 불을 피워 연기가 올라갈 때, 적의 기병데기 긴 고꺼기를 띠리 들이다갔디. 선봉의 애균 5명은 얼굴에 서탈을 쓰고, 백마를 타고, 칼을 휘둘렀는데, 선봉의 충청병마사 신익(申翌)이 그것을 보고 도망치자, 군졸들도 덩달아 도망을 치는데 마치 산이 무너지고, 하수가 터지는 듯하였다. 적의 기병 두어 명이 10리나 쫓아오다가 되돌아갔다. 전라감사 이광, 경상도순찰사 김수, 충청도순찰사 윤선각은 30리 밖에 있었는데 이들도 군사를 수습하지 못하고 도망을 가니 5만여 명에 이르는 남도근왕군은 모두 흩어지게 되었다.

5. 일본 측 기록

〈협판기 脇坂記, 일본전사 조선역 日本戰史 朝鮮役 제35 용인전투〉

부산과 한성 간에 5~7리마다 성책을 설치하였는데(일본식 一里는 3.93km이다) 와키사카 야스하루(脇坂安治)는 5월 중순에 한성에서 약7리 떨어진 용인에 그의 가신 와키사카 사베에(脇坂左兵衛)와 와타나베 시치에몬(渡邊七右衛門)과 보졸 300명을 주둔시켰다.(와키사카 야스하루는 한성에서의 회동에 참석하였다.) 6월 5일 조선군 수만 명이 몰려와 (용인)성책의 일본군을 공격하였다. 이에 한성에서 급보를 받은 와키사카 야스하루는 급히 병력을 이끌고 (한성을)출발하여 배를 타고 큰 강(한강)을 건너와 합류하였다. 다음날 이른 아침에 선발대(기병)로 조선군의 진영을 공격하자 조선군은 사방으로 흩어지며 도망쳤다. 조선군 생포 200명, 수급 1천여 급.

와키사카 야스하루(脇坂安治)는 수군 편성으로 임진왜란 때 아와지(淡路島) 병력 1,500명을 이끌고 참전한 인물이다. 와키사카 야스하루는 이후 6월 14일 부산으로 내려간다. 그러나 7월 7일 한산도에서 조선수군에게 패전하여 그의 가신 와키사카 사베에(脇坂左兵衛)와 와타나베 시치에몬(渡邊七右衛門)은 전사하고, 해적출신의 선장 마나베 사마노조(真鍋左馬允)는 배를 잃고 할복 자결한다.(협관기 脇坂記)

제8장

조선 수군의 활약
조선 수군의 거북선과 판옥선

1. 거북선

거북선은 기본적으로 판옥선과 같은 구조이며 위에 방어의 목적으로 덮개를 씌워 만든 일종의 돌격선이다. 앞에는 용머리를 만들어 입으로 대포를 쏘게 하고 등에는 쇠못 등을 꽂았다. 정랑 이분(李芬)의 행록(行錄)에는 "크기는 판옥선만한데 등에는 판자를 덮고 십자(十字)모양의 길을 만들어 사람이 다닐 수 있게 했다. 나머지 부분은 모두 칼송곳을 꽂았다. 앞의 용머리의 입은 포혈이고 좌우에 각각 6개의 포혈이 있고, 선미(꼬리)에도 포혈이 1개 있었다. 그 모양이 거북과 같아서 귀선이라고 불렀다."라고 하였다. 화포로는 천자, 지자, 현자, 황자총통 등 여러 종류의 화포를 사용하여 철환이나 대전(大箭-장군전)을 발사했다. 귀선문도 등에는 노공이 10개로 묘사하고 있어서 좌우에 각각 10개 안팎의 노를 사용한 것으로 추정된다. 길이는 대략 28m 내외, 폭8~9m, 선체높이 6m로 추정이 된다. 승선 인원은 나대용의 상소문 등에 의하면 판옥선과 비슷하게 125명 안팎이라고 기록되어 있다. 임진왜란 당시의 거북선 보유 선척은 임진왜란 초반에는 총 3척이었으며 1595년 명나라에 보낸 문서 사대문궤 12권(事大文軌)에는 5척으로 기록되어있다.

2. 판옥선

판옥선은 1555년(명종 10년) 일본의 규슈 고토(五島)열도와 히라도의 왜구들이 70여척의 선단으로 전라도를 침범하는 등(을묘왜변)으로 피해를 입자, 이에 대한 대비책으로 만들어진 대형 전투함이다. 단단한 소나무와 참나무 등으로 만들었고 배 밑바닥이 평평한 평저선이다. 사실상 조선 수군의 주력 전함이다. 예군이 주력한 세키부네(관선)보다 대선(大船)이다. 2층 구조이며 1층은 노군(격군), 2층은 전투 병력을 배치했다. 승선인원은 대략 120~140명 정도이며 격군이 대략 90~100명으로 격군 비율이 높았다. 전투원으로는 포수, 사수, 화포장 등이 승선한다. 임진왜란 당시 경상감사 이용순의 서장(1597년 3월 18일)에는 판옥선에 사수, 격군 등 140명이 탑승했다는 기록도 있다. 판옥선은 협선(소형선박으로 승선, 하선, 연락, 정찰 등)을 같은 비율로 운영했다. 임진왜란 당시 보유 선척은 전라 좌수사 이순신이 처음 출전한 옥포해전에서는 28척(이 중 4척은 경상우도 소속), 당포해전에서는 전라좌도 23척, 전라우도 25척, 경상우도 3척 등 모두 51척이었다. 1595년 명나라에 보낸 문서 사대문궤 12권(事大文軌)에는 "삼도 수군통제사 이순신의 선척은 전선(판옥선) 60척, 귀선(거북선) 5척, 초탐선(협선) 65척."으로 기록되어 있다.

일본 세키부네(関船 관선)

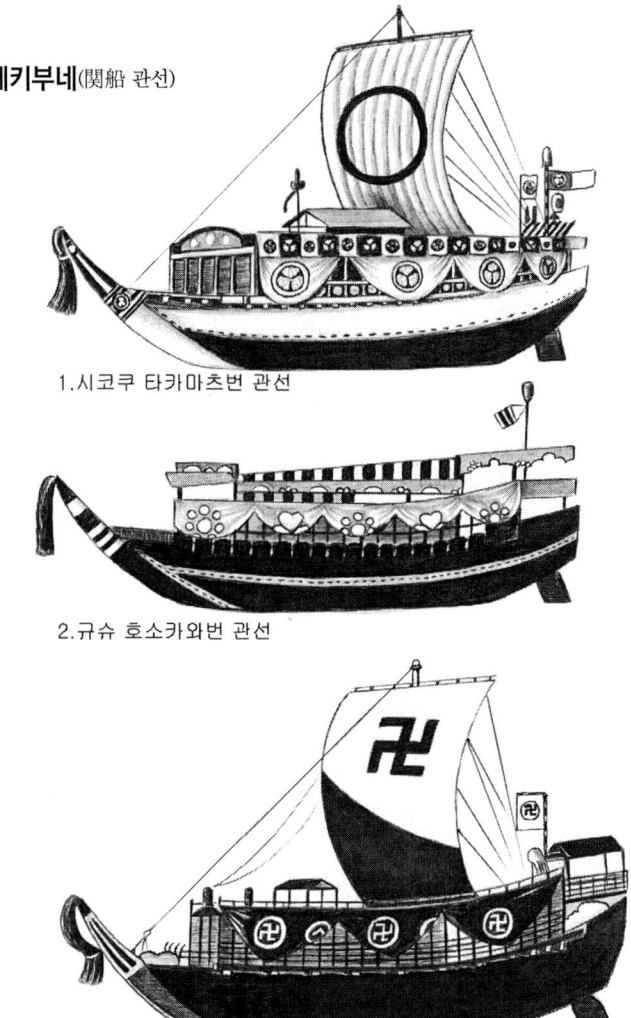

1. 시코쿠 타카마츠번 관선

2. 규슈 호소카와번 관선

3. 시코쿠 하치스카(아와 지역) 관선

그림1,2,3은 임진왜란 이후 에도시대의 세키부네(関船)이다. 이 당시의 세키부네는 다이묘(大名)의 권위를 나타내기 위해 기능적인 요소보다는 화려한 양식으로 변모한다. 현재 대부분의 병풍그림으로 남아있는 세키부네는 이런 종류들이다.

규슈 사츠마 번 48정 관선

일본의 대표적 관선 형식

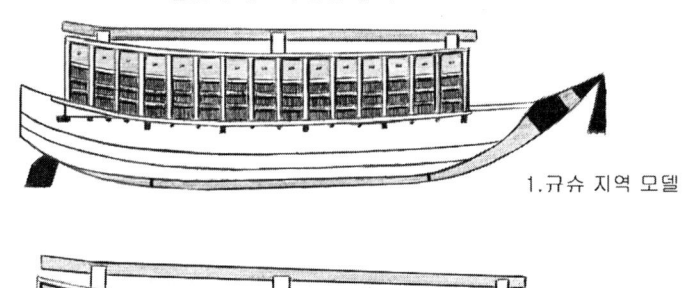

1. 규슈 지역 모델

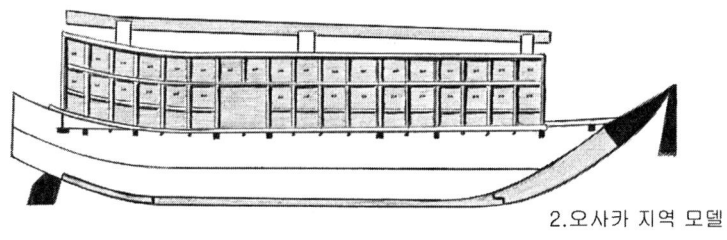

2. 오사카 지역 모델

　규슈 사츠마 번의 48정(노) 관선은 시마즈 가문의 선박이다. 선체를 검은색으로 칠하였다. 노량해전에 참가한 모델이다. 그림은 동경대학교 소장 '사츠마 48정 어초태평환'을 참고.

　1번 그림의 세키부네는 규슈 고토(五島 오도)열도의 형식이다. 왜구(해적)소굴이었던 규슈 히라도, 고토(오도) 열도 지역의 초기형 세키부네로써 매우 빠른 속도를 자랑했다. 기록에는 '돛을 펼치면 날아가

듯 했다.'라고 한다. 다른 지역의 선박을 추격하여 강제로 승선, 약탈하기에 매우 유리했다고 한다. 이들은 1555년(명종 10년) 70척의 함대를 구성해서 조선의 전라도 해안을 약탈하기도 했다. 임진왜란 당시에는 1번대 고니시 유키나가 휘하로 참전을 했다. 1층 패판은 대나무 다발로 만든 패판이다. 방어력이 약하여 전쟁 말기에는 나무합판 모델로 많이 바뀌었다고 한다. 세키부네는 원래 바다의 관문을 지키는 배라는 뜻으로 선체가 뾰족한 첨저형으로 탑승인원은 대략 70~80여 명으로 2층 구조이다.

일본의 아타케부네(安宅船 안택선)

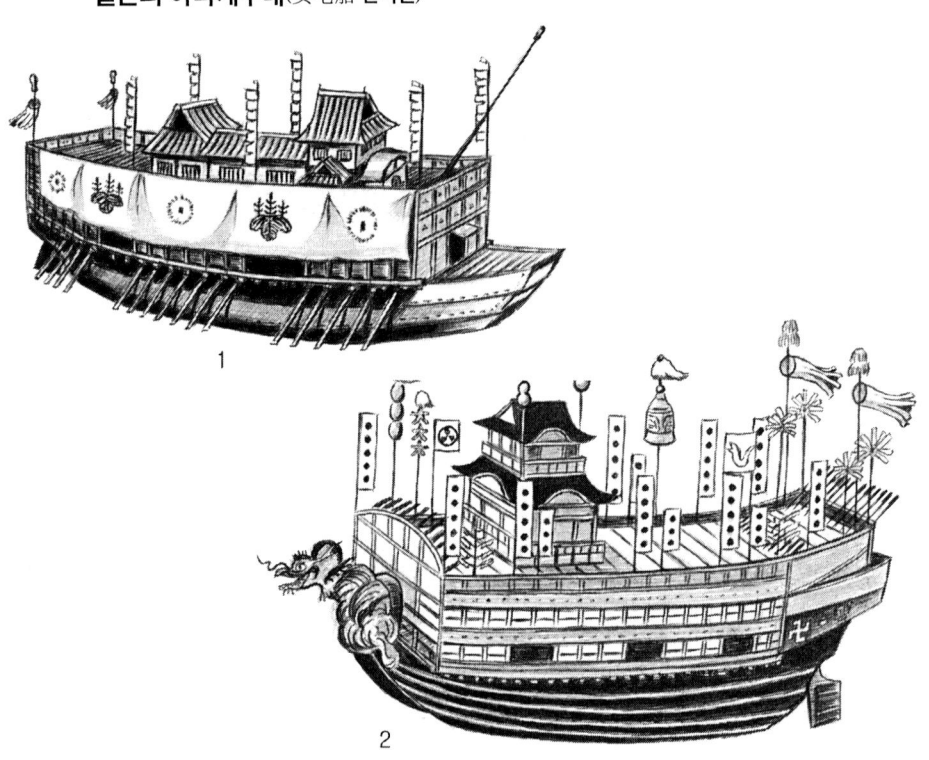

1

2

아타케부네(安宅船)는 지휘용 군선으로 누각이 있는 대형선박이다. 배 밑바닥이 뾰족한 첨저형이고, 상판은 사방으로 견고한 나무 패판으로 둘러싸여 있으며 곳곳에 화살, 총을 쏘기 위한 구멍이 있으며 대포(大砲)를 장비하고 있었다. 노는 크기에 따라 수십 정~150정의 노를 갖추고 있었다고 한다. 노꾼은 선박의 크기에 따라 최소 50명에서 최대 200명, 전투원도 선박의 크기에 따라 최소 수십 명에서 최대 수백 명까지 탑승했다고 한다.

　그림1은 도요토미 히데요시의 대안택선(大安宅船)으로 니혼마루(日本丸)라고 부르는 배이다. 천수각과 상급무사, 하급무사 거취장소 등이 각각 구분되어 있다.

　그림2는 도도 다카토라(藤堂高虎)가 도쿠가와 이에야스에게 하사받은 아타케부네(安宅船)라고 한다.

　임진왜란에 참전한 구키 요시타카(九鬼嘉隆)가 건조한 아타케부네는 길이가 100척(대략30m), 격군(노꾼), 전투원 합쳐 180명이 승선했다고 한다. 조선수군과의 전투에서 돛대가 부러지는 등의 피해를 입었으나 침몰하지 않고 일본으로 무사히 귀국했다고 한다.

　임진왜란 이후 1609년 도쿠가와 이에야스는 대선(大船) 건조 금지령을 내려서 에도시대에는 그 명맥이 끊겼다고 한다.

규슈, 시코쿠, 주코쿠의 다이묘 선박의 돛대 문양(帆印)과 선박 우마지루시(馬印)

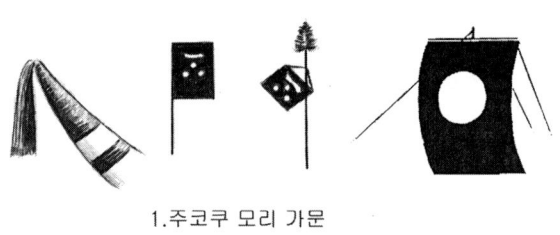

1. 주코쿠 모리 가문

2. 규슈 호소카와 가문

3. 시코쿠 타카마츠번

4. 대마도 후츄번
(돛은 흰색 무지)

5. 규슈 마츠라 가문

6. 규슈 아리마 가문

7. 규슈 고토 가문

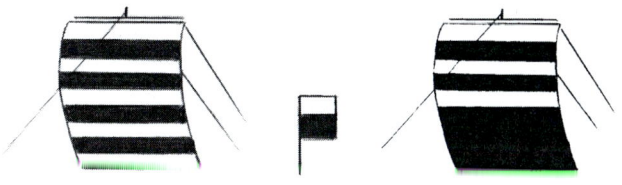

8.규슈 야나가와번, 미이케번 다치바나 가문

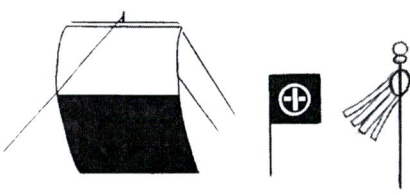

9.규슈 가고시마현 시마즈 가문

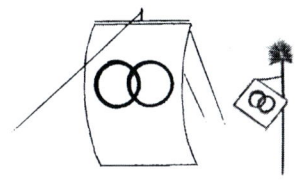

10.아와지 지역 와키사카 야스하루

11.세토나이카이 구루시마 가문

11.가메이 고레노리

12.시코쿠 아와국 하치스카 가문

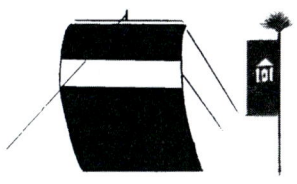

13.규슈 휴가국 이토 가문

이 장은 전라좌수사 이순신의 장계 '당포파왜병장'과 '루이스 프로이스 일본사 74장'과 일본 돗토리현 박물관 보관문서 '관문서'와 주코쿠 모리박물관 보관문서 '모리가문서'와 국립 도쿄 대학교 소장문서 '고려선전기'등을 참고하였다. 임진왜란 당시의 조선 수군은 수십여 차례의 크고 작은 전투를 벌였으며 내용이 너무 방대하므로 이 책에서는 당포, 당항포 해전을 다루고 넘어가겠다. 당포, 당항포 해전은 전라좌수사 이순신(李舜臣)을 비롯하여 경상우수사 원균, 전라우수사 이억기가 최초로 연합수군을 편성하여 싸운 해전이며, 이 전투에서 최초로 거북선의 활약이 보이는 등 임진왜란 초기의 조선 수군의 활약이 돋보이는 해전이다.

임진왜란이 발생하자 경상도 수군은 순식간에 무너졌고, 경상우수사 원균만이 소수의 병력만을 이끌고 전라좌수영에 합류하였다. 당시 경상도 일대에 정박한 일본수군은 부산포를 기점으로 경상도의 각 포구에 배를 정박시켜놓고 대규모로 약탈하기 시작하였다. 일본 수군은 항로사람들(航路衆)이라고도 부르며, 다이묘(大名)가 본인의 영지 해안마을사람을 징집하여 모집을 한 어민들과 왜구(倭寇)출신들로 구성되어 있었다.

1. 조선 측 기록

〈선조실록 1592년 6월 21일, 선조수정실록 1592년 6월〉

상이 용천에 있는데 원균과 이순신의 장계가 올라왔다. 처음에 원균이 이순신과 연명으로 장계를 올리려 했다. 그런데 이순신이 말하기를 '천천히 합시다.'하고는 밤에 혼자 장계를 작성하여 올리면서 원균이 군사를 잃었던 점과 공로가 없다는 점을 모두 진술하였으므로, 원균이 나중에 듣고는 매우 유감스럽게 여겼다. 이때부터 각각 장계를 따로 작성하여 공을 아뢰었는데 두 사람의 사이가 벌어진 것은 이때부터였다.

〈당포파왜병장 唐浦破倭兵狀 1592년 음력 6월 14일 전라좌수사 이순신(李舜臣) 장계〉

이전에 경상도 옥포(玉浦)등지에서 왜선 40여 척을 불태운 일에 대하여는 이미 급보를 올렸습니다. 신의 군관 전 만호 윤사공(尹思恭)을 본영(전라좌수영)에 남겨서 지키게 하고, 수군 조방장 정걸(丁傑)에게 전라좌도의 각 진과 포구의 지휘를 맡기고, (음력)5월 29일 전라좌수영의 전선(판옥선)23척을 거느리고 먼저 출발하여 곧바로 노량으로 왔습니다. 노량에 이르니 경상우수사 원균은 단지 3척의 전선만을 거느리고 와서 합류하였습니다.

6월 2일 왜적의 배가 당포 선창에 정박해 있다는 소식을 듣고 사시(巳時-오전 10시경)에 그곳에 도착하니 왜적300여 명이 성 안에 들어가 분탕질을 하고 있었고, 그 일부는 성 밖의 높은 언덕에서 총을 쏘아댔습니다. 왜적의 배는 판옥선만한 것이 9척이고, 중간 배와 작은 배 합쳐서 12척이 선창에 정박해 있었는데, 그 중에서 큰 배 하나는 층각이 꽤 높았는데, 붉은 휘장을 둘러쳤으며, 휘장 사면에 황(黃)자를 크게 써 놓았습니다. 층각 속에 왜장이 있었는데, 앞에는 붉은 비단으로 덮개를 세워 놓았고, 겁을 내지 않는 듯 했습니다. 거북선을 돌진하여 층각선 밑을 들이받고, 용머리의 입으로 현자총통을 쏘고, 천자, 지자총통으로 대장군전(大將軍箭)을 쏴서 공격하고, 뒤쪽에 있던 판옥선들은 포와 화살을 교대로 돌아가며 쏘게 했습니다. 중위장인 순천부사 권준이 돌진해 들어가 왜장을 쏘아 맞추었는데, 홍양고을 보인(保人) 진무성(陳武晟)이 그의 목을 베어 왔습니다. 나머지 왜적들은 도망쳤는데, 왜적의 수급은 6개이고 왜적의 배들은 모조리 불태웠습니다. 이날 당포에서 접전할 때 우후 이몽구가 왜장 군선에서 찾아낸 금부채 한 자루를 신에게 보냈는데, 부채 한 쪽에 '6월 8일 수길'(秀吉-도요토미 히데요시)이라 서명했고, 오른쪽에는 '우시축전수'(羽柴筑前守-하시바 지쿠젠 카미)다섯 자를 썼으며, 왼쪽에는 '구정유구수전'(龜井流求守殿-가메이 류큐 카미 도노-가메이 고레노리를 뜻한다) 여섯 자를 썼습니다.

6월 2일 당포에서 순천부사 권준이 활로 쏘아 죽인 왜군 장수는 구루시마 수군의 구루시마 미치히사(来島通久)이다. 세토나이카이(瀬戸内海)의 유명한 무라카미(村上)해적의 일족이다.

이날 이몽구가 찾아낸 금부채는 도요토미 히데요시가 가메이 고레노리(龜井玆矩)에게 하사 한 부채이다. '류큐(오키나와)카미 귀하에게.'라고 적힌 것으로 도요토미 히데요시가 주코쿠의 모리(毛利)가문과 평화협상을 하며, 군사를 철수하는 과정에서 영지를 잃게 된 가메이 고레노리에게 미안한 마음으로 상징적으로 하사한 부채이다. 실제로는 규슈 가고시마현 사츠마의 시마즈 가문이 류큐에게 영향력을 행사했었다. 가메이 고레노리는 실제로는 무사시 카미(武藏守)이다. 또한 가메이 고레노리가 이때 전사한 것으로 알려져 있으나, 사실은 그의 부하 장수가 죽은 것으로 가메이 고레노리(1557~1612년 몰)는 정유재란에 다시 수군으로 참전하였고, 1600년 세키가하라 전투에서 동군으로 참전하였다.

6월 4일 전라우수사 이억기가 전선(판옥선)25척을 거느리고 신들이 머물러 있는 곳으로 와서 합류하였습니다.

6월 5일 거제도에 사는 사람7~8명이 작은 배를 타고 와서 반갑게 마중하며 말하기를 '왜적들의 배가 고성의 당항포에 정박하고 있다.'라고 하였습니다. 함대를 이끌고 당항포에 도착하여 전선 4척을 바다 어귀에 매복시키고 소소강(召所江)서쪽 기슭에 이르니 검은 칠을 한 왜선들이 있었는데, 크기가 판옥선만한 것이 9척, 중선4척, 소선13척이 해안에 정박하고 있었습니다. 그 가운데 제일 큰 배 하나는 뱃머리에 3층 누각을 만들었는데, 단청하고 회벽을 칠한 것이 마치 절간 같았고 앞에는 푸른색 일산(우마지루시(馬印)로 추정된다.)을 세우고 누각 아래에는 검은색 비단으로 휘장을 쳤는데, 그 휘장에는 흰색 꽃무늬를 크게 그려 넣었고, 그 휘장 속에는 왜군들이 많이 늘어 서 있었습니다. 또 왜군의 큰 배 4척이 포구 안쪽에서 나와 모였는데 모두 검은색 깃발을 꽂았고, 깃발마다 흰 글자로 '남무묘법연화경'(南無妙法蓮華經)이라고 썼습니다. 왜적들이 우리 군사들을 보고는 총탄을 마구 쏘았는데, 먼저 거북선으로 뚫고 들어가서 천자, 지자총통으로 쏘아 적의 큰 배를 공격하고, 여러 전선들이 교대로 적진을 드나들며 총통과 화살을 쏘게 하였습니다. 왜적들이 도망 갈까봐 일부러 한쪽을 열어놓고 퇴각하는 척하니 과연 왜적의 층각이 있는 대선이 나오는데 검은색 돛을 2개나 달았고, 다른 왜선들은 층각선 양옆에서 날개처럼 호위하며 바다 한가운데로 나왔습니다. 이에 우리의 전선들이 왜선을 포위하며 돌격장이 탄 거북선이 층각선 밑으로 파고 들어가 총통을 쏘아 격파시키고, 여러 전선들이 화전(불화살)을 쏘아 비단 장막과 돛을 쏘아 맞추니 크게 불길이 일어났습니다. 층각 위에 있던 왜장이 화살에 맞아 떨어지니 다른 왜선 4척이 돛을 달고 도망치므로 신과 이억기 등이 거느린 여러 장수들이 그들을 모조리 포위하며 공격을 하니 적들이 배를 버리고 물속으로 뛰어들고, 혹은 기슭을 타고 도망가고, 혹은 산으로 도망갔습니다. 왜선은 전부 불태웠고, 적의 수급 43급을 베었습니다.

이날 검은색 돛대, 검은색 깃발에 남무묘법연화경(南無妙法蓮華經)이라고 적힌 깃발의 함대는 2번대 가토 기요마사(加藤淸正) 직속의 수군이다. 루이스 프로이스의 일본사에 자세히 기록되었다.

6월 6일 새벽에 방답첨사 이순신(李純信)이 급보하기를 '당일 새벽에 당항포 어귀에 도착하여 조금 있으니 전날 도망간 왜선 한 척이 바다 어귀로 나오므로 불시에 공격했습니다. 배에 타고 있는 왜군이 거의 백여 명이나 되었는데 우리배가 먼저 지자, 현자총통과 장편전등을 연이어 쏘자 왜적들은 도망을 치려고 하기에 갈고리를 던져서 바다 가운데로 끌고 가니 왜적들 대부분이 물에 뛰어 들어가 죽었습니다. 이 중에 왜장은 나이가 대략24~25세 쯤 되어 보였으며 용모는 건장하고, 의복은 화려했으며, 칼을 잡고 부하 8명을 지휘하며 두려운 기색 없이 끝까지 항전하기에 첨사가 활을 쏘아 맞추니, 화살을 10여 대나 맞고서야 비명소리를 지르며 물에 떨어지기에 즉시 목을 베었으며 나머지 왜인 8명은 군관 김성옥(金成玉)등이 힘을 합쳐 활을 쏘아 죽인 후 목을 베었습니다. 이 배에는 층각에 커튼을 쳐놓았는데 극히 화려했으며, 방안에는 작은 궤짝이 있었고, 그 안에는 문서가 가득 있었습니다. 그중에는 3천 40명의 왜군 명단이 있었으며(군역 명단으로 시코쿠 아와국 수군 명단이다.) 이외에 갑옷과 창, 칼, 활, 총, 표범가죽, 말안장 등의 물건을 올려 보냅니다.'라고 하였습니다. 왜적의 깃발은 색깔이 각기 다른데, 전날 옥포에 있던 왜적의 깃발은 적색이었고, 사천에 있던 왜적의 깃발은 백색이었고, 당포의 왜적의 깃발은 황색이었으며, 당항포의 것은 검은색인데, 이것은 각기의 부대를 표시하기 위한 것 같습니다.

이날 방답첨사 이순신(李純信)이 물리친 왜장은 5번대 하치스카 이에마사(蜂須賀家政)의 가신 모리 무라하루(森志摩守村春)이다. 시코쿠 아와(阿波)지방의 해적들을 통솔하였다. 영지 3천 석의 성주이며 5번대 하치스카 이에마사의 수군대장으로 참전했다가 당항포에서 전사했다. 임진왜란 당시 하치스카 이에마사는 7,200명의 병력을 동원하여 참전을 했는데 이중 3천여 명 이상이 수군으로 소속 되었다. 이들 아와(阿波)수군들은 창원에 주둔했었다. 오다와라 정벌 당시의 군역장(1589년 12월 5일 기록. 관문서1 菅文書一)에는 하치스카 아와수(蜂須賀阿波守 하치스카 이에마사)의 병력 5천 명 중 절반인 2,500명이 수군으로 편성되었다.

2. 일본 측 기록

무로마치 막부 말기 일본의 수군은 해적(왜구)연합체로 해상에서 통행료를 징수하고 선박을 경호하고, 무역 또는 약탈을 일삼는 무리였으며, 막부(무로마치 막부)의 통제를 벗어난 독립적인 존재였다. 지역 영주(다이묘)들은 지역의 해적들을 편성하여 자신의 수군으로도 활용하였다. 모리(毛利)가문의 휘하로 들어간 무라카미(村上)수군이 대표적이다. 임진왜란 당시 무라카미 수군의 일족인 구루시마(来島)병력과 모리 가문 소속으로 들어간 노우시마(能島)수군의 무라카미 모토요시(村上元吉)등이 병참과 해상운송 등 수군으로 참전하였다. 일본 전국통일을 눈앞에 둔 도요토미 히데요시는 해적금지령(1588년 7월 8일)을 내리고 조선 침략에 앞서서는 군선 건조령(선박 동원령)을 내린다. 1591년 1월 20일 군선 건조령 기록에는 '각 지역 10만 석에 큰 배 2척씩 건조 할 것, 직할지는 10만 석에 대선(大船)3척, 중선(中船)5척씩 건조할 것과 선두(船頭)는 100가구에 10명씩 모집할 것.'이라고 적혀있다. 다음은 임진왜란 초기의 일본 수군의 기록들 중 일부이다.

〈관문서2 菅文書二〉
스가다이라 우에몬(菅平右衛門)등 4부자는 경고선봉행(警固船奉行)으로서 (조선에서의 여러 장수들의)전공을 그대로 보고하도록 하라. 만약 승낙 없이 행동하는 자는 즉시 보고 하라. 1592년 7월 17일 도요토미 히데요시 도장낙인 문서.

스가다이라 우에몬(菅平右衛門 스가다이라 다쓰나가)는 아와지(淡路島)수군으로 250명을 이끌고 왔다. 도요토미 히데요시 정권에서 1만 5천 석의 영주였다. 그의 임무는 수송 선단의 호위와 감시, 통제이고 그의 아들을 포함하여 4부자가 출전하였다.

〈모리가문서876, 877 毛利家文書876, 877〉

모리 데루모토(毛利安芸守)소속의 대마도, 조선 간의 수송선 90척을 귀환시킬 것을 통지.
또한 조선에 출병한 여러 장군 소속의 함선과 상인의 배를 모두 히젠 나고야로 귀환시킬 것을 통지. 1592년 4월 26, 4월 28일 도요토미 히데요시 명령서.

상인들은 군대의 보급과 지원 등을 위해 동행을 했었고 전쟁노예의 매매 등에도 관여를 했었다.

〈나베시마가문서35 鍋島家文書35〉

나베시마 나오시게(鍋島加賀守)소속의 대마도, 조선 간의 수송선 60척을 귀환시킬 것을 통지. 이키섬, 히젠 나고야 간의 선박은 나고야 재진 병력이 항해하기 위한 준비를 해야 할 것을 명령. 1592년 4월 26일 도요토미 히데요시 명령서.

〈루이스 프로이스 일본사 제74장 일본 측 전황의 악화-당포, 당항포 해전〉

관백(도요토미 히데요시)이 교토에서 나고야로 온 뒤 발견된 배는 모두(조선 출병에) 동원시켰다. 관백의 명령에 따라 히젠국 나고야에 집결한 크고 작은 배는 8천여 척이 넘었다. 이런 계획으로 15만 명의 병사들을 조선으로 차례차례 도해시켰으며, 조선으로 간 선박들은 일본으로 다시 돌아오도록 명령하여 타고 돌아올 배가 없도록 했다. 조선 수군의 배는 튼튼하고 거대했으며 화약과 총통 등이 잘 갖춰져 있었다. 조선 수군은 일본군을 만나면 습격하고 약탈하면서 해적질을 하며 돌아다녔다. 관백(도요토미 히데요시)의 주요 지휘관인 가토 기요마사와 아와국(阿波國)의 영주(5번대 하치스카 이에마사를 뜻한다.)는 조선군이 바다에 출몰하며 노략질한다는 보고를 받고 자신들이 거느리고 온 300척의 배로 구성된 대군을 보내기로 했다. 일본군은 우수한 군사력과 많은 수의 선박만을 믿고 출발했으나, 조선 수군은 튼튼한 선박과 화포로 공격하며 일본 수군을 고전하게 만들었다. 조선군은 일본군이 도망가지 못하게 튼튼한 쇠사슬로 만든 갈고리를 던져 잡아놓고 사방에서 대포와 화살 등으로 돌아가며 공격을 했다. 이 해전에서 가토 기요마사의 중요한 장수 한 명이 전사했다. 또한 아와국의 또 다른 장수는 패배하자 조선군에게 잡히기 전에 할복했다. 이 해전에서 일본군은 70여 척의 일본 함대를 잃었고 상당수의 병사들을 잃었다고 한다. 일본군은 해전에 대한 지식이 거의 없었으며 조선과의 해전에서는 항상 최악의 상태였다.

당시 일본 수군은 가볍고 빠른 세키부네(관선)를 이용하여 상대방 배를 추격해서 승선하여 전투를 벌이는 방식이었고, 조선 수군은 무겁고 튼튼한 판옥선을 이용하여 가까운 거리에서 교대로 총통과 화전(불화살)을 일시에 퍼붓는 방식이었다. 다음은 1592년 7월 28일에 부산포에서 도노오카 진자에몬(外岡甚左衛門)이 기록한 문헌으로 임진왜란 초기의 해전양상을 기록한 것이다.

〈고려선전기 高麗船戰記〉
부산포에는 조선 공격의 선봉인 고니시 유키나가, 가토 기요마사의 선박과 주코쿠(中國)지역의 선박 등 1천여 척이 정박하고 있었다. 이때 적(조선 수군)의 크고 작은 함선 70~80여 척이 함께 몰려다니며 석화시, 봉화시 등으로 일본수군의 선박을 보는 대로 공격하였다. 6월 7일에는 시코쿠(四國)소속의 대소 번선 60~70여 척이 당하고 6월 10일에는 가토 기요마사의 대소 선박 50여 척이 망했다고 한다. 가토 기요마사 관하의 선박들은 날이 밝기도 전에 기습공격을 당하여 대선 14~15척, 이외 34~35척 이상이 당했다고 한다. 따라서 조선수군의 공격에 대비하여 구키 요시타카(九鬼大隅守)와 가토 요시아키(加藤左馬介), 와키사카 야스하루(脇坂中務少輔) 등이 6월 28일에 합류하였다.

7월 6일 와키사카 야스하루(脇坂中務少輔)가 수군 60~70척의 함대를 이끌고 먼저 출발하여 적 번선(조선 수군)70~80여 척과 합전을 벌였다고 한다. 따라서 동6일(7월 6일) 우리는 부산포를 출발하였다. 7일에 가덕도에 도착, 8일에 안골포의 오도(烏島)포구에 도착하였다. 7월 9일(조선력 1592년 7월 10일) 진시(오전 8시)에 조선군의 대선(大船)58척과 소선(小船)50여 척이 공격해 왔다. 조선군의 대선 중에 3척은 맹선(盲船 장님배, 거북선을 뜻한다.) 이며 쇠로 둘러 덮었는데, 석화시, 봉화시 등을 쏘며 유시(오후 6시)까지 교대로 돌아가며 달려들어 공격을 하니 (타고 있던 배의)층각, 복도, 난간의 방패(갑판 방패판)에 이르기까지 모조리 부서지고 말았다. 조선군의 석화시는 대포(총통)이며, 봉화시는 5척 6촌의 커다란 나무 목재에 끝부분을 철로 둥글게 붙인 것이다. 이와 같은 큰 나무 통을 화포에 넣고는 5간(間) 또는 3간(間)까지 가까이 다가와서는 교대로 쏘아대는 것이다.(1간은 1.8m이다.) 일본배는 철포(조총)와 석화시(대포)로 조선수군을 공격했으나 조선수군의 석화시(대포)가 더 많았다. 아군은 실제로 석화시가 모두 합쳐서 240~250

정으로 일본배에는 석화시가 각각 1정뿐이었다. 따라서 일본군 전사자가 많이 발생하여, 나중에 본국(일본)에서 대책으로 대철포 300정, 옥약(화약) 등을 추가로 보내왔다. 1592년 7월 28일 부산포에서 도노오카 진자에몬(外岡甚左衛門), 69세의 어리석은 노인이 그동안 본 것을 기록하여 남긴다.

〈도도 다카토라(藤堂高虎)에게 보내는 히데요시 서신-1592년 7월 16일〉

-기후재상(岐阜宰相 도요토미 히데카츠)을 대장으로 하여 거제도 성을 튼튼히 방비하게 하고, 구키 요시타카, 와키사카 야스하루, 가토 요시아키, 스가다이라 우에몬, 기이국(紀伊国)사람들 등의 번선(番船)을 차례로 배치하여 적의 공격에 대비 할 것.

-적선(조선 판옥선)보다 큰 대선(大船)을 만들 것. 또한 배 둘레도 튼튼히 방비할 것.

-(일본에서 보낸)대포 3백 정을 대선에 골고루 배분하여 배치할 것과 화약도 동일하게 준비할 것.

〈관문서4 菅文書四〉

스가다이라 우에몬(菅平右衛門 스가다이라 다쓰나가)의 조선 판옥선 2척 나포의 건(敵大船二艘乘取の件) 지난 달 2일 적의 수영소속의 번선(番舟), 대선(大船 판옥선)2척이 출현하여 항로사람들(船手衆)이 올라타서 사로잡았습니다. 그런데 소문에 의하면 (조선 판옥선을)서로 취하려고 다투었다고 합니다. 필경 도도 다카토라(藤堂佐渡守)와 구키 요시타카(九鬼大隅守)

두 사람일 것입니다. 1593년 3월 6일 도요토미 히데요시 도장낙인 문서.

⟨깃카와 가문 문서783 吉川家文書783⟩
병참전선의 파탄과 뱃사공 과반수 사망의 일. 고려국(조선)에 출병한 뱃사공의 과반수가 죽어서 부족하니, 16세~60세의 사람으로 좀 더 모집하여 나고야에 집결시킨 후, 조선으로 보낼 것을 부탁하다. 1593년 2월 5일.

⟨시마즈 가문서369 島津家文書369⟩
시마즈 요시히사(島津義久)에게, 고려(조선)에 출전한 선두(船頭), 수부(水夫) 과반수가 죽어서 새로 선두와 수부를 모집하여 시마즈 가문 봉행을 붙여 히젠 나고야에 집결시켜 조선으로 항해 할 것을 명령. 또한 조선에 도착한 배는 다시 나고야로 귀환할 것을 명령. 1593년 2월 5일.

제9장
1차 평양성 전투

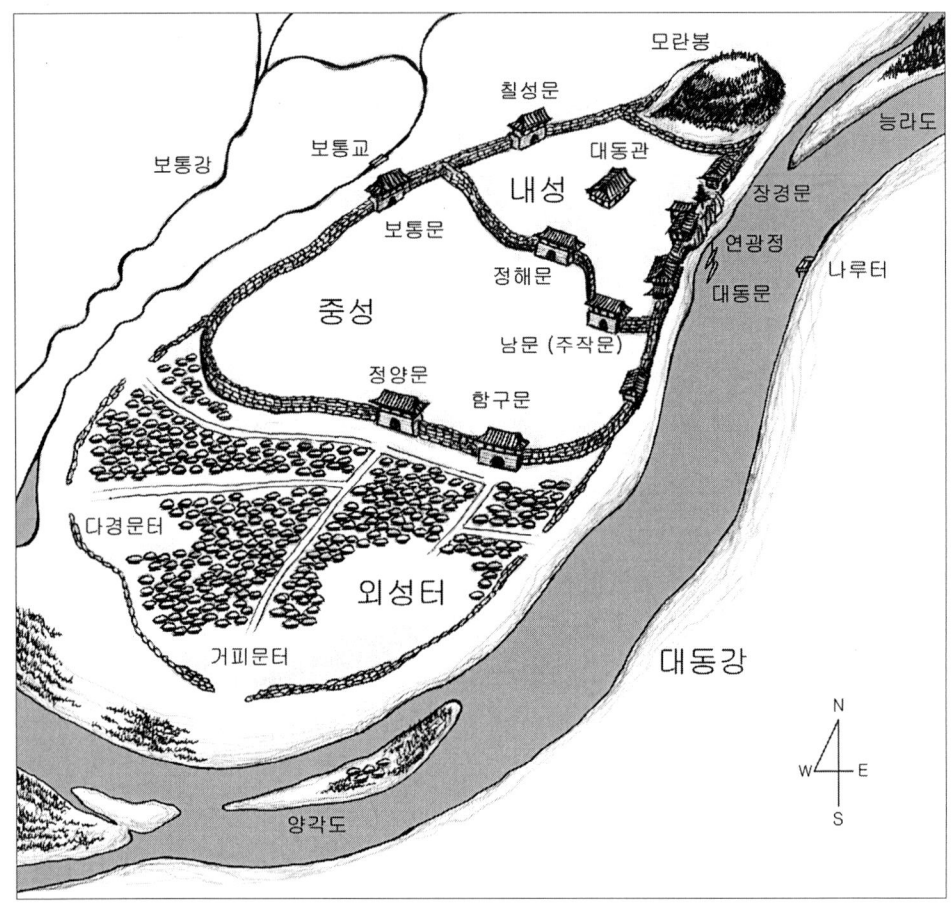

〈평양성 추정도〉

고구려 시대의 도성으로 고려, 조선 시대에 수차례 개축하였다. 계획적으로 구획을 나눠 축성한 구조이다. 크게 북성(모란봉), 내성(왕궁터), 중성(관청터), 외성(일반 백성거주지)으로 되어 있다. 외성은 기본적으로 토성(土城)으로 감독의 역도 했다고 한다. 왕성탄은 왕성(평양성)을 끼고 있는 여울이란 뜻이다. 능라도 위쪽에 있으며 깊이가 얕아서 가뭄에는 능히 걸어서 건너갈 수 있다고 한다.

평양성 전투

1592년 음력 6월 8일 왜군의 선발대가 평양성의 대동강 가에 도착하였다. 선조는 다시 평양을 떠날 준비를 의논하였다. 명나라 조정에서는 왜군의 쾌속진격을 의심하여 그 진위를 파악하기 위하여 요동도사(遼東都司) 휘하의 요동진무(遼東鎭撫) 임세록(林世祿)과 최세신(崔世臣)을 급히 파견하였다. 당시 명나라에서는 조선의 국왕이 이미 평양성에 도착했다는 것을 매우 의심하여 조선이 거짓으로 임금의 행차를 가장하여 왜군의 길잡이가 되어 온다는 의심까지 했었다. 다음은 서애 류성룡의 징비록과 선조실록에 기록된 당시 상황이다.

1. 조선 측 기록

〈징비록〉

요동도사(명나라 요동성의 군정을 맡은 관직으로 총병관)가 요동진무(무관직) 임세록(林世祿)을 왜적의 실정을 탐색하기 위하여 우리나라로 보냈는데, 이 날 임금의 명령을 받아 명나라 장수를 접대하게 되었다.(선조 수정실록에는 6월 10일로 기록되어있다.)

임세록은 나(류성룡)와 함께 평양성 연광정에 올라가 왜적의 형세를 살펴보았다. 왜군 한 명이 강 동쪽 숲속에서 나와 잠시 나타났다. 조금 후에 왜군 두세 명이 잇달아 나와서 앉기도 하고 서기도 했는데, 그 태도가 태연하여 마치 길 가다가 쉬는 것 같았다.

내가 임세록에게 이것을 가리켜 보이면서 "이것은 왜병의 척후입니다." 하니, 임세록은 기둥에 기대어 바라보고는 믿을 수 없다는 기색을 보이고서 "왜병이 어찌 저렇게 적을 수가 있겠소" 하였다. 그래서 나는 "왜적은 교묘

한 수단으로 남을 속이는데, 비록 많은 군사가 뒤에 있더라도 먼저 와서 정탐하는 자는 몇 놈에 지나지 않습니다. 만약 그 적은 숫자만 보고 그들을 깔본다면 반드시 왜군의 속임수에 빠지게 될 것입니다" 하였다. 그러자 임세록도 고개를 끄덕이며 "그렇군요." 하고는 본국(명나라)에 보고하기 위해 말을 타고 돌아갔다.

이후에도 요동 순안어사(巡按御史)가 송국신(宋國臣)을 보내어 자문을 전달했는데 그 내용은 '나라가 그 모양이 되었는데 어찌 조선 8도의 관찰사의 한마디 말도 언급함이 없고, 어느 날에 어느 진영이 함락되었는지, 장수는 몇 사람이며 적의 규모는 어떤지, 또한 세자를 정하는 일에 장자는 어디가고 어찌하여 둘째 아들로 세자(광해군)를 삼았는지 하나하나 자세히 기록하여 보고하라.' 하는 등 명나라에서는 한동안 조선과 일본이 공모한 것으로 의심하였다.

〈선조실록 음력 6월 9일, 연려실기술 선조조 고사본말 15권, 징비록〉

음력 6월 8일 강 건너에 왜적 한 명이 나무 끝에 종이(편지)를 달아 모래 바닥에 꽂아 놓고 돌아갔다. 우리는 화포장 김생려를 시켜 작은 배를 타고 가서 그것을 가져오게 하였다. 그 종이에는 '조선국 예조판서 이공께 올립니다.'라고 적혀 있었다. 이것은 이덕형(李德馨)에게 보내온 편지였다. 왜적이 이덕형을 만나 강화를 위한 의논을 하자는 것이다. 9일에 이덕형은 작은 배를 타고 강위에서 평조신(야나가와 시게노부柳川調信)과 현소(겐소 玄蘇)를 만났다. 서로 인사를 나누자 현소가 먼저 말을 했다. "일본이 길을 빌려 중국에 조공을 하려는데 조선이 이를 거절하므로 일이 이 지경이 되었습니다. 지금이라도 길을 내어 중국으로 가도록 하게 한다면 서로 무사할 것입니다." 하였다. 그러자 이덕형은 책망을 하며 말하기를 "만일 그렇다면, 먼저 그대들의 군대를 철수시킨 이후에 다시 강화를 의논합시다." 하였으나 평소신 등의 인사가 매우 공손하지 못했다. 이리하여 더 이상의 의논 없이 서로 헤어지고 말았다.

10일에 (임금의) 행차가 떠나려 하는데 궁녀들이 먼저 나가니 평양성의 백성들이 난을 일으켜 도끼와 몽둥이를 가지고 길목에서 기다리고 있다가 공격하니 호조판서 홍여순 등이 상처를 입고 말에서 떨어졌다. 평안도 감사 송언신이 주동자 3명을 베니 나머지는 흩어졌다.

음력6월 11일, 임금께서 평양을 떠나 영변으로 행차하셨는데, 조정에서는 좌상 윤두수에게 명하여 도원수 김명원과 평안도순찰사 이원익 등을 거느리고 평양을 지키도록 했다.
이날 적군이 성을 공격했다. 좌상 윤두수, 도원수 김명원, 순찰사 이원익과 류성룡은 연광정에 있었고, 평안도 감사 송언신은 대동문을 지키고, 평안도 병마절도사 이윤덕은 부벽루 뒤쪽 강여울을 지키며, 자산 군수 윤유후 등은 장경문을 지키고 있었다. 성안에 있는 군사와 민정들은 모두 3천~4천 명인데 성가퀴에 나누어 배치했으나, 대오가 정돈되지 못하여 성 위에 사람이 빽빽한 데도 있고 드문드문한 데도 있었다. 을밀대 근처 소나무 가지에 옷을 여기저기 걸어놓고 군사가 있는 것처럼 보이게 했다.

강을 사이에 두고 바라보니 적군 또한 그다지 많지 않았다. (강 건너)동대원 언덕에 일자진을 치고 붉고 흰 깃발을 벌여 꽂았는데 마치 우리나라 만장을 세워놓은 모양과 같았다. 왜적이 말 탄 군사 10여 명을 출동시켜 양각도를 향하여 강물 속으로 들어서니, 물이 말의 배에까지 찼다. 모두 말고삐를 잡고 나란히 서서 강을 건너올 것 같은 행동을 보였으며, 뒤에 있는 나머지 군사들 중에는 서너 사람씩 큰 칼을 메고 있었는데, 햇빛이 칼날에 비치자 마치 번개처럼 번쩍번쩍 거렸다. 또 왜적 6~7명이 강변에서 평양성을 향하여 조총을 쏘았는데, 그 소리가 매우 웅장하였다. 탄환이 강을 건너 성안에까지 떨어졌는데, 멀리 오는 것은 대동관까지 날아와 기왓장 위에 떨어졌으니 거의 천여 보나 날아온 셈이고, 성루 기둥에 맞은 것은 깊이가 서너 치나 뚫고 들어가기도 했다.

도원수 김명원이 활 잘 쏘는 사람을 동원하여 날랜 배를 타고 강 가운데서 적병을 향해 쏘았는데, 배가 동쪽 언덕에 점점 가까워지자 적병도 물러나서 피했다. 이때 우리 군사가 배 위에서 현자총통을 쏘았는데, 화전(불화살)이 날아가니 강 건너의 왜적들이 쳐다보고 모두 큰 소리로 떠들면서 흩어졌다가 화전이 땅에 떨어지자 앞 다투어 모여들어 구경했다.

처음에 왜적은 강 모래위에 십여 곳으로 나누어 군막을 치고 있었다. 그러나 강을 건너지 못하고 여러 날이 지나도록 주둔하고 있으니 경비가 허술했다. 도원수 김명원은 영원군수 고언백, 벽단첨사 유영경에게 정병 400여 명을 주어, 새벽에 강을 건너 적을 기습공격 하도록 명령을 내렸다. 부벽루 아래 능라도 나루에서 몰래 배를 타고 건너게 했다. 처음에 삼경

(밤 11시~새벽 1시)에 적을 치기로 약속했다가 그만 시간을 놓쳐서 강을 건넜을 때는 이미 먼동이 환하게 트였다. 적의 장막 속을 보니 왜적이 아직 일어나지 않았으므로, 맨 앞의 장막에 쳐들어가자 적병이 놀라서 큰 소동이 일어났다. 우리 군사들이 활로 왜적을 많이 쏘아 죽였으며, 토병 임욱경은 앞장서서 힘껏 베 우디기 죽였으며 적의 말 3백여 필을 빼앗았다.

조금 후에 여러 진의 왜적이 모두 일어나 많은 군사가 한꺼번에 몰려오자, 우리 군사는 후퇴하며 다시 배를 타려 했다. 그러나 배 위에 있는 사람들은 왜적이 가까이 뒤쫓아 오는 것을 보고 강 복판에서 강가에 대지 않아 물에 빠져 죽은 사람이 수없이 많았다.

조선군이 기습 공격한 왜군은 제1번대 소속의 대마도주 소 요시토시의 군대이다. 선조실록에는 군관 김진(金珍)등 토병 100여 명이 11일 밤에 강을 건너 왜적 수백여 명을 죽이고 말 133필을 빼앗았으나 토병 30여 명이 왜군에게 추격당하여 강변에서 모두 빠져 죽었다고 기록되어 있다. 나중에 추격해온 뒤쪽의 여러 진영의 왜군들은 후방에 있던 제1번대 고니시 유키나가와 제3번대 구로다 나가마사의 주력부대이다.

나머지 군사들이 왕성탄으로 도망치며 얕은 곳을 골라 허겁지겁 강을 건너오자, 왜적은 비로소 물이 얕아서 건널 수 있음을 알았다. 이날 저녁에 많은 왜적들이 여울을 따라 건너오는데, 여울을 지키는 우리 군사들은 감히 화살 하나도 쏘지 못하고 모두 흩어져 달아났다. 왜적은 이미 건너와서도 평양성 안에 방비가 있는지 의심해서 머뭇거리고 가까이 오지 못했다.(왜군은 모란봉에 올라가 한참동안 관망하다가 성이 비고 사람이 없음을 알고 이튿날 비로소 성에 들어왔다.) 이날 밤에 윤두수와 김명원은 성문을 열고 성안 사람들을 모두 내보냈으며, 병기와 화포를 풍월루 못 속에 가라앉히고, 윤두수 등은 보통문으로 나와 순안에 도착했는데, 뒤따라오는 적병은 없었다. 종사관 김신원은 혼자서 대동문으로 나와 배를 타고 물을 따라 강 서쪽으로 향해 도망갔다. 이전에 임금이 평양에 이르러 조정에서는 여러 고을의 곡식을 거두어 평양으로 보내어 쌓아두게 했는데, 창고에 쌓아 놓은 곡식 10여 만석이 그대로 왜적의 수중으로 들어가고 말았다. 이 소식을 듣자 임금과 내전 행차는 밤새워 가산으로 향했다.

〈선조실록 1592년 음력 6월 15일〉

음력 6월 15일 상이 박천에 있었다. 이날 이원익 등이 그의 종사관 이호민을 보내어 급보를 아뢰도록 하니, 상이 인견하였다. 종사관 이호민이 아뢰기를 "신이 (평양)모란봉에서 바라보니 왜적이 5행렬로 강을 건너오는데 칼날이 번쩍거렸습니다. 요사이 몹시 가물어서 강여울이 얕아졌기 때문에 건널 수 있었습니다. 오는 도중에 보니 강여울의 방어가 무너져서 대다수의 군사가 흩어졌습니다. 강을 건너온 왜적은 기마 2백여 기(騎)쯤 되며 이천과 이원익은 순안으로 후퇴하여 흩어진 병졸들을 수습하고 있습니다."라고 하였다. 이 소식을 듣고 이날 밤에 상이 박천을 떠나 가산으로 출발하였다.

순검사 한응인과 평안도 감사 송언신의 치계에 의하면 왜군이 능라도, 왕성탄으로 건너온 것은 음력 6월 14일 신시(申時-오후 3~5시경)이다. 선조는 16일에 가산에 도착하였고 이어서 17일에는 정주, 18일에는 선천 등을 거쳐 21일에 용천에 머물고 있었는데 이때 원균, 이순신의 승전보가 도착하였다. 22일에 선조는 의주에 도착했다. 의주 목사가 머물던 곳을 임시 행궁으로 삼았는데 마치 산속의 황막한 절간과 같았다고 한다.

2. 사초(史草)를 불태우고 도망간 사관(史館)들
선조 수정실록 1592년 음력 6월 1일, 연려실기술

선조때 신흠(申欽)의 상촌휘언(象村彙言)에는 "임진왜란 당시 사관 조존세, 박정현, 김선여, 임취정이 사초를 불태우고, 도망갔기 때문에, 임란 일어나기까지 25년간의 기록이 깜깜하게 되었다"라고 기록되어있다. 사건 내막은 이렇다. 예문봉교 조존세(趙存世), 검열 김선여(金善餘), 승정원 주서 임취정(任就正), 박정현(朴鼎賢) 등 좌, 우사관 직분으로 처음에는 선조의 몽진길을 호종하며 곁을 지켰다고 한다. 그러나 요동까지 가야 한다는 의논이 결정되자, 짊어지고 다니던 사초책을 구덩이에 넣고 불을 지른 뒤, 밤에 모두 사라졌다고 한다.(6월 12일 안주 운암원에 이르러 사관을 부르니 이미 도망가고 없었다고 한다.) 선조는 "김선여가 탄 말이 허약한데, 걸어서 오느라 뒤에 처졌는가." 하며 사관이 어디에 있느냐고 물었으나, 모두들 보지 못했다는 것이다. 그들이 도망간 것을 알아차린 선조는 참담해 했다고 한다. 이들은 모두 명문가의 자손들이었고, 촉망받던 젊은 신진 사람들이었다. 이 중 김선여(金善餘)만 일찍 죽고, 나머지 조존세(趙存世), 임취정(任就正), 박정현(朴鼎賢)은 나중에 다시 등용되어 광해조, 인조대에 대관(大官)이 되었으니 당시의 인사정책 수준이 이와 같았다.

3. 일본 측 기록

〈구로다 나가마사기 黑田長政記〉

고니시 유키나가(小西行長)는 평안도의 통치를 배치 받았다. 평안성(평양성)은 조선의 국왕이 칩거하고 있다고 한다. 구로다 나가마사(黑田長政)는 고니시 유키나가와 서로 상의하여 함께 평안도로 들어갔다. 전과 동일하게 이번의 선봉도 고니시 유키나가의 병력들이었다. 오오토모 요시무네(大友義統)의 군대는 강의 상류로 선회하였다. 평양성의 강변(대동강)에 이르러 고니시 유키나가의 병력들은 강변에 군막을 쳐서 (여러 날)숙박하였는데, 새벽에 조선군이 배를 타고 몰래 강을 건너와 고니시 유키나가의 진영을 습격하였다. 이 소식을 듣고 구로다 나가마사는 선수(先手)의 병력을 소집하여 고니시 유키나가의 진영을 도와주기 위해 달려갔다. 구로다 나가마사는 고니시 유키나가의 병력과 함께 조선군을 공격하여 몰아냈으며 도망가는 조선군을 대동강까지 추격하였다. 이때 구로다 나가마사는 오른 팔에 적이 쏜 화살을 맞아 부상을 입었다. 구로다 나가마사에게 화살을 쏜 조선군을 잡아다가 사지를 베어버렸다. 조선의 국왕은 이미 아침에 평양성을 버리고 퇴각했다고 한다. 구로다 나가마사는 다음날 고니시 유키나가의 군대와 함께 평양성에 입성하였다.

사실은 조선의 국왕이 평양에서 퇴각한 것은 6월 11일이고, 이날 공격받은 진영은 고니시 유키나가(小西行長)휘하의 대마도주 소 요시토시(宗義智)의 진영이다. 대마도지(対馬島誌)와 일본전사 조선역(日本

戰史 朝鮮役)에 의하면 이날 전투로 대마도주 소 요시토시(宗義智)의 특대장(侍大將) 스기무라 토모키요(杉村智淸)와 구로다 나가마사(黑田長政)의 부하장수 구로다 지로베에(黑田次郞兵衛)등이 전사하였다. 스기무라(杉村)가문은 대마도주 소(宗)가문의 서자 계통으로 대마도의 중신 가문이었다.

제10장

2차 평양성 전투(명 1차 파병)

선조는 수차례 명나라에 사신을 파견해 지원군을 요청하고, 명나라 황제 신종(明神宗)은 요동 부총병 조승훈(祖承訓), 참장 곽몽징(郭夢徵), 유격 사유(史儒), 대조변(戴朝弁), 왕수신(王守臣) 등을 파견하였다. 당시 류성룡은 명나라 지원군의 군량미와 청천강과 대령강에(대정강 혹은 박천강 이라고도 함.)부교를 만들어 명나라 군이 쉽게 도강할 수 있게 준비하는 등 후방지원을 위해 안주에 와 있었다. 도원수 김명원은 숙천에, 순찰사 이원익, 병마절도사 이빈은 순안에 주둔하고 있었다. 명나라 요동 부총병 조승훈(祖承訓)은 명나라 병력 3,000명을 이끌고, 순안에서 도원수 김명원의 조선군사 3,000명과 합류했다. 선조 수정실록에는 부총병 조승훈의 병력이 마병(기병) 3,000명이라고 기록되어 있으나, 징비록에는 병력 5,000명이라고 기록되어 있다. 선조실록 7월 9일 기록에는 3,500명으로 기록되어 있다.

당시에 평양성에는 왜군 1번대 고니시 유키나가와 왜군 3번대 구로다 나가마사가 주둔 중이었는데, 왜군 3번대 구로다 나가마사는 평양성에서 철수하고 황해도 쪽으로 이동하였다.

왜군 3번대 병력이 평양성에서 철수하고 황해도 쪽으로 이동하는 것을 "왜군 주력부대가 한성 쪽으로 철수하는 것."으로 잘못판단하고(순안 군수 황원의 보고내용) 요동 부총병 조승훈은 곧바로 평양성 공격명령을 내렸다. 조, 명 연합군은 음력 7월 17일 3경(자시/오후 11시~오전 1시)에 순안에서 출발하여 평양성에 노삭아었다. 때미침 큰 비가 왔고, 성위에는 수비하는 왜군이 없었으므로, 명나라 군사들은 칠성문으로 곧장 들어갔다.

1. 조선 측 기록

〈서애집, 연려실기술 제16권〉

이때 명나라 조정에서는 의논이 일치하지 않았다. "외국끼리 서로 싸우는데 중국이 굳이 구원할 필요는 없으니 다만 압록강을 굳게 수비하면서 그 형세를 지켜보자." 하였는데 오직 병부 상서 석성(石星)만이 "조선을 구원하지 않으면 안 된다. 먼저 병기와 화약 등을 보내주자."고 청하니 과도관(科道官)이 "군기와 화약을 외국에 주는 일을 금하는 것은 고황제(명 태조)의 법이니 어길 수 없다." 하였다. 그러나 병부 상서 석성이 극력 말하기를 "외국이라고 한 것은 먼 곳에 있어서 중국에 아무런 영향을 줄 수 없는 것을 가리키는 것이고, 조선은 사정이 국내와 같아서(가까워서)만일 왜적이 장기간 조선에 주둔하면서 요동을 침범하고 이어서 산해관을 침범하면 곧 북경이 위험하게 될 것이니 어찌 다른 나라의 일과 같이 논의할 수 있단 말인가." 하였다. 이리하여 명나라 조정의 논의가 결정되었던 것이다.

명나라 조정에서는 먼저 은2만 냥을 조선에 보내어 군량 등의 비용으로 사용하게 하고, 부총병 사대수(査大受)와 보병3천 명을 보내어 의주에 주둔하며 선조의 행궁을 호위하게 하였다.

〈징비록, 서애집〉

7월에 요동 부총병 조승훈(祖承訓)이 군사 5천 명을 거느리고 사유(史儒)를 선봉장으로 삼고 강을 건너와 구원하게 되었다. 조승훈은 원래 요동지역의 용장으로서 수차례 북쪽 오랑캐를 섬멸한 공이 있었으므로 이번에도 왜군을 반드시 섬멸할 수 있다고 하며 가산에 도착하여 우리나라 군사에게 "평양의 왜적이 아직 물러가지 않았는가?" 하고 물었다. 이에 우리병사가 아직 물러가지 않았다고 답하니, 조승훈이 술잔을 들고 하늘을 우러러 보며 말하기를 "이것은 반드시 하늘이 나에게 큰 공을 세우도록 한 것이다." 하였다. 밤에 조승훈이 순안에서 군사를 출발시켜 평양에 진군하니 마침 큰 비가 왔다. 곧 칠성문을 공격하니 왜적이 성안에서 갑자기 뛰어나와 조총을 마구 발사하였다. 사유가 먼저 탄환에 맞아 죽고, 대조변, 장세충, 마세융도 모두 죽었다. 조승훈은 겨우 도망쳐 나머지 군사를 거두어 하룻밤에 2백리를 달려 안주에 이르러 말하기를, "사유격(史遊擊)이 총상으로 죽고, 또 비가 오니 마땅히 병력을 증원하여 다시 와야겠다." 하고는 요동으로 돌아갔다. 이에 적의 기세는 더욱 교만해져서 우리 군중(軍中)에 글을 던졌는데, "양(羊)이 호랑이(虎)를 공격한다."는 말이 있었고, "곧 서쪽으로 가서 의주(義州)를 쳐야겠다."고 큰 소리로 외치니 민심이 어수선하였다.

선조실록 1592년 7월 20일 기록에는 음력 7월 17일 동틀녘에 평양성에 포를 쏘며 돌진하였다고 기록하고 있다.

〈선조 수정실록 1592년 7월〉

요동에서 먼저 조승훈 등을 보내어 마병(馬兵)3천 명을 거느리고 오게 하였다. 이때 윤근수가 접반사가 되었다. 순안에서 0경(깨 11오후 11시~오전 1시)에 군사를 출발시켜 곧바로 평양성에 도착했는데 도원수 김명원이 장수를 파견하여 조선군 3천여 명도 따르게 하였다. 갑자기 명나라 군사가 평양성에 도착하자 왜군은 당황하여 성을 지키지 못하고 성안에 웅거하며 군사를 잠복시키고 기다리고 있었다. 곧 명나라 군대가 칠성문으로 들어가니 왜적이 좌우에서 일제히 총을 쏘아대었다. 마침 많은 비가 내려 땅이 진창이 되어 명나라 군사와 말이 진창에 빠졌는데 유격 사유가 먼저 탄환에 맞아 전사하였다. 조승훈은 급히 퇴각하였으나 후군은 대부분 살상을 당하였고, 대조변(戴朝弁), 천총 장국충(張國忠), 마세륭(馬世隆) 등도 모두 탄환에 맞아 전사하였다.

조승훈은 나머지 군사를 거두어서 말을 타고 안주에 이르러, 조선 역관에게 "우리군사가 오늘 싸움에서 왜적을 많이 죽이기는 했으나, 불행히 유격 사유가 전사하였으며, 날씨 또한 좋지 않아 적병을 섬멸하지 못했으니, 군사를 더 보충하여 다시 올 것이다. 너희 재상에게 동요하지 말도록 하여라." 하고 요동으로 돌아갔다. 우리 군사들도 중국 군사를 따라 퇴각하였는데 적이 추격하지는 않았다. 도원수 김명원(金命元) 등은 그대로 순안에 주둔하였다. 그런데 조승훈이 요동에 가서 무고하기를 "한참 전투할 때에 조선 군사들이 적진에 투항하였기 때문에 전투가 불리하였다."고 하였으므로 상이 사신을 파견하여 의혹을 풀게 하였다.

⟨선조실록 1592년 7월 26일⟩

상이 (의주)행궁의 동헌에서 예조판서 윤근수를 인견하였다.

상이 말하기를 "중국장수(조승훈)가 패하고는 도리어 우리나라에게 탓을 돌리니 국사가 불행하게 되었다." 하니 윤근수가 아뢰기를 "우리나라 관원 중에 한 사람도 전투에 참가한 사람이 없었고, 출동시킨 군대까지도 겁을 먹고 전진하지 않았으니 중국 장수가 화를 내는 것은 당연합니다. 평양전투에서 중국장수는 우리군대를 5개로 나누어서 동시에 진격하여 습격하도록 하였는데, 성 아래에 도착하니 4개 부대는 도착하지 않았다고 합니다." 하였다. 상이 이르기를 "그렇다면 절도사가 속인 것인가? 아군이 전진하지 않았다고 하니, 조 부총병(조승훈)이 화를 내는 것은 당연하다." 또한 상이 말하기를 "평양성에서 화살을 중국군에게 쏜 자가 있다는 말은 무슨 말인가?" 하니 윤근수가 아뢰기를 "중국장수가 말하기를 '적병이 처음에는 목궁(木弓)으로 화살을 쏘았는데 화살의 힘이 약했다. 그런데 곧이어 흰 깃발을 휘두르는 자가 나타나더니 뒤이어 편전(片箭)과 장전(長箭)으로 중국군을 향해 마구 쏘아대었다. 이것은 반드시 조선 사람이 왜적에게 투항한 것이다.'라고 하였습니다. 또한 이날 평양성에 들어간 명나라 군사들은 모두 정예병 이였는데 3백 명을 잃었다고 합니다." 하였다.

2. 일본 측 기록

⟨루이스 프로이스 일본사 제75장 중국군과의 전투와 승리⟩

고니시 유키나가(小西攝津守)는 중국 국경과 가까운 지방의 평양이란 곳에 주둔하였다. 이곳은 중국 국경까지 이틀 정도의 거리라고 한다. 이 도시는 성벽으로 겹겹이 둘러싸여 있었다. 이곳에서 겨울을 보내기로 결정한 고니시 유키나가는 평양 한가운데에 자신을 위한 성을 축성하고 휘하의 장군들에게는 주위에 보루를 쌓으라고 했다. 또한 평양 주변의 마을들을 찾아 겨울을 위한 식량을 확보하도록 지시했다. 조선군은 평양성에 주둔하고 있는 일본군이 소수라는 것을 알고는 중국 요동에 있는 4천 명의 기병을 보유한 중국장수에게 원소를 요청하였다. 이들과 조선군이 합세하여 밤에 평양에 갑자기 몰려와 성벽을 공격하여 성 안에 진입하는데 성공하였다. 고니시 유키나가와 그의 병사들은 곧바로 뛰쳐나가 공격하여 이들을 성 밖으로 몰아냈다. 미처 도망가지 못한 적군 300여 명을 모두 죽이고 중국의 중요한 장수를 생포했다. 고니시 유키나가 휘하에서는 그의 동생 루이스와 사촌 안토니오, 사카이(堺)의 히비야 료케이(日比屋了珪)의 손자가 죽었다. 이들은 (칠성문)성문 안에 있는 작은 보루에 있었는데 처음에 중국군사가 진입할 때 발견되지 않아 공격을 받지 않았다. 그러나 나중에 전투에 합류하기 위해 보루에서 내려왔다가 중국군과 마주치게 되어 포위당하여 죽었다. 전투가 끝나고 아리마 하리노부(有馬修理太夫)와 오무라 요시아키(大村新太郎) 등의 군대는 그들의 주둔지로 돌아갔다. 고니시 유키나가는 중요한 회의를 위하여 조선의 도성으로 돌아갔다. 일본군은 도성 회의에서 겨울을 위한 식량 확보와 군대 정비를 위하여 전투를 당분간 중지하기로 하였다.

히비야 료케이(日比屋了珪)는 사카이(오사카) 지역의 거상(巨商)으로 세례 받은 크리스찬이다. 고니시 유키나가와는 친분이 있던 자이다. 또한 이 전투에서 마츠라 시게노부(松浦鎭信)의 주요 가신이자 사가현의 기시타케 성주(岸岳城主)인 히다카 코노무(日高喜)가 전사하였다.

제11장
해정창 전투

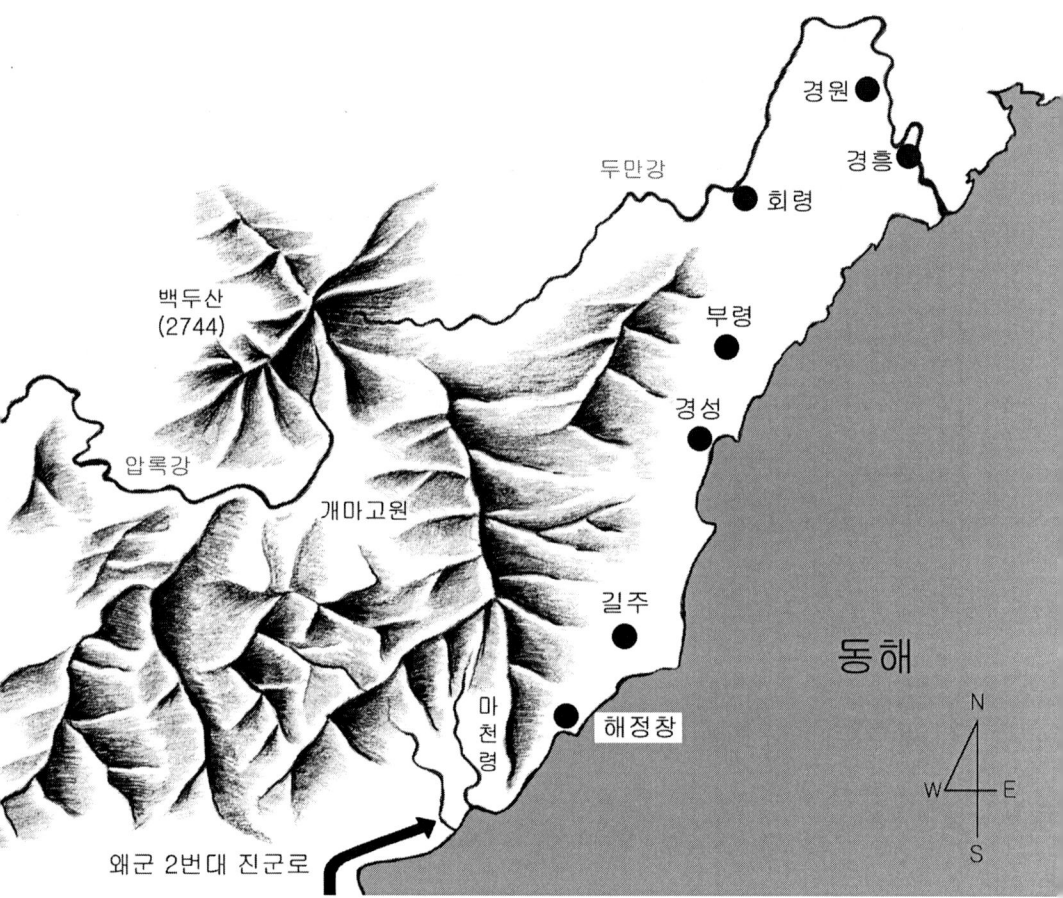

〈해정창 위치〉

조선의 해상운송 기지로 미곡을 모아 쌓아둔 곳으로 미창(米倉)이라고도 말함. 현재 함경북도 성진시(북한지명 김책시)에 소재했다.

고니시 유키나가, 가토 기요마사, 구로다 나가마사, 나베시마 나오시게 등이 함께 임진강을 건너 개성의 안성역에 도착하여 길을 나누어 고니시 유키나가는 평안도로, 가토 기요마사는 함경도로 각각 군사를 이끌고 출발하였다. 왜군 2번대 가토 기요마사는 나베시마 나오시게와 함께 함경도로 북상을 하였다. 6월 17일에 함경남도 안변에 도착. 이후 함흥에 나베시마 나오시게가 주둔하고 가토 기요마사는 좀 더 북상하여 7월 15일에 단천에 도착했는데, 가는 곳마다 조선 관리들이 모두 도망가고 텅 비어있는 성을 무혈입성 하다시피 점령해 나갔다.

임해군과 순화군 두 왕자 일행은 마천령을 넘어 북상하며, 당시 경성에 본영을 두고 있던 함경북도 병마절도사 한극함(韓克諴)에게 왜군의 북상을 저지하도록 하였고 함경북도 병마절도사 한극함은 동북 6진의 병력을 모아 기병1천 명으로 마천령을 선점하려고 했다.(마천령은 함경남도와 함경북도의 경계로 해발 873m의 고갯길이다.) 그러나 가토 기요마사의 선봉대가 이미 마천령을 넘어와서 해정창에서 서로 마주치게 되었다.

1. 조선 측 기록

〈연려실기술 제15권 선조조 고사본말〉

처음 청정(清正-가토 기요마사)이 개성의 안성역(安城驛)에서 길을 나누어 안성에 사는 백성을 사로잡아 길을 인도하게 하고, 곡산(谷山)을 거쳐 노리재[老里峴]를 넘고 철령(鐵嶺) 북쪽으로 나가 날마다 수백 리를 행진하니 그 형세가 비바람이 몰아치는 것 같았다. 북병사 한극함(韓克諴)이 6진의 병력을 거느리고 해정창(海汀倉)에서 서로 만났다. 북도 군사들은 말 타기와 활쏘기를 잘하고 또 땅이 평지이므로 좌우로 번갈아 말을 달리면서 활을 쏘니 왜적이 당해 내지 못하여 창고 속으로 쫓겨 들어갔다. 해가 이미 저물었으므로 군사들은 좀 쉬었다가 적이 나오기를 기다려 내일 아침에 다시 싸우고자 하였으나, 한극함이 듣지 않고 그 군사를 지휘하여 포위하였다. 적들은 창고의 곡식 섬을 내어 쭉 늘어놓아 성처럼 만들어 화살과 돌을 피하면서 그 안에서 조총을 마구 쏘았다. 아군은 줄지어 섰으므로 적이 쏘면 반드시 관통하여 적의 총알 하나에 3, 4명씩 쓰러지니 군사들이 드디어 흩어졌다. 한극함이 군사를 거두어 고개 위에 진을 치고 날이 밝기를 기다려 다시 싸우고자 했다. 아침에 안개가 짙으니 적이 가만히 기어올라 아군 주위의 풀숲에 잠복해 있다가 갑자기 포 소리 한 번에 사방에서 크게 외치고 갑자기 일어나니 아군이 놀라 흩어져 모두 진흙 수렁 가운데 빠지니 적이 추격해서 거의 다 풀 베듯 하였다. 한극함은 홀로 도망쳐서 경성(鏡城)으로 들어가려다가 생포 당하였다.

한극함은 이때 잡히지 않았고 여진족의 마을 서수라까지 도주했으나 호인이 받아주지 않고 경원의 민가로 보내졌는데 이때 왜군에게 잡혔다고 한다.(선조 수정실록 1592년 7월)

〈선조 수정실록 1592년 7월〉
왜장 청정(淸正)이 북계(北界)로 침입하여 재를 넘어 왕자 일행을 끝까지 추격하니 왕자가 경성(鏡城)으로 도망하였다. 북병사 한극함(韓克誠)이 마천령에서 항거하여 싸웠으나 해정창(海汀倉)이 왜군에게 차단당하자 군사들이 패하여 도망갔다. 왕자 일행이 진로를 바꾸어 회령부(會寧府)로 들어 갔는데 적병이 가까이 추격했다는 말을 듣고 앞으로 나아가려고 하였다. 그러나 진(鎭)의 토병(土兵)이 이미 모반(謀叛)하여 거짓으로 성을 지키겠다고 청하면서 자진하여 문의 자물쇠를 가지고서 나가지 못하게 하였다.

이튿날 토관 진무(土官鎭撫) 국성인(鞠景仁)이 무리를 꼬여 반란을 일으키고는 스스로 대장이라 일컬으며 갑기(甲騎) 5천으로 진(陣)을 결성하였다. 그때 순변사 이영(李瑛)과 부사 문몽원(文夢轅)은 남문의 누각에 있다가 깜짝 놀라서 어찌할지를 몰랐다. 고령 첨사(高嶺僉使) 유경천(柳擎天)은 과감하고 용맹한 장사였는데 순변사 이영에게 귓속말로 말하기를 "국경인이 반역하자 본부의 군사로 따른 자가 절반이지만 모두 그의 심복(心腹)이라고 할 수 없다. 공(公)은 여기서 일행의 군관(軍官)과 원역(員役)을 모아 경계를 엄중히 하면서 기다리라. 나는 가서 국경인을 달래어 군사를 해산시키도록 하겠다. 만약 즉시 들어주지 않으면 곧바로 머리를 베고 여러 사람을 해산하게 할 것이니 공은 여기서 그들을 불러 모아 항복을 받도록 하라. 그러면 저절로 안정이 될 것이다." 하였으나, 이영은 용렬하고 나약하여 머리를 저으며 말하기를 "신중히 하고 이런 말은 하지 말도록 하라." 하였다.

국경인이 은밀히 그 계책을 듣고 사람을 시켜 건장한 군관들을 잡아 모두 목을 베게 하였다. 국경인이 마침내 객사(客舍)를 포위하고 두 왕자 및 부인(夫人), 여시(女侍) 노비 등과 재신(宰臣) 김귀영(金貴榮), 황정욱(黃廷彧), 황혁(黃赫)과 그들의 가솔을 잡아 모두 결박하고 마치 물건을 쌓아놓듯 한 칸 방에 가두었다. 국경인이 문서를 작성하여 청정(가토 기요마사)에게 치보(馳報)하니, 청정이 회령부에 이르러 성 밖에 진을 치고 성에 들어와 왕자와 여러 신하들을 본 뒤 국경인 등을 책망하기를 '이 사람들은 바로 너희 국왕의 친자(親子)와 조정의 재신(宰臣)인데 어떻게 이렇게까지 곤욕을 가하는가?' 하고는, 결박을 풀게 하고 군중(軍中)에 두도록 하여 후하게 대접하였다. 그리고는 마침내 군사를 인솔하여 두만강을 건너 깊숙이 노토 부락(老土部落)까지 들어가 성(城)을 공격하니 호인(胡人-여진족)이 사방에서 일어나 요격하여 사졸(士卒)들의 사상자가 많았다. 이에 진로를 바꾸어 종성(鍾城)의 문암(門岩)을 경유하여 강을 건너 온성(穩城), 경원(慶源), 경흥(慶興)에 차례로 들어갔다가 해변의 협로(峽路)를 따라 경성(鏡城)으로 돌아왔다. 그리고 여러 진(鎭)과 보(堡)의 토병(土兵)과 호수(豪首)가 모두 관리를 붙잡고 배반하며 항복하였으므로 왜인들은 칼에 피 한 방울 묻히지 않고 점령하게 되었다. 경성 호장(戶長) 국세필(鞠世弼)이 맨 먼저 배반하여 판관 이홍업(李弘業)을 붙잡아 적에게 넘겨주었으며, 한극함은 번호(藩胡-서수라)의 부락으로 도망쳐 들어갔으나 호인(胡人)이 받아주지 않고 경원(慶源)의 민가(民家)로 보냈는데 왜군에게 잡혔다.

2. 일본 측 기록

〈회본태합기-繪本太閤記下 해정창 전투〉

가토 기요마사는 개성의 안성역(安城驛)에서 (고니시 유키나가 군대와) 서로 갈라져서 함경도로 진군하였다. 안성역에서 이곳의 지리를 잘 아는 토착인 2명을 찾아서 데리고 왔다. 가토 기요마사가 이들을 가까이 불러서 북도(함경도)를 안내하도록 하였는데 두 명 모두 잘 모른다며 거부하므로 가토 기요마사가 크게 격분하여 그 중에 한 명을 죽였다. 남은 한 명은 크게 두려워하며 길을 안내하였다. 이리하여 철산령의 북쪽에 있는 해정창이라는 곳에 도착했다.(1592년 7월 17일) 이곳은 조선의 해상 운송기지로 미곡을 모아 저장한 곳으로 미창(米倉)이라고도 부르는 북도의 번화한 마을이다. 가토 기요마사는 이곳에서 잠시 군사들을 쉬게 할 생각이었다. 그러나 이곳에서 조선의 함경북도 대장(북도 병마절도사) 한극함이 수천 명의 군내를 동원하여 기도의 고대를 사방에서 포위하며 공격하였다. 조선군이 쏜 화살이 비 오듯 쏟아지니 가토는 급히 명령을 내려 미창(米倉)에서 쌀 가마를 운반하여 사방으로 쌓게하여 방패막을 만들었다. 일본군은 가마니 사이로 철포 300정을 걸쳐놓고 일시에 발사하니, 그 소리가 마치 천둥소리와 같이 온 산악을 울렸다. 조선군은 철포에 많은 사상자를 내고 철포소리에 위축이 되어 산 속으로 퇴각하였다.(조선군 사망 2천 명이라고 한다.) 조선군은 산위(봉수대)에서 군대를 수습하며 다시 싸울 준비를 하며 진지를 굳게 지켰다. 가토 기요마사는 이것을 보고 몰래 숲속에 군사들을 매복시키고 습격하기를 명령하였다. 아침 일찍 안개가 깔려있을 때 가토 키요시(加藤淸兵衛가등청병위), 이노우에 다이쿠로(井上大九郎정상대구랑), 기무라 마타조(木村又藏목촌우장), 이다 가쿠베(飯田角兵衛 반전각병위), 모리모토 가즈히사(森木儀太夫삼본의대부) 등 여러 장수들이 군졸을 이끌고 조선군 근처에 매복하고 있다가 일시에 철포를 발사하며 공격을 시작하였다. 아무런 준비가 없었던 조선군은 도망을 치기 시작하였고, 일본군은 쫓아가서 긴 칼로 마구 베었다. 조선군은 계곡으로 추락하고, 깊은 수렁에 빠져 죽거나 다친 자가 매우 많았다.

〈**음덕기** 陰德記 **제77권 조선 왕자를 포로로 잡다**〉
조선국왕은 어디로 달아났는지 완전히 행방불명이었다. 가토 기요마사는 고니시 유키나가에게 모든 전공에서 뒤쳐져 있었기 때문에 전공을 세우고 싶었다. 임진강을 건너 개성의 안성역이라는 곳에서 고니시 유키나가는 평안도로 향하고, 가토와 나베시마 나오시게, 사가라 요리후사 등은 함경도로 향했다. 함경도 함흥 부근에 이르렀을 때 온 마을에 고찰(패찰)이 세워져 있었는데 '조선의 국왕은 여기에서 북쪽으로 퇴각하셨다.'라고 씌어 있었다. (조선의 백성들이 밀고하는)패찰을 본 가토 기요마사는 매우 기뻐하며 서둘러 조선 국왕을 쫓아 북쪽으로 진군하려고 했다. 그러나 나베시마 나오시게는 이것을 매우 염려하며 "이것은 분명히 조선의 모략입니다. 조선 국왕은 이미 다른 곳으로 퇴각했다고 생각합니다. 우리들을 험한 곳으로 유인하여 앞뒤를 막아 역으로 공격하려고 할 것입니다." 하였다. 또한 말하기를 "좀 더 이곳에 주둔하며 사실 여부를 확인하고 나서 진군을 결정합시다." 하였다. 나베시마 나오시게는 류조지(龍造寺 용조사) 가문의 중신이며 재주가 뛰어나며 평소에 심사숙고를 많이 하는 자이다. 반면 가토 기요마사는 용맹한 무장으로서 성격이 무뢰한에 가까워 다른 사람의 간언을 들어주는 것이 드물기 때문에 나베시마의 의견에 아랑곳하지 않았다. 그래서 나베시마 나오시게는 함흥에 주둔하기로 하고 가토 기요마사는 좀 더 북쪽으로 진군하기로 결정하였다. 1592년 7월 말에 함경북도 경성에 도착하였다. 오랑캐와의 국경에 있는 회령에 조선의 국왕(두 왕자)이 있었다. 이곳은 조선의 죄인들을 유배 보내는 곳이라고 한다. 조선에서 유배를 온 사람들이 이곳에서 조선을 원망하고 조선의 두 왕자들을 생포하고, 조정의 대신과 그들의 가솔과 후궁, 궁녀 등 200명을 생포하고, 그 취지를 가토 기요마사에게 전해왔다. 가토 기요마사는 매우 기뻐하며 수세 8천여 명을 이끌고 회령으로 갔다. 유배 오고 좌천된 조선인들은 회령의 성문을 굳게 닫고 조선의 왕자와 궁녀 등 200명을 성 밖에서 일본군에게 인도를 하려고 했다. 가토 기요마사는 "가짜를 내세워 조선의 왕자라고 자칭하게 하여 건네받으면 곤란하다. 되도록 성중(城中)에 들어가 직접 왕자들의 상태를 보고 싶다." 하였다. 우선 조선의 왕자에게 식사를 대접하고 싶다고 하니 성문을 열어 몇 사람을 들여보내주기를 부탁하니, 성중의 조선인들이 "단지 몇 사람만 들어오는 것은 상관이 없으니 들어오시오." 하고 문을 열었다. 이에 갑옷 입은 무사에게 밥과 그릇, 반찬, 상, 젓가락 등을 한사람씩 들고 들어가도록 하여 40여 명이 들어갔다. 유배 온 조선인들은 곧바로 그들의 왕자들과 조정의 대신 등을 가토 기요마사에게 건네주었다. 가토 기요마사는 매우 기뻐하며 군사 1천 명을 붙여서 조선의 왕자들을 경성으로 호송시켰다.

청정고려진각서(淸正高麗陣覺書)에는 성 안에 들어간 무사가 70~80인으로 기록되어 있으나 청정기(淸正記)와 청정조선기(淸正朝鮮記)에는 모두 40~50명으로 되어있다.

〈음덕기 陰德記 제77권 오랑캐의 성을 공격한 일〉

가토 기요마사는 오랑캐(여진족)들이 매우 용맹하고 호전적인 자들이라는 이야기를 우연히 듣고는 조선의 토착민에게 물어보았다. 토착민이 말하기를 "여기서 5리(일본식 一里는 3.93km이다) 정도 떨어진 곳에 여진족의 13개 성(마을)이 있습니다."라고 대답했다. 가토 기요마사는 오랑캐를 공격하기로 결정하고 회령사람들을 선진으로 삼고, 대조인(피아 식별 표시)에 '법화'(남무묘법연화경(南無妙法蓮華經)을 뜻한다.)의 글을 써 붙이게 하였다.(이때 조선인 3천명도 선봉으로 참전했다고 한다.) 군대를 나누어 이른 아침에(오전 5시 경) 오랑캐의 13개 성을 동시에 공격했다. 오랑캐들은 정면만을 열심히 방어를 했고, 그들의 습성상 옆과 뒤쪽은 방어가 허술하여 뒤쪽으로 쳐들어가 차례차례 함락시켰다. 오랑캐들은 갑작스러운 공격에 당황하였고, 가토는 총두(철포두)에게 명령을 하여 철포로 공격을 하니 오랑캐들은 제각기 흩어졌다. 오랑캐 마을의 모든 가옥과 창고를 모두 불태우고 되돌아왔다. 오랑캐들은 방심하다가 갑자기 습격당한 것을 몹시 분하게 생각하고 다음날 대병력을 일으켜 가토 기요마사의 진지에 쳐들어 왔다. 가토 기요마사는 이것을 미리 예상하고 준비를 하고 있었으므로 곧바로 반격을 하였다. 그러나 적세가 대단하여 매우 불리했는데, 마침 큰 비가 쏟아지므로 적들이 물러났다. 오랑캐의 숫자가 예상보다 많았고, 전투 방식에 있어서도 조선인과는 차이가 있었으므로 가토는 "이런 때에 군사를 경솔히 진군하여 오랑캐의 땅에 깊이 들어가는 것은 좋은 생각이 아니다." 하며 철수하였다. 조선으로 철수하며 경원에서 세루투우스(북병사 한극함)를 생포하였다. 세루투우스는 보통의 사람과는 다르게 큰 외모에 위엄이 있는 사람이었다. 나이는 대략 54~55세 정도이며 신장은 6척5촌 이상의 큰 키에 수염이 많은 자이다. 또 같은 곳에서 고토(後藤)라고 하는 사람을 생포하였다. 이 사람은 (일본의) 마츠마에(松前)출신의 어부인데, 20년 전에 풍랑을 만나서 이곳에 표류하여 정착했다고 한다. 고토(後藤)는 조선과 오랑캐에 대하여 잘 알고 있기에 고토 지로(後藤次郎)라고 이름을 주어 통역과 길안내를 맡겼다. 경성으로 돌아 온 가토 기요마사는 조선왕자와 한극함을 대면시켰다. 이것은 서로 대면시켜 진위를 확인하려는 것이었다. 조선의 왕자가 남쪽을 향해 중앙에 앉았고 그 다음에 가토 기요마사가 앉았다. 안내받고 들어온 한극함은 가까이 오지 않고 눈물을 흘리며 단지 바닥에 엎드려 있기만 하며 "제대로 전투를 벌이지도 못하고 이렇게 생포되어 죽지도 못하고 왕자님 앞에 끌려나오니 분할 따름입니다." 하며 큰 소리로 울기 시작했다.

일본전사 조선역에 의하면 가토 기요마사는 안변에 도착한 후 10여 일을 머문 후 다시 북상했다. 함흥 인근에서 조선인이 붙인 방문에는 '조선의 두 왕자가 이 길을 따라서 북상했다.'라고 씌어 있었고 나베시마 나오시게는 적의 계략이라며 북상에 반대하였다. 나베시마 나오시게는 그대로 함흥에 주둔하였다. 북청에 사가라 요리후사(800명)를 주둔시키고 단천에는 가신 구키 히로타카를 주둔시켜 부근의 은광을 채굴시켰다.(단천 도착 7월 15~16일) 이후 해정창 전투는 7월 17일, 회령에는 7월 23일(조선력 7월 24일) 도착하였다. 이후 복속한 회령의 조선인 3천 명을 선봉으로 삼고 일본군 8천 명과 함께 두만강 건너 여진족의 노토부락(老土部落)으로 쳐들어갔다. 노토부락(老土部落)은 함경북도 두만강 근처에 있던 여진족 마을이다.

〈가토 기요마사의 서신-1592년 7월 23일〉

(조선국왕을 잡기 위해) 함경도로 추격하여 조선의 두 왕자와 조선의 대신, 그 외 처자 등을 회령에서 모두 잡았습니다. 또한 조선 함경도(단천)에서 미채굴의 은광을 발견했습니다. 이곳 주민들에게 왜 이 은광은 채굴하지 않는가 하고 물으니, 채굴을 하면 명나라에 헌상하기 때문에 손을 대지 않고 숨기고 있다고 합니다. 우선 부하에게 제련을 시켰으므로 보내겠습니다. 지

금은 이런 허술한 은 30매 밖에 헌상할 수 없습니다만, 조만간 좋은 양질의 은을 헌상하겠습니다. 이곳 백성들은 본인을 잘 따르기에 잘 통치되고 있습니다. 이하 생략.(1592년 9월 22일 도요토미 히데요시 적인 문서)

+ 가토 기요마사(加藤淸正 1562~1611) 무장 겸 다이묘. 구마모토 초대 번주.

도요토미 히데요시의 외가 쪽 6촌 여동생의 아들이다. 어린 시절부터 도요토미 히데요시의 밑으로 들어가 수많은 전투에 참가하여 시즈가타케의 7본창 등으로 불렸다. 1587년 규슈정벌(시마즈 가문 정벌)에서의 전공으로 규슈 히고 지역 북부의 25만석 다이묘로 임명되었다. 히고의 남부는 고니시 유키나가가 관할하였다. 임진왜란 당시 2번대로 참전하여 함경도까지 진군했다. 가토 기요마사는 대표적인 무단파 인물로서 성격이 잔인하고 포악했다고 한다. 임진왜란 기간 중에 고니시 유키나가, 이시다 미츠나리(봉행) 등과 계속 대립하여 사이가 벌어졌다. 결국 1600년 세키가하라 전투에서 가토 기요마사는 동군으로 참가하고, 고니시 유키나가, 이시다 미츠나리 등은 서군으로 참가한다. 고니시 유키나가와 이시다 미츠나리 등은 전투에서 패전하여 교토에서 참수 당했다.

+ 나베시마 나오시게(鍋島直茂 1538~1618) 규슈 히젠 지역 류조지(龍造寺)가문의 중신.

류조지 다카노부가 전사하자 류조지 가문의 실권을 장악했다. 규슈정벌에서 도요토미 히데요시의 군대에 합류했던 나베시마 나오시게는 류조지 가문의 병력 1만 2천명을 이끌고 2번대로 조선에 출병했다. 함경남도 함흥에 도착하여 본진을 두었다. 1594년에 일본으로 귀국하였으나 정유재란 때에도 다시 출병하여 조선 도공을 납치해 규슈 아리타 지역을 일본의 유명한 도자기 생산지로 만든 인물이다.

제12장
청주성 전투와 700의총

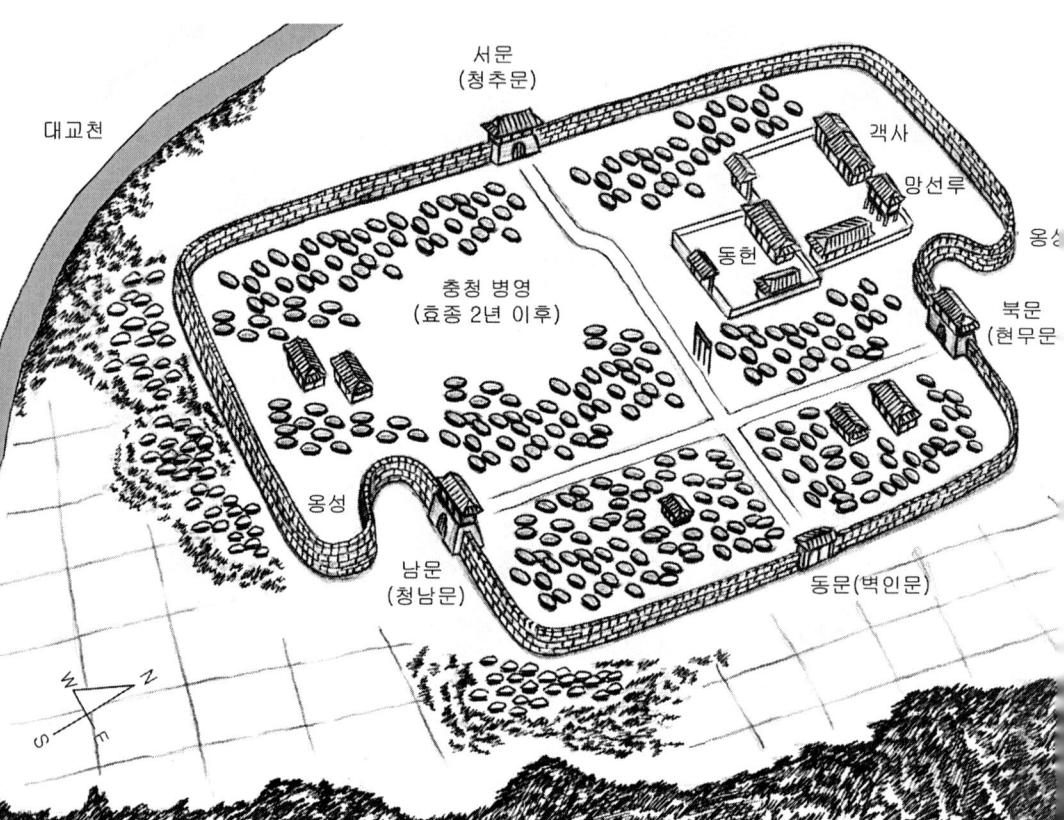

〈청주성 추정도〉

성종실록(1487년)에 둘레 5,443척, 높이 13척(둘레 1,640m, 높이4m)으로 기록되어 있다. 충청 병영은 효종 2년(1651년)에 충남 해미에서 청주성으로 옮겨왔다. 현재는 망선루와 동헌 일부 건물만이 보존되어 있다. 동문(벽인문)은 누각이 없는 문으로 '호랑이를 막는 문'이라는 뜻으로 당시에 호랑이가 자주 출몰하였다고 한다. 임진왜란 당시 충청도에 주둔한 일본군 막사에 호랑이가 출몰하여 막사에서 자고 있던 병사를 물어 죽이는 일이 벌어지자 대대적으로 호랑이 사냥을 했다고 한다. 일본 측 기록 조선물어(朝鮮物語)에는 "이 나라(조선)에는 산에 호랑이와 같은 맹수가 많다고 한다. 따라서 산에 올라가려면 1~2명이 갈수는 없다고 한다. 호랑이는 활 한 두발로는 좀처럼 죽이기 어렵다고 한다. 지금은 옛날보다 맹수가 적어졌다고는 하지만 인삼을 캐러 갔다가 호랑이에게 습격을 당해서 죽는 경우가 아직도 많다고 한다."라고 기록하고 있다.

충청도 옥천이 의병장 조헌(趙憲 1544~1592)은 임진왜란이 발생하자 옥천에서 유생들을 주축으로 의병을 일으킨 뒤 공주와 청주등지에서도 군사를 모아 의병을 크게 일으켰다. 의병장 조헌(趙憲)은 (서인) 이이와 성혼의 제자이다. 1567년 식년문과에 급제하여 경기도 통진현감과 충청도 보은현감, 공조좌랑(정6품)등을 역임하였는데 1587년 (동인)정여립의 흉패함과 장차 반역을 할 것이라는 만언소를 지어 상소문을 여러 차례 올렸다. 정여립은 원래 서인으로 이이, 성혼의 후원과 촉망을 받던 인물이었는데, 이이와 성혼을 비판하고, 동인 편으로 간 인물이다. 따라서 서인의 집중적인 미움을 받게 되었다. 일월록, 연려실기술에 조헌이 말하기를 "정여립은 반드시 역적이 될 것이다." 하니 사람들이 묻기를 "어떻게 그것을 알 수가 있는가." 하였다. 이에 조헌이 말하기를 "정여립은 일찍이 어전에 있을 때 임금께서 이르시기를 '정여립은 패기가 많아서 옆에 가까이 두기에 맞지 않는다.'하시며 그를 쳐다보았는데, 정여립은 두려워하는 기색도 없이 물러나오면서 눈을 부릅뜨고 뒤를 돌아다보았으니, 이것이 역적이 아니고 무엇이냐?" 하였다.

조헌은 또한 지부상소(도끼를 들고 가서 상소를 올리는 과격한 상소)로 시국을 논하는 등 과격하고, 직설적인 상소로 인해 함경북도 길주로 유배를 갔다. 이후 '정여립의 모반사건'으로 선견지명이 있다하여 석방

(1589년)이 되었다. 이후 조선통신사가 일본사절과 같이 돌아오자 상소를 또다시 올려 일본 사절을 죽일 것을 주장하는 등 왜란을 예언하였으나 받아들이지 않자 고향으로 낙향하였다. 곧이어 임진왜란이 발생하자 옥천, 공주, 청주 등지에서 의병을 크게 일으켰다.

1. 당시 상황(1592년 음력 8월 1일)

충청도 옥천의 의병장 조헌(의병 1,600명)과 공주에서 승병장 영규대사(승병 1,000명), 청주성을 잃고 연기에 진을 치고 있던 충청도 방어사 이옥(李沃)의 병력 500명이 합류하여 청주성 탈환 계획을 하고 7월 29일 합류를 하였다.(사실 관군은 전투에 참여하지 않았다.)

당시 청주성에는 왜군 5번대 하치스카 이에마사(蜂須賀阿波守)의 병력 1,000명이 주둔하고 있었다. 당시 일본기록에 의하면 하치스카 이에마사(아와수, 도쿠시마현 다이묘)는 7,200명의 병력을 이끌고 조선에 상륙했었는데, 그의 수군병력(아와 수군 대략 3천 명, 당항포 해전 참고)은 경상남도 창원에 주둔 하였고, 하치스가 이에마사의 육상주력은 충주와 청주 일대에 병력을 분산 배치했다.

2. 조선 측 기록

〈연려실기술 제16권 선조조 고사본말〉

신묘년(1591년)에 일본의 승려 현소(겐소)가 다시 와서 명나라를 침범하려고 길을 빌려 줄 것을 요청하니, 조헌이 대궐에 나가서 왜국의 사자(현소)의 목을 베고 명나라에 사실을 보고할 것을 청하였다. 이때 대궐에서는 "조헌이 일찍이 여러 차례 미치고 망년된 상소를 올려 귀양까지 갔는데도 오히려 그칠 줄을 모르니 참으로 부끄러움을 모르는 자이다." 하며 배척하였다. 이때 조헌은 승정원 문 앞에서 3일을 기다렸으나 대답이 없자 자신의 머리를 주춧돌에 부딪쳐 이마에 피가 흘렀다. 이때 사람들은 주위에 둘러서서 보며 그를 비웃기도 하였다. 신묘년 가을에 조헌이 김포에 가서 성묘를 하면서 통곡을 하니 조헌의 숙부 되는 조인현(趙安賢)이 말하기를 "듣건데 자네가 대궐 앞에서 거적을 깔고 도끼를 가지고 대죄하면서 내년에 병란이 일어난다고 망년된 말을 해서 이를 비웃는 자들이 많은데, 어찌 여기서도 망년된 짓을 하여 마을사람들을 혼란케 하는가?" 하니 조헌이 말하기를 "내년의 병란은 큰 병란이 될 것입니다. 숙부께서는 내말을 흘러듣지 마시고 미리 피난 갈 준비나 하십시오." 하였다. 조헌이 귀양에서 풀려 옥천의 촌집에 내려왔는데 도성이 왜적에게 함락되었다는 소문을 듣고는 비로소 사방으로 뛰어 다니며 의병을 불러 모으니 1천여 명이나 되었다.

〈선조 수정실록 1592년 8월〉

청양 현감 임순(任純)이 100명의 군사로 조헌(趙憲)을 돕자, 순찰사 윤선각(尹先覺)이 절도를 어겼다고 하여, 현감 임순을 옥에 가두어 죄를 다스리니, 조헌이 그(윤선각)를 책망하고 편지를 보내고 바로 충청 우도로 가서 1,600명을 모집하였다. 공주 목사 허욱(許頊)이 승려 영규(靈圭)로 하여금 조헌을 돕게 하니, 조헌이 군사를 합쳐 곧장 청주 서문으로 쳐들어갔다. 청주성에 있던 왜적이 나와서 싸우다가 패하여 다시 들어갔다. 조헌이 지휘하여 성에 올라갔는데 갑자기 소나기가 쏟아져 주위가 캄캄해지고 사졸들이 추위에 떨자 조헌이 탄식하였다. 이날 밤 적이 불을 피우고 기(旗)

를 세워 군사가 있는 것처럼 위장하고 진영을 비우고 달아났다. 조헌이 성에 들어가니 창고의 곡식이 그대로 있었다. 방어사 이옥(李沃)이 와서 보고 말하기를 '이것을 남겨두어 적이 다시 점거하게 할 수 없다.' 하고는 모두 태워버렸다. 조헌은 군사를 먹일 양식이 없었으므로 여러 군사들에게 명을 내려 각기 흩어져 취식(就食)한 뒤 의장(衣裝)을 갖춰 다시 모이도록 하였다. 이어서 조헌이 장계를 올렸는데 '신(조헌)에게 전투를 감독하는 직책을 주시어, 태만한 방어사 이옥의 목을 베게 하시고, 순찰사로 하여금 충청도의 병력을 모두 합쳐서 왜적의 형세를 꺾어버리게 하신다면 신은 군중에서 힘을 다하겠습니다.' 하였다.

〈700의총 순의비 비문〉
1603년 4월 조헌의 수하 의병들이 직접 비문 작성
순찰사 윤국형(윤선각의 아명)이 여러 고을에 공문을 보내어 조헌 선생의 부하로 들어가서 활약하는 자는 그들의 부모, 처자를 모두 잡아 가두게 하고, 조헌 선생의 군대(의병)에게는 조금도 지원을 하지 못하게 하였다. 충청도 순찰사였던 윤선각은 의병의 전공을 시기하며 방해하여 의병들이 모두 해산 당하였다. 조헌은 남은 700명으로 금산에서 싸우다 모두 전사하였다.

청주성 탈환의 공로로 의병장 조헌은 종4품 봉상시첨정, 승병장 영규대사는 당상관의 벼슬과 단의(煅)가 내려졌으나, 받기도 전에 8월 18일 금산성 전투에서 전사했다.
금산성 전투에 앞서 조헌의 부장과 영규대사는 (의병)병력이 적어 승산이 없어 군대를 다시 정비하고, 전투를 피하려 하는 의견이 대다수였는데, 직설적이고, 불의를 못 참는 성격의 조헌 선생의 충의에 감동하여 전투를 벌이게 되고, 압도적인 수적 열세로 인해 왜적에 포위되어 전멸을 당했다. 금산에 주둔한 왜군은 6번대 고바야카와 다카카게의 병력으로 대략 1만 명이었다. 음력 8월 22일 조헌 선생의 제자들이 시신을 수습하여 한곳에 합장하고, 칠백의사총을 조성했다.

3. 일본 측 기록

왜군 5번대는 후쿠시마 마사노리(福島右衛門太夫)가 주축으로 쵸소카베 모토치카(長宗我部元親), 하치스카 이에마사(蜂須賀家政), 구루시마 미치후사(来島通総), 도다 카츠타카(戸田勝隆), 이코마 치카마사(生駒親正)를 인솔하여 충청도와 경기도에 주둔했다. 후쿠시마 마사노리는 경기도 죽산에 주둔하였으며 그 이하 여러 다이묘들은 충청도에 주둔하였다.

〈조선 8도 여러 장군 통치의 사〉
비젠재상 우키다 히데이에가 나고야에 보고한 기록. 1592년

경상도 - 모리 데루모토(毛利安芸守)

전라도 - 고바야카와 다카카게(小早川侍従)

충청도 - 하치스카 아와수(蜂須賀阿波守 하치스카 이에마사)
　　　　쵸소카베 모토치카(長曾我部宮内少輔)
　　　　도다 카츠타카(戸田民部少輔)

경기도 - 후쿠시마 마사노리(福島右衛門太夫)

한성 - 우키타 히데이에(浮田宰相)와 3봉행

강원도 - 모리 카즈노부(毛利壱岐守), 시마즈 요시히로(島津薩摩守)

평안도 - 고니시 유키나가(小西攝津守), 소 요시토시(宗対馬守)

황해도 - 구로다 나가마사(黒田甲斐守), 오토모 요시무네(大友豊後守)

함경도 - 가토 기요마사(加藤主計頭), 나베시마 나오시게(鍋島加賀守)

〈일본전사 조선역〉

충청도와 경기도 주둔 병력. 1592년 연말 기준.

상주 - 도다 카츠타카(戸田民部少輔)

함창, 문경 - 쵸소카베 모토치카(長曾我部宮内少輔)

충주 - 이코마 치카마사(生駒雅楽頭)

　　　 하치스카 아와수(蜂須賀阿波守 하치스카 이에마사)

죽산 - 후쿠시마 마사노리(福島右衛門太夫)

양지 - 나카가와 히데마사(中川秀政, 우키다 히데이에의 부하 장수)

도성(한성) - 우키다 히데이에(浮田宰相), 3봉행

하치스카 이에마사는 7,200명을 이끌고 출병했으나, 휘하의 아와(阿波)수군은 창원에 주둔하였다. 따라서 육상병력 4천여 명이 주축으로 충주와 청주일대에 병력을 분산 주둔시켰다. 나카가와 히데마사(中川秀政, 또는 中川小兵衛, 1568~1599)는 병력 3,000명을 이끌고 출병한 효고현 미키(三木)성주로서 다이묘이다. 도성에 주둔한 우키다 히데이에의 소속으로 경기도 양지에 주둔했으나 11월 말에 수원 인근에서 매사냥 중에 조선군의 매복에 걸려서 전사했다고 한다. 조선측 기록(선조실록)에는 평수정(平秀政)으로 기록되어 있다. 전쟁이 끝난

1599년 5월 평수정(平秀政), 요시라(1번대 소속 통역관) 등 포로 61명이 중국으로 압송되어 베이징의 대로 한복판에서 참수되어 조리돌림 시켰다고 한다.

〈루이스 프로이스 일본사 75장〉

일본군은 부산포에서 도성(한성)까지의 진로에 8레구아, 또는 10레구아(1레구아는 1.6km) 거리마다 성을 축조하고 병력을 주둔시켰다. 이 진로에 축조한 성은 18개에 이르렀다. 이런 식으로 하루거리 마다 성을 축조했다. 그런데 이외 지역은 모두 조선인들이 차지하고 있었고 이들은 여러 지역을 몰려다니며 일본군을 공격하며 노략질을 했다. 그래서 부산포에서 도성까지의 여정에는 최하 300명 이상의 병력으로 이동해야만 했고, 도성에서 고니시 유키나가가 있는 곳(평양)까지는 최하 500명 이상의 병력으로 이동해야만 했다.

징비록과 서애집에는 '왜군이(부산)동래에서 도성까지 10리(혹은 30리)마다 군영(요새)을 만들어 군사를 주둔시키고 있었는데, 각 군영의 왜군은 많아야 1천 명이고 적으면 수백 명이다. 각 군영은 개미처럼 서로 왕래하고 있었다. 왜적이 군영을 만들 때에는 반드시 높은 산 꼭대기에 목책과 참호까지 만들어 놓았는데 평양의 모란봉과 중화, 황주 같은 곳도 모두 이렇게 만들었다.'라고 한다. 이 당시 충청도에 주둔했던 시코쿠 지역의 다이묘의 기록들은 조선의 의병활동을 단지 지역 농민들의 반란정도로 매우 간략하게만 다루고 있다. 사실 충청도에 주둔했던 왜군들은 지역 통치보다는 병참선 확보에 치중

했고 조선의 의병활동을 성가신 존재로만 생각하고 있었다. 다만 일본전사 조선역 제43항에 조헌선생 등 700의사가 중과부적으로 금산에서 사절했다고 간략하게 소개만 되어 있을 뿐이다.(日本戰史 朝鮮役 43. 趙憲 錦山死節, 七百義士死節)

제13장
연안성 전투

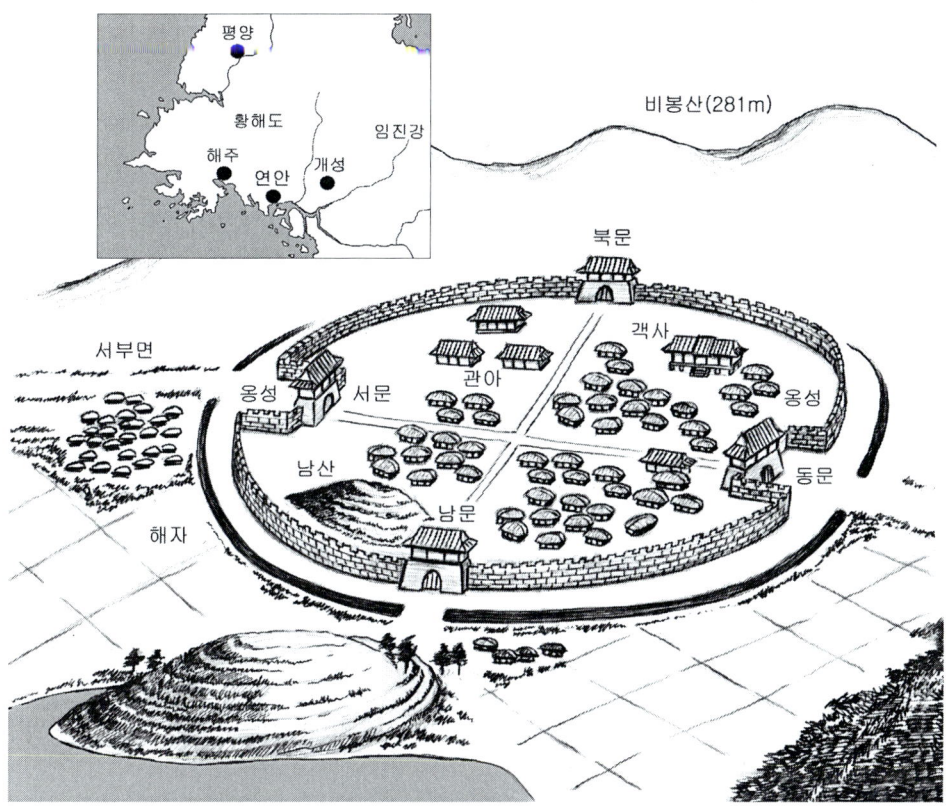

〈연안읍성 추정도〉

황해도 해안가에 위치하고 있어서 왜구의 침략에 대비하여 명종10년(1555년)에 쌓았다고 한다. 선조24년(1591년)에 증축함. 조헌이 왜란을 미리 예언하고 당시 연안부사 신각에게 전쟁에 대비하여 성을 보수하라는 편지를 보내어 연안부사 신각이 성을 보수하고, 해자와 우물을 파는 등 대비책을 세워 두었다고 한다. (선조 수정실록) 성벽둘레 약 2km, 높이 약 6m의 원형의 읍성으로 동문과 서문은 옹성이 설치되어 있었다. 남쪽에는 저수지(남대지)와 정자가 있었는데 현재는 매립되어 논경지로 사용하며 남쪽 성벽 일부만이 남아 있다고 한다. 연안부사 신각은 한강, 임진강 전투에서 도원수 김명원의 잘못 된 장계에 의해 억울하게 참수 당한 인물이다.

1. 당시 상황

이조참의 이정암(李廷馣)은 선조가 피란하자 호종을 못하게 되어 동생 이정형(개성 유수)과 함께 개성 수비를 하였으나 임진강 방어선이 무너져 실패하자 황해도 일대에서 의병을 모집하여 5백여 명의 군사를 모아 백성 수천 명과 함께 연안부로 들어갔다. 이때 이정암은 광해군 분조로 부터 황해도 초토사로 임명되었다. 이정암은 1572년에 연안부사로 근무했었기에 연안읍성을 선택하였다.

왜군 3번대 구로다 나가마사는 평양까지 갔다가 황해도로 다시 남하하여 황해도 지역 여러 군현을 점령하며 해주에서 연안부로 향하기 시작했다. 처음에 연안읍성에 도착한 왜군 수는 왜군 3번대 선발대 대략 1,000명이었다. 그러나 연안성을 굳게 지키고 떠나지 않는다 하여 구로다 나가마사는 해주(海州), 평산(平山)의 여러 주현(州縣)에 주둔하고 있는 군사를 징발하여, 3천 명의 병력으로 대거 공격하기로 하였다.(구로다 나가마사의 조선 출병 군역은 총계 5천 명이다. 연안성 전투에 투입된 왜군 병력은 대략 3천 명이다. 일본 측 기록과 조선의 선조실록, 자해필담에도 3천 명 이라고 기록되어 있다.)

2. 조선 측 기록

〈선조 수정실록 1592년 9월〉

적장 갑비수(구로다 나가마사)가 조선군이 연안성을 굳게 지키고 떠나지 않는다 하여 해주, 평산의 여러 주현에 주둔하고 있는 군사를 모두 징발하여 공격해 왔다. 성 안에서는 사람들이 말하기를 "초토사는 성을 지키라는 명령을 받은 것이 아니니 이 상황을 피하여 뒷날에 거사를 도모하는 것이 합당하다.”고 말하였다. 이에 이정암이 울면서 달래기를 '내가 늙은 신하로 말고삐를 잡고 행재(선조 호종)를 수행하지 못했다. 이제 왕세자(광해군)의 초토하라는 명을 받았고, 한 성의 수비라도 맡아서 목숨을 바치는 것이 마땅하니, 어떻게 차마 구차하게 살겠는가? 하며, 노복을 시켜 짚을 쌓고 횃불을 가시고 나란히 하면서 말하기를, '적이 만약 성에 오르거든 나는 여기에 앉아 있을 것이니 너는 즉시 불 태워서 왜적의 손에 내가 더럽게 죽지 않도록 하라.' 하니, 종사관 우준민(禹俊民)이 나가서 군중에게 거듭 약속을 밝히고 마음과 힘을 합하기로 맹세하자 군중이 감동하고, 결전을 다짐하게 되었다.

(음력 8월 28일)적이 드디어 성을 포위하였다. 왜군 한 장수가 흰 기를 등에 지고, 백마를 타고는 성을 돌며 두루 살피던 중에 기가 갑자기 바람에 넘어졌다. 무사 장응기(張應祺)가 그것을 보고 화살 한 대를 쏘아 왜군 장수 가슴을 정확하게 맞춰 죽였다. 이정암이 '이것은 적이 패할 징조이다.' 라고 하였다. 적이 밤낮으로 공격하며 수천 개의 조총으로 일제히 사격하니 연기가 자욱하고 탄환이 비 오듯 하였다. 그러나 이정암은 태연한 모습으로 성가퀴를 지키는 자에게 명하여 경솔히 활을 쏘지 말고 적이 성에 기어오르거든 반드시 쏘아 죽이도록 하였다. 그리고 문짝, 다락 등을 뜯어 방패(防牌)로 삼고 쌓아둔 풀을 묶어 횃불을 만들고 가마솥을 벌여 두고 물을 끓이면서 늙은이 어린이 부녀자 할 것 없이 모두 그 일에 달려들도록 하였다. 적이 시초를 참호에 채우고 올라오면 횃불을 던져 태우고, 적이 긴 사다리로 성에 오르거나 판자를 지고 성을 훼손시키면 나무와 돌로 부수고 끓는 물을 퍼붓게 하니 죽지 않는 자가 없었다. 적이 남산에다

높은 다락을 세워 판자에 구멍을 내고 내려다보며 총을 쏘니, 성 안에서도 이에 대응하여 흙담을 쌓아 막았다. 적이 밤 안개를 틈타 몰래 서쪽 성으로 기어오르는 것을 성가퀴를 지키는 군사가 횃불로 에워싸 40여 명을 태워 죽였다. 포위당한 지 4일 동안 밤낮으로 크게 싸웠는데 적도 탄환이 떨어져 소리만 지를 뿐이었다. (음력 9월 2일)왜군이 연안성 주변의 시체를 모아 불을 지르고 퇴각을 하였다. 이때 조선군은 즉시 군사를 출동시켜 추격하여 퇴각하는 왜군을 공격하여 큰 피해를 주었다.

이정암이 장계를 올리니, 단지 '어느 날에 성이 포위당하고 어느 날에 왜군이 떠났다.'라고 하였을 뿐 공적을 내세우지 않아, 조정에서 모두 말하기를 '전쟁에서 이기는 것도 쉽지 않지만 공을 자랑하지 않는 것은 더욱 어렵다.' 하였다. 상으로 가선 대부 동지중추부사(종2품), 황해도 순찰사에 임명 하였다. 그리고 함께 연안성을 지킨 장사로 공이 있는 장응기, 조종남, 조서룡, 봉요신 등에게 관직으로 포상하였다. 세자(광해군)가 관원을 파견하여 공로를 치하하며, 안시성주(安市城主)양만춘과 비견 된다고 극찬을 하였다.

안시성주 양만춘은 고구려 보장왕 4년(645년)에 당태종의 수십 만 대군을 상대로 안시성에서 88일간 공방전을 벌인 전투를 말한다. 끝내 당태종은 철수하게 되었고, 당태종은 비록 적이었지만, 양만춘의 영웅적인 지휘력과 충성심에 감동하여 비단 100필을 보내어 격려하였다. 이에 양만춘도 철군하는 당태종에게 송별의 예를 표했다고 한다.

〈선조실록 1592년 9월 19일〉

음력 8월 22일에 초토사 이정암이 의병 5백여 명으로 텅빈 연안성으로 들어가며 흩어진 사람들을 부르고 군량을 모으며 병기를 수습하며 거사를 준비하고 있었다. 8월 28일에 해주와 강음의 왜적 약 3천 명이 연안성으로 진격해 와서 성을 에워싸고 공격하였다. 수야도 성을 지키며 싸워 적군의 사상자는 매우 많았고, 우리 군사는 31명이 전사하였다. 9월 2일에 비로서 왜적이 포위를 풀고 떠나갔다. 이정암이 왜적 수급 18급, 소와 말 90여 필, 군량미 130여 석을 노획했다고 보고하였다. 비변사가 아뢰기를 '온 나라의 여러 관리들은 대부분 왜군의 소문만 듣고서 성을 버렸는데, 이정암은 1천명도 못되는 군사를 거느리고 수천의 왜적을 상대로 성을 굳게 지켰으니 그의 공은 위대합니다. 그런데도 그의 장계를 보면 단지 간략하게 적었을 뿐 자기의 공을 부끄럽게 여겨 그 자세한 내용을 빼버린 것인지 알 수가 없습니다.' 하였다.

3. 일본 측 기록

〈구로다 나가마사기 黑田長政記〉

구로다 나가마사는 해도(황해도)를 다스리기 위해 (평양에서)길을 떠났다. 여수로(如水老 구로다 나가마사의 부친)는 조선에서의 일을 완수하여 일본 나고야로 귀국했다. 나고야에서는 일본군의 전공을 칭송하였다. 구로다 나가마사가 황해도에 머물고 있을 때 조선인 수천 명이 반란을 일으켰다. 구로다 나가마사는 한곳으로 병력을 집결시켜 반란 진압을 준비하였다. 조선인 수천 명이 반란을 일으킨 거성(연안성)을 공격하여 그들을 즉시 진압하고 돌아왔다.

사실 구로다 나가마사는 4일간의 공격에 실패하여 연안성을 단념하고 이어서 해주도 포기하고 철수를 했다. 구로다 나가마사기(黑田長政記)와 구로다 가보(黑田家譜) 등은 주군의 행적을 상당히 미화한 측면이 강하다.

+ 구로다 나가마사(黑田長政 1568~1623) 규슈 부젠국 다이묘

구로다 요시타카(黑田孝高)의 아들. 어린시절 인질로 도요토미 히데요시에게 맡겨졌다. 1582년 도요토미 히데요시 휘하로 전투에 처음 출전했다고 한다. 1587년 규슈정벌(시마즈 가문 정벌)에서 부친과 함께 출전하여 부젠국을 영지로 받게 되었다. 1592년 임진왜란 당시 3번대로 출전하여 황해도를 담당하여 7월 7일 해주를 점령했으나 연안성 공격에 실패하여 광범위한 공략을 포기하고 주요 도로에 있는 배천(白川), 강음(江陰)에 주둔했다. 가토 기요마사, 후쿠시마 마사노리와는 가깝게 지냈다. 세키가하라 전투(1600년) 당시 동군으로 참전. 위의 그림은 세키가하라 전투 당시의 모습으로 가부토(투구)는 원래 후쿠시마 마사노리와 교환한 투구이다. 원래는 황소모양의 투구였다고 한다. 부친 구로다 요시타카는 임진왜란 당시 우키타 히데이에의 군감으로 참전했다. 그러나 이시다 미츠나리(봉행)와 대립하여 일본으로 귀국했다. 이후 구로다 요시타카는 영지몰수를 당하여 1593년에 다시 도해하여 아들 구로다 나가마사와 함께 조선에 주둔했었다.

제14장
1차 진주성 전투(진주대첩)

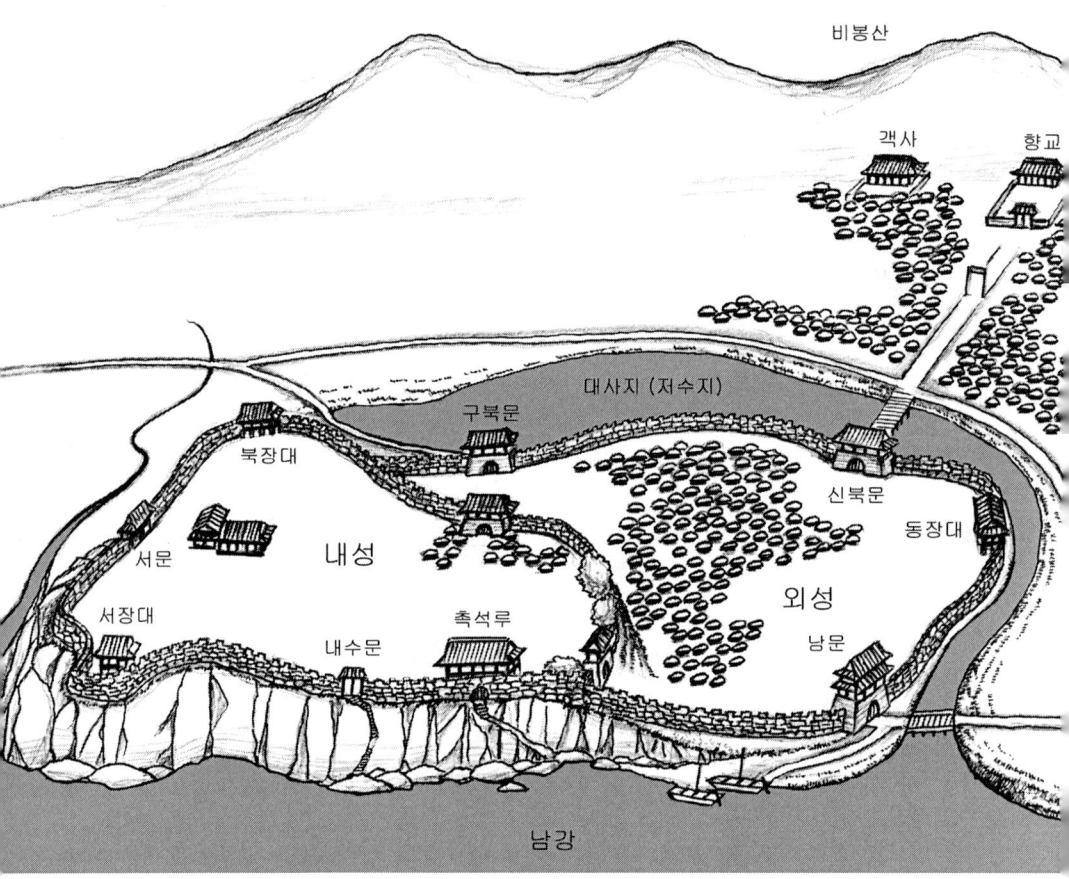

〈진주성(촉석성) 추정도〉

백제 거열성지(토성)이었다고 하며 고려우왕 5년(1379년)에 석성으로 개축하였고 이후에도 수차례 중수를 했다. 1591년 경상감사 김수가 성이 작다고 하여 동쪽으로 확장하였다. 대사지(저수지)는 해자 역할을 하며 남강까지 이어져 있었다. 현재는 매립되어 시가지가 형성되었다. 임진왜란 이후 선조 38년(1605년)에 합포(마산)의 경상우병영을 진주성으로 옮겨왔다. 지금의 복원된 진주성은 내성부분이다. 성의 전체 둘레 4km, 내성의 둘레는 1.7km, 높이 15척(4.5m)이다.

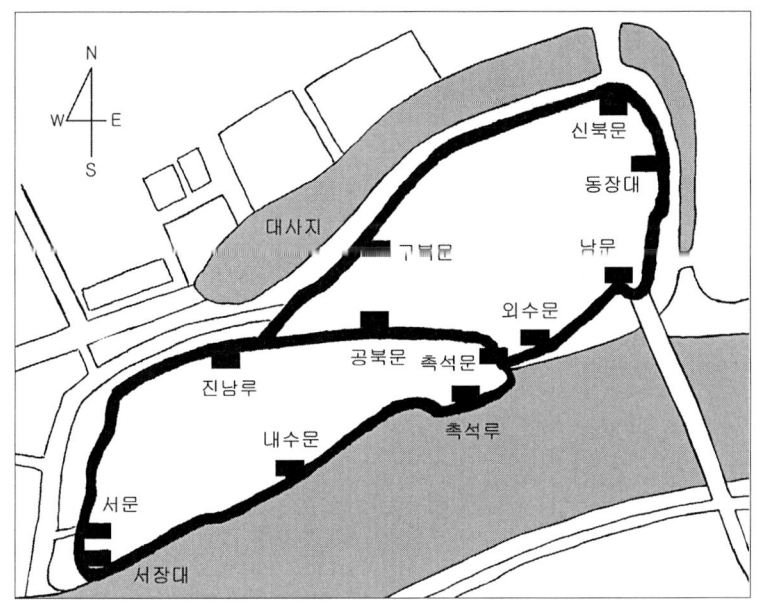

1. 당시 상황

왜군은 전라도로 가는 요충지의 진주성에 경상우도의 주력군이 있다는 정보와 진주성의 공략 필요성을 느끼고, 공격 계획을 세웠다. 당시 한성에는 도요토미 히데요시가 직접 파견시킨 5명의 행정관(5봉행)들과 우키타 히데이에(浮田宰相)가 도요토미 히데요시의 대리인으로서 전선을 감독, 총괄하고 있었다. 왜군은 한성에 주둔하던 병력 일부를 남하시켜 음력 9월 24일 김해에 집결하였다. 동래와 부산등지의 일부 왜군도 합류하니 그 병력은 2만 명이였다.(총 병력은 일본 측 기록에는 2만 명으로, 조선 측 기록에는 3만 명으로 기록되어 있다.) 2만 명 이상의 왜군은 9월 24일 김해에서 집결한 후, 9월 27일 창원을 공격하여 점령하고 진주목으로 진군을 하였다. 당시 창원~마산(합포-경상 우병영)에는 경상우도 병마절도사 유숭인의 병력2,000명(관군과 의병포함)이 노현(너른고개-창원군 동쪽)에서 왜군과 전투를 벌였으나 압도적인 수적 차이로 패배를 하고, 진주성으로 후퇴를 하게 되었다. 당시 경상도 초유사 김성일(조선 통신사 참고)은 진주목사 김시민(金時敏)에게 진주성 수비강화를 요구하고, 경상도, 전라도의 의병장들에게 소식을 전하여 진주성 지원을 하게 하였다.

경상우도 병마사 유숭인(종2품)은 노현에서 패하고 진주성으로 후퇴하였는데, 진주목사 김시민(정3품)은 '패군지장 불가이언용'(敗軍之將 不可以言勇-패장은 다시 전술을 의논할 자격이 없다.)라며 성문을 열어주지 않았다. 성문을 열어주지 않은 사건은 당시 진주성과 의병사이에서도 논란의 대상이었다. 결국 경상우도 병마절도사 유숭인은 사천현감 정득열과 가배량 권관 주대청 등 남은 병력을 이끌고, 진주성 동쪽 마현에서 왜군과 싸우다가 장렬히 전사하였다.(하세가와 히데카즈(長谷川 秀一)의 병력과 야전을 벌였으나 패전하였다.)

2. 조선 측 기록

⟨연려실기술⟩

초유사 김성일이 진주에 가니 경내가 텅 비어 있었다. 판관 김시민(金時敏)은 먼저 나와서 기다리고 있었고, 목사 이경((李璥)은 등창으로 죽었다. 김성일이 판관 김시민을 시켜 진주성을 정돈하여 지키게 하였다. 조정에서는 8월에 김시민을 발탁하여 진주목사로 올렸다.

음력 10월 3일에 왜적이 크게 군사를 일으켜 진주로 향했다.

음력 10월 4일 왜군 선봉대 기병 1천여 기가 진주 동쪽 산봉우리에 왔다가 돌아갔다. 이때 병마절도사 유숭인(柳崇仁)은 전쟁에 패하여 단필 말을 타고 성에 들어와 같이 지키기를 원하였다. 김시민은 '병마사가 성에 들어오면 지휘관이 바뀌므로 반드시 명령계통이 혼란할 것이다.'라고 생각하여 믿어주지 않고 피민 말하기를 '적병이 이미 기꺼이 있으니 주장은 밖에서 후원하는 것이 좋겠소.'하였다. 병마절도사 유숭인은 진주성에서 돌아 나오다가 적을 만나 사천현감 정득열과 가배량 권관 주대청 등과 함께 싸우다가 죽었다. 이때 왜적이 승전한 기세로 선봉 1천여 명의 기병으로 진주 동북쪽 산봉우리에 올라 종횡으로 달리면서 위엄을 보였다. 김시민은 성안 곳곳에 용대기(龍大旗)를 세우고 장막을 크게 벌이고 성중의 남녀노소를 모아 모두 남자옷을 입혔다.

일월록에는 김시민의 군사 3,700여 명과 곤양군수 이광악의 군사 100여 명이 진주성에 있었다고 한다. 그러나 진주성의 남녀노소를 모두 모아 남자의 옷을 입히니 일본 측 기록(호소카와 문서)에는 '성안에 수만 명의 조선군이 있었다.'라고 기록하고 있다.

음력 10월 6일 아침 왜적이 크게 몰려와 본격적인 공격을 했다. 왜군은 3개 부대로 나누어서 공격을 하는데, 1개 부대는 동문 밖 순천당(순천암) 뒤 산위에 진을 치고 있었다. 하나는 개경원(開慶院)앞에 진을 치고, 나머지 하나는 향교 뒷산에서 산봉우리에 진을 쳤다. 적장 6명은 검은 옷을 입었고, 조총수 1천여 명이 성중을 향해 일제히 쏘아대니 탄환이 소나기와 같았고 소리는 천둥소리와 같았다. 왜적들이 성 밖 여염집에 들어가 문짝과 판자 등을 가지고 나와 성 밖 100보쯤에 늘어놓고 판자 뒤에 엎드려 총을 계속 쏘아대었다. 뒤쪽에 남아 있던 왜적들은 여염집에 들어가 짚과 대나무 등을 뜯어내어 막사를 지어 6~7리에 이르렀고 전부 푸른 장막을 둘렀다. 총소리는 밤새도록 끊이지 않았으며 불을 아침까지 피웠다.

음력 10월 7일 왜적의 떼가 장편전(長片箭)으로 성중을 향해 난사하였다. 또한 성 밖 여염집을 다 불태웠다. 김시민은 밤에 악공을 불러 피리를 불게 하여 한가한 모습을 보였다. 적들이 포로로 잡힌 어린애들을 시켜 외치게 하니 '이미 서울이 함락이 되고 8도가 무너졌는데 작은 성을 어찌 지키겠는가?'하였다. 김시민은 그들과 말하지 못하게 하였다. 이날 밤에 왜군은 동문밖에 죽편으로 벽을 세우고, 흙을 채워, 토성을 세우고 총포로 공격을 했다.

음력 10월 8일 왜군이 수천 개의 대나무 사다리로 성벽을 기어오르고, 또한 3층 높이의 누각을 만들어 사용하려하니 이에 조선군은 현자총통을 발사하여, 세번을 관통하니(현자총통은 보통 철환 100발을 한 번에 발사한다. 정확도는 일본군의 조총보다는 떨어지나 가까운 거리에서는 산탄 효과가 매우 커서 큰 위력을 발휘한다.) 왜군은 사상자가 많이 발생하자 퇴각을 하였다. 왜군이 또 한편으로 소나무 가지를 많이 쌓아, 성벽을 오르려 하자, 진천뢰, 화약과 불로 이를 불태워 버렸다. 밤에 조응도(고성 현령), 정유경(진주 복병장)이 남강 건너편 진현위에서 호각을 불며, 햇불을 켜니, 진주성 안에서도 함성을 지르며 호응을 하였다. 이에 왜적이 놀라고 두려워했다.(왜군은 병력을 남강 강변으로 보내 진로를 차단하였다.)

음력 10월 10일 사경에(새벽 01시~03시)왜군이 각 막사에 불을 밝히고, 짐을 싣고, 거짓으로 퇴각하는 척 하며 몰래 성 가까이에 접근하였다. 왜군이 동문에 긴 사다리를 이용하여(방패를 지고, 큰 그릇으로 머리를 감싸고)기어 올랐고, 적 기병이 뒤따라오며 사격하니 총탄이 비 오듯 하였다. 김시민은 동장대에 있었고 판관 성수경은 동문 옹성에 있다가 기사(騎士-말 타는 무사)를 거느리고 끝까지 싸웠다. 그와 동시에 또 다른 왜군이 긴사다리를 이용하여 북문을 공격 하니 형세가 급박해졌다. 전 만호 최덕량(崔德良)과 군관 이눌(李訥), 윤사복(尹思復)이 죽기를 무릅쓰고 대전하는데 노약자와 여자들도 역시 돌을 던지고 하여 성중에 기와, 돌멩이, 지붕 덮은 짚들이 거의 다 없어졌다. 동녘이 밝아지자 적세가 약간 약해졌다. 이때 김시민은 왼쪽 이마에 탄환을 맞아 일을 살피지 못하고 곤양 군수 이광악이 대신하여 힘껏 싸워 왜장을 쏘아 죽였다. 진시와 사시의 중간쯤에 적이 물러갔다. 죽은 자는 셀 수 없었는데 적들이 끌어다가 불태워 버렸으므로 머리를 벤 것은 겨우 30여 개이며 적이 물러간 뒤에 타다가 남은 뼈가 곳곳에 쌓여 있었다. 왜장의 시체는 상자에 담아갔으며 우마와 포로로 잡았던 우리 남녀들은 버리고 도망갔다. 김시민은 탄환을 맞고 쓰러졌으며, 우리군사들은 힘이 다하여 추격하지 못한 것을 사람들이 한스럽게 여겼다. 이때 고성 의병장 최강(崔堈), 이달(李達) 등이 군사를 인솔하고 구원하러 왔다. 성중 군사들이 듣고 기뻐서 뛰었다. 곽재우도 군사를 보내어 구원하고 정인홍은 김준민(金俊民), 정방준(鄭邦俊) 등에게 사수(射手) 5백여 명을 인솔시켜 와서 구원했는데, 김준민은 중도에서 적과 더불어 싸워 머리 수십 개를 베고 진주성에 진군하니 포위가 이미 풀려 있었다. 순찰사 김성일은 보고를 듣고 진주에 와서 김시민이 누워 있는 곳에 들어가 위로하였다. 그리고 김해부사 서예원(徐禮元)을 임시목사로 삼아 군사를 대신 지휘하게 하였다.

3. 일본 측 기록

〈호소카와 가기細川家記, 마츠라 고사기松浦古事記 후속군 병역지정〉

진주성 전투 참전 일본군 7장수

호소카와 다다오키(細川忠興) 3500人 (후원군으로 모리 가문서에는 9번대로 기록.)

하세가와 히데카즈(長谷川秀一) 5000人 (후원군으로 모리 가문서에는 9번대로 기록.)

기무라 시게코레(木村重茲) 3500人 (후원군으로 모리 가문서에는 9번대로 기록.)

가토 미츠야스(加藤光泰) 1000人 (5봉행으로 한성에서 경상도로 내려왔다.)

신죠 나오사다(新庄直定) 300人

가쓰야 다케노리(糟屋武則) 200人 (위법감찰무사-7본창 중 1명이다.)

오오타 카즈요시(太田一吉) 160人 (위법감찰무사-개역당한 오오토모의 분고국 영지를 받는다. 정유재란 때도 위법감찰무사로 참전했다.) 등 2만여 명.

〈호소카와 가기 細川家記〉

1592년 10월 6일, 호소카와 다다오키, 하세가와 히데카즈, 기무라 시게코레, 가토 미츠야스 등의 군대 2만 명이 경상도 진주성을 포위해 공격했다. 진주성에는 조선군 수만 명이 집결하고 있었고, 적장(진주 목사)이 방어를 잘하였다. (조선의)지원군(의병)등이 도착하여 부득이 하게 9일 철수를 하게 되었다. 10일에 다시 진주성 공격을 시도했으나 실패하여 철수하였다.

도요토미 히데요시는 이 패배에 격노해 전투에 참가한 지휘관들을 비난하였고 개역(영지 몰수)시킨다는 소문까지 있었다. 도요토미 히데요시의 참모 구로다 요시다카(黑田孝高·구로다 나가마사 부친)는 "진주성 공성에 참여한 7장수는 모두 동격의 장수(대장)이기에 각각의 공명심으로 서로의 협력이 없었으니 실패했다."라고 지적했다. 구로다 요시타카는 임진왜란 당시 우키타 히데이에의 군감으로 참전했으나 곧바로 일본으로 귀국하였다. 이후 1593년에 다시 조선으로 도해하였다. 2차 진주성 전투에는 구로다 요시타카도 관여하게 된다.

제15장
북관대첩

〈1592년 함경도의 반란군과 일본군 주둔 상황〉

의병장 정문부(鄭文孚)는 1588년 식년문과에 급제하여 1591년 함경북도 병마평사(정6품 무관직으로 병마절도사의 보좌직. 평안도와 함경도에만 있었던 관직)에 임명되어 행영에서 근무 중에 임진왜란을 맞게 된다. 임진왜란 당시 함경도는 왜군 2번대 가토 기요마사 등이 진군하여 무혈입성하여 일부 병력은 길주에 주둔시키고, 길주 이북 지역은 가 고을의 현지인(반란민과 항복한 조선의 관리)에게 맡겨 지역을 다스리게 하였다. 유생 지달원이 친구 최배천 등과 함께 몰래 유생들과 무사를 불러 모아 북평사 정문부를 추대하여 의병장으로 삼고 토병과 장사 수백 명을 모아 경성으로 향했다.(당시 의병 병력은 선조수정실록에는 대략 수백 명 정도로 기록, 북관대첩비에는 100여 명으로 기록되어 있다.) 경성에는 반란민 국세필(반란민 국경인의 숙부)이 장악하고 있었는데 회유하여 경성에 입성하게 되었다. 북관대첩비 비문 기록에 의하면 '북쪽의 여진족 토벌을 빌미 삼아 힘을 합치자'고 회유를 했다고 한다. 당시 왜군 가토 기요마사가 두만강 건너 여진족 마을을 공격했으나, 여진족이 대군을 이끌고 반격을 하자 긴급히 두만강을 건너 퇴각했기 때문에 여진족은 조선과 왜국이 전쟁 중이란 것을 알고 동북 6진 일대에서 마음껏 활개를 쳐서 왜군과 반란군 사이에서도 골칫거리였다.

1. 조선 측 기록

〈연려실기술 15권 선조조 고사본말〉

이때 청정(가토 기요마사)이 국경인에게는 회령을, 국세필에게는 경성을 맡기고 군사를 길주에 주둔 시켜놓고 안변으로 돌아갔다. 경성 유생 지달원(池達源) 등이 군사를 일으켜 국세필을 토벌하려다가 정문부가 민가에 있다는 말을 듣고 가서 싸우기를 청하니 정문부가 처음에는 믿지 않고 난색을 보였다. 지달원 등이 그 진심을 토로하니까 정문부가 비로소 허락하고 남촌에 이르러 장사들을 불러 모았더니 강문우 등 2백여 명이며 경성 부사 정현룡과 경원 부사 오응태도 역시 산중에서 나와 합류하였다. 드디어 평사(評事) 정문부를 추대해서 주장을 삼았다. 이때 북쪽 야인(여진족)들이 또 북변을 침범하므로 정문부가 사람을 시켜 국세필을 달래어 같이 북로(北虜)를 막자고 하니 국세필이 허락하고 의병을 맞아들였다.

〈선조수정실록 1592년 9월〉

교생 지달원(池達源)은 집이 경성의 해변가 가장 외진 곳에 있었는데 정문부가 오래도록 그 집에 숨어 있었다. 이때 서북보만호 고경민(高敬民)이 행조에서 와서 소식을 전하면서 '중국 군사가 곧 오게 되는데, 조정에서는 이미 북계(北界)를 역적의 소굴로 판단하고 있으니, 왜적을 평정한 뒤에는 맨 먼저 토벌할 것이다.'고 하였다. 이로 인하여 사민(士民)들이 서로 전하며 마음속으로 두려워하였다. 지달원이 동지 최배천(崔配天) 등과 함께 몰래 교생들과 식견이 있는 무사를 서로 불러 모으니 그들이 정문부가 있는 곳을 알고 모두 그에게 나아가 마침내 정문부를 추대하여 의병장으로 삼고 토병과 장사 수백 명을 모았는데, 경성 사람인 전 만호 강문우(姜文佑)가 선두에서 거느리고 즉시 부성(府城-경성)에 이르렀다. 이때 국세필(鞠世弼)이 예백(禮伯)이라고 일컬으며 병사(兵使)의 인(印)을 기지고 일을 보면서 경성을 다스리고 있었는데, 갑자기 군사가 이르자 성문을 닫고 성에 올라가 항거하였다. 이에 강문우 등이 화복(禍福)을 들어 위협하니 국세필이 대적하지 못할 것을 알고는 성문을 열어 맞아들이고 병사의 인(印)을 반납하였다. 그리고 사방에 격문을 전하니 종성 부사 정현룡(鄭見龍), 경원 부사 오응태(吳應台), 경흥 부사 나정언(羅廷彦), 고령 첨사 유경천(柳擎天), 군관 오대남(吳大男) 등이 산외(山外)에 숨어 있다가 소문을 듣고 와서 모였다. 정문부가 정현룡에게 대장되는 것을 권하였으나 정현룡이 두려워하며 감히 받지 못하고, 유경천도 밀어가를 '근개 의병으로 이름을 삼은 이상 평사의 벼슬이 낮다고는 해도 병사의 아관(亞官)으로 많은 사람이 마음속으로 따르고 있으니, 의병 대장이라고 칭하여 통솔하는 것이 마땅하다.'고 하였으므로 정문부가 애써 따랐다.

그리하여 군사가 도합 3천 명인데 그중에서 날래고 용맹스런 돌기(突騎)를 뽑아 선봉으로 삼아 유경천이 거느렸다. 길주(吉州)의 왜적이 이 소식을 듣고 군사 백여 명을 보내어 성 서쪽에 와서 탐지하게 하였는데, 강문우 등이 성문을 열고 나가 공격하여 수십 명의 머리를 베니 남은 적들이 도망갔다.

종성부사 정현룡(鄭見龍)은 종3품이고, 북평사 정문부(鄭文孚)는 정6품으로 원래대로라면 정현룡이 대장직을 맡아야 정상인데 정현룡은 두려워하며 감히 맡지 못했다고 한다. 그 이유는 무엇일까? 기재사초 하권에는 다음과 같은 기록이 있다. "왜군이 쳐들어오자 종성부사 정현룡이 글을 써서 왜군을 맞이하여 항복하고자 하면서 '나를 사랑하면 임금이고, 나를 학대하면 원수다. 누구를 부린들 신하가 아니며, 누구를 섬긴들 임금이 아니겠는가.'(撫我則后 虐我則讎 何使非臣 何事非君)하며 판관 임순과 함께 그 글을 내던지고 도망을 가려고 했다." 결국 종성부사 정현룡(鄭見龍)은 왜군에게 항복한 인물로서 북평사 정문부가 의병을 결성하자 다시 마음을 바꿔 의병에 합류한 것이다.

⟨선조수정실록 1592년 10월⟩

마침내 국세필(鞠世弼) 등 13명을 잡아 목을 베어 여러 사람들에게 조리 돌리고 6진에 격문을 보내어 반란에 앞장선 자를 처벌하게 하였다. 회령의 유생 신세준(申世俊)이 군사를 일으켜 국경인(鞠景仁)의 목을 베었으며, 정문부가 군사를 보내어 명천의 반적 정말수(鄭末守)를 주벌하고 명천성을 수복하였다. 그러자 길주에 있던 왜적이 마침내 사방으로 나와 분탕질을 쳤는데, 명천의 해창(海倉)을 노략질하였다. 이때 정문부가 군사를 길주의 남촌(南村)에 진출시켜 돌아가는 길을 지키고 있었는데, 적병이 길주성 동쪽 5리쯤 되는 장덕산(長德山) 밑에 이르렀다. 우리 군사가 먼저 산꼭대기를 점거하니 적이 다투어 오르면서 쳐다보고 총을 쏘므로 유경천(柳擎天)이 기마대를 몰고 내려가 적병을 크게 격파하였다. 고경민(高敬民)이 미리 군사를 서쪽 산 밑에 잠복시켰다가 즉각 포(砲)를 쏘며 차단하니 적이 퇴각하여 계곡으로 들어갔으므로 관군이 사방에서 모여 포위하였다. 이날 밤에 눈이 내리고 추위가 심하여 적병이 모두 추위에 움직이지 못하였다. 해가 뜰 무렵에 수색하며 공격하여 6백 명의 수급을 베었는데, 왜장은 길주에서 성문을 닫고 감히 나오지 못하였다.

북관대첩비에 이날 전투기록에는 '왜군장수 5명을 죽이고, 말 118필, 왜도와 창과 조총 수십 정 등을 노획하였다.'라고 되어있는데 이 내용은 음력 11월 1일 조정에 장계를 올린 내용이다.

정문부가 길주성을 포위하니 왜군은 성위에서 총을 쏘았다. 이에 가까이 갈 수가 없어서 퇴각하여 성을 포위하고 땔감의 공급로를 끊었다. 적의 한 부대가 마천령(摩天嶺) 아래 영동관 책성(嶺東館柵城)에 주둔하고 있었는데, 임명촌(臨溟村)을 불태우고 노략질하므로, 정문부가 군사를 돌려 공격하였다. 쌍포(雙浦)에서 싸두하였는데 적병이 패주하였으므로 수급 60을 베었다. 이때부터 두 곳에 주둔한 적이 모두 굳게 지키고 나오지 않으므로 정문부가 군사를 나누어 포위를 하였다.

북관대첩비에는 '왜군 수백을 베고, 배를 갈라 창자를 길가에 늘어놓자, 적은 두려워하였다.'라고 기록되어 있다. 영동책에는 당시 일본기록 등에 의하면 300명이 주둔하고 있었다.

〈선조수정실록 1593년 1월〉

정문부가 장기간 길주성을 포위하였는데, 청정(淸正-가토 기요마사)이 소식을 듣고는 군사를 인솔하여 북쪽으로 향하며 큰소리로 말하기를 '내가 다시 관북을 평정하겠다.'하였다. 청정이 재를 넘어오자 정문부가 영동책(嶺東柵) 외곽에서 싸웠으나 세 번 교전하여 세 번 모두 패배하였으므로 경성(鏡城)으로 퇴각하여 지켰다. 청정이 마침내 길주성과 영동책 두 영을 철수시키고 밤에 마천령을 넘어 남쪽으로 돌아갔다. 정문부가 이 소식을 듣고 즉시 날랜 기병을 거느리고 추격하여 함흥(咸興)에 이르렀으나 청정이 이미 안변(安邊)으로 들어갔기에 더 이상 추격하지 못하였다.

연려실기술에는 "영동책 전투에서 이붕수는 적의 탄환을 맞아 죽고 허대성, 이희당(李希唐)도 죽었다. 적이 패전한 군사를 거두어 마천령을 넘어갔다. 최배천을 보내어 사잇길로 가서 승전한 것을 아뢰었다. 임금이 최배천을 불러보고 눈물을 흘리며 정문부를 길주 목사에 임명하였다."라고 기록하고 있다.

〈선조수정실록 1593년 1월〉
순찰사 윤탁연의 허위장계

의병장 정문부(鄭文孚)는 처음에 직급이 낮은 신분으로서 '의병 대장'이라 자칭하고 순찰사 윤탁연(尹卓然)에게 관문을 보내었는데, 순찰사 윤탁연이 그의 공을 꺼려하였다. 이 때문에 의병장 정문부가 전후로 세운 전공(戰功)을 순찰사 윤탁연이 모두 사실과 반대로 조정에 보고하였으며, 정문부의 부하가 왜군수급을 가지고 관남(關南-함경남도)을 지나면 그가 모두 빼앗아 자기 수하 군사들에게 주었다. 그리고 정문부의 행동이 불경스럽다고 조정에 아뢰었다. 정문부가 적을 추격하여 함흥에 이르렀을 때, 순찰사 윤탁연을 만나보지 않았는데, 윤탁연이 크게 노하며 정문부를 뒤쫓게 하고 말하기를, "평사 정문부가 왜군을 놓아 도망치게 한 죄를 지금 당장 물어야겠으니, 속히 잡아오라." 하였다. 이에 정문부가 답하기를 "순찰사 윤탁연이 일부러 왜군을 놓아 보냈기 때문에, 본인도 적을 놓아 내보낸 것이니, 본인은 죄가 없다." 하였다. 조정에서는 사신을 보내 그 실상을 조사하게 하였는데, 윤탁연은 사신에게 후한 뇌물을 주어 스스로 변명하였다. 또한 윤탁연이 사대부들에게 곡식을 나눠주어 구제하니 사람마다 칭찬하였으며, 조정에서 파견한 관리들에게 모두 옷과 월동 장비를 주었으므로, 그들이 조정에 돌아와서는 모두가 윤탁연을 옹호하고, 정문부의 공은 분명하게 말하지 않았다. 조정에서는 공로를 종성부사 정현룡(왜군에게 항복한 인물)에게 돌려 함경북도 병마절도사에 올려 제수하고, 의병장 정문부는 단지 반란민을 참수한 공으로써 당상관에 올려 길주 부사에 제수하였다. 북쪽 사람들은 정문부의 공덕을 추앙하며 병마절도사가 되기를 모두 원하였으나, 정문부는 강개한 성품에 교계가 적었으므로 끝내 크게 쓰이지 못하였다.

함경도 순찰사 윤탁연(尹卓然 1538~1594)은 동인으로서 경기도 관찰사, 한성부판윤, 형조판서, 호조판서 등을 역임한 인물로 임진왜란이 발생하자 선조의 특명으로 함경도 순찰사에 임명되었다. 시문에 능하여, '조선 8문장가'의 한 사람으로 칭송 받는 인물이다. 광국공신3등.

2. 일본 측 기록

〈고려일기 高麗日記〉

분로쿠 원년(1592년)10월 중순에 함경도의 당인(중국인)과 조선인의 반란군(의병장 정문부)등이 각 고을의 행정관(역적 국경인과 국세필)등 수십 명을 잡아 죽였다. 반란군 진압을 위해 다음날 나리토미 시게루안(成富茂安)이 함경도 홍원으로 들어가 성안의 반란군 50여 명을 잡아 죽였다. 그러나 반란군 수만 명이 봉기하며 그들의 반궁으로 활을 마구 쏘아대며 격렬하게 공격을 하였다. 반란군 백여 명을 죽이고 아군 대여섯 명이 전사하였다.

나리토미 시게루안은 2번대 나베시마 나오시게의 가신으로 류조지(용조사)가문의 군대 선봉장이다. 2천석 규모의 녹봉을 받는 특대장이다. 홍원에 주둔하고 있었다.

〈청정 고려진 각서 淸正高麗陣覺書〉
분로쿠 원년(1592년)10월 20일 가토 기요마사, 포로로 잡은 조선의 왕자와 조선의 대신을 동반하여 안변에 귀성하였다.

〈음덕기 陰德記 제77권, 청정 고려진 각서 淸正高麗陣覺書, 청정기 淸正記〉
1. 가토 기요마사 함경도 주둔의 일, 명나라 사신 접견의 일

길주라는 곳에 가토 요시시게(加藤右馬允, 加藤可重 가등 우마윤), 가토 키요시(加藤淸兵衛 가등 청병위), 야마구치 요사에몬(山口与三右衛門 산구 여삼우위문)등 1,500명을 주둔시키고(1천 명은 길주성에 주둔하고, 남쪽 8리 정도의 영동에 있는 관아를 개조해 방책(영동책)을 만들고 병력 300명을 주둔시켰다고 한다. 이들은 서로 왕래하며 인근 마을을 지배하고 있었다.) 단천이라는 곳에는 구키 히로타카(九鬼廣隆), 가토 요자에몬(加藤與左衛門)등을 주둔시켰다.(이들은 은광 채굴 등도 했다.) 마천령의 성진에는 곤도 시로우에몬(近藤四郞右衛門)을 주둔시키고 그 외에도 각처에 수백 명씩 병사들을 나누어 주둔시켰다. 나베시마 나오시게는 함흥에, 가토 기요마사는 안변에 주둔하고 있었다. 일본군은 조선의 매서운 겨울을 주둔지에서 웅거하며 봄이 오기를 기다렸다.(가토 기요마사와 나베시마 나오시게의 병력들은 모두 규슈지역의 병력으로 조선의 추운 겨울을 대비한 방한 장비도 부족하였고 지방을 먹는 습관도 없었다고

한다.) 1593년 1월 5일 명나라의 두 사신이 20~30명의 사람들을 이끌고 안변에 있는 가토 기요마사를 찾아왔다. 명나라 사신은 고니시 유키나가 등 모든 일본군이 부산으로 철수했는데 오직 가토 기요마사 만이 함경도에 남아있으니 이는 독안에 든 쥐와 같은데, 포로로 잡은 조선의 두 왕자와 조선의 대신들을 풀어주면 무사히 퇴각할 수 있게 해주겠다고 하였다. 가토 기요마사는 명나라 사신을 정중히 접대하며 사람을 보내어 왕자들과 조선의 미녀(후궁 또는 궁녀로 추정 된다.)를 데려오게 하였다. 그리고 말하기를 "두 왕자는 관백(도요토미 히데요시)의 명령 없이는 넘겨줄 수 없고, 다만 조선의 미녀는 밖에서 돌려주겠다." 하고는 나무 기둥에 조선 미녀의 팔 다리를 묶고는 스스로 긴 창으로 여인의 가슴을 수차례 찔러 죽였다. 그리고 가토 기요마사가 소리 지르며 말하기를 "명나라 40만 대군을 하루에 1만 명씩 40일 내에 모두 죽이고 바로 중국의 북경으로 쳐들어가 궁전 누각을 모두 불태우고 중국의 대왕도 생포하여 일본으로 포로로 잡아 가겠다." 하니 명나라 사신이 이를 보고 할 말을 잃고 두려워하며 돌아갔다. 이 일로 가토 기요마사는 귀상관(鬼上官)이라고 명나라에서도 소문이 났다.

2. 도성으로의 행군

(1593년)2월 말, 나베시마 나오시게의 군대는 먼저 출발하여 가토 기요마사의 군대보다 하루 먼저 도성에 도착하였다. 가토 기요마사는 날이 어두워지자 도성 인근에 도착하여 야영을 위한 진지를 짓고 있었다. 세루투우스(한극함)는 가토 기요마사의 부하장수 츠다 산시로(津田三四郎)에게 맡겨졌는데 한 밤중에 도망가 버렸다. 가토 기요마사는 분노했으나 그가 어디로 도망을 갔는지 알 수가 없었다. 다음날 가토 기요마사는 도성에 도착하였

다. 포로로 잡은 조선의 두 왕자와 조선의 대신들을 데리고 들어오니 우키타 재상(우키타 히데이에), 이시다 미츠나리 등 3봉행, 여러 장군들이 가토 기요마사의 무공에 감탄하였다. 여러 장군들은 "멀리 국경 넘어 오랑캐의 땅까지 가서 무공을 세우고 조선의 왕자들과 대신들을 포로로 잡은 것은 대단한 용맹이며 유례가 없는 충절이다."라며 감탄을 했다.

가토 기요마사가 퇴각하여 도성에 도착한 시기는 1593년 2월말이다. 포로로 잡은 두 왕자와 조선의 대신과 후궁, 궁녀와 그 가솔 등 200여 명이라고 한다. 도망친 함경북도 병마사 한극함은 조선군 고언백(高彦伯)의 진영으로 돌아왔으나 곧 처형되었다. 처형 이유는 왕자를 버리고 홀로 도망친 죄이다. 또한 포로로 잡힌 함경남도 병마절도사 이영(?~1593)도 1593년 부산에서 석방되었으나 패전의 책임을 추궁당하고 처형당했다. 이외에 김귀영, 황정욱, 황혁 등 두 왕자와 함께 포로로 잡힌 사람들은 대부분 나중에 유배를 떠난다. 주된 이유는 두 왕자의 보필을 못한 죄이다.

〈일본전사 조선역 日本戰史 朝鮮役〉

1592년 11월에 북평사 정문부 등의 의병들이 길주 수비대(일본군)를 습격하여 길주성이 포위되며 다른 지역 일본군과의 연락이 차단되었다. 11월 23일 가토 기요마사가 사자를 길주성에 보내어 단천으로 퇴각을 명했다. 그러나 포위되어 퇴각이 어렵게 되자 1593년 1월초 부하 장수에게 정예병을 보내어 길주로 들어가 구원을 하게 하여 철수를 시작했다. 이 당시 전투로 길주성의 성주 가토 우마윤(加藤右馬允가토 요시시게)의 장남과 야마

구치 요사에몬(山口与三右衛門)등 주요장수 여러 명이 전사하였다. 일본군은 음력 2월 4일 함흥으로 무사히 철수하여 도착. 이후에 안변을 거쳐서 2월 말에 도성(한성)에 도착하였다. 당시 일본군 2번대 전체병력 2만 2,800명 중 8,864명이 전사, 동사, 실종됐다고 집계되었다.

3. 비운의 의병장 정문부

+ 의병장 정문부(鄭文孚 1565~1624) 해주 정씨, 시호 '충의'

1591년 함경북도 병마평사(북평사, 정6품), 북관대첩 이후 길주부사, 안변부사, 영흥부사, 온성부사, 공주목사, 1599년 호조참의, 1601년 예조참판, 1611년 남원부사 역임하였다.

이후에 형조참판, 병조참판직을 거듭 사양하였다.(이는 당시에 정치적 노선이 다르기에 사양했다고 한다.) 1624년 인조 2년에 역모죄에 연루되어 고문 받다가 옥사했다. ('초회왕'이란 시를 지었는데, 광해군을 폐위시키고 왕위에 오른 '인조'의 정통성을 부정했다는 이유였다. 초회왕은 중국의 초나라 항우가 추대한 왕이었는데 나중에 항우에 의해 살해된 왕이다.) 정문부는 옥사하기 전에 두 아들에게 "벼슬할 생각은 하지 말고, 경상도 진주에 내려가서 은거하며 살아라."라는 유언을 남기고 결국 옥사했다. 이후 현종 6년(1665년)에 신원이 회복되었고, 숙종 40년(1713년)에 충의공 시호를 받고, '북관대첩비'가 세워졌다.

제16장
평양성 탈환

1. 명나라 2차 지원군

명나라 1차 지원군(부총병관 조승훈)의 패배 이후, 명나라에서는 대규모 지원군 파병을 계획하였다. 다만 그 시기가 늦어졌는데, 명나라 부총병관 발배의 반란 때문에 시기가 늦어졌다. 그동안 명나라 유격장군 심유경이 평양에 있는 왜군(1번대 고니시 유키나가)과 교섭을 벌여, 50일 기한의 휴전이 성립되었다. 명나라와 왜군, 조선군 등 서로 군 재정비에 필요한 시간이 필요했었는데 3국 모두 이해가 맞아 떨어져 휴전이 성립 되었다.

1592년 음력 12월 13일. 드디어 명나라 2차 지원군 선봉대가 압록강을 도하하여 조선에 들어왔다. 곧이어 명나라 본진도 도착하는데, 경략 송응창(宋應昌)이 총사령관으로, 제독 이여송(李如松), 중협대장 이여백(李如栢), 좌협대장 양원(楊元), 우협대장 장세작(張世爵), 선봉장 사대수(査大受) 등 4만 3,000명 규모였다. 징비록 기록에 '명나라 군대가 안주에 이르러, 성 남쪽에 진영을 치니, 깃발과 병기가 정돈되고 엄숙함이 마치 신군(신의 군대)과 같았다. 제독(이여송)과 동헌에서 만나 일을 논의 했는데, 풍채가 뛰어난 장부였다. 그가 말하기를 "왜군은 다만 조총뿐인데, 우리는 대포를 쓰고 있으니, 대포는 모두 5~6리를 날아갑니다. 왜군들이 어찌 당해내겠습니까." 하였다.'

조선군도 도원수 김명원, 부방어사 심충사, 의병이시 정희현이 군사 8,000명과, 서산대사 휴정, 사명대사 유정(제자)의 승군 2,200명이 합류하였다. 평양성에 주둔한 일본군은 고니시 유키나가의 왜군 1번대 병력 본진이 주둔하고 있었다.

2. 조선 측 기록

〈선조실록 1592년 6월 29일〉

명나라에서 병부 상서(兵部尙書) 석성(石星)이 몰래 심유경(沈惟敬)을 파견하였는데, 경영 첨주 유격(京營添住遊擊)이라고 가칭하고서 평양으로 가서 적정을 탐지한다고 하였다. 그러나 실제는 왜적의 군영으로 들어가 강화하려고 한 것이다. 심유경이 강을 건너왔는데 말하는 것이 장황하였다. 이날 의주에서 유숙하니 직제학 오억령(吳億齡)을 보내어 문안하였다. 심유경은 모습은 보잘 것 없었으나 말은 유창하게 잘하였다. 그리고 평의지(平義智 소 요시토시, 대마도 도주), 평수길(平秀吉 도요토미 히데요시)과도 서로 안다고 하였다.

〈선조수정실록 1592년 9월〉

심유경은 본래 절강성(浙江省) 사람으로 평소 일본의 실정을 잘 알고 있었다. 병부 상서 석성(石星)이 유격이란 칭호를 붙여주면서 그로 하여금 적의 사정을 정탐하게 하였다. 순안(順安)에 이르러 먼저 가정(家丁) 1명을 왜군의 진영에 보내어 황제의 칙지로 책망하기를 '조선이 일본에 무엇을 잘못했기에 일본이 어찌 마음대로 군사를 일으켰는가?' 하니, 행장(行長)이 글을 보고는 직접 만나 일을 의논하자고 하였다.

1592년 9월 4일 심유경과 고니시 유키나가가 평양에서 만나 명나라와 일본과 50일 기한의 휴전이 성립되었다. 조선군에게도 이 기간에는 왜군을 공격하지 말라는 통보를 알려왔다.

〈선조실록 1593년 1월 7일〉
예조 판서 윤근수가 아뢰기를 "1월 4일에 명나라 장수 이여백(李如栢)이 정주(定州) 동쪽에 먼저 도착하여 왜적들에게 큰소리로 "심 유격(沈遊擊)이 여기 왔다."고 외치자, 소서행장(小西行長 고니시 유키나가)이 즉시 왜인 23명으로 하여금 나아가 맞이하게 하였습니다. 유시(酉時)에 진중에 도착하자 이여백이 왜인 15명은 목을 베고 3명은 사로잡았으며 5명은 도망하였는데, 날이 이미 어두워 비록 도망한 방향은 모르나 복병(伏兵)이 돌아가는 길을 차단했을 테니 틀림없이 평양에 도착하지 못했을 것이라고 합니다." 하였다.

서애집 등 다른 기록에는 사대수(査大受)를 시켜 왜의 소장(小將) 평호관(平好官)을 잡았다고 한다. 이때 잡힌 고니시 유키나가의 가신은 일본 측 기록에는 다케우치 기치베에(竹內吉兵衛)이며 세례명은 암브로지우이다.

〈선조수정실록, 선조실록, 징비록〉

1593년 음력 1월 6일. 조, 명 연합군은 평양성을 포위 하였다.

왜군은 성에 올라가 굳게 지키며, 왜적 1천여 명은 성의 북쪽에 있는 모란봉을 거점으로 조총을 사격 했다.(모란봉에 있던 조총부대는 마츠라 시게노부의 철포대 병력이나.) 세쪽 이녀송이 공격하미 못 이기 되가히는 것처럼 하자, 왜군이 성을 넘어 명나라 군대를 쫓아왔는데, 명나라 군대가 다시 반격을 하니, 왜군이 대패하여, 평양성으로 퇴각을 하였다. 밤에 왜군이 명나라 유격 오유충의 진영을 몰래 침범하였는데, 오유충이 일제히 화전(불화살)을 발사하니, 왜군이 놀라서 도망을 가자 이를 추격하여, 왜군 10여 급을 베었다.

음력 1월 7일 사시(오전 9~11시)에 명나라 3군영이 모두 보통문을 총공격하였다. 왜군이 성문을 열고 맞아 싸웠으나, 곧 패하고 성안으로 도망을 갔다. 왜군 30여 급을 베었다.

음력 1월 8일 조선군은 명나라 이여백과 함께 남쪽 성을, 명나라군은 서쪽 성을 공격하기로 약속하고, 총공격을 하였다. 제독 이여송은 말을 달려 여러 진영을 오가며 전투를 독려하고(친위대 1백여 기의 기마병을 거느리고 다녔다.) 온갖 대포를 일제히 발사하니, 소리가 천지를 진동하고, 대낮인데도(화약 연기로 인하여)캄캄 하였다. 화전(불화살)은 공중에서 베 짜는 올처럼 펼쳐져서 연기가 하늘을 가리고, 불화살이 성안으로 떨어져 곳곳에서 불이 일어나 수목이 모두 타버렸다. 제독이 소리치기를 "먼저 성에 오르는 자에게, 은 50냥을 상으로 주겠다." 하였다.(선조실록에는 은 5천 냥이라고 한다. 수정실록에는 은 50 냥으로 되어있다.) 이에 남방장수 낙상지가 긴 창을 휘두르며, 먼저 성벽을 오르고, 그의 군사(절강지역 군사)가 함성과 함께 뒤따라 올라갔다. 적병의 칼과 창이 고슴도치 털처럼 성가퀴에서 아래로 드리워져 있었으나, 명나라 군사는 더욱 힘차게 싸웠기 때문에 성위의 왜군을 물리치고, 명나라 깃발을 세웠다. 적병은 더 이상 지탱하지 못하고 내성(內城)으로 물러났는데, 칼날에 베이고 불에 타서 죽은 군사가 매우 많았다. 제독이 우협대장 장세작과 함께 칠성문을 공격하고, 대포로 문을 부수고 평양성으로 입성하였다. 이어서 중협대장 이여백은 조선군과 함께 함구문을, 좌협대장 양원은 보통문을 공격하여, 앞 다투어 입성을 하였다. 왜군들은 내성 안에 토굴을 미리 파서 그 안에서 격렬히 저항을 하였고, 고니시 유키나가는 연광정 토굴에 있었다. 왜군이 내성 안 여러 토굴에 의지하여 결사항전을 하기에, 양측 사상자가 많아지자, 제독 이여송은 협상을 하였다. 고니시 유키나가는 "평양에서 퇴각할 것이니, 뒷길을 차단하지 말라."라고 요구하고, 제독 이여송은 제안을 받아주었다. 이어서 조선 측에도 명을 전달하여, 퇴로를 막지 말라고 하니 왜군 고니시 유키나가의 병력은 이날 밤(음력 1월 9일 새벽)에 퇴각을 했다.(왜군 1,285 명을 참획하고, 포로 2명, 그 외 수백 명 이상이 불타 죽고, 조선인 포로 남녀 1,225명(장계에는 1,015명)을 구출하고, 말 2,985필과 수백기의 장비와 군량미 3천 석을 노획했다. 평양성 전투에서 명나라 전사자는 1천여 명이였다.)

징비록에 의하면, 며칠 전에 류성룡이 황해도 방어사 이시언과 김경로에게 평양성의 왜군 퇴로를 지키고 있다가 퇴각하는 왜군을 공격하라고 미리 통보를 했다. 이에 퇴각하는 고니시 유키나가의 왜군을 공격하여 이시언은 왜군 60여 급, 황주판관 정엽은 90여 급을 베었다. 김경로는 당시 황해도 순찰사 유영경의 호위 때문에 참전하지 못했다.

황해도 방어사 이시언은 군사가 적었기에 왜군 뒤를 쫓았으나, 가까이 가지는 못하고 왜군 낙오병 60여 명만 베었는데, 큰 공을 세우시 못하사 휘하의 군사들 중 미약한 조선병사 60명을 죽였다. 이날 전투 장계에 의하면 명나라 이영(병력 3,000명)도 매복하고 있다가 왜군 수급 359급 참획, 3명을 생포하였다고 한다.

〈선조실록 1593년 1월 9일〉
예조 판서 윤근수가 아뢰기를 "8일에 이 제독(이여송)이 평양성에 진격하자 왜장이 청하기를 '명나라 군이 잠시 물러나게 해준다면 공물을 바치겠다.'고 하였답니다. 이에 이 제독이 거절을 하고 다시 전투를 벌이자 왜장도 서문에서 전투를 지휘했습니다. 명나라 군사가 삼혈조총(총구가 3개인 조총)을 발사하자 왜군이 많이 죽었으며 살아남은 3~4백 명은 모두 숲속으로 도망쳤습니다. 그러자 이여송, 이여매 등이 진격하였는데 왜군들이 편전(片箭)을 일제히 발사하여 명나라 군사도 편전(片箭)에 맞은 자가 매우 많았습니다. 죽은 왜군이 성에 가득하였는데 제독이 명령을 내려 수급을 베지 못하게 했습니다."

〈선조실록 1593년 1월 15일〉
이시언이 첩보를 보내기를 "선봉의 왜적이 이미 퇴각을 했습니다. (평양)남쪽에 있던 왜군들도 도성을 향하여 퇴각했습니다. 명나라 유격 통사(통역관)가 말하기를 '유격과 함께 9일에 황주에 도착하였고, 10일 아침에는 봉산에 도착했는데 왜적은 이미 도망쳐서 성안이 비어 있었다.'라고 하였습니다."

〈상촌집 57권〉
임진년에 조선에 온 명나라 군신들.

제독 이여송(李如松)은 요동 철령위 사람인데 그의 선조는 우리나라 이산군(理山郡) 사람이었다고 한다. 그의 부친 이성량은 명나라에서 수차례 전공을 세워 광녕총병(廣寧摠兵)이 되고 영원백(寧遠伯)에 봉해졌는데 오랑캐가 기가 꺾여 복종했다고 한다. 이여송의 동생 이여백(李如栢), 이여장(李如樟), 이여매(李如梅) 등 모두 총병의 관직에 오르고, 이여정(李如楨)은 금의위사(錦衣衛事 근위대장)가 되었다. 이여송은 임진년 12월 25일 앞록강을 건너서 계사년(1593년)정월에 평양성을 공격해 승리했는데 공으로 태자태보(太子太保) 좌도독(左都督)으로 승진하였다. 1593년 10월에 회군하였다.

양원(楊元), 처음에 송 경략의 중군(中軍)에서 중협 부총병관 도독첨사(中協副摠兵官都督僉事)에 임명되었다가 임진년에 이 제독을 따라 나와 2천 명의 군사를 거느리고 평양의 왜적을 격파하였다.

이여백(李如栢), 제독의 동생이다. 서도독첨사(署都督僉事)로 제독을 따라 나와 군사 1천 5백 명을 거느리고 평양의 왜적을 격파하였다. 계사년에 제독과 함께 돌아갔다.

이여매(李如梅), 제독의 동생이다. 임진년에 흠차의주위진수참장(欽差義州衛鎭守參將)으로 마병 1천을 이끌고 제독을 따라 나왔다가 계사년에 돌아갔다. 정유년(정유재란)에 총병으로 재차 왔다.

이여오(李如梧), 제독의 동생이다. 임진년에 흠차통령요진조병참장(欽差統領遼鎭調兵參將)으로 마병 5백을 이끌고 제독을 따라 나왔다가 계사년에 돌아갔다.

장세작(張世爵), 광동(廣東)우위(右衛) 사람이다. 흠차정왜우영부총병관 도지휘사(欽差征倭右營副摠兵官都指揮使)로 군사 1천 5백 명을 이끌고 임진년에 제독을 따라 나와 평양의 왜적을 격파하였다. 계사년에 제독과 함께 돌아갔다.

조승훈(祖承訓), 영원위(寧遠衛) 사람이다. 임진년 7월에 평양성을 공격했으나 패하였다. 12월에 다시 제독의 표하관으로서 평양 전투에 참가했다. 정유년(정유재란)에 다시 군문을 따라 나왔다.

사대수(査大受). 철령위(鐵嶺衛) 사람이다. 임진년에 흠차통령남북조병원임부총병(欽差統領南北調兵原任副摠兵)으로 마병과 보병 3천 명을 이끌고 9월에 나와 행궁(行宮)을 호위하면서 의주(義州)에 오래 머물렀다. 그 뒤 이 제독이 나오자 그의 표하에 예속되었다.

낙상지(駱尙志), 절강(浙江)소흥부(紹興府)사람이다. 임진년 12월에 흠차통령절직조병신기영좌참장(欽差統領浙直調兵神機營左參將)으로 보병 3천 명을 이끌고 나왔다. 힘이 매우 세어서 평양 전투에서 낙상지가 앞장서서 성벽에 올라갔는데, 적이 그의 위세에 눌려 피하기 시작하니 뒤에 있던 군대가 뒤따라 들어가 평양성을 수복하였다.

오유충(吳惟忠), 호는 운봉(雲峯)으로 절강(浙江)금화부(金華府)사람이다. 임진년 12월에 흠차통령절병유격장군(欽差統領浙兵游擊將軍)으로 보병 1천 5백 명을 이끌고 나왔다. 정유년에 재차 왔다.

전세정(錢世禎), 직례(直隸) 소주부(蘇州府)사람이다. 임진년 12월에 흠차통령산동추반경략표하어왜방해유격장군(欽差統領山東秋班經略票下禦倭防海游擊將軍)으로 마병 1천 명을 이끌고 나왔는데, 매우 엄격하게 자신의 부대를 단속하였다. 평양성을 함락할 때 여러 부대의 장병들이 왜적의 재물을 다투어 약탈하였으나 전세정은 자신의 군대를 단속해 취하지 못하게 하였다. 계사년 9월에 돌아갔다.

이평호(李平胡), 오랑캐 출신의 사람인데 영원백(寧遠伯) 이성량(李成樑)이 그의 용모를 기이하게 여겨 자기 아들로 삼았다. 임진년에 흠차통령요동조병원임부총병 서도독동지(欽差統領遼東調兵原任副摠兵署都督同知)로 마병 8백 명을 이끌고 제독을 따라 나왔다가 계사년 10월에 돌아갔다.

선조실록 1593년 1월 11일 기록에 평양성 함락 당시 참전한 명나라 군은 4만 3,500명, 추가로 도착한 병력이 8천 명이라고 되어 있다. 연려실기술에는 이때 참전한 명나라 장수들은 60여 명, 중국 남북의 관병 4만 3천여 명이었다고 한다. 또한 명 황제의 명령으로 은을 대량으로 풀어서 군량미와 말먹이를 사들여 의주에 운반시켜 놓았다고 한다.

3. 일본 측 기록

〈루이스 프로이스 일본사 76장 중국군과의 전투〉

중국에서 심유경이라고 하는 명나라의 고위 인사가 고니시 유키나가를 찾아와 협상을 요청해 왔다. 그는 조선의 일부를 넘겨주고 관백(도요토미 히데요시)에게 명나라 사신을 보내겠다고 약속했다. 또한 명나라 황제에게 보고를 하기 위해 두 달의 시간을 줄 것과 그동안 양국이 휴전할 것을 요구하였다.(조선 측 기록에는 50일 동안의 휴전이라고 되어있다.) 사람들은 심유경이란 사람은 매우 영리하고, 말재주가 뛰어난 자라고 한다. 휴전 기간이 거의 끝날 무렵 심유경은 고니시 유키나가에게 전갈을 보내어 "북경에서 소식이 도착했으나 내가 낙마사고로 인해 몸이 불편합니다. 이곳으로 가신 한 명을 보내주시오."라고 했다. 이에 고니시 유키나가는 암브로지우(竹內吉兵衛 다케우치 기치베에)라는 가신 한 명과 병사 20여 명을 보냈다. 암브로지우가 그곳에 도착하자 그들은 처음에는 정중하게 안내를 했다. 그러나 곧 암브로지우와 그의 수행 병사들을 모두 잡으려고 했다. 병사 4~5명 정도가 평양성까지 도망쳐 오고 나머지는 명나라 군대에 모두 잡혔다. 이어서 2~3일 후에 중국과 조선의 군대가 평양성에 도착하여 포위를 했다. 5일 후 오전에 적(조, 명 연합군)들이 포를 수없이 쏘아대기 시작했다. 이후 요란한 북소리와 함성을 지르며 수많은 대열로 공격을 하기 시작했다. 이들은 모두 말을 타고 왔다. 모든 병사들이 투구와 갑옷을 입고 있었는데 말을 타고 있었기 때문에 군갑은 그들의 발까지 내려왔다. 이들은 강철로 만든 매우 훌륭한 투구를 쓰고 있었는데 이 중 몇 개가 일본으로 전해졌다. 이들이 사용한 무기들은 활과 화살, 일본의 것과 비슷한 장창과 칼, 총 등이 있었다. 그러나 소총을 사용하는 방법은 서툴러서 총에 맞아 전사한 일본군은 없었다. 이들은 또한 폭이 넓은 사다리를 수레에 싣고 와서는 성벽에 기대어 세운 후 곧바로 기마병들로 하여금 사다리를 타고 성 위로 올라가게 하였다. 이들은 전투에서 공격할 때 항상 달 모양으로 진(학익진)을 펼쳐 적을 포위하며 가운데로 몰아 포위하며 공격했다. 이들은 이런 식으로 평양성을 공격했다. 고니시 유키나가의 병사들은 매우 열심히 싸웠으나 방어할 성벽에 비하여 병사 수가 적었다. 반면 중국군은 헤아릴 수가 없을 정도로 많아 그들을 저지하기가 어려웠다. 마침내 수많은 중국 군대가 성안으로 마구 들어왔다. 이때 고니시 유키나가의 동생과 사촌 한 명 등 일본 측 전사자가 많이 발생했다. 그러나 일본군은 끝까지 포기하지 않고 대항을 하였고 중국군도 수많은 사상자가 발생하자 철수하기 시작했다. 마츠라 가문의 히라도 병사들은 항상 잘 싸웠고 이날 전투에서도 매우 용감히 싸웠다.

〈루이스 프로이스 일본사 77장 평양성 철수의 일〉

고니시 유키나가 휘하의 여러 장수들은 평양성을 포기하고 후방의 다른 일본군의 성곽으로 철수할 것을 고니시 유키나가에게 설득하였다. 그러나 고니시 유키나가는 말하기를 "관백은 도망치거나 비겁한 행위를 매우 싫어하는 성격이기에 여기서 명예롭게 싸우다가 죽는 것이 최고의 선택이다."라고 하였다. 그러나 그의 가신들은 "관백에게는 우리 모두가 전사하는 것이 제일 나쁜 결과입니다. 이것은 적에게 사기만 올려주고 후방의 일본군에게는 사기를 저하시키는 일입니다. 후방에 주둔하고 있는 일본군은 더 적은 수의 병력들이기에 명나라 대군에게 아주 쉽게 무너질 것입니다. 또한 우리는 시흘 동안 그렇게 용감히 전투를 치뤘고, 결국 식량과 탄약이 부족하여 어쩔 수 없이 모든 병사들을 안전하게 철수했다는 사실을 알게 되면 오히려 칭찬을 할 것입니다."라며 설득을 하였다. 결국 고니시 유키나가는 철수할 것을 결정하였다. 그날 밤 평소처럼 성 안에 깃발을 꽂아 놓고 햇불을 밝혀 두고 조용히 철수를 하기 시작했다. 평양성 바로 남쪽인근에 있는 성에는 시가 지카쓰구(志賀親次 세례명 돈 파울로)가 주둔하고 있었다. (시가 지카쓰구(志賀親次)는 오오토모 요시무네(大友義統)의 주요 가신이며 크리스찬이다. 황해도 황주성에 주둔하였다.)

시가 지카쓰구(志賀親次)는 평양성에서 도망쳐 온 사람들로부터 평양성 전투의 소식을 전해 듣고 봉산에 주둔중인 오오토모 요시무네(大友義統)에게 전갈을 보냈다. 오오토모 요시무네는 시가 지카쓰구에게 당장 성을 버리고 자신에게 오라고 답신을 보냈다. 시가 지카쓰구는 포기하기에는 아직 이르다고 판단하고 명령을 따르지 않았다. 그러나 평양성에서 도망쳐 온 또 다른 병사들이 '고니시 유키나가는 이미 할복할 준비를 했다.'라는 말과 오오토모 요시무네가 자신의 말을 듣지 않는 점을 질책하며 봉산성을 포기한 소식을 듣고는 시가 지카쓰구도 결국 황주성을 포기하였다. 평양성을 빠져나온 고니시 유키나가는 퇴각하며 바로 이 두 곳(황주성, 봉산성)의 성에 도착하였으나 오오토모 요시무네의 분고국 병사들의 모습은 찾아볼 수가 없었다. 결국 나흘을 더 행군을 하여 부젠국의 영주이자

가톨릭교도인 구로다 나가마사가 있는 배천(白川)성까지 가야만 했다. 고니시 유키나가의 군대는 밤낮을 가리지 않고 걸어야 했으며 모든 것이 눈으로 덮여 있었고, 조선의 추위는 매우 가혹하여 모든 것이 얼어붙어 있었다. 일본군(따뜻한 규슈지역 병사들)은 눈 위를 걷는 것이 익숙하지 않았다. 조선인과 중국인은 겨울철에 두꺼운 가죽신을 사용했으나 일본군은 짚신만을 신었기 때문에 고통이 매우 심했다. 많은 병사들의 엄지발가락이 동상으로 떨어져 나갔고, 이 중 몇 명은 심각하여 일본으로 귀국했다. 명나라 군대의 무기는 매우 무겁기 때문에 신속성이 떨어져서 일본군을 추격하지는 않았다. 그리고 퇴각하는 적군을 추격하지 않는 것이 중국군의 습관이라고 한다. 실제로 이후에 도성에서 퇴각하여 부산으로 향할 때에도 중국군은 그 어떤 공격도 하지 않았다.

〈음덕기 76권 陰德記〉
평양전투와 오오토모 요시무네(大友義統)의 겁약

평안도(평양성)에 고니시 유키나가가 주둔하고 있었고, 그 남쪽 황주와 봉산에는 오오토모 요시무네의 군대가 주둔하였고, 그 남쪽 (황해도)배천과 용천에는 구로다 나가마사의 군대가 주둔하였고, 그 남쪽 개성에는 고바야카와 다카카케, 다치바나 무네시게 등의 군대가 주둔하고 있었다. 고니시 유키나가의 평양성에 명나라 유격장군(심유경)이 평화협상을 위해 방문하였는데 그 소식을 3봉행에게 전하였다. 이 소식은 곧바로 일본 나고야에 전해졌는데 관백(도요토미 히데요시)은 매우 기뻐하며 위로 껑충껑충 뛰었다고 한다. 그러나 사실은 명나라의 속임수로 많은 병력을 한꺼번에 도강하기가 어려워 압록강이 두껍게 얼어서 도강할 시기를 기다리고 있었던 것이었다. 명나라는 강물이 얼자 이를 계기로 대병력을 도강시켰다. 분로쿠 2년(1593년)정월 6일 명나라 대군은 고니시 유키나가가 있는 평양성을 빽빽이 둘러싸고 밤낮으로 공격을 해왔다. 명나라의 총과 대포소리는 천둥소리와 같았고 소나기처럼 탄환이 쏟아졌다. 고니시 유키나가는 적의 대군을 맞이하여 총과 화살을 끊임없이 쏘아내며 방어를 했으나 명나라의 100만 대군에는 승리할 수가 없었다.(명나라 100만 대군이라는 말은 심유경이 일본 측과 협상하는 과정에서 만일 철수하지 않으면 100만 명의 군사로 앞뒤를 막아 토벌할 것이라고 엄포를 했기 때문이다.) 그런데 고니시 유키나가가 전투를 한창 벌이고 있을 무렵, 평양성 남쪽에 배치한 진영에 있던 전령들이 도망쳐서 오오토모 요시무네의 성으로 들어갔다. 이들 전령이 오오토모 요시무네에게 말하기를 "명나라 남병 100만 명 이상이 평양성을 포위하며 공격을 하는데 사방 5리 정도에 명나라 군대가 쫙 깔려있습니다. 고니시 유키나가는 성을 탈출할 수가 없고 그 성에서 주종과 함께 모두 전사했을 것입니다. 저는 사잇길로 포위를 간신히 뚫고 여기까지 왔습니다." 하였다. 오오토모 요시무네는 주요 가신들을 불러 모아 회의를 했다. 오오토모 요시무네는 "지금 들어온 소식에 의하면 평양의 고니시 유키나가는 전사했을 것이고, 명나라 대군은 곧바로 이곳으로 쳐들어 올 것이다. 지금 있는 병력으로 이곳에 계속 주둔하고 있을 것인지, 아니면 퇴각하여 고바야카와 다카카케, 깃카와 히로이에와 함께 군세를 합쳐 일전을 벌일 것인지를 결정해야만 한다."라며 회의를 하고 있었는데 계속해서 도망쳐 온 사람들이 자신의 비겁한 행동을 감추려고 "고니시 유키나가는 전사했다."라며 제각각 말을 하니 오오토모의 군영에서는 이미 사실로 받아들여 퇴각을 결정하게 되었다. 봉산에서 가까운 곳에 깃카와 히로이에의 군대가 있었는데 오오토모 요시무네가 고니시 유키나가가 전사했기 때문에 퇴각을 했다는 소식이 퍼지면서 병참로에 있던 각 진영의 병력들이 모두 퇴각하기 시작하였고 깃카와 히로이에의 진영에서도 많은 병사들이 패닉상태에 빠져 아무리 병사들을 진정 시키려 해도 수습이 안 되었다. 고니시 유키나가와 명나라 군대는 수일간 밤낮으로 전투를 벌여서 양쪽 사상자가 많이 발생하였고 서로 지쳐있었다. 명나라 군이 평양성을 겹겹으로 포위하고 있었는데 한밤중에 한쪽을 열어두어 고니시 유키나가의 군대는 포위를 빠져 나왔다. 명나라 군이 뒤쫓아 오면 고니시 유키나가의 군대는 크게 토벌되었을 것이다. 그러나 명나라 군대는 평양성을 함락한 것에 기뻐하며, 일본군이 버리고 간 식량과 무기 등을 노획하느라 정신이 없었고, 쫓아오는 병력은 없었다. 이리하여 고니시 유키나가는 무사히 평양성을 빠져나왔고, 곧바로 오오토모 요시무네의 성으로 퇴각하였다. 그러나 오오토모 요시무네의 성에는 병사가 보이지 않았다. 기마병을 보내어 근처를 둘러보게 했는데 죽은 사람도 없었고 군막도 없었다. 이미 오오토모 요시무네의 모든 병력이 철수했던 것이었다. 고니시 유키나가는 분노하며 말하기를 "이 사람은 예전에 (규슈)시마즈 가문과의 전투에서도 성을 버리고 도망을 치더니 이번에도 또 성을 버리고 도망을 쳤다! 겁쟁이라고 하는 병이 또 발병했구나!"라고 했다. 이후 여러 장군들은 이러한 오오토모 요시무네의 행동에 대하여 "고니시 유키나가를 버리고 퇴각한 것은 아주 비겁한 행동이다."라고 말을 했다. 오오토모 요시무네는 분고국의 병력 6천 명과 군선 82척을 이끌고 왔기에 나중에 부산해에서 조선 수군과 전투를 벌여서 조선의 큰 배(판옥선) 2척을 포획하기도 했다. 그러나 이시다 미츠나리 등 3봉행들은 칭찬조차 하지도 않았고, 오히려 고니시 유키나가를 버리고 도망간 사실만을 관백에게 보고를 하였다. 관백은 이시다 미츠나리의 서신을 보고 "오오토모 같은 겁쟁이는 전대미문이다!"라며 격노했다고 한다. 또한 서신을 다시 보냈는데 "오오토모 요시무네는 일본 최고의 겁쟁이로서 그의 영토를 몰수하고 추방할 것."이라고 적혀있었다. 오오토모 요시무네는 (1593년)7월 23일 일본으로 귀국 조치되어 칩거 당했다. 이러한 일 때문에 오오토모 가문의 규슈 분고국은 11명에게 나누어 분할된 것이다.

제17장
벽제관 전투

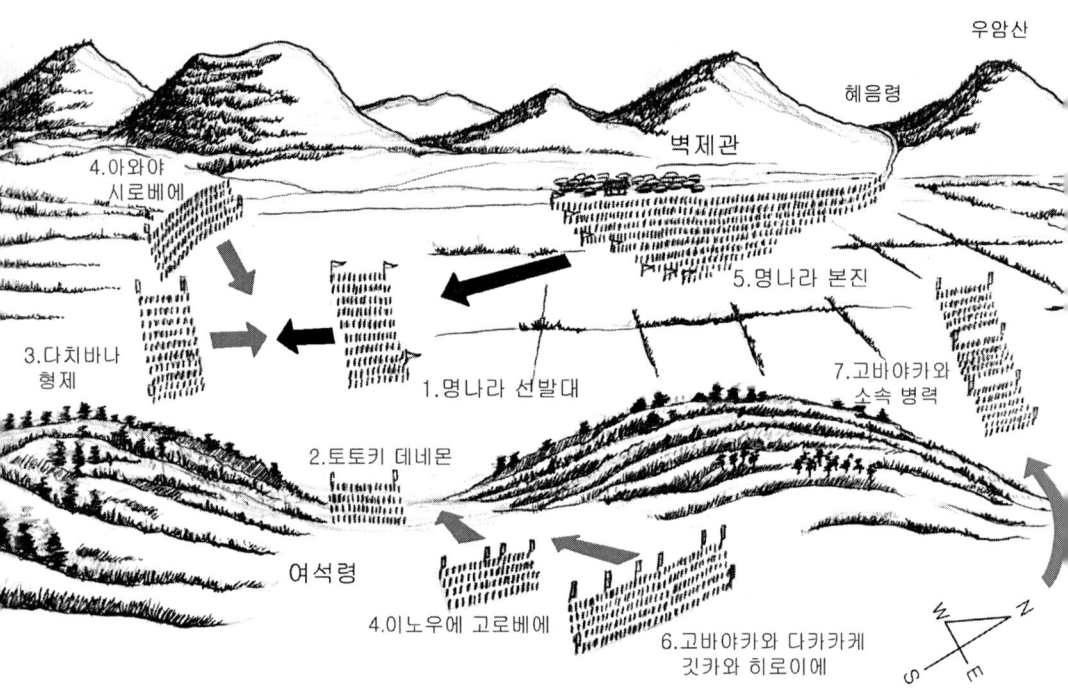

〈벽제관 전투 상황도〉

벽제관(현재 경기도 고양시 덕양구 고양동 일대)은 사신들이 머물던 숙박시설(역관)이다.

1. 조, 명 선발대(부총병 사대수, 경기도 방어사 고언백) 수백 명과 제독 이여송의 기병대 1천 명. 여석령 새벽에 도착.

2. 여석령에서 조, 명 선발대의 공격으로 일본군 토토키 데네몬의

군대 5백 명 전멸 당함.

3. 다치바나 무네시게의 군대 2,500명. 오전 7시경 명나라 선발대 측면공격. 서로 격전.
4. 아와야 시로베에의 군대 3천명, 이노우에 고로베에의 군대 3천 명 전투에 합류, 3면에서 공격하여 명나라 선발대 전멸 당함.(오전 7시~10시경)
5. 명나라 본진(좌협대장 양원) 6~7천 명, 오전 10시 경 전투에 합류. 일본군 다치바나, 아와야, 이노우에 군대와 격전.
6. 고바야카와 다카카케의 본진, 깃카와 히로이에 등 일본군 도착, 전투 합류, 정오(12시)경 명나라 군대 퇴각. 일본군은 퇴각하는 명나라 군대를 혜음령까지 추격.
7. 고바야카와 히데카네, 모리 모토야스, 치쿠시 히로카도 등 5천명의 병력 우회하여 퇴각하는 명나라 본진 혜음령까지 추격.

1. 당시 상황

고니시 유키나가가 평양성 전투에서 패하자 평안도, 황해도 일대에서 왜군들이 퇴각하여 한성(도성)으로 집결하였다.(평양성에서 퇴각한 1번대 고니시 유키나가는 음력 1월 17일 한성에 도착하였다.) 한성에 집결한 왜군들은 한성 서쪽으로 대규모 정찰대를 매일 파견하며 명나라 군대의 움직임을 주시하고 있었다.

명나라 2차 지원군 총사령관 송 경략은 안주에, 제독 이여송은 파주에 주둔하고 있었다. 음력 1월 27일 새벽에 명나라군 부총병관 사대수와 조선군 경기도 방어사 고언백이 군사 1천명을 거느리고 먼저 출발하여, 혜음령을 넘어 벽제관 일대를 무력 정찰을 하였다. (선조실록과 징비록에는 군사 수백 명이라고 기록되어 있다.) 곧이어 조, 명 연합 정찰대와 왜군 정찰대가 창릉일대에서 서로 마주쳤고, 교전을 벌여 왜군 백여 명을 베었다는 소식을 제독 이여송에게 보냈다. 이 소식에 제독 이여송은 매우 기뻐하며, 명나라 대군 본진은 파주에 머물러 둔 채, 친위대를 포함한 기병 1,000여 기를 이끌고, 긴급히 출동하여 벽제관으로 향했다.

2. 벽제관 전투(1593년 음력 1월 27일)

제독 이여송은 혜음령을 넘어(징비록에는 이 당시에 얼마나 서둘렀는지, 여기서 이여송이 말에서 낙상했다고 한다.) 벽제관을 지나, 여석령(여석현)에 도착하였다. 이때 여석령 고개 위에는 500명의 왜군만이 있었다. (다치바나 무네시게(立花宗茂)의 중진 병력으로 토토키 데네몬(十時伝右衛門)이 지휘하는 500명의 병력이다.) 소규모의 왜군을 발견한 제독 이여송은 자신감을 얻어 여석령을 향해 진격을 했고, 곧이어 고개 뒤에 있던 왜군 본진이 갑자기 나타나 접전을 벌이게 되었다.(처음에는 다치바나 무네시게의 본진 병력 2500명이었고, 계속하여 고바야카와 다카카케의 본진 8천 명과 깃카와 히로이에의 4천 명이 고개 넘어 속속 도착하였다.) 제독 이여송의 기병대는 북방 기병으로 화기가 없고, 단지 짧은 칼만을 무장하고 있었는데, 왜군의 조총 집중사격을 받고, 크게 패하게 되었다.(징비록에는 왜군의 긴 칼에 당했다는 기록만 있는데, 일본 측 기록에는 일본군의 철포 속사(교대사격)와 뒤이어 도(刀), 창(槍)으로 삼면에서 공격해 들어가니 명나라 군이 크게 당했다고 한다.) 제독 이여송은 뒤늦게 도착한 좌협대장 양원의 지원병력(대략 6,000~7,000명)의 도움으로 간신히 탈출하여, 파주로 무사히 퇴각을 하였다. 이 전투에서 명나라는 이비어, 마천총, 이유승 장군 등을 잃었다.

3. 조선 측 기록

〈선조수정실록 1593년 1월〉

송 경략(宋經略)은 안주에 주둔하고 제독 이여송은 파주에 진군하여 벽제역(碧蹄驛)에서 싸우다가 불리하자 후퇴하여 개성(開城)에 주둔하였다.

제독이 대군을 이끌고 남쪽으로 내려갔는데, 임진강의 얼음이 녹았기 때문에 임진강 상류에서 칡으로 만든 밧줄을 연결하여 다리를 만들어 건너갔다. 명나라 장수 사대수(査大受)가 우리 장수 고언백(高彦伯)과 함께 군사 수백 명을 거느리고 먼저 가서 정탐하던 중 한성의 서쪽에 이르렀을 때 왜적을 벽제역 남쪽 여석현(礪石峴)에서 만나 1백여 급을 베었다. 제독이 그 소식을 듣고 크게 기뻐하며 친병(親兵)인 기병(騎兵) 1천여 명과 더불어 달려가면서 대군을 계속 출동시키도록 명령하였다. 그러나 적이 먼저 많은 군사를 고개 뒤에 매복시키고는 단지 수백 명만 고개를 지키게 하여 약세를 보였다. 제독이 즉시 군사를 지휘하여 전진시키니, 적이 고개에서 내려왔다. 그런데 군사들이 채 교전하기도 전에 적병이 갑자기 뒤에서 일어나 산 위에 진을 쳤는데 거의 1만여 명이나 되었다. 명나라 군사는 단검(短劍)에 기마(騎馬)뿐이었고 화기(火器)가 없었으며, 길이 험하고 진흙이 쌓였으므로 제대로 말을 달리지 못하였다. 이에 적이 긴 칼을 휘두르며 좌우에서 돌격해 들어오니 그 예봉을 대적할 수가 없었다. 제독의 휘하 이유승(李有升) 및 용사(勇士) 80여 명이 죽음을 당하였다. 제독이 사대수에게 후위(後衛)를 맡게 하고 길을 뚫고 빠져 나갔다. 그 뒤 명나라 대군이 잇따라 도착하니 왜적이 바라보고는 퇴각하였다. 제독이 저녁에 파주로 돌아와서 이유승의 사위인 왕심대(王審大)를 불러서 등을 어루만지며 통곡하고 말하기를, "좋은 사람이었는데 나를 위해서 죽었다." 하였다. 제독이 동파(東坡)로 물러가 주둔하려 하자, 류성룡(柳成龍), 유홍(兪泓), 김명원(金命元) 등이 처소로 찾아가 만류하였으나 결국 동파로 퇴각하여 진을 쳤다. 다음날 개성으로 물러나 주둔하며 사대수와 군사 수백명만 남겨두어 임진강을 지키게 하였다.

〈징비록〉

이날 밤에 제독은 파주로 돌아와서 패전한 것을 숨기고 있었으나 밤에 자신이 아끼던 부하가 전사한 것을 매우 슬퍼하며 통곡까지 하였다. 다음날에 제독이 "우리 군사가 어제 적병을 많이 죽였으나, 땅이 진창이 되어 군사를 주둔하기가 불편하니 임진강 북쪽 동파로 돌아가서 나중에 다시 진격하겠소." 하였다.

4. 일본 측 기록

〈음덕기 76권 陰德記 76〉

도성으로의 퇴각

고니시 유키나가가 평양에서 패전하자 평안도, 황해도 주둔의 여러 일본군은 남쪽으로 후퇴하여 개성에 도착하였다. 개성에 주둔한 고바야카와 다카카케(小早川隆景)는 도성의 3봉행으로부터 서신을 받았다. 내용은 임진강 북쪽에 있는 개성을 포기하고 조선의 도성(한성)으로 모두 집결하라는 것이었다. 고바야카와 다카카케는 이에 대한 답장을 보냈다. "오오토모 요시무네는 고니시의 생사조차 확인도 않고 봉산성을 버리고 퇴각을 했습니다. 그러니 지금 이곳 개성을 간단히 포기하고 퇴각을 한다면 오오토모의 행각과 같은 실패의 반복이 됩니다. 일본을 출발했을 때, 이 몸은 태합전하(도요토미 히데요시)께 바치기로 했으므로, 이곳에서 명나라를 상대하겠습니다. 만약 이길 수 없으면 바로 이곳에서 할복하겠습니다."
답장을 받은 3봉행은 고바야카와 다카카케에게 다시 서신을 보냈다. "공이 말씀하신 것은 당연합니다. 그러나 공이 전사해 버린다면 태합께는 충성 같기는 합니다만, 사실은 충성이 아닙니다. 적군은 또 승리에 자신감이 붙어 사기가 충만할 것이고, 우리 일본군은 기회를 잃게 되며 사기 또한 떨어질 것입니다. 도성에서 회의를 한 다음 마지막 일전을 준비합시다." 3봉행의 거듭된 서신을 받은 고바야카와 다카카케는 결국 그들의 말을 따르기로 하고 퇴각을 결심하였다. 개성에 함께 머물고 있던 고니시 유키나가, 오오토모 요시무네, 구로다 나가마사의 병력들이 먼저 도성으로 출발하였고, 그 다음날 고바야카와 다카카케 군대가 철수하였으며 깃카와 히로이에(吉川廣家)의 병력은 후미를 맡으며 맨 마지막으로 철수하였다.
분로쿠 2년(1593년)정월 중순, 일본의 여러 장수들은 도성에 모여 방어를 위한 대책회의를 하였다. 도성에서 회의를 하면서 매일 순번을 정하여 정찰대를 보내어 명나라 군대의 움직임 등을 살피게 하였다. 일본력 1월 25일(조선력 음력 1월 26일) 우키타 히데이에의 병력이 순번이 되어 정찰대를 파주에 보냈다. 우키타 히데이에의 비젠국 병사들은 소나무가 좌우로 무성한 지역에서 명나라 군대의 기습공격을 당하여 크게 패하고 겨우 도망쳐왔다.(사대수, 고언백의 정찰대가 매복하였다. 이때 조선 측 기록에는 적 수급 100여 급이라고 되어 있다. 일본 측 기록에는 60여 명이 전사했다고 한다.)

그 다음날 26일(조선력 음력 1월 27일)은 고바야카와 다카카케의 병력이 정찰대를 보낼 순번이었다. 고바야카와 다카카케는 전날 비젠국의 정찰대가 당한 것을 상기하며 대규모의 병력을 편성하였다. 아와야 시로베에(粟屋四郞兵衛), 이노우에 고로베에(井上五郞兵衛), 가츠라 쿠나이쇼우(桂宮內少輔)등 3개의 진과 2개의 시동조(小姓組 장군의 경호 등을 맡는 일종의 친위대)를 추가해 정찰을 보냈다. 다치바나 무네시게(立花宗茂)는 동생 다카하시 나오츠구(高橋直次)와 함께 기마대(寄騎-기기)로서 고바야카와 다카카케의 군대에 속해 있었다. 다치바나 무네시게는 어제 비젠국 병사들이 토벌당한 곳에 최하급 무사들을 먼저 보내어 정찰을 시켰다. 그러나 그곳에는 적병의 모습은 없었다. 그런데 그곳에서 2리 정도 떨어진 곳에서 정찰을 하고 있을 무렵 생각지도 못한 상황이 벌어졌다. 명나라 군대 선진(기마)2천여 기가 갑자기 몰려와 다치바나 무네시게의 선봉에 있던 토토키 데네몬(十時伝右衛門)의 병사 500명을 공격한 것이다. 다치바나 무네시게의 본진은 곧바로 전투에 합류하여 명나라의 측면을 공격해 들어갔다. 먼저 철포대를 일렬로 세우고 일시에 사격을 쏟아 붓고 (기마대가)긴 칼을 뽑아 들고 돌격하였다. 명나라 선봉대는 (측면에서의 공격에 당황하여) 퇴각하는 듯 했다. 그러나 잠시 후에 명나라 군대 본진이 들판을 가득 채우며 파도처럼 몰려오기 시작하였다. 명나라 병력이 훨씬 많았기 때문에 다치바나 무네시게의 군대는 기마무사 36명이 전사하였고 그 외 잡병들은 수없이 많이 전사하였다.

(조선군물어(朝鮮軍物語)에는 다치바나 무네시게의 가로 오노 이즈미(小野和泉)가 인솔하는 700명의 병력이 선진을, 토토키 데네몬(十時伝右衛門)이 인솔하는 500명의 병력이 중진을 맡았다. 그 후미에는 다치바나 무네시게

의 본진 병력 2천 명이 있었다. 토토키 데네몬(十時伝右衛門)의 중진병력 500명이 제일 먼저 공격을 당하여 토벌 당했는데, 모리가기(毛利家記)에 의하면 이때 토토키 데네몬(十時伝右衛門)을 포함하여 73명이 전사하고 수부(水夫) 수십 명이 전사했다고 한다. 또한 다치바나 본진도 기마무사 36명을 포함하여 사상자가 200여 명이었다고 한다. 포친 적(따」기) 600수급을 토벌했다고 한다.)

다치바나 무네시게의 군대가 큰 손실을 입으며 격전을 벌이고 있을 무렵에 고바야카와 다카카케의 병력이 고개를 넘어 도착하였다. 제1진의 아와야 시로베에(粟屋四郎兵衛)의 병력이 먼저 명나라의 선진을 공격했다. 이어서 제2진의 이노우에 고로베에(井上五郎兵衛)의 병력이 철포대를 준비하고 있었는데 명나라 군대와 아와야 시로베에(粟屋四郎兵衛)의 군대가 서로 엉켜서 난전을 벌이고 있는 탓에 섣불리 철포 공격을 하기가 어려웠다. 마침 아와야 시로베에(粟屋四郎兵衛)군대가 뒤로 물러나기 시작했다. 명나라 군대는 이들을 뒤쫓아 왔다. 이노우에 고로베에(井上五郎兵衛)는 기회를 잡았다. 먼저 철포대를 일렬로 정렬시켜 일제히 사격을 했다. 명나라 병사들은 말위에서 낙엽처럼 떨어졌다. 곧이어 도창(칼과 창)조를 투입하였다. 이때 아와야 시로베에(粟屋四郎兵衛)와 다치바나 무네시게(立花宗茂)도 군대를 다시 돌려 명나라 군대를 3면에서 포위 공격하였다. 그러나 정면의 산과 들에 명나라 대군이 계속 몰려오기 시작했다. 명나라의 기세는 마치 파도가 몰아치는 듯했다. 순간 일본군들은 당황하여 할 말을 잃었다. 이때 다치바나, 고바야카와 사람들이 명나라 대군과 전투가 벌어져서 거의 몰살직전이라는 소식이 도성에 알려졌는데, 제일 가까이에 있던 깃카와 히로이에가 4천 명(혹은 5천 명)의 군대로 먼저 출발하여 도착하였다. 깃카와 히로이에는 내일 정찰을 나갈 순번이었기에 미리 전투준비가 되어 있었다. 이어서 구로다 나가마사와 봉행사람들, 우키타 히데이에 등이 도착하였다. 깃카와 히로이에는 "오늘 아군의 피해가 너무 많았다. 그대로 방치하면 명나라는 다시 쳐들어 올 것이다. 지금 일전을 벌이는 것이 좋다." 하며 명나라 본진의 한가운데로 쳐들어갔다. 우키타 히데이에는 어제 본인의 정찰대가 토벌 당했기 때문에 면목이 없었고, 또한 어제의 보복을 하려고 하였기에 공격을 결심하여 깃카와 히로이에와 함께 쳐들어갔다. 고바야카와 다카카케의 군대도 동시에 전진해 들어갔다. 다치바나 무네시게도 자신의 부대가 토벌당한 것에 대한 보복으로 기슭을 타고 전진해 들어갔다. 구로다 나가마사도 적을 추격하여 적의 수급 5~7개를 베었다고 한다. 명나라 군대는 퇴각하면서도 자주 응전을 했으며, 퇴각과 응전을 반복하는 식으로 재주 있게 퇴각을 했다. 일본군도 퇴각하는 명나라 군대를 계속 추격 공격했다. 특히 다치바나 무네시게는 철저히 추격을 하려고 했으나 고바야카와 다카카케가 더 이상의 추격은 위험하다고 금지시켰다. 이렇게 명나라 군이 퇴각하자 여러 장수들은 오후 늦게 도성으로 돌아왔다.

(실제 전투는 정오(낮12시)에 끝났으나 사상자와 무기 등을 수습하며 철수를 하였기에 도성으로 완전 철수한 것은 저녁 무렵 이였다.)

다음날 혹시 적이 또 쳐들어 올 것을 염려하여 2~3천 명씩 대규모로 정찰을 보냈으나 사람의 그림자도 없었다. 나중에 태합전하(도요토미 히데요시)가 이 전투의 소식을 듣고는 "고바야카와 다카카케와 다치바나 무네시게의 군대가 제일선에서 매우 잘 싸웠다고 한다. 매우 훌륭하다. 또한 다른 장수들은 모두 도성으로 돌아가던지 하룻밤의 진을 짓고 사태를 살피자고 하는 가운데에 깃카와, 구로다, 우키타 등이 부디 쳐들어갔다고 하니 용기가 대단했다."라며 칭찬을 했다고 한다.

이시다 미츠나리(石田治部少輔)등 3봉행은 후퇴하는 명나라 군대의 공격 및 추격에는 반대를 했었다. 특히 오오타니 요시츠구(大谷刑部少輔)는 "적의 기세가 너무 많아 산과 들에 가득 들어차있다. 적(명나라)의 병력이 몇 만 명인지 셀 수가 없다."라고 했다. 다치바나 무네시게의 언행록인 류사이 구문기(立齋旧聞記)에 의하면, 나중에 전투가 끝날 무렵에 도착한 여러 장수들이 군공을 위하여 실제 전투에 참전하지도 않았으면서 (심지어 전투 당일 적군을 보지도 못했던 자들이)길가에 죽은 시체에서 수급(목)을 취해 군공에 올리기도 했다고 한다. 또한 다치바나 무네시게가 탔던 말도 부상을 입고, 들고 있던 칼은 휘어지고 뒤틀려서 칼집에 들어가지 않았을 정도로 격전을 치러 큰 공을 세웠는데, 이것을 별 것 아닌 것처럼 질투하는 자들이 있었다고 한다.

1. 고바야카와 다카카게　　　　　2. 모리 데루모토

1. 고바야카와 다카카게(小早川隆景 1533~1597)

무장 겸 다이묘, 고다이로(五大老.도요토미 정권에서 정무에 참가한 5명의 다이묘), 모리 가문사람으로 모리 모토나리(1497~1571년)의 3남이다. 임진왜란 출병 당시 6번대 사령관으로 참전했다. 원래 전라도 지역을 맡았는데 공격이 좌절됐다. 1597년에 일본에서 병사했다.

2. 모리 데루모토(毛利輝元 1553~1625)

다이묘, 고다이로(五大老), 모리 모토나리의 장손자이다. 주코쿠 지역의 다이묘로 임진왜란 당시 3만 명의 병력을 이끌고 참전했다. 그러나 임진왜란 내내 병세가 악화되어 도요토미 히데요시가 귀국을 수차례 권했다. 결국 정유재란에서는 모리 데루모토 대신 모리 히데모토(毛利秀元)가 우군 총대장으로 출전한다.

3. 깃카와 히로이에(吉川広家 1561~1625)

다이묘(이와쿠니 번주), 모리 모토나리의 2남인 깃카와 모토하루(吉川元

春)의 아들이다. 모리 데루모토와는 사촌 지간이다. 임진왜란, 정유재란에 참전하여 모리 가문의 선봉대를 맡았다. 임진강 전투, 행주대첩, 2차 진주성 전투, 울산성 전투에 참가했다. 정유재란 당시 전라도에서 조선인 코베기로 타의추종을 불허할 정도로 매우 저돌적인 성격이다.

4. 다치바나 무네시게(1567~1643)

무장 겸 다이묘(다나구라 번, 야나가와 번주) 벽제관 전투에서 철포속사(조총 교대 사격)와 기습전으로 명군을 격파 했다. 야습과 기습전에 뛰어나다고 한다. 오오토모 가문(오토모 소린)의 가신 다카하시 쇼운의 큰 아들이다. 이후 오오토모 가문의 또 다른 가신 다치바나 도세쓰의 딸과 결혼하여 다치바나 가문을 상속 받았다. 시마즈 가문과의 전투 중에 아버지 다카하시 쇼운은 전사하고(1586년 이와야 성 전투), 도요토미 히데요시의 규슈정벌(시마즈 가문 정벌)에 참가하여 큰 활약을 하여 오오토모 가문에서 독립시켜 도요토미 히데요시의 직속 다이묘로 성장했다.(야나가와 번, 13만석 영지) 6번대 사령관 고바야카와 다카카게를 의부로 모셨다고 한다.

제18장
행주대첩

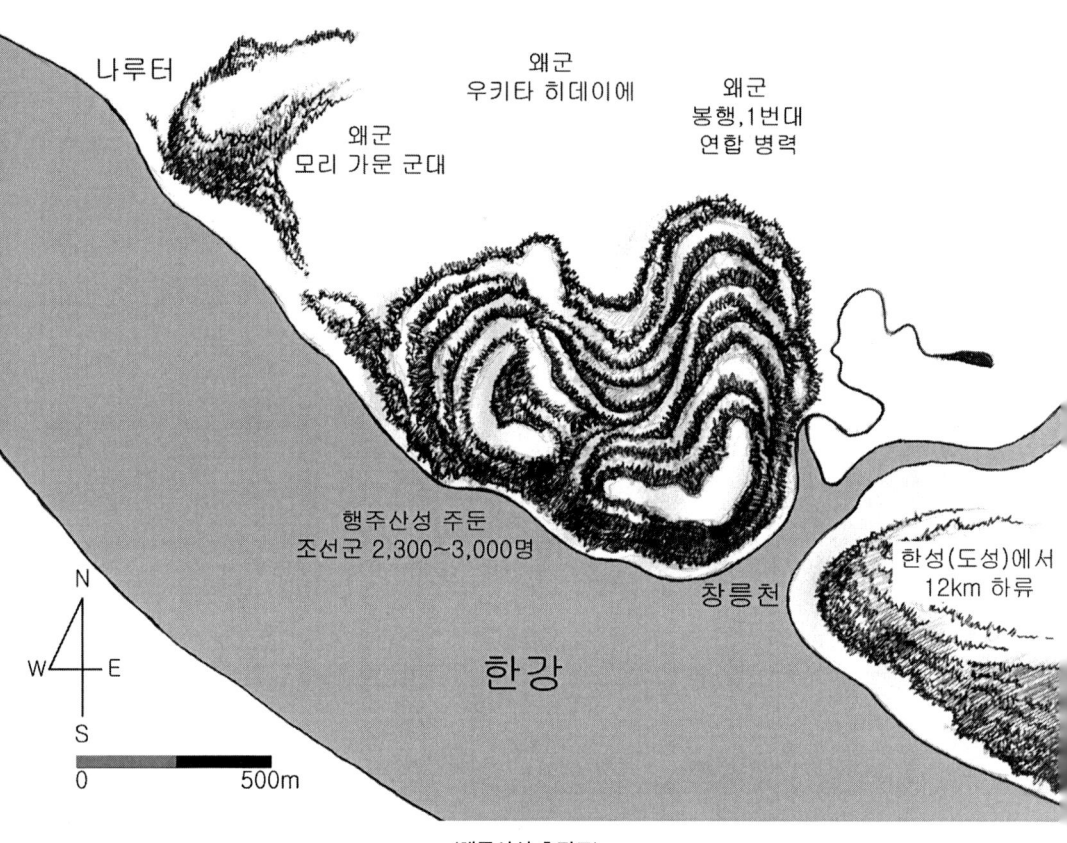

〈행주산성 추정도〉

서울의 서북쪽 12km(서대문 기준) 한강 이북에 위치한 토성으로 삼국시대, 혹은 통일신라시대에 쌓은 토성으로 추정된다. 동남쪽으로 한강과 창릉천을 끼고 있고 정면으로는 평야지대이다. 해발124m(덕양산)에 위치하고 있다.

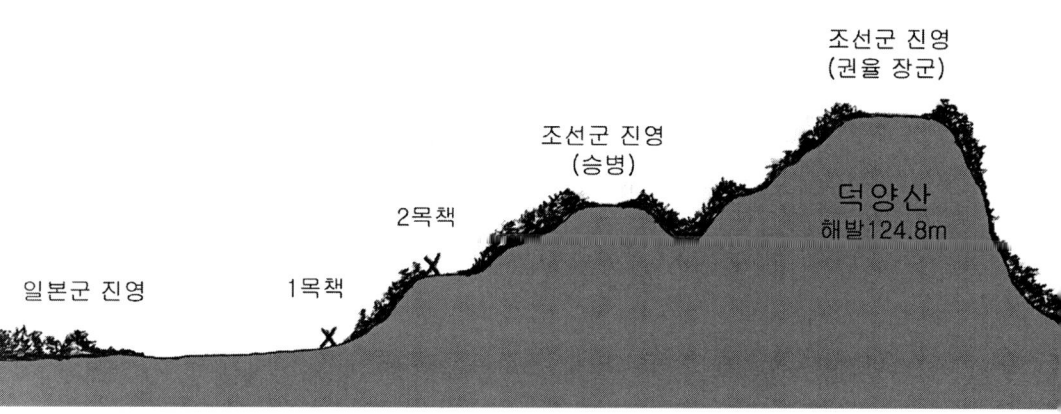

〈행주산성 단면도〉

흙을 쌓아서 만든 토성이다. 한강 남쪽 김포방향에서 바라본 모습이다.

1. 이전 상황들

명나라 제독 이여송은 벽제관 전투에서 패전한 후, 개성에 머물고 있었는데 왜군 2번대 가토 기요마사가 안변에서 철수를 하며 평양성을 공격하려 한다는 소문을 듣고는 다시 북상하여 평양까지 후퇴하여 주둔하고 있었다. 그 대신 부하 왕필적(王必迪)을 개성에 주둔시켰다. 전라도 순찰사 권율(權慄)은 한성(도성)탈환을 목표로 명나라 군대와 연합하려고 행주산성까지 북상하였다. 그리고 이빈(李蘋)은 파주에, 고언백(高彦伯)과 이시언(李時言)은 해유령(蟹踰嶺)에, 김명원(金命元)은 임진에 주둔하고 있었다. 당시 행주산성 인근에 주둔한 조선군의 병력은 다음과 같다.

〈선조실록 1593년 1월 11일〉

각도에 있는 병마의 숫자를 개진한 것.

경기도 강화부

전라도 절도사 최원(崔遠)병력 4천 명

경기도 순찰사 권징(權徵)병력 4백 명

창의사 김천일(金千鎰)의병 3천 명

의병장 우성전(禹性傳)의병 2천 명

경기도 양주(해유령)

경기도 방어사 고언백(高彦伯)병력 2천 명

경기도 수원부

전라도 순찰사 권율(權慄)4천 명

권율은 병력을 둘로 나누어 병마사 선거이는 금천에 주둔하였다. 행주산성에 주둔한 권율의 병력은 대략 2,300~2,800명으로 추정된다.

2. 조선 측 기록

〈풍양군 조경(趙儆)의 비(碑), 연려실기술〉

수원부 독산산성에 주둔하던 순찰사 권율(權慄)은 한성 서쪽으로 북상하려고 적당한 지역을 물색하도록 하였다. 조방장 조경(趙儆)이 밤에 강을 건너가서 지형을 살펴보니 행주가 마땅하였다. 순찰사 권율이 말하기를 "명나라 군사가 많이 왔으므로 왜군이 감히 여기까지는 나오지 못할 것이니 성책을 만들 필요는 없다." 하였다. 이에 조방장 조경(趙儆)이 말하기를 "숫자가 적은 병력으로 큰 적과 가까이 있으니, 성책이 반드시 필요하다." 라고 하였으나, 순찰사 권율은 듣지 않았다. 마침 그때 체찰사 정철이 양주에 있으면서 순찰사 권율을 불렀기 때문에 권율은 일을 의논하러 자리를 떠났다. 조방장 조경은 순찰사 권율이 자리를 비운 이틀 동안에 모든 군사를 시켜 나무 목책을 만들어 성책을 완성하였는데, 목책을 만든지 사흘만에 왜군의 대군이 쳐들어 왔다. 나중에(행주산성 전투 이후) 권율과 모든 장수가 말하기를 "오늘의 공은 모두 경(조방장 조경)의 공이다." 하였다.

〈연려실기술〉

계사년(1593년) 음력 2월, 권율(權慄)이 수원에서 고양의 행주산성으로 이동하여 주둔하였는데, 서북에 있던 왜적들이 모두 한성으로 모여 있다가 전라도의 군사가 한강을 건넜다는 소식을 듣고는 대군을 이끌고 쳐들어 왔다. 2월 12일 새벽에 왜적의 선봉인 기병(騎兵) 백여 명이 먼저 와서 무력시위를 하더니 곧이어 대군 수만 명이 들판을 가득 덮고 우리 진영을 포위하였다. 왜군은 군사를 크게 3곳으로 나누어 교대로 돌아가며 공격하였는데, 고함 소리는 땅을 흔들고 탄환이 비 오듯 하였다. 우리 군사는 죽음을 무릅쓰고 싸웠으며 묘시(새벽 5~7시)부터 유시(오후 5시~7시)에 이르기까지 적병은 세 번 공격을 하고 세 번 퇴각하였다. 왜적들은 공격이 계속 실패하니 갈대를 가지고 와서는 불을 놓아 우리 성책(城柵)을 불태우려고 하였다. 이에 우리 군사들은 위에서 물을 끼얹어 꺼버렸다. 처음 승병(僧兵)에게 산성의 서북쪽을 지키게 하였는데 적의 군사가 크게 고함지르며 돌격하자 승병이 무너져 내성(內城)으로 들어오므로 권율이 칼을 빼들고 목을 베며 독전하니 모든 장수와 병사들이 적의 칼날을 무릅쓰고 육박전을 하였다. 이에 적군이 크게 패하여, 드디어 시체를 네 무더기로 쌓고 불태우고 퇴각하니 냄새가 사방 10리에 퍼졌다. 왜적이 물러가자 우리 군사가 그 나머지 시체를 수습하여 1백 30여 명을 베고 자재를 무수하게 얻었다. 또한 전투 중에 화살이 거의 다하여 우리 군이 위태로웠는데 충청 수사(忠淸水使) 정걸(丁傑)이 두 척의 배로 화살을 싣고 와서 바다 쪽에서 들여보냈으므로 계속하여 사용할 수가 있었다.

야사인 자해필담(紫海筆談)에는 저녁 무렵에 일본장수 평수가(平秀家 우키타 히데이에)가 화살에 맞아 병사들을 거두어 퇴각했다고 한다.

〈선조실록 1593년 2월 24일〉
권율(權慄)이 행주산성에서의 승첩을 보고하다.
전라도 관찰사 겸 순찰사 권율(權慄)이 고산 현감 신경희(申景禧)를 보내어 행주산성에서의 승첩을 상에게 아뢰었다. 현감 신경희가 아뢰기를 "적이 3만 명을 이끌고 왔는데, 기병과 보병이 서로 섞여 있었습니다. 2월 11일에 아군이 정찰병을 보냈는데 무악재에서 적의 기병을 만나서 아군 8~9명이 당하였습니다. 이튿날 적의 대군이 들판을 뒤덮으며 행주산성으로 진군해 왔습니다. 곧이어 적군이 돌아가며 진격해 공격하다가 퇴각하기를 8~9차례나 하였습니다." 하였다. 상이 이르기를 "적이 쏜 것 중에는 우리나라의 화살도 있었는가?" 하니 신경희가 아뢰기를 "편전(片箭)에 맞은 우리 군사가 많았으니 적군 중에 반드시 우리나라 사람이 투입되어 전쟁을 돕는 것 같았습니다." 하였다. 또한 신경희가 아뢰기를 "양천 건너에는 건의부장 조대곤(曺大坤)이 있었고, 심악에는 우성전(禹性傳) 등의 군대가 있었는데 구원하지 않았으니 매우 분합니다. 다만 그날 묘시(새벽 5~7시)부터 신시(오후 3~5시)에 이르도록 싸우느라 화살이 거의 떨어져 가는데 마침 충청 병사(忠淸兵使) 정걸(丁傑)이 화살을 운반해 와 위급을 구해주었습니다." 하였다.

3. 일본 측 기록

〈음덕기 77권 陰德記〉

조선의 도성에서 3리 정도 떨어진 한강 하류에 성이 하나 있었다. 전투에 참가했던 일본사람들은 '강 하류의 성'(河下の城)이라고 불렀다. 이시다 미츠나리, 마시타 나가모리, 오오타니 요시쓰구 등 봉행도 이전 날의 벽제관 전투의 승전에 고무되어 강 하류의 성도 평정하려고 2월 초순 도성에서 출발하였다. 3봉행 중에서 오오타니 요시쓰구(大谷吉繼)는 전투에서의 공적으로 출세를 하여 지금은 봉행의 한 사람이 되었다. 그러나 이시다 미츠나리와 마시타 나가모리는 군사의 일에는 잘 몰랐기 때문에 적을 경시하고 있었고, 한 번에 적을 무너뜨려 자신들의 공훈을 세우려고 했었다. 1진은 가토 미츠야스, 마에노 나가야스, 2진은 고니시 유키나가, 3진은 이시다 미츠나리, 마시타 나가모리, 오오타니 요시쓰구, 4진은 우키타 재상, 5진은 깃카와 히로이에와 숙부인 모리 히데카네(毛利秀包), 모리 모토야스(毛利元康) 등으로 정해졌다.

모리 히데카네(毛利秀包)는 원본에는 쿠루메 시종(留米侍從)이라고 되어 있다. 모리 모토나리의 9남으로 고바와카와 다카카게의 양자가 되어 고바야카와 성씨(小早川氏)를 사용했었다. 임진왜란 당시에 1,500명을 인솔하였다. 모리 모토야스(毛利元康)는 모리 모토나리의 8남이다. 이들은 깃카와 히로이에의 숙부가 된다. 깃카와 히로이에는 모리 모토나리의 손자이다. 이들은 모두 벽제관 전투 등에도 참전했던 인물들이다.

깃카와 히로이에는 선봉 1진으로 전투하기를 원했지만, 3봉행들은 "이전의 벽제관 전투에서 깃카와는 공을 많이 세웠기 때문에 이번에는 봉행인 가토 미츠야스, 마에노 나가야스에게 선봉을 양보하세요."라고 하여 맨 마지막으로 순번이 정해졌다. 이리하여 가토 미츠야스, 마에노 나가야스가 선진에서 공격을 시작하였다. 그러나 조선인들은 궁술에서는 일본인보다 훨씬 능숙하였다. (일본군이 사정권에 들어오자)화살촉을 가지런히 정렬하여 활시위를 힘껏 당겨 쏘아대었다. 가토와 마에노는 세 번 연속 산성을 향해 돌격을 하였으나 조선군의 목책을 넘지도 못하였다. 화살의 사정권을 벗어나려고 후퇴를 하려해도 후진이 퇴로를 막고 있었기 때문에 앞으로 전진할 수도, 퇴각할 수도 없이 조선군의 화살 표적이 되고 말았다. 깃카와 히로이에는 멀리 후진에서 전투상황을 지켜보고 있었다. 선진의 부대들이 들판과 산기슭까지 가득 메우고 공격하고 있었기 때문에 앞으로 나갈 곳이 없었다. 따라서 오른쪽으로 이동하여 산성에서 언덕이 튀어나온 곳(행주산성 서쪽 봉우리 끝부분)으로 수세 5천 명을 이끌고 쳐들어갔다. 그 곳에는 목책과 마름쇠가 깔려 있었다. 조선군은 언덕위에서 화살을 비와 같이 쏘아대었다. 150~160명 정도가 목책을 넘어 들어갔으며 후미에 있던 병력들도 계속 목책을 넘어 들어갔다. 그러자 조선군은 옆의 언덕(2번째 언덕)으로 후퇴를 했는데, 곧이어 갑자기 병사들을 다시 뒤로 휙 돌려 더욱 격렬하게 화살을 쏘며 공격을 해왔다. 이곳 2번째 언덕은 기슭이 한층 더 높고 병풍(屛風)이 세워져 있었다. 이곳은 쉽게 오르기가 어려웠다. 조선 군은 이 언덕위에서 "이곳이 무너지면 이 성은 모두 함락된다."라며 몹시 흥분하며 화살을 마구 쏘아내렸다. 일본군은 이곳에서 60명 이상이 전사 하였으며 언덕에 있던 일본군이 퇴각하였다. 깃카와 히로이에는 스스로 지휘하며 재차 공격을 명령하며 지휘를 하였다. 언덕위의 조선군은 이 사 람이 대장이라고 생각했는지 깃카와 히로이에에게 집중적으로 활을 쏘며 공격을 했다. 깃카와 히로이에는 미간에 맞아서 피가 흐르며 눈가에 흘러 들어갔지만 전혀 신경을 쓰지 않았다. 다시 재차 공격을 하여 언덕을 점령하려고 했는데 다른 곳에서 전투를 진행 중인 일본군이 퇴각을 하자 성중의 조선군들은 이것으로 활기가 붙어 언덕을 사수하려고 깃카와 히로이에 진영으로 더욱 격렬하게 공격을 했다. 이때 이시다, 마시타가 전령을 보내왔는데 "오늘은 부상자가 너무 많이 나왔고, 군사도 모두 지쳤기 때문에 우선 퇴각하고 내일 다시 공격합시다." 하였다. 깃카와 히로이에는 "나의 병력으로만 이 성을 공격하는 것은 불가능하다. 봉행들이 말한 것에 우선 따를 수밖에 없다."라며 퇴각을 하였다. 군사를 퇴각하여 우키타 히데이에, 깃카와 히로이에, 모리 히데카네 등은 방패로 둘러싸 병풍(屛風)을 만든 곳에 모였다. 이곳에서 3봉행의 진지로 전령을 보내 제안을 하기로 했다. "오늘 이 성을 함락하지 못하면 적은 일본군에게 이겼다고 생각할 것이다. 그렇다면 우리 일본의 용맹이 부족한 것이다. 이번에 우리 3명(우키타, 깃카와, 모리)이 선진을 맡을 테니 봉행들께서는 후진을 맡아 주셨으면 합니다."라고 뜻을 전했는데, 3봉행들은 "제졸은 모두 지쳐 있습니다. 오늘은 우선 철수하고 내일 다시 공격을 합시다."라고 다시 답장을 보냈다. 이때 전령은 아와야 히코에몬(粟屋彦右衛門)이었는데 조선군이 노리고 있었는지 돌아오는 길에 그를 향해 총통을 발사했다. 이때 조선군이 발사한 총통에 아와야 히코에몬(粟屋彦右衛門)이 다리에 부상을 입었다. 그런데 일본의 총알을 닮지는 않았고 굵기가 1척 정도의 떡갈나무를 넣어 발사한 것이다. 조선군의 총통은 모두 나무통을 넣고 발사하는 방식인가? 또는 총알이 없어서 이런 것을 넣고 발사했는지도 모르겠다. 하지만 아와야 히코에몬은 부상을 입고도 전혀 안색을 바꾸지 않고 조용히 말을 전했기 때문에 그의 부상을 전혀 몰랐는데 나중에 그 1척 정도의 물건을 꺼내어 보이자 모두 감탄했던 것이다. 이후에 그 성(강 하류의 성)을 함락하려고 다시 쳐들어갔는데 조선군은 이미 성을 비우고 퇴각하였다.

요시미 가문 조선진일기(吉見家 朝鮮陣日記)에서는 행주대첩 당시의 일본군 편성을 제1진 고니시 유키나가, 제2진 5봉행, 제3진 구로다 나가마사, 제4진 우키타 히데이에, 제5진 깃카와 히로이에, 제6진 모리 히데카네, 모리 모토야스, 제7진 고바야카와 사람들(小早川衆 고바야카와 다카카게는 실제로는 전투에 미참가)등 3만 명의 군세라고 기록되어 있다.

+ 권율(1537~1599). 시호 충장.
1582년 식년문과급제. 광주목사, 전라도 순찰사 겸 관찰사, 행주산성 전투 이후 도원수 역임. 영의정 추증, 선무공신1등

+ 조경(1541~1609). 시호 장의.

제주목사, 강계부사, 1592년 경상우도 방어사, 수원부사 재직 중 권율을 도와 독산성, 행주산성 전투에 참전했다. 그 공로로 가선대부에 가자됨. 이후 훈련도감 당상, 훈련대장, 동지중추부사, 한성부판윤 등을 역임하였나. 선무공신3등.

+ 정걸(1514~1597). 자는 영중, 호는 송정.

1544년 무과급제, 1568년 종성부사(여진족 정벌), 1572년 경상우도 수군절도사, 전라좌도 수군절도사, 전라도 병마절도사 역임. 임진왜란 당시 78세에 전라좌수영 조방장으로 이순신을 도와 옥포해전, 한산도대첩, 부산포해전에 참전했다. 1593년 2월 충청도 수군절도사로 재직 중 행주대첩 당시 배 2척을 이끌고 화살을 조달했다. 이후 도성(한성)탈환작전에 참가하기도 했다. 1595년 노령으로 모든 관직에서 퇴임하고 1597년에 별세(83세)했다.

정걸(丁傑)은 평소에 명예나 이익을 탐내지 않아 그림자 장군이라는 명칭이 있었다. (명종 11년-1556년) 사간원에서 아뢰기를 "전라우도 수군절도사 최호는 왜구가 몰래 초도에 정박하자 왜구의 선봉을 보고 겁을 먹고 후퇴하여 도망을 갔습니다. 그러나 남포도 만호 정걸(종4품)이 홀로 군사를 이끌고 싸워 왜구를 모두 잡았습니다. 그런데 수군절도사 최호가 공을 자기에게 돌려서 가선대부에 오르니, 남쪽사람들이 지금도 분통해 하고 있습니다"라고 하였다.

제19장
한성탈환

　명나라 경략 송응창이 제독 이여송을 만나 경솔하게 후퇴한 것을 크게 꾸짖었으나, 제독 이여송이 왜군의 병력이 많고, 전투에도 강하므로 쉽게 대적하기가 힘들다고 하자 송 경략이 심유경을 왜군 진영에 보내어 협상을 시도하였다. 한편 충청 수군절도사 정걸이 강화도에서 수군 수십 척을 (50척이라고도 함) 이끌고, 한강을 거슬러 올라가 용산일대의 왜군 선박을 공격하고, 용산창(용산 미곡 창고)을 화공으로 불태워 버리는 등 (1593년 음력 2월 15일) 용산일대를 공격하였다. 이런 식으로 용산일대에는 조선 수군이 자주 드나들었는데, 왜군의 1번대 고니시 유키나가가 용산에 있는 조선군 수군에게 글을 보내 강화하기를 요구하였다. 왜군이 보낸 서찰은 류성룡에게 도착하였고, 류성룡은 명나라 부총병 사대수에게 보여주었다. 이어서 이 서찰은 곧장 제독 이여송에게 보내지게 되고, 제독은 유격 심유경을 왜군 본진이 주둔중인 도성에 보내어 왜군과 협상을 논의하게 하였다. (심유경은 강화도에서 배를 타고, 용산에 도착하였다.) 심유경이 용산에 도착하여 왜군 장수들에게 말하기를 "곧 명나라 40만 대군이 몰려와서 앞뒤로 차단하여, 너희들(한성 주둔 왜군)을 치려 한다. 조선의 두 왕자와 대신(함경도에서 잡힌 사람들)을 돌려보내고, 모든 병력을 이끌고 남쪽으로 철수한다면, 봉사(封事-황제께 올리는 글)를 성립시킬 수 있고, 둘 다 무사할 것이다." 하였다. 그러나 고니시 유키나가는 심유경을 도성에 계속 머물게 하고, 노성 사누글 꼬수하고, 봉공(封貢-고용을 바치는 것)이 일을 해결한 후에 철수를 주장하였다. 그러자 왜군진영 내부회의 끝에, 총사령관 우키타 히데이에와 여러 왜군 장수들 37명이 함께 와서 심유경에게 사과를 한 다음, 철수 날짜를 정하였다. 나중에 제독 이여송이 소식을 듣고 군사를 이끌고 개성에 이르렀는데, 조선의 대신들은 강화는 믿을 수가 없으니 왜군이 퇴각할 때 틈을 봐서 공격을 하자고 말을 하였으나, 제독은 따르지 않고 유격장군 주홍모 등을 다시 왜군 진영에 보내어 협상을 의논하게 하였다.

1. 조선 측 기록

〈연려실기술〉

1593년 4월에 경략 송응창이 심유경과 심사현 등을 보내어 청정(가토 기요마사)과 행장(고니시 유키나가)을 용산(龍山) 배 위에서 회견케 하고 각각 강화하기를 청하였는데 이때 심유경이 말하기를, "너희들이 기한 안에 군사를 물리지 않았기 때문에 중국에서 위엄을 보인 것이다. 너희가 만약 전날의 약속을 지켜 성심으로 귀순한다면 어찌 끝까지 군사를 동원하겠는가. 지금 두 찬획(贊畫)이 군사 40만 명을 거느리고, 한 패는 새재[鳥嶺]에서 막아 너희가 돌아갈 길을 끊고, 한 패는 한강(漢江)에서 너희의 군량 운반을 막을 것이요, 경략과 제독은 친히 30만의 군사를 거느리고 지금 곧 올 것이다. 그러나 너희가 조선의 왕자와 대신을 돌려보내고 군사를 거두어 남쪽으로 간다면 봉공(封貢)하는 일도 이룰 수 있을 것이요, 두 나라에는 전쟁이 없을 것이니 어찌 피차간에 좋은 일이 아니겠는가?" 하였다. 그런데 행장(고니시 유키나가) 등은 오히려 심유경을 감금하여 놓고 도성을 고수하면서 봉공(封貢)을 요구하고자 하니 수가(秀家 우키타 히데이에), 삼성(三成 이시다 미츠나리) 등이 모두 "그것은 옳지 않다." 하여 즉시 모든 진영의 장수 37명과 함께 와서 사과하고, "19일에 군사를 거두어 돌아갈 것이며 서울에 양미(糧米) 2만 석을 남겨두고, 부산에 도착하여 두 왕자를 돌려보내겠다." 하였다.

〈선조수정실록 1593년 4월〉

(1593년) 음력 4월 19일 우키타 히데이에 등 왜군이 철수하여 한강을 건넜는데, 창고에 미곡 2만 석을 남겨두고 떠났기 때문에 제독 이여송이 차관 심세현에게 인계하였다. 가토 기요마사는 두 왕자와 재신과 명나라 관원 사용재, 서일관을 데리고 갔으며, 유격 심유경은 고니시 유키나가를 따라갔다. 왜군의 여러 진영들이 곧장 남하하여 조령을 넘었는데, 도중에 풍악을 울리고, 노래를 부르며, 혹은 춤을 추면서 남쪽으로 내려갔다.

음력 4월 20일 명 제독 이여송이 체찰사 류성룡, 유홍 등과 함께 한성(도성)에 도착하였다.

성중의 유민들은 백에 한둘도 남아 있지 않았는데, 생존자도 굶주리고 지친 나머지 안색이 귀신과 같았으며, 사람과 말이 즐비하게 죽어 썩는 냄새가 성안에 가득하였으므로 사람들이 코를 막고 다녀야 했다. 성 안팎에는 백골이 무더기로 쌓여 있고, 공사간의 집들은 하나같이 비어 있었으며 오직 불탄 기왓장들뿐이었다. 명나라 황제가 산동지역의 군량미 10만 석을 내려주어, 배로 조선으로 운송하여 부족한 군량을 보충하게 하였는데, 무관 오정방이 인도 받았다.

2. 일본 측 기록

⟨루이스 프로이스 일본사⟩

중국 측은 더 이상 전투를 벌이지 않고, 일본군이 평화적으로 조선에서 철수하기를 바랐다. 심유경은 고니시 유키나가에게 몇 편의 전갈을 보내왔다. 심유경은 평양성에서 벌어진 일에 대해 거짓으로 사과하며 명나라의 다른 장수들이 벌인 일이라고 하며 다시 협상 재개를 원한다면 자기는 준비가 되었다고 했다. 또한 일본군이 평화적으로 철수하도록 충고를 했는데, 명나라 대군이 육로뿐 아니라 해로로 대규모 함대를 파견 할 예정인데 일본과 조선간의 수로를 차단하여 퇴로를 막을 것이라고 했다. 고니시 유키나가는 전갈을 읽은 뒤 4명의 주요 장수들에게 이 내용을 알렸다. 이들 모두 장기간의 전쟁으로 지쳐 있어서 일본으로 귀국하고 싶어 했고, 식량과 군수품이 부족한 것을 염려했으며, 지금은 항해를 할 수없는 겨울이므로 여름까지는 일본에서의 지원은 없을 것으로 보였다. 또한 일본군은 명나라 군대에 대해 두려움을 갖게 되면서 심유경의 협상에 응하기로 결정하였다. 그런데 고니시 유키나가의 정적인 가토 기요마사가 이를 방해하려고 명나라 군대에 편지를 보냈다. 편지에는 고니시 유키나가 등 다른 장수들은 그런 중대사를 결정할 사람이 못 되고, 특히 고니시 유키나가에 대해 모욕적인 말들을 적었다.(일본 사카이의 장사꾼이라고 했다.)그리고 성공적인 협상을 하려면 자신과 해야만 한다고 하였다. 그러나 심유경은 평양에서의 협상을 지키지 못한 것에 대한 사과의 표시라며 가토 기요마사의 편지를 고니시 유키나가에게 보냈다. 고니시 유키나가는 매우 기뻐했으며 그 편지를 다른 장수들에게 보여 주었다. 이 편지는 나중에 고니시 유키나가가 관백에게 보여주었는데, 관백은 분노하여 가토 기요마사와 편지를 작성한 서기까지 나고야로 올 것을 명령하였다.(1596년 6월, 가토 기요마사 후시미성 칩거 명령) 이렇게 심유경과 협상한 일본군은 곧바로 조선의 도성에서 철수하며 주력부대가 주둔하고 있는 부산으로 내려갔다. 심유경도 중국 측 사신 몇 명과 함께 부산까지 동행하여 그곳에서 관백(도요토미 히데요시)의 회답을 기다렸다.

〈청정고려진각서 清正高麗陣覚書〉

3봉행의 이시다 미츠나리는 고니시 유키나가와는 사이가 좋았으나 가토 기요마사와는 사이가 나빴다. 따라서 이시다 미츠나리는 관백에게 여러 가지 참언을 하며 가토 기요마사를 위해하려고 하였다. 이시다 미츠나리가 참언하기를 "가토 기요마사가 비록 조선에서 공을 세웠으나, 명나라 사신들과 만난 자리에서 선봉장 고니시 유키나가를 일본 사카이의 상인이라고 하였으며, 또한 가토 기요마사 자신은 허락도 없이 감히 풍신조신(豊臣朝臣)이라는 명칭으로 명나라 황제에게 답서를 보냈고, 고니시 유키나가와 협상하러 온 중국 칙사를 가토 기요마사의 부하 미야케 카쿠자에몬(三宅角左衛門)이라는 자가 방해하고 모욕한 것은 전대미문의 일입니다."라고 말씀을 올렸다.(미야케 카쿠자에몬의 최하급무사가 명의 사신 이종성의 물건을 빼앗아 도망친 사건으로 이런 문제들로 인해 가토 기요마사는 귀국명령을 받아 1596년 6월 2일 부산을 출발하여 후시미에 칩거하게 된다. 그러나 1596년 7월 12일 후시미 대지진이 일어났고, 가토 기요마사는 재빨리 부하들을 이끌고 후시미 성의 도요토미 히데요시를 호위하였고, 그 자리에서 자신의 무고 등을 호소하자 도요토미 히데요시가 노여움을 풀고 용서하였다고 한다.)

제20장

2차 진주성 전투

이글을 작성하며 여러 가지 의문점이 생기기 시작하였다. 그동안 진주성에 들어가 항전을 했던 의병들 기록(3천 명)은 아주 상세하게 기록되어 있으나, 본주군(진주성 관군)에 대한 구체적인 언급이 있는 기록은 찾기가 힘들다는 것이다. 물론 마지막 날 거의 모두가 전사했기에 구체적으로 알 수가 없는 것도 사실이기는 하지만 지원하러 진주성에 입성한 의병들에 대한 구체적인 병력 수는 있어도, 정작 진주성 주둔 본주군 병력은 의도적으로 기록을 회피했다는 의혹을 지울 수가 없었다.

1. 이전 상황들

폭풍전야의 각종 장계, 치계 내용(선조실록)

(1)항복한 왜인 3명에 대한 기록

명나라 제독 이여송의 접반사 이덕형이 치계 함.

이달 21일에 항복한 왜인 3명이 들어와서, 제독이 제장을 모아 놓고 사실을 문초하였는데, 이때 왜인이 말하기를 "평수가(平秀嘉-우키타 히데이에)는 평행장(平行長-1번대 사령관 고니시 유키나가)과 더불어, 모든 병사를 철수하여 빨리 일본으로 돌아가고자 하는데, 청정(淸正-2번대 사령관 가토 기요마사)은 수길(秀吉-도요토미 히데요시)과 생각이 같습니다. 청정(가토 기요마사)이 지난해 전라도와 진주에서 패전한 일을 자세히 기록해서 보냈는데, 관백(도요토미 히데요시)이 회답하기를 '비록 우리 군사가 많이 죽더라도, 진주와 전라도를 반드시 격파하고 돌아와야 한다.'고 하여 13일에 장차 거사한다는 말을 듣고 왔습니다."라고 하였습니다.(접반사 이덕형)

(2)명나라 유격 심유경이 도원수 김명원에게 보낸 서찰과 문답

유격 심유경이 도원수 김명원에게 통첩하기를, "왜군이 진주성을 공격하려는 의도를 살피건대, 전에 진주에서 피살된 자가 매우 많은데다가 왜군 선박이 모두 훼손되어(조선 수군에게 당한 것)분을 못 이기고 있는 판에 더구나 귀국(조선)의 군사가 누차 풀 베는 왜국의 병사를 죽였기 때문입니다. 왜장들이 이 일을 관백(도요토미 히데요시)에게 알리자 관백은 '너희도 진주에 진공하여 진주성을 파괴함으로써 전일의 원한을 풀라.'하였답니다. 행장(行長-고니시 유키나가)이 나에게 말하기를 '진주 백성들에게 그 공격을 피하도록 하는 것이 좋겠다. 그들이 진주성이 비고 사람이 없는 것을 보면 곧 철수하여 다시 돌아갈 것이다.'라고 하였습니다."

곧이어 유격 심유경이 왜군 진영으로부터 돌아와서 김명원에게 말하기를, "고니시 유키나가가 가토 기요마사를 극력 저지하였으나 끝내 듣지 않았으므로 고니시 유키나가는 종군하지 않았습니다. 그러나 이 군사는 진주를 공격하고 그만둘 것이니 다른 걱정거리는 없을 것입니다." 하였다. 도원수 김명원이 경상좌도 순찰사 한효순과 함께 심유경에게 왜군의 진주성 공격을 중지시켜 주기를 강력히 청하였으나, 심유경이 말하기를 "내가 이미 고니시 유키나가에게 중지하도록 간청하였고, 고니시 유키나가의 생각도 공격을 중지하기를 원하고 있으나, 이미 이루어졌으므로 끝내 돌릴 수 없습니다. 지금은 다른 방책이 없으니 다만 여러 장수들로 하여금 성을 비우고 잠깐 피하게 하는 것이 상책입니다. 그런데 조선이 나의 말을 따르지 않으니, 나 역시 어찌하겠습니까."라고 말하였다.

(3) 수행통사(隨行通事) 이유열의 말

"가토 기요마사가 진주성 공격에 대한 의논을 강력히 주장하여 반드시 진주를 함락하고야 말겠다고, 관백(도요토미 히데요시)에게 말하였습니다. 고니시 유키나가가 강력하게 저지하였으나 가토 기요마사는 듣지 않았습니다. 그러므로 이번 행군(行軍)에 우희다수가(宇喜多秀家 우키타 히데이에), 행장(行長 고니시 유키나가), 삼성(三盛 이시다 미츠나리), 길계(吉繼 오오타니 요시쓰구)등은 가지 않았습니다. 종의지(宗義智 소 요시토시)는 당연히 가야 하는 대열에 있었으면서도 역시 가지 않았습니다."

2. 진주성 병력상황

명나라

제독 이여송은 한성(도성)에 주둔하였다.(각 군에 전령을 보내어 전진시켜 진주성을 구원하게 하였으나 실제 진주성 전투에는 참가하지 않았다.)

부총병 유정, 유격 오유충 - 대구(병력 4,000~5,000명)

참장 낙상지, 유격 송대빈 - 남원(병력 5,000명)

유격 왕필적 - 상주(보병 1,500명)

그 외 명나라 일부 병력이 남하 하였으나 총합이 1만 4,000명 미만이었다.

조선군

(1)경상우도 진주에 주둔한 경상우도 순찰사 김성일의 병력 1만 5,000명(선조실록 26년 1월 11일 각도의 병력 치계 내용 중) 이후, 경상우도 순찰사 김성일이 1593년 4월 진주성에서 병사한 이후 구체적인 기록 없음.

(2)도원수 김명원의 지시에 의해 진주성에 입성한 지원군.

창의사 김천일, 경상도 병마사 최경회, 충청도 병마사 황진의 관군 및 의병들 대략 3천 명. (진주목사 서예원 휘하 본주군(本州軍) 기록은 없다. 다만 진주향토 문화원에서는 당시 진주성에 주둔하고 있었던 조선군의 수를 진주성 본주군과 입성한 지원군 포함하여 총 6천~7천 명으로 추정하고 있다.)

(3)도원수 권율, 순찰사 이빈(병력 5,000명) 두 사람은 함께 함양에 주둔하였으나, 이후 남원으로 퇴각했다. 의령 의병장 곽재우(2,000명)는 의령(정암진)에서 후퇴하였다. (이들은 전투에 참가하지 않았다.)

일본군

진주성 공격 인원수

(1593년 5월 20일 시마즈 가문서 955 島津家文書 955, 1593년 5월 21일

도요토미 히데요시 주인(朱印)장 문서, 진주성 취인수지사 取人数之事)

　1593년 5월 21일 도요토미 히데요시 주인(朱印)장 문서에는 총계 12만 1,870명으로 기록되어 있다. 이 중 부산, 김해 주둔군과 수군을 뺀 나머지 병력 대략 9만 3천여 명이 진주성 전투에 가담했던 것으로 추정이 된다.

(1)1번대, 2번대, 3번대, 4번대, 지원 병력

고니시 유키나가(小西摂津守), 소 요시토시(羽柴対馬侍従), 마츠라 시게노부 (松浦刑部卿法印), 오무라 요시아키(大村新八郎), 아리마 하리노부(有馬修理大夫) 등 1번대 휘하 7,415명

가토 기요마사(加藤主計守), 사가라 요리후사(相良宮内大輔) 두 사람 휘하 6,790명

나베시마 나오시게(鍋島加賀守) 7,642명

구로다 나가마사(黒田甲斐守) 5,082명

모리 이키수(毛利壱岐守) 1,671명

시마즈 요시히로(島津兵庫頭) 2,128명

다카하시 모토타네(高橋九郎) 741명

아키즈키 타네나가(秋月三郎) 388명

시마즈 도요히사(島津又八郎) 476명

이토 스케타카(伊東民部大夫) 706명

하세가와 히데카즈(羽柴東郷侍従) 2,470명

호소카와 다다오키(羽柴丹後少将) 2,296명

아사노 나가마사(浅野弾正少弼)부자 4천 명

기후재상(岐阜中納言) 4,018명 (기후재상 도요토미 히데카즈는 거제도에서 병사했다. 이후 오다 노부히데가 잇는다.)

다테 마사무네(伊達侍従) 1,258명 (다테 마사무네는 1593년 3월 증원부대로 조선에 파견되었다.)

구로다 요시타카(黑田孝高) 325명 (구로다 나가마사의 아버지, 군감 역할을 했다.)

창원에 진을 친 아와수군(阿波水軍) 11명의 장수 4,400명

합계 5만 2천 명(合 五万弐千人)

(2) 우키타 히데이에와 봉행

우키타 히데이에(備前宰相殿) 7,785명

이시다 미츠나리(石田治部少輔) 1,646명(봉행)

오오타니 요시츠구(大谷刑部少輔) 1,535명(봉행)

기무라 시게코레(木村常陸介) 1,823명

우키타 재상 등 17명 장수 휘하 병력 합계 1만 8,822명(合 壹万八千八百弐拾弐人)

(3) 모리 가문 병력

모리 데루모토(羽柴安芸宰相殿) 1만 3,600명

고바야카와 다카카게(羽柴小早川侍従) 6,596명

고바야카와(모리) 히데카네(小早川秀包) 400명

다치바나 무네시게(羽柴柳川侍従) 1,133명

다카하시 나오츠구(高橋主膳正) 288명

치쿠시 히로카도(筑紫上野介) 302명

합계 2만 2,350명(合 弐万弐千三百五十人)

이상 진주성 취인수지사(取人數之事) 합계 9만 3,172명

(1)+(2)+(3) 합계

(4)부산 주둔군 (전투 미참가)

모리 데루모토 휘하 일부 병력 3천 명

마시타 나가모리(增田右衛門尉) 1,624명(군량미 수송, 봉행)

마에노 나가야스(前野但馬守) 922명(봉행)

가토 미츠야스(加藤遠江守) 1,097명(봉행)

하야카와 나가마사(早川主馬頭) 347명(군감찰)

합계 7천 명

(5)김해성 주둔군 1,800명 (전투 미참가)

(6)토목공사 담당 (5번대 병력, 전투 미참가)

하치스가 이에마사(蜂須賀阿波守) 4,500명 (하치스가 이에마사의 아와국의 수군은 창원에 따로 주둔)

이코마 치카마사(生駒雅樂頭) 2,450명

초쇼카베 모토치카(羽柴土佐侍從) 2,590

후쿠시마 마사노리(福島左衛門大夫) 2,500명

도다 카츠타카(戶田民部少將) 2,340명

합계 1만 4,380명

(7) 항로사람들 (수군, 전투 미참가)

구키 요시타카, 가토 요시아키, 무라카미(村上助兵衛)수군, 와키사카 야스하루, 도도 다카토라, 쿠와노야마 모토하루, 스가다이라 다쓰나가 등 6천여 명.

3. 전투경과
2차 진주성 전투(1593년 음력 6월 21일~6월 29일)

도원수 김명원이 관군과 의병에게 전령하여 나아가 진주를 지키게 명령을 내렸다. 이에 창의사 김천일은 군사 3백 명을 거느리고 진주성에 들어갔고, 충청 병마사 황진(이치전투 당시 동복현감, 이후 1593년 3월에 충청 병마사가 되었다.)은 군사 7백 명을, 경상 병마사 최경회(의병장 출신)는 군사 5백 명을, 의병장 고종후는 군사 4백 명을, 그의 부장 장윤은 군사 3백 명을, 의병장 이계련은 군사 1백여 명을, 의병장 변사정은 그 부장을 보내어 군사 3백 명을, 의병장 민여운은 군사 2백 명을, 강희열, 고득뢰, 강희보, 오유웅 등도 모두 군사(병력 미상)를 거느리고 왔으며(이상 창의사 김천일의 보고내용-병력 3천 명) 거제 현령 김준민 및 김해 부사 이종인 등은 먼저 군사를 이끌고 진주성 안에 있으면서 진주목사 서예원(徐禮元)과 수비책을 의논하고 있었다. (거제현령, 김해부사, 진주목사 휘하의 병력 기록은 아예 없음) 전라 병마사 선거이와 영천 군수 홍계남이 군사를 거느리고 와서 말하기를 "적은 많고 우리는 적으니, 성을 포기하고 물러나 안쪽을 지키는 것만 못하다." 하였는데, 김천일이 항의하며 따르지 않았다. 따라서 전라 병마사 선거이와 영천군수 홍계남은 진주성을 떠나 운봉(雲峯)으로 나가 진을 쳤다. 또한 순찰사 한효순이 곽재우로 하여금 진주에 달려가 함께 지키게 하니, 곽재우가 따르지 않으면서 말하기를 "오직 임기응변할 수 있는 자만이 제대로 군사를 부릴 수 있고 지혜로운 자만이 적을 헤아릴 수 있는 것입니다. 지금 왜군의 성대한 세력을 보건대, 그 누구도 당하지 못할 기세를 떨치고 있는데 3리(里)밖에 안 되는 외로운 성으로 어떻게 방어하겠습니까. 나는 차라리 밖에서 원조를 할지언정 성에 들어가지는 않겠습니다. 이 몸이 죽는 것은 족히 아까울 것이 없으나 전투 경험이 많아 노련한 군졸들을 어떻게 차마 버릴 수 있겠습니까." 하며 입성을 거부하였다. 이에 순찰사 이빈(李薲)이 진주성 입성하는 대신 곽재우에게 정진(鼎津-의령 정암진)을 지키도록 지시를 내렸다. 진주성에 입성한 창의사 김천일은 의병을 통솔하고, 경상 병마사 최경회는 관군을 통솔하였으며, 충청 병마사 황진은 순성장(巡城將)으로 각각의 직책을 맡았다. 왜군은 병력이 30만이라 호칭하며, 곧장 진주로 향했는데 6월 16일 함안 점령, 6월 18일 정암진을 공격하였고, 6월 19일 정암진 건너 의령을 점령(곽재우 후퇴), 6월 21일 진주성의 동북쪽에 진출을 하였다. 전라도 순찰사 권율은 순찰사 이빈과 함께 함양으로 물러가 주둔했다가 이어 남원으로 후퇴하였다.

〈연려실기술 제16권 선조조 고사본말〉

21일에 적의 선봉 기병 수백 명이 마현(馬峴)에 이르러 군세를 시위하며 말을 달려 돌진하더니 이튿날 적의 대군이 이르렀는데, 그 형세가 바람 앞의 불길보다도 더하였다. 드디어 진주성을 포위하였다. 여러 날 동안 적의 군대가 연이어 계속 도착하니 적의 기세가 성대하여 구원병이 통할 수 없었다. 적은 호각을 불어 서로 호응하며 한꺼번에 탄환을 발사하니 탄환이 어지럽게 성안에 떨어졌으며 소리는 우레와 같았다. 이여송이 낙상지(駱尙志), 송대빈(宋大斌) 등을 시켜 호남으로부터 나아가 진주를 구원하게 하는 한편 영남에 머물고 있는 장수 유정(劉綎), 오유충(吳惟忠)을 시켜 힘을 합하여, 가서 구원하게 하였으나 군사의 세력이 대적할 수 없으므로 모두 명령을 듣지 아니하였다. 진주성에는 군, 민 6만 명이 지키고 있었는데 예전에 비하여 10배나 되었으므로 사람들이 모두 지킬 수 있다고 하였는데, 어떤 늙은 기녀(妓女) 하나가 홀로 근심하며 말하기를 "전에는 군사는 비록 적었으나 장수와 군사가 서로 잘 알고 명령이 한 군데서 나왔으므로 이길 수 있었습니다. 지금은 군사는 많으나 통솔하는 이가 없어서 장수와 군사가 서로를 잘 알지 못하므로 걱정입니다." 하였다. 김천일이 요망한 말이라 하여 베어 죽였다.

22일. 적의 대군이 이르렀다. 처음 성 안에서 교전하여 왜적 30여 명을 쏘아 죽이니 적이 군사를 거두어 가지고 물러갔다. 초저녁 무렵에 또 다시 와서 크게 싸우다가 이경(밤 9~11시)에 물러가고, 삼경(밤 11시~새벽 1시)에 또 왔다가 오경(새벽 3시~5시)에 물러갔는데, 우리 군사가 쏘아 죽인 것은 그 수를 알 수 없을 만큼 많았다.

24일. 적이 더 많이 와서는 마현(馬峴)과 그 동편 쪽에 진을 치고, 25일에는 적이 동문(東門)에다가 흙을 메워서 큰 언덕을 만들고 거기에 흙집을 짓고서 성안을 굽어보며 총탄을 비 오듯이 쏘므로 황진(黃進)도 또한 성안에 높은 언덕을 마주 쌓았는데, 초저녁 때부터 시작하여 밤을 새우면서 쌓아서 하룻밤 사이에 마치고 드디어 현자포(玄字砲)를 발사하여 적의 흙집을 부수니 적들이 또 고쳐 쌓아 놓았다. 이날 적은 세 번 왔다가 세 번 물러가고 또 네 번 싸워 네 번 물러갔다.

26일. 적이 나무 궤짝을 만들어 생가죽으로 싸서 각자가 짊어지고 탄환과 화살을 막으면서 와서 성을 뚫으려고 하므로 성안에서 큰 돌을 굴려 내리고 화살을 비 오듯이 쏘니 적이 또 물러갔다. 적이 또 동문 밖에다가 큰 나무를 연결하여 놓고 그 위에 판잣집을 설치하고 성안에 불을 놓자 초가집들이 모두 불타 버렸다. 이에 서예원이 겁이 나서 넘어지므로 김천일이 서예원 대신에 장윤(張潤)을 가목사(假牧使)로 삼았다. 그때 큰 비가 와서 활과 살은 모두 풀어져 늘어지고, 군사도 피로가 겹쳐 힘이 모두 빠져 늘어졌는데 적이 성중에 전단(傳單)을 던져 말하기를, "대국(大國)의 군사도 항복하였는데 너희 나라가 감히 항거하느냐." 하자 성중에서 답하기를, "우리나라는 죽을힘을 다하여 싸울 뿐이다. 더구나 명나라 군사 30만 명이 지금 곧 추격하여 너희들을 남김없이 무찌를 것이다." 하니 적이 말하기를, "명나라 군사는 이미 다 물러갔다."고 하였다. 이날 세 번 싸워 세 번 물러가고 밤에도 네 번 싸워 네 번 물러갔다.

27일. 적이 동, 서의 두 성문 밖에다 다섯 개의 흙 언덕을 쌓아 올리고 방책(防柵)을 만들어 성중을 굽어보며 끊임없이 총탄을 발사하여 성 안에는 죽은 자가 3백여 명이나 되었다. 적이 또 큰 궤짝을 네 바퀴가 달린 수레위에 만들어서 쇠 갑옷 입은 적병 수십 명이 성 밑에 와서 쇠 송곳으로 성을 뚫었다. 이종인(李宗仁)이 단독으로 활을 쏘아 적병을 여럿 죽였으며, 성중에서 불더미를 묶어 기름을 부어 가지고 던지니 궤 속의 적병이 모두 타 죽었다. 초저녁에 적이 다시 신북문(新北門)을 침범하였으나 이종인이 힘껏 싸워 물리쳤다.

28일. 새벽 무렵에 이종인이 지키고 있던 성첩(城堞)에 돌아와 보니 서예원이 경비를 잘하지 못해서 적이 몰래 성을 뚫어놓아 곧 무너지게 되었으므로 이종인이 크게 성내어 책하였다. 적이 성 아래로 육박해 왔으므로 성중에서는 죽을힘을 다하여 싸우니 죽은 왜적이 매우 많았다. 적의 장수 한 명이 탄환에 맞아 죽자 왜병들이 시체를 끌고 갔다. 황진이 성 밑을 굽어보면서, "오늘 싸움에서 죽은 적이 매우 많아서 천여 명은 되겠다."고 하였는데 적병이 성 밑에 엎드려 있다가 총을 쏘니 탄환이 황진의 왼쪽 이마에 맞아서 그만 죽었다. 그때 황진이 탄환에 맞아 죽으니 성중이 두려워하였다.

29일. 목사 서예원을 순성장(巡城將)으로 삼았다. 서예원이 겁을 먹어 정신을 잃고 전립(戰笠)을 벗어 놓고 말을 타고 울며 가니, 최경회(崔慶會)가 군사들의 마음을 혼란시킨다고 하여 곧 목을 베려 하다가 그만 두고, 장윤(張潤)으로 순성장을 대신 삼았는데 얼마 안 되어 장윤 또한 탄환에 맞아 죽었다. 미시(未時)에 동문의 작은 성이 비로 인하여 무너지자 적의 군사가 개미같이 붙어 올라오므로 이종인이 친병(親兵 호위병)과 더불어 활과 화살을 버리고, 바로 창과 칼로 적을 치니, 죽은 적의 시체가 산더미처럼 쌓였다. 적이 물러가서 다시 서북문에서 고함을 지르며 덤벼들자 창의군(창의사 김천일의 군사)들이 무너져 달아나 모두 촉석루(矗石樓)에 모였으므로 적이 드디어 성에 올라와 칼을 휘두르며 뛰어들었다. 이를 보고 서예원이 먼저 달아나니 모든 군사가 일시에 무너져 흩어지고 이종인도 탄환에 맞아 죽었다. 옆에 있던 사람들이 김천일을 부축하여 물러나 피하게 하였더니, 김천일은 꿋꿋이 앉아 움직이지 않고 말하기를, "나는 마땅히 여기에서 죽어야 한다." 하고 드디어 강에 몸을 던져 죽었으며 적은 본성(本城)을 무너뜨려 평지를 만들었다. 이때 죽은 자가 6만여 명이나 되었다. 후일에 김늑(金玏)이 찰방(察訪)으로 하여금 가서 험시(驗視)하게 하였더니, 성 안의 시체는 겨우 천여 명이요, 촉석루에서부터 남강의 북쪽 언덕에 이르기까지 쌓인 시체는 서로 겹쳐져 있고, 남강에서 무봉(武峰)에 이르는 5리 사이에는 시체가 강을 가득 덮어 떠내려가고 있었다.(선조 수정실록에는 대략 죽은 자가 6, 7만이나 되었는데, 장사(壯士)로서 무사히 살아나온 자는 수삼 인에 불과했다고 한다.) 창의사 김천일과 그 아들 김상건(金象乾), 경상 우병사 최경회(崔慶會), 충청 병사 황진(黃進), 전라도의 복수대장(復讐大將) 고종후(高從厚), 우의병부장(右義兵副將) 고득뢰(高得賚), 좌의병부장(左義兵副將) 장윤(張潤), 의병부장(義兵副將) 이잠(李潛), 영광(靈光) 의병장 심우신(沈友信), 태인(泰仁) 의병장 민여운(閔汝雲), 해남(海南) 의병장 임희진(任希進), 도탄(陶灘) 복병장(伏兵將) 강희보(姜希甫), 의병장 이계련(李繼璉), 김해 부사 이종인(李宗仁), 사천현감 김준민(金俊民), 남포 현령(藍浦縣令) 송제(宋悌), 진주 목사 서예원(徐禮元), 의병장 강희열(姜熙說), 진해 현령 조경형(曹慶亨), 판관 최기필(崔琦弼), 좌랑 양산숙(梁山璹), 주부(主簿) 유복립(柳復立) 등이 모두 전사하였다.

일설에는 적이 며칠을 두고 사람들(진주성 백성)을 찔러 죽여도 모두 죽일 수가 없으니 속여서 말하기를, "사창(司倉)의 큰 곳간에 피해 들어가는 자는 죽음을 면한다."라고 하니, 어리석은 백성들이 마침내 창고 안에 들어가니 적이 가두어 놓고는 불을 질러 모두 태워 죽였다고 한다.(난중잡록)

진주성 함락 소식은 음력 7월 16일 황해도 병마사 이시언의 치계로 조정에 보고되었다.(충청도 보령의 정로위 인발의 진주성 함락 소식)

김천일(1537~1593)에 대한 평가

서인 계열으로 용안현감, 담양부사, 한성부판윤, 수원부사 역임.

1592년 임진왜란이 발생하자, 고경명, 최경회, 박광옥 등에게 글을 보내어 창의기병을 창설, 조헌(청주성 전투,700의총 참고)과도 서로 협력하는 등 왜군과 크고 작은 전투를 여러 차례 벌이는 등, 그 공을 인정받아 장례원판결사(정3품)에 제수, '창의사'라는 군호를 받은 인물이다. 좌찬성에 추증되었다. 그러나 그에 대한 평가는 좋지만은 않았다.

징비록(류성룡-동인(남인)계열)에는 "김천일이 거느린 군사는 모두 서울의 시정에서 모집한 무리들이고, 김천일도 또한 전쟁에 관한 일은 알지도 못하면서, 자기 고집이 지나치게 심했으며, 더구나 진주목사 서례원(동인)을 평소부터 미워하여 주인과 손님이 서로 시기하고, 명령이 어긋나게 되어 이 때문에 더 크게 패전한 것이다."라고 하였다.

4. 일본 측 기록

〈음덕기 제78권〉

유격장군과의 평화 협상, 진주성 공격의 일.

명나라 유격장군(심유경)의 평화 협상으로 고니시 유키나가의 사자로서 나이토 주앙(고니시 히다 카미)을 명나라로 보냈다. 나이토 주앙은 원래 아케치 미쓰히데의 가신이었으나 혼노지의 사건이후 본국에서 쫓겨나 고니시 유키나가에게 의지를 했었다. 나이토 주앙은 이후 명나라에 도착하여 대명의 북경, 만리장성 등을 보았다고 한다. 명나라에서는 관리 2명이 협상을 위해 일본군 진영으로 보내졌는데, 고니시 유키나가가 이들을 데리고 일본으로 귀국하여 태합(도요토미 히데요시)에게 대면시켰다. 4월에 태합(도요토미 히데요시)으로부터 도성에 있는 여러 장수들에게 모두 철수하도록 명령이 내려졌으므로 일본군은 모두 철수하여 부산 일대에 진을 치고 있었다. 이때 또다시 명령서가 도착하였는데 '적국(赤國-전라도)의 진주 판관이 진주성을 단단히 지키고 있어서 일찍이 호소카와, 하세가와, 기무라 등이 공격을 하였으나 모두 패하여 패군 한 것은 우리 일본의 명성을 손상시킨 것이다. 진주성을 공격하여 반드시 함락시키고, 성중의 조선사람들을 한 명도 남기지 말고 모두 죽여서 전일의 수치를 씻어라.'하였다. 이 명령서를 받고 출발한 군진은 우키타 재상, 고바야카와 다카카게, 깃카와 히로이에, 구로다 나가마사, 가토 기요마사, 고니시 유키나가, 모리 이키수 등이며 공격에 동원된 실제인원은 총원 4만 5천여 명이었다.

6월 24일. 진주성을 포위했다. 원래 이곳을 적국(赤國)이라고 하는 것은 일본인이 조선의 지형과 지도를 조사하며 진주 인근의 지역(전라도)을 모두 붉게 색칠을 했기 때문에 적국이라고 부르고 있었다. 또 그 지역 병사들은 모두 붉은색 표를 가지고 있었으므로 적국이라고 불렀다는 말도 있다. 진주성은 험한 곳에 있었기 때문에 쉽게 공략할 수 없었다. 남쪽으로는 높은 절벽과 깊은 강물이 있었고, 그 강물은 상류로부터 두 줄기가 흘러 들어와 이곳에서 합류하므로 물살이 소용돌이 치고 있었다. 또한 비가 계속 왔기 때문에 강물의 수량도 매우 많았다. 다른 면에는 역무목(逆茂木-가시나무 등을 베어서 땅에 묻거나 고정시켜 놓은 방어책)이 겹겹이 설치되어 있었고, 마름쇠와 함정(해자, 혹은 구덩이)들이 있었다. 가토 기요마사의 진에서는 귀갑차 등을 만들고 이를 이용하여 성벽을 무너뜨리려고 했다. 이 귀갑차를 끌고 성벽에 가까이 가면 성위에서 화살을 마구 쏘아대었다. 그러나 이들(귀갑차)은 화살 등에는 신경 쓰지 않고 돌담을 무너뜨리기 시작하였다. 그러자 성안에서는 뜨거운 기름에 볶은 모래와 불덩이를 사정없이 뿌렸다. 이 뜨거운 모래들은 일본 병사들의 도구(갑옷)틈새로 들어가 온몸에 화상을 입혔기 때문에 병사들은 견딜 수가 없어서 귀갑차를 버리고 퇴각했다.

6월 28일. 또 다시 귀갑차로 공격하여 성벽을 허물었다. 진주성에서는 조선군들이 닥치는 대로 불덩이를 던졌는데 성안의 작은 가옥(초가집)에 불길이 번져 불타오르기 시작하였다. 이것을 보고 우키타 재상의 비젠국 병사들과 고바야카와 다카카게, 깃카와 히로이에의 군진에서는 "다른 군대에게 군공을 추월당할 것 같다."라며 너나 할 것 없이 진주성을 향해 돌진하였다. 그러나 가토 기요마사와 구로다 나가마사의 군대 주둔지가 공격하기에는 매우 좋은 위치였기 때문에 다른 군세보다 먼저 진주성을 넘어 들어갔다. 성안의 조선인들은 이곳이 최후라고 생각했는지 매우 격렬하게 반항을 하였다. 성안의 곳곳에 불이 붙었기 때문에 연기가 가득 찼는데 적군과 아군을 분간하기가 어려울 정도였다. 그러나 곧 일본군은 진주성을 함락하였다. 진주판관은 마지막까지 저항을 하였는데 우키타 재상(우키타 히데이에)의 수세 오카모토(岡本)라는 자가 베었다. 오카모토(岡本)는 진주판관의 목을 베어 높게 내걸어 놓고 "내가 이 성의 대장 진주판관을 죽였다!"라며 크게 외쳤다. 조선군은 대장이 죽은 것을 알고는 여기저기에서 토벌당하기 시작하였다. 또한 조선군의 일부는 흩어져서 도망을 가기 시작하였다. 진주성의 남쪽에는 높은 암벽이 있었는데, 이곳 암벽 위에서 뛰어내려 강물에 빠져 죽은 조선 사람도 많았다. 이 중에 일부는 강을 헤엄쳐 건너가 도망가는 사람들도 많았기 때문에 깃카와 히로이에의 군중에서 카가와 사에몬(香川左衛門)이 이것을 보고 말의 고삐를 잡고 강을 건너기 위해 물속으로 들어갔다. 그러나 이 강은 앞서 말했듯이 물살이 매우 빠르고 강물이 깊었기 때문에 추격하는 일본군들도 물에 빠져 익사한 사람들이 속출하였다. 모리와키(森脇), 쿠마가이(熊谷)는 물살에 휩쓸려 익사하였다. 아키사토 몬도(秋里主水)라는 자는 예전부터 수영에 능숙하였다. 한 겨울에도 얼음을 깨고 물속으로 잠수하여 물고기를 잡아서 올 정도로 수영 실력이 대단하였다. 그러나 이 사람은 자신의 수영 실력을 너무 과신하여 요로이를 입은 채로 물속으로 뛰어 들어갔다. 강물 속에서 도망가는 조선군을 잡아서 죽이려고 했을 때 또 다른 조선인 한 명이 그에게 매달리기 시작했다. 결국 아키사토 몬도(秋里主水)는 조선인 두 명에 이끌려 강물 속으로 빨려 들어가 그들과 함께 익사하였다. 만약 아키사토 몬도(秋里主水)가 요로이를 벗고 물속으로 들어갔다면 무사히 돌아왔을 것이다. 옛말에 "어찌하여 냇가(川)에서 죽는가?"라는 말이 있다.(작은 일에도 유단하지 말라는 뜻이다.)자신의 수영실력을 과신하여 요로이를 입고 물속으로 뛰어들어 결국 죽었으니 참으로 한심스러운 일이다.

카가와 사에몬(香川左衛門)은 말을 타고 무사히 강을 건너, 그의 병사들과 함께 도망가는 적들을 토벌하였다. 이어서 깃카와 히로이에 군중의 여러 병력도 강을 건너 적을 토벌하였다. 도주하는 적을 벤 것이 153수급, 강의 앞 기슭에서 목을 벤 것이 500수급이었다. 또한 우키타 히데이에의 수세 우키타 카와치 카미(宇喜多河內守)의 2선여 기가 깅의 긴니편에 미리 보내서졌는데, 이들도 도주하는 적을 토벌하여 300수급을 베었다. 진주성에 있었던 조선인은 3만여 명이라고 들었다. 그러나 이들 대부분은 죽었으며 무사히 강을 건너 도망간 자들은 400~500명 정도이다.

진주성 함락의 소식은 일본에 전해졌고, 태합 히데요시(豊臣秀吉)님, 관백 히데츠구(豊臣秀次)님으로부터 서신이 보내져왔다. 그 서신은 다음과 같다.

(깃카와 가문서지1-128.吉川家文書之一/一二八)

'(1593년)7월 19일 서신은 오늘 도착했다. 자세한 사정은 잘 읽었다. 조선국 진주성을 함락시킨 것은 여러 장군 모두가 함께 서로 협력하여 열심히 전투에 임했기 때문이다. 이런 것들을 매우 상세하게 보고를 하였으니 나는 매우 기쁘다. 8월 23일 태합 히데요시 주인(朱印)장.'

〈구로다 나가마사기 黒田長政記〉

적국(赤国)의 진주성에 판관이라는 자가 성을 굳게 방비하고 주둔하고 있었다. 구로다 나가마사, 가토 기요마사 양군이 먼저 출발하여 도착하였다. 제일 먼저 진주성 성루의 모퉁이에 시요리(仕寄-화살과 총탄 방어용 대나무 묶음)를 설치하고 망루도 설치하였다. 그리고 성벽 앞에 조선군이 파놓은 해자에 풀을 묻어서 메꾸었다. 그리고 (귀갑차 등을 이용해서)가토 기요마사, 구로다 나가마사 두 사람의 병력이 돌아가며 진주성 석벽에 도착하여 석축을 붕괴시켰다. 이때 진주성에서 (조선인들이) 불을 던져서 공격을 했는데 모두 불사르니 성안에 불길이 번져서 큰 화재가 일어났다. 구로다 나가마사 진영의 노무라 타로베에(野村太郞兵衛), 고토 모토츠구(後藤又兵衛) 등과 가토 기요마사 진영의 모리모토 카즈히사(森本義太夫)가 공동으로 진주성에 제일 먼저 입성하였다. 이어서 여러 진영의 병력들도 잇달아 들어갔고 드디어 진주성을 함락하였다.

〈루이스 프로이스 일본사 제79장〉
중국 사신 접견 및 고니시 유키나가의 전공들
관백(도요토미 히데요시)은 조선에 있는 간베에(구로다 요시타카, 군감)에게 전갈을 보내어 적국(赤國), 즉 붉은색 지방을 공격하여 점령할 것과 겨울을 날 수 있도록 조선의 남쪽 해안에 12개의 성을 축성하도록 명령을 내렸다. 조선에 있는 일본 장군들은 성을 먼저 축성한 뒤에 나중에 적국을 공격하는 것이 나을 것으로 판단하고, 이런 내용을 간베에를 통해 관백에게 알렸다. 조선에 있는 장군들의 이러한 답신을 본 관백은 크게 화를 냈다. 최소한 한 번이라도 공격한 후에 답신을 보냈어야 했다고 하며 비겁한 놈들이라며 격노했다. 관백은 간베에(구로다 요시타카)에게도 크게 화를 내며 알현조차 허락하지 않았고 그의 녹봉과 저택들을 몰수하였다. 간베에는 자신의 명예와 지위, 그동안 전쟁터에서의 여러 공훈 등이 물거품처럼 사라졌다면서 머리를 삭발하고 '모든 것이 물과 같다.'라는 뜻의 여수(如水)라고 이름을 바꿨다. 그리고 그의 아들 구로다 나가마사가 있는 곳이 적절하다고 판단하고 조선으로 다시 돌아갔다. 간베에는 이미 나이가 들었기 때문에 나중에 아들의 영지인 부젠국에서 은거하며 살기를 희망하였다.

일본군은 명나라 유격 심유경에게 조선의 진주성을 공격할 계획을 사전에 알려줬다. 심유경은 강화협상은 명나라와 일본과의 문제라고 생각하고 모든 중국군 병력을 외곽으로 철수시켜 조선군만이 홀로 일본군과 싸우도록 했다. 고니시 유키나가는 심유경과 함께 북경으로 향하는 나이토 주앙과 동행했기 때문에 진주성 전투가 있기 이틀 전에야 도착했다. 고니시 유키나가는 다른 일본군보다 뒤늦게 진주성에 도착하였기에 진영을 설치할 마땅한 자리를 찾기가 어려웠다. 결국 다른 장수들이 진주성 공격에 합당치 않다고 판단하고 버려둔 곳에 겨우 진영을 설치하였다. 그러나 이렇게 불리한 곳에서 이틀 동안 부지런히 전투준비를 하여 전투 당일 제일 먼저 성에 들어가 그곳에 있던 최고위 조선 장수를 죽였다.

이것은 사실이 아니다. 28일(조선력 29일) 제일 먼저 진주성에 진입한 군대는 가토 기요마사와 구로다 나가마사의 병력들이었고, 이어서 우키타 히데이에, 모리가문 병력들이 들어갔다. 고니시 유키나가는 나중에 입성하였다. 조선의 기록과 일본의 기록을 비교분석하면 (일본력)21일에 가토 기요마사와 구로다 나가마사의 병력이 제일 먼저 도착하여 군진을 배치하였고, 24일에 고바야카와, 깃카와 등 모리 가문 병력이 도착하여 진주성을 완전히 포위하였다. 명나라 사신을 접견한 고니시 유키나가는 맨 나중인 26일에 도착하였다. 고니시 유키나가의 진영은 뒤쪽에 배치되었다.

진주성을 함락한 이후 모든 일본군은 겨울을 무사히 보낼 성을 쌓기 시작하였다. 그리고 이렇게 축성한 여러 성들에는 규슈 출신의 병력 4만 7천 명을 남기고 나머지 병력들은 일본으로 철수시켰다. 일본으로 귀국한 병력들은 상중(上衆), 즉 위쪽 지역 사람들(교토 일대)이다. 그동안 조선에서의 전투에 동원된 일본군의 병력과 짐꾼(잡역부) 등은 모두 15만 명이었다. 이 중 대략 5만 명이 죽었으며, 나머지 5만 명은 이번에 일본으로 귀국이 허용된 것이다.

〈모리가문서 930 毛利家文書930〉
4월 18일. 조선 주둔 일본군 여러 장수들에게 명나라 심유격과 고니시 유키나가가 교섭중인 것과 관련하여 명나라 사신이 일본으로 항해할 예정이므로 항해 준비를 할 것을 도요토미 히데요시가 지시하다.

〈모리가문서 893 毛利家文書893〉
4월 28일. 모리 데루모토 병세가 악화되다. 진주성 공격에 깃카와 히로이에를 대신 파견할 것과 모리 데루모토는 부산포에 진을 쳐 마에노 나가야스(봉행), 마시타 나가모리(봉행) 등과 함께 있을 것. 모리 데루모토의 병세가 회복되지 않으면 히젠 나고야로 귀환 할 것을 권하다.

〈모리가문서 898 毛利家文書898〉
5월 22일. 도요토미 히데요시. 명나라 사절단의 방일에도 불구하고 진주성 공략의 이행을 일본 장군들에게 재차 촉구하다.

〈모리가문서 929 毛利家文書929〉
6월. 도요토미 히데요시가 명나라와 평화의 조건으로 명나라 공주를 일본 천왕의 황후로 할 것과 감합무역의 복구, 명나라와 일본 양국의 무관에 의한 문서 교환, 조선 국왕에게는 4가지 요구 등을 통지.

〈모리가문서 917 毛利家文書917〉

7월 13일. 도요토미 히데요시. 진주성 함락의 보고를 받음. 병세가 악화된 모리 데루모토의 일본 귀국을 재촉. 그 대신 모리 히데모토를 조선에 항해하도록 지시하다.

제21장
협상결렬과 정유재란

1. 협상결렬

 명나라와 일본은 협상을 진행했으나, 양측이 제시한 협상조건은 처음부터 타협이 불가능하였다. 고니시 유키나가는 가신 나이토 조안(나이토 주앙)을 명나라 강화 사신과 함께 동행시켜 명나라에 보냈으나 명나라 조정에서는 "일본이 강화하려면 도요토미 히데요시의 항복 문서가 필요하다." 하였고 고니시 유키나가는 심유격(심유경)과 협의 끝에 가짜 항복문서를 만들어 명나라 조정에 보냈다. 한편 도요토미 히데요시는 이런 사실들을 모른 채 자신의 요구가 받아들여진 것으로 믿었고, 명나라에 요구조건을 원했는데 크게 다음과 같았다.

⑴명나라 황녀를 일본 천황의 후궁으로 삼는다.
⑵무역 증서제 부활 할 것.(감합인)
⑶조선 8도중 4도를 일본에게 이양 할 것.
⑷조선의 왕자와 대신 12명을 일본에 볼모로 보낸다.

 명나라 심유경은 명 황실에서 이러한 조건들이 도저히 받아질 수 없다는 것을 알고는 '단지 도요토미 히데요시는 일본의 국왕으로 책봉되기를 바라며, 신하로서 조공을 바치겠다.'라는 내용으로 조작하여 명나라 조정에 올렸고, 명나라 황제의 봉공안(책서와 금인)을 가지고 일본 나고야 성으로 들어갔다.(이때 조선에서도 통신사 황신이 명나라 사신들과 같이 동행하였나.) 결국은 명나라, 일본이 서로 다른 요구 조건들을 내세웠고, 협상 당사자인 심유경과 고니시 유키나가가 원만한(?) 협상을 위하여 중간에서 문서를 서로 조작했던 것이다. 결국 나중에 이런 사실들이 밝혀졌고 사태가 종잡을 수 없게 되었다.

2. 조선, 일본 측 기록들

〈선조수정실록 1596년 9월〉

관백(도요토미 히데요시)은 사신의 관사를 성대하게 장식해 놓고 기다렸는데, 큰 지진이 나서 관사가 무너진 까닭에 다른 집에서 맞이하였다. 관백은 말씨와 태도가 거만하였고 다리에 종기가 났다고 속이고 절을 할 때 무릎도 꿇지도 않았다. 관백은 조선 사신에게 갑자기 꾸짖기를 "내가 너희 조선의 두 왕자와 조신을 석방하여 돌려보냈으니, 조선은 왕자를 보내어 사례함이 마땅하거늘 벼슬이 낮은 사신을 보냈으니, 이는 나를 업신여긴 일이다." 하였다.

이에 통신사 황신은 먼저 군관을 보내어, 일본이 봉왕(封王)을 받지 않은 사정과 가토 기요마사 등이 다시 군사를 일으켜 바다를 건너간다는 사실을 보고하였다. 조선에서는 정기원을 명나라에 사신으로 보내어 군대를 요청을 하고, 체찰사 이원익을 남쪽으로 내려

보내어 대비하도록 하였다.

⟨선조수정실록 1596년 12월⟩

명나라 사신과 통신사 황신이 일본에서 돌아왔다.

일본에서 떠나기 전 고니시 유키나가가 통신사 황신에게 향연에 참석할 것을 청했는데, 황신이 "사신의 일을 완수하지 못했으니, 이 나라의 음식도 먹지 않는 것이 마땅하거늘 어찌 향연을 즐길 수 있겠는가." 하였다. 또 두 사신(명나라 사신)에게 황신의 참석을 청하도록 요청했는데, 황신은 끝내 거절을 하였다. 고니시 유키나가는 처음부터 끝까지 공손한 태도를 잃지 않았다. 두 명나라 사신이 돌아오는데, 고니시 유키나가만이 환대했고, 도요토미 히데요시는 거짓으로 사례하기는 하였으나 "두 명나라 사신과 조선 사신은 함께 돌아가라. 나는 군사를 동원해서 조선에 죄를 물을 것이다." 하였다.

⟨통신사 황신의 서계장 1596년 12월 21일 기록⟩

관백(도요토미 히데요시)이 말하기를 "가토 기요마사가 군사를 이끌고 금년 겨울에 먼저 바다를 건너 조선으로 갈 것이고, 나머지 대군은 봄에 나갈 것이다."라고 하였습니다.

그러나 고니시 유키나가가 역관 박대근에게 말하기를 "가토 기요마사가 비록 빨리 가고 싶어 하더라도 병기를 수리하고 군량을 모은 후에야 바다를 건널 것이니, 그렇게 되면 당연히 내년 1~2월경이 될 것이고, 대군은 3~4월에나 모두 부산에 이르게 될 것이다." 하였습니다.

가토 기요마사가 지금 일본에서 군사들을 모집하며 말하기를 "조선에 가서 5년간만 둔경을 하면 양곡을 많이 얻을 수 있는데 그렇게 되면 일본에서 주는 녹을 기다리지 않아도 식량이 떨어질 염려는 없다. 조선에 가서 공을 세우면 반드시 땅을 나누어 줄 것이다." 하니 무뢰배들이 따르는 자가 많았다고 합니다. 관백의 수하 중에 어떤 자가 있는데 가토 기요마사와 같이 조선에 가기를 청하며 말하기를 "3년간의 녹봉을 한꺼번에 받아 군기를 수선하여 조선에 출병해서 농사를 짓게 해주면 내려준 쌀을 모두 상환하겠다." 하니, 일본의 여러 장수들이 모두 그의 망언을 미워하며 어떤 장수가 "네가 어찌 조선을 빼앗을 수 있음을 아느냐?" 하였더니, 그가 답하기를 "나는 이미 가토 기요마사와 이 일을 미리 강구해 놓았다." 하였다 합니다. 고니시 유키나가가 신들에게 말하기를 "조선에서는 왕자가 일본에 오게 되면 구류될 것이라 하겠지만 절대 그런 일은 없을 것이다. 왕자가 오고 안 오는 것을 회답하여 주면 내가 당연히 3~4월까지는 기다릴 것이다. 대군이 조선에 다시 가기 전에 통지해주면 매우 좋겠다." 하였으며 또한 말하기를 "가토 기요마사와 구로다 나가마사는 같은 편이니, 이 두 사람은 나가면 먼저 울산, 기장 등 옛 성에 자리 잡을 것이다. 저들이 혹시 몰래 행동하여 화친하는 일(협상)에 일을 망쳐 놓을까 염려가 없지 않다. 조선은 경주 같은 곳에 반드시 방비를 강화해야 할 것이다. 관백이 전년(임진년)에 나를 선봉으로 삼았고, 앞으로도 다시 선봉으로 삼게 할 것이다. 부득이 서로 교전을 하게 되더라도 만약 통지할 일이 있으면 나에게 통지하는 것이 좋을 것이다." 하였습니다.

〈조선정벌기 朝鮮征伐記〉
분로쿠 5년(1596년) 명나라 사신이 400명을 거느리고 일본에 도착했다.

일본력 9월 1일 명나라 사신(명나라 책봉사)이 오사카에 도착하여 이들을 환대하고 명나라의 금표와 관복을 받았다.(7월에 후시미 대지진이 발생하여 장소를 옮긴 것이다.)

일본력 9월 2일 명나라 사신을 위한 환대와 향응, 명나라 황제의 책봉안을 받는 자리에서 명나라 천황이 내린 교지의 내용을 듣고는 히데요시공(公)은 격노하며 말하기를 "나를 일본의 국왕에 책봉하는 등의 말은 필요 없다! 나는 이미 일본의 태합이다! 나 스스로 이것으로 충분하다! (협상을 주도한)고니시 유키나가 이놈을 당장 내 앞으로 불러와라." 하였다. 이리하여 히데요시공(公)은 명나라 책봉사 등을 당장 추방하도록 하였으며, 여러 장군들에게 조선 재침공을 지시하였다.

3. 조선 조정, 비변사 대책 회의
〈선조실록 1596년 12월 25일〉

영돈녕부사 이산해가 말하기를 "왜적이 우리나라를 조석 간에 침범할 것이라 하였는데, 요시라(要時羅-고니시 유키나가의 통역관)의 우리나라에 대한 태도가 매우 좋게 보이는데, 그의 말에 의하면 조만간에 일본은 자멸할 듯합니다." 하였다.

영의정 류성룡이 말하기를 "통신사 황신 본인이 올린 서계 외에는 달리 들어본 것이 없는 것 같으니, 왜적이 다시 침략할 것인지는 황신도 알지 못할 것입니다. 그러나 신이 염려하는 것은 혹 전과 같이 군사를 이끌고 다시 양남지방을 침범하여 조선의 물력을 점점 고갈하게 한 후에 거침없이 몰아올까 하는 점입니다." 하였다.

좌의정 김응남이 말하기를 "당장 쳐들어오지는 않을지라도 훗날에 다시 덤벼들 것은 조금도 의심이 없으니, 방비하는 계책을 잠시도 소홀히 해서는 안 됩니다." 하였다.

영돈녕부사 이산해가 말하기를 "시급히 할 일은 가토 기요마사가 다시는 바다를 건너오지 못하게 하는 것이고, 만약 육지에 상륙 했다면 용감한 군사를 뽑아서 좌우에 매복시켜 가토 기요마사가 지나갈 때에 습격하면 성공할 수 있을 것입니다." 하였다.

4. 경상 좌병마사 김응서의 비밀장계

이달 11일(1596년 12월 11일) 요시라(要時羅-고니시 유키나가의 통역관)가 나왔는데, 그가 고니시 유키나가의 뜻으로 말하기를 "가토 기요마사가 7,000명의 군사를 거느리고 (음력 12월)4일에 이미 대마도에 도착하였는데, 순풍이 불면 곧 바다를 건넌다고 한다. 그러니 조선 수군이 속히 거제도에 나아가 정박하였다가 가토 기요마사가 바다를 건너는 날을 엿보아야 한다. 동풍(東風)이 세게 불면 반드시 거제도로 향할 것이니, 그렇게 되면 공격하기가 쉽지만, 만약 정동풍(正東風)이 불면 곧바로 기장(機張)이나 서생포(西生浦)로 향하게 되어 배가 바다 가운데로 향하게 되면, 거제도와 거리가 매우 멀어 막을 수가 없을 것이라서 이 계책이 시행되지 못할 듯하니, 전함 50척을 급히 기장 근처에다 정박시켰다가 전라좌도 수군과 합세하여 위력을 펼치면, 가토 기요마사는 반드시 의심하여 감히 바다를 통과하지 못하고 지체하면 상황은 유리할 것이니 이보다 나은 계책은 없다. 가토 기요마사가 협상하는 일에 항상 훼방을 하며 관백(도요토미 히데요시)에게 말하기를 '고니시 유키나가와 조선 통신사가 하는 일은 모두 허사입니다. 제가 다시 조선에 나가서 조선을 평정하고 조선의 왕자를 사로잡아 올 수가 있습니다. 만약 이번 일을 성사시키지 못하면 우리 가족을 다 죽이시기 바랍니다.'했다. 이에 조선 수군이 바다에서 차단을 하면 즉시 바다를 건너지 못하게 되고 그렇게 되면, 가토 기요마사의 '조선에는 지키는 사람이 없어 한 번 출격에 평정할 수 있다.'는 그의 말은 거짓이 되어 관백이 반드시 가토 기요마사의 망언과 오만함에 죄를 줄 것이고, 고니시 유키나가는 힘을 얻게 되어 협상을 하든 안하든 형세가 매우 편하게 될 것이니 이것이 제일 좋은 계책이다."라고 하였습니다.

선조는 이 일에 대하여 고니시 유키나가의 계략이 아닌가 하고 중신들과 오랫동안 논의 한 끝에 결국 이번 기회에 왜군 강경파인 가토 기요마사를 제거해야 한다고 결정을 내리게 된다. 그리고 즉각 경상좌병마사 김응서와 삼도 수군통제사 이순신에게 긴급명령을 내린다. 1월 2일 비변사 회의 끝에 명령서를 김응서와 이순신에게 보냈다.

〈선조실록 1597년 1월 2일〉
정월 1일의 경상좌병사 김응서의 비밀장계에 대해서 상이 대신들을 불러 회의를 하였는데 의견이 분분하여 상이 그만두게 하고 비변사로 나가 회의하도록 하였다.
이윽고 비변사가 대신의 뜻으로 아뢰기를 "하교(下敎)를 받드니, 성상(선조)의 염려가 대단하십니다. 신들도 이런 염려가 있었으므로 오늘 회의할 때에 역시 왜군의 계략에 당할까 의심하였고 고니시 유키나가가 우리를 방심하게 하려는 계책이 아닐까 염려했으나, 실정은 그렇지 않은 점이 있다고 하였는데, 통신사 황신(黃愼)의 뜻도 그러하였습니다. 다만 고니시 유키나가가 평소 가토 기요마사와 관계가 안 좋아 그 말이 믿을 만하므로 기회를 잃어선 안 된다고 여긴 것입니다. 하지만 형세를 보아 처리하라고 유시하는 것이 무방합니다. 대개 이번 일로 인하여 적의 정세를 정탐하고 따라서 부산영(釜山營)의 허실을 아는 것이 더욱 급선무이므로, 한갓 요시라(要時羅)의 말만 듣고서 그 실상 형세를 살피지 않아서는 안 됩니다." 하였다. 상이 전교하기를 "이번 일은 매우 비밀스럽게 해야 한다. 사관(史官)은 우선 (비밀장계와 회의 내용을) 책에 쓰지 말 것이며 비변사도 가져다 보지 말라."라고 하였다.

상이 우부승지 허성에게 "이 일은 조정에서 허락하느냐 허락하지 않느냐에 달려 있을 뿐 지금의 의논이 이러하니, 여러 장수가 협력해서 하고 공을 다투다가 일을 그르치지 않도록 하라. 경상도 좌병마사 김응서와 삼도수군통제사 이순신을 함께 수공으로 삼을 것이다."라고 전교를 내렸다.

5. 조선 수군의 문제

그러나 바다에서 일본군의 상륙을 저지 못하고 결국 왜군 선발대 가토 기요마사는 1597년 1월 12일~13일에 걸쳐서 조선에 상륙하였다. 경상도 위무사 황신(黃愼)의 장계에 "1월 12일에 가토 기요마사의 왜선 150척이 서생포에 정박하였고, 13일에는 가토 기요마사의 관하 왜선 130척이 비바람으로 가덕도에 정박 한 후 14일에 다대포에 정박하였습니다."라고 하였다. 조선 수군은 왜군의 상륙 정보를 미리 알고 있었지만 상륙을 막지는 못했다. 조선 수군에게는 근본적인 문제가 있었기 때문이다.

〈난중일기 1593년 11월 17일〉

지난 10월 9일에 받은 서장에는 "경(이순신)은 통제사의 책임으로 삼도의 장수와 군사들을 두 패로 나누어 집으로 돌아가 쉬게 하고 의복과 식량을 마련해서 주라."는 분부가 있었다. 경상도 수군은 병력이 얼마 되지 않고, 전라좌도는 그리 멀지 않아서 번갈아 쉬게 하였고, 전라 우도는 뱃길이 멀어 파도가 높거나 하면 왕복하는 데에 수십 일이나 걸리므로 전라 우도수사 이억기를 시켜서 전선 31척을 거느리고 지난 11월 초하루에 (고향으로) 출발시켰다.

〈난중일기 1593년 12월 29일〉

수군에 소속된 여러 잡색군과 군량, 군기들을 육군에서 차츰 빼내어 가는 일이 많아서 연해안의 백성들은 수군과 육군의 명령을 번갈아 받아 어찌할 바를 모르고 집을 떠나 길가에 떠돌아다니기 때문에 열 집에 아홉 집이 비어있다. 수군들도 사변이 일어난 뒤에는 교묘하게 병역을 피할 계책으로 여러 곳으로 이사를 다닌다. 고을수령들도 도망갔다고 핑계하며 적극적으로 잡아내지 않는다. 원래 있던 수군과 격군 중에서 사망한 인원을 채울 사람이 없어서 비록 수백 척의 배가 있다고 해도 출병할 도리가 없으니 매우 민망스럽고 염려가 된다.

〈선조실록 1594년 10월 3일〉

사간원이 아뢰기를 "전라도의 수군으로 소속되어있는 지방의 수군은 모두 흩어지고 없어서 고을의 수령들이 결복(토지세 징수의 기준단위)에 따라 사람을 차출하여 본인 스스로 식량을 준비하게 하여 격군(노꾼)으로 충당시키고 있는데, 한번 배에 오르면 교대할 기약도 없이 계속 부리고, 또한 계속 지탱할 식량도 없어서 굶어 죽는 자가 많다고 합니다. 한산도에는 굶거나 병들어 죽은 자들을 바다에 던져 백골이 쌓여 보기에도 참혹하다고 합니다."

〈선조실록 1595년 1월 22일〉
류성룡이 아뢰기를 "선전관이 한산도에서 와서 말하기를 '수군과 격군이 식량이 떨어져서 굶주려 죽고, 100명에 한두 명도 살아서 돌아온 자가 없으며 작년에도 수군이 많이 죽어서 백골이 해변에 무더기로 쌓였다.'하니 매우 처참한 노릇입니다."

〈선조실록 1595년 5월 19일〉
비변사가 아뢰기를 "비변사 낭청 조형도가 서계한 내용에 '한산도의 수군, 격군 1명당 하루에 쌀은 5홉, 물은 7홉을 준다고 합니다. 그런데 배에 한번 타게 되면 교대되어 돌아갈 길이 없으며, 병이 나면 바닷물에 넣어 버리고 굶주리면 산기슭에 버려두어 한산도의 온 지역이 유령 마을과 같습니다.'라고 하였습니다. 섬 안에 샘이 적고, 또 진영과 멀리 떨어져 있어서 물을 길어오기가 불편하여 물조차 나눠준다 합니다. 사정이 이러하니 역병이 자주 발생하여 많은 사람이 죽었다고 합니다."

〈선조실록 1596년 11월 9일〉
해평 부원군 윤근수가 아뢰기를 "왜적의 큰 군대가 겨울이나 내년 봄에 올 것이라는 보고를 들었습니다. 우리나라에서는 서둘러 바다 가운데서 막아낼 생각을 해야 할 것입니다. 임진년의 일을 경계해야 합니다. 바다 가운데서 왜적을 막아 죽여서 적이 감히 육지에 상륙하지 못하게 하는 것이 첫 번째 방책입니다. 신은 지난번에 한산도의 수군을 빨리 거제도에 진주하게 할 것을 아뢰었습니다. 이제 왜적이 또 다시 와서 침범할 것이 이미 드러났으니 조금도 늦출 수가 없습니다. 하루 빨리 거제도에 진주하여 수로를 제압하고 책사(사신)가 돌아온 뒤에는 오가는 모든 적의 배를 막아서 적이 오는 길을 끊어야 할 것입니다. 바라건대 속히 명령을 내려서 이순신 등이 급히 거제도에 진주하도록 엄히 명령하여 다른 말로 핑계하지 못하게 하소서. 신은 전에 경상 감사가 되어 바닷가의 각 진포를 다녔는데 오늘날 크게 걱정할 것은 판옥선의 수가 적은 것이 아니라 오직 배마다 격군이 부족한 것이니 빨리 수군에게 하유하시어 대책을 마련하게 해야 합니다."

〈선조실록 1597년 1월 27일〉
수군의 작전 통제권에 대한 논의

상이 이르기를 "수군을 모아야 하는데 어째서 아직까지 정돈되지 못하고 있는가?" 하니, 영의정 류성룡이 아뢰기를 "겨울철에는 격군(노꾼)을 풀어준다고 합니다." 하였고, 호조 판서 김수가 아뢰기를 "으레 10월이면 격군을 풀어주어 집으로 돌려보내는 것이 규례가 되었기 때문에 아직까지 수군이 정돈되지 못하고 있습니다." 하였다.

수많은 군역 중에 수군의 격군(노꾼)은 병역 기피 대상이었다. 그 이유는 위와 같이 한번 배에 오르면 교대가 잘 이루어지지 않았고 고된 노역으로 굶거나 병들어 죽는 자가 많았으며, 만약 배 1척이 침몰하게 되었을 경우 한꺼번에 모두 익사를 하기 때문이었다. 선조실록 1597년 2월 25일 기록에는 "수군은 고생이 제일 심하여 나이가 70~80세가 되어도 군역을 면제시키지 않고, 만약 죽으면 그의 자식을 대신 배정한다."고 하였고, 이항복이 아뢰기를 "동궁(광해군)께서 갑오년(1594년)에 남쪽에 계실 때에 충청 수영으로 들어갔습니다. 그날 한밤중에 온 마을에 통곡소리가 진동하였는데, 이유인즉 한산도에서 소식이 왔는데 (배가 침몰하여)죽은 사람이 83명이나 되었기 때문에 그들의 처자가 모두 통곡하는 것이라 하였습니다. 이 때문에 사람들은 사력을 다하여 격군이 되기를 회피하려 합니다."라고 하였다. 이런 일은 일본 수군에 있어서도 같은 사례가 있다. 와키사카 야스하루의 영지인 아와지의 해안 고을에서는 한산도 해전에서 패하여 수군으로 차출 된 온 마을의 남자들이 같은 날 한꺼번에 죽어서 매년 같은 날(7월 8일) 합동 제사를 지내고 세금을 감면해 줬다고 한다. 와키사카 야스하루의 군역장을 보면 병력1500명 중 수부(노꾼)가 1천 명이었다. 이들 상당수는 같은 마을 장정들로 같은 날 한꺼번에 전사했다. 또한 일본 측 기록에는 다음과 같은 기록들이 있다.

<깃카와 가문서 745호 吉川家文書745, **시마즈 가문서 415호** 島津家文書415, **나베시마 가문서 41호** 鍋島家文書41>
겨울철에는 항해의 일이 없기 때문에 병량수송의 배, 뱃사공 등에게 휴가를 줄 것과 식량 확보, 철포 화약 확보, 선박 정비 등을 할 것 등의 명령문서(1592년 11월 10일 기록)

겨울철에는 바람이 거칠고 강물이 얼어붙는 등 항해의 조건이 까다로워서 조선이나 일본 수군이나 활동이 거의 없었고, 군량미 부족 등의 이유로 격군(노꾼)들을 고향으로 돌려보내고 봄에 다시 모집하는 방식이다. 따라서 이 당시의 조선 수군 진영에는 격군이 없었기 때문에 단기간에 모집하여 출전하는 자체가 불가능했다. 결국 일본군은 한겨울에 가토 기요마사를 선두로 다시 재침략을 시작했고 정유재란이 발생하였다.

6. 정유재란 출병 일본 측 군역장

〈게이쵸 2년(1597년) 2월 21일 도요토미 히데요시 주인(朱印)장 문서, 시마즈 가문 문서〉

1번대 가토 기요마사(加藤主計頭) 1만 명

2번대 고니시 유키나가(小西摂津守) 7천 명, 이하 4명의 장수 등 합계 1만 4,700명

(마츠라 시게노부 3천 명, 소 요시토시 1천 명, 아리마 하리노부 2천 명, 오무라 요시아키 1천 명, 고토(五島)병력 700명 등)

3번대 구로다 나가마사(黑田甲斐守) 5천 명, 모리 카즈노부(毛利壱岐守) 2천 명, 시마즈 도요히사(島津豊久) 800명, 다카하시 모토타네(高橋元種) 600명, 아키즈키 타네나가(秋月種長) 300명, 이토 스케타카(伊東民部大輔) 500명, 사가라 요리후사(相良宮内大輔) 800명 등 합계 1만 명

4번대 나베시마 나오시게(鍋島加賀守) 등 4명에게 1만 2천 명

5번대 시마즈 요시히로(羽柴薩摩侍從) 등 3명에게 1만 명

6번대 초쇼카베 모토치카(羽柴土佐侍從) 3천 명, 도도 다카토라(藤堂佐渡守) 2,800명, 이케다 이요 카미(池田伊予守) 2,800명, 가토 요시아키(加藤左

馬頭) 2,400명, 구루시마 이즈모 카미(来島出雲守) 600명, 나카가와 히데시게(中川秀成) 1,500명, 스가다이라 다쓰나가(菅平右衛門) 200명 등 합계 1만 3,300명

7번대 하치스가 이에마사(蜂須賀阿波守) 7,200명, 이코마 치카마사(生駒讃岐守) 2,700명, 나카시키 야스하루(脇坂安治補) 1,200명 등 합계 1만 1,100명

8번대 모리 히데모토(毛利秀元) 등 5명에게 3만 명, 우키타 히데이에(備前中納言) 등 3명에게 1만 명 등 합계 4만 명

이상 재출병 12만 1,100명(1~8번대)

이외 부산포에 주둔중인 고바야카와 히데아키 1만 명, 위법감찰무사 오오타 카즈요시(太田一吉) 390명

안골포에 주둔중인 다치바나 무네시게(羽柴柳川侍従) 5,000명

가덕도에 주둔중인 다카하시 나오츠구(高橋直次) 500명, 치쿠시 히로카도(筑紫廣門) 500명

죽도(竹島)에 주둔중인 모리 히데카네(毛利秀包) 1천 명

서생포에 주둔중인 아사노 나가마사(浅野左京太夫) 3천 명 등 조선의 주둔중인 병력 2만 390명

재출병 병력과 부산포 재진 병력 합계 14만 1,500명

전라도를 철저히 섬멸하고, 충청도와 이외 지역은 공격할 수 있으면 하고, 목표 달성 후 임지에 왜성을 축성하고 성주를 정하라.(1597년 2월 21일 도요토미 히데요시 명령문서)

제22장
남원성 전투

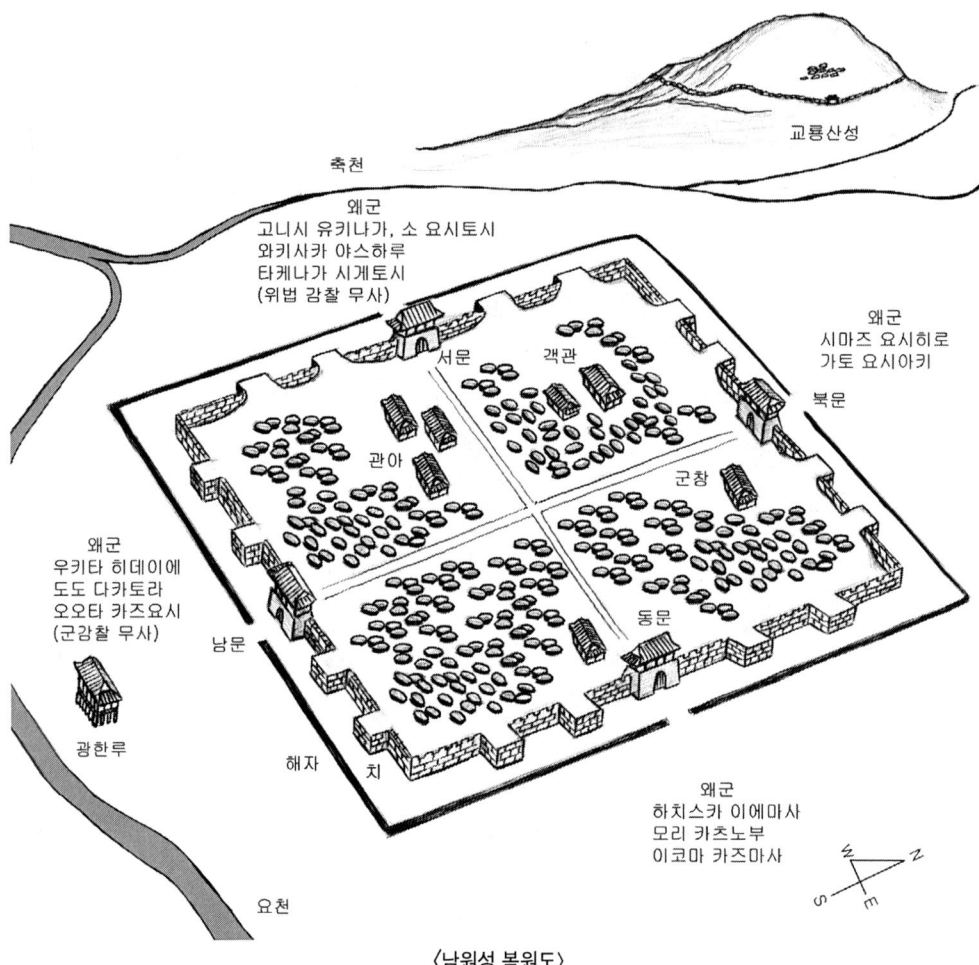

〈남원성 복원도〉

통일신라시대의 성곽을 조선 초기에 중수한 것으로 추정. 둘레 2.5km, 높이 4m의 중국식 읍성을 모방하여 만든 네모형태의 평지 읍성. 성곽 바깥에는 해자를 파놓았고 성문 앞에는 석교(돌다리)를 설치했고 성벽에는 돌출된 치를 설치했다. 남원성 남문 밖 '광한루'는 세종 1년(1419년) 황희 정승이 누각을 짓고 '광통루'라 하였으나 1444년 관찰사 정인지가 '광한루'라 개칭하였다. 남원성 전투(1597년)당시 소실되었으나 1626년에 다시 복원되었다.

〈선조실록 1597년 5월 18일〉
경상좌도 병마사 김응서 서장

요시라(要時羅-왜군 1번대 통역관)가 이달 12일에(음력 5월 12일) 나와서, 찾아온 사유를 물으니 "관백(도요토미 히데요시)이 도장을 찍은 문서를 보면 이 달 5일에 출발하여 4개부대로 나누어 진수를 정했는데, 고니시 유키나가는 공을 세워 (협상 결렬에 따른)속죄를 하기 위하여 선봉으로 정해져서 의령, 진주를 거치고, 가토 기요마사는 경주와 대구를 거쳐서 이들 모두 호남으로 집결하여 전라도 지방을 모두 짓밟고 난 이후에 화평을 요구하기로 했다 한다."라고 했습니다. 또한 말하기를 "6월 초순 군사 15만 명이 새로 파견되어 오기로 하였는데 장수들의 의견은 병기와 장비들이 준비되지 못하여 갑자기 출발할 수 없다하여 7월 보름에 출발하기로 결정하였다."라고 했습니다.

왜군의 침략 정보를 받고 1597년 5월 명나라 부총병관 양원이 군사 3천 명을 이끌고 한성에서 남원으로 내려갔다. 이때 조선에서는 예조참판 정기원을 접반사로 함께 보냈다. 징비록 기록을 보면 이때 조선 군기시에서 김효의 등 파진군 12명도 함께 남원으로 보냈다.

1. 왜군의 이동경로와 병력

정유재란(1597년)당시 왜군은 크게 우군(右軍)과 좌군(左軍)으로 나뉘어서 전라도지역을 공략한다.

왜군 우군 (右軍)은 밀양, 합천을 경유하여 황석산성으로 진군하였다.

총사령관 - 모리 히데모토(3만 명)

선봉장 - 가토 기요마사(1만 명)

장수 - 구로다 나가마사(5천 명), 나베시마 나오시게(1만 2천 명), 초쇼카베 모토치카(3천 명)

왜군 좌군(左軍)은 진주와 구례를 경유하여 수군과 합세하여 남원성으로 진군하였다.

총사령관 - 우키타 히데이에(1만 명)

선봉장 - 고니시 유키나가(1만 4,700명)

장수 - 시마즈 요시히로(1만 명), 하치스카 이에마사(1만 3천 명), 이외 수군병력

조선군과 명군 병력 상황

부총병관 양원 - 3,000명(남원)

유격 진우충 - 2,000명(전주)

부총병관 오유충 - 4,000명(충주)

유격 모국기 - 3,000명(성주)

전라도 병마사 이복남 이하 대략 1,000명

2. 남원성 전투(1597년 음력 8월 13~15일)

남원성 주둔 명군, 조선군 병력상황

명나라 부총병관 양원은 병력 3,000명으로 남원성에 주둔하였다. 중군 이신방은 동문을 담당, 천총 모승선은 서문을 담당, 천총 장표

는 남문을 담당하였다.

전라도 병마사 이복남은 조선군 1,000명으로 북문을 담당하였다. (방어사 오응정, 조방장 김경로, 남원부사 임현, 판관 이덕회 등) 당시 남원성에는 민간인 6~7천 명이 있었다고 한다. 남원성 전투에 참전한 왜군 병력(왜군 좌군)은 총사령관 우키타 히네이에, 신봉장 고니시 가니기, 시미즈 요시히로, 하치스카 이에마사, 이외 수군 일부 병력이 합류하여 도합 5만 명 이상이었다.

3. 조선 측 기록

〈징비록〉

군기시 파진군 김효의가 당시 상황을 류성룡에게 말함.

명나라 양총병(양원)은 전라 병마사 이복남에게 격서를 보내서 불러오게 하여 함께 지키려고 했으나, 이복남은 시일을 지체하면서 오지 않으므로, 야불수(군중에서 정탐하는 병졸)를 잇달아 보내어 재촉하자 마지못해 뒤늦게 이르렀으나 거느리고 온 군사는 겨우 수백 명뿐이었다. 또한 광양 현감 이춘원과 조방장 김경로 등이 잇달아 남원성에 도착했다.

8월 13일, 왜적의 선봉 1백여 명이 성 밑에 와서 조총을 쏘다가 잠깐 뒤에 그치고, 모두 밭고랑 사이에 흩어져 서너 명이나 네다섯 명씩 떼를 지어 다니며 갔다가 곧 다시 오곤 했다.

사람들이 성 위에서 승자소포로 응전했으나 우리 편의 승자소포는 적병을 맞히지 못했는데 성을 지키는 우리 군사들은 적병의 총탄에 맞아 쓰러졌다. 조금 후에 왜병이 성 밑에 와서 큰 소리로 성 위 사람을 불러 서로 말하자고 청하여, 총병이 가정 한 사람을 시켜 통사(통역)를 데리고 적군의 진영으로 보내어 왜적의 서신을 가지고 왔는데, 그것은 약전서였다.

14일, 왜병은 성을 3면으로 포위하여 진을 치고 총과 포로 전날과 같이 번갈아 공격했다.
이보다 앞서 성 남문 밖에 민가가 빽빽하게 있었는데, 적병이 오기 전에 총병이 이미 이것을 모두 불살라버렸으나 돌담과 흙벽은 아직 남아 있었으므로, 적병이 와서 담과 벽 사이에 숨어서 총을 쏘니 성 위 사람들이 많이 맞아서 쓰러졌다.

15일, 왜병들은 성 밖의 잡초와 논안의 볏짚을 베어다가 큰 묶음을 수없이 만들어 담과 벽 사이에 쌓아두었는데, 성안 사람들은 그것을 무엇에 쓰려는지 알 수가 없었다. 이때 유격장군 진우충이 군사 3천 명을 거느리고 전주에 있으므로, 남원 군사들은 날마다 와서 구원해주기를 바랐으나 오래도록 오지 않자 두려워했다. 이날 저녁 무렵, 성가퀴를 지키던 군사들이 머리를 맞대고 귀엣말로 수군거리며 말에다 안장을 준비하는 등 도망치려는 기색이 있었다. 한두 시간이 지나 왜군들의 지껄이는 소리가 그쳤을 때는 묶은 풀단이 이미 참호(해자)를 메웠으며, 또 풀단을 쌓아 올려 성 높이와 같아졌고, 많은 왜병들이 이것을 밟고 성 위로 오르니 성안에서는 벌써 크게 혼란해져서 왜병이 성안에 들어왔다고 야단이었다. 명나라 군사들은 모두 말을 타고 문을 나오려고 했으나 문이 굳게 닫혀 쉽사리 열리지 않으므로 말들의 발을 묶어세운 것처럼 모여서 길거리를 꽉 메웠다. 잠깐 뒤에 성문이 열리자 군사와 말이 문에서 다투어 나가는데, 왜병은 성 밖에서 두 겹, 세 겹으로 포위하고 각각 요긴한 길을 지키고 있다가 긴 칼을 휘둘러 함부로 내리쳤었고 명나라 군사는 다만 머리를 숙여 칼날을 받을 따름이었다. 때마침 달이 밝아서 빠져나온 이는 몇 사람뿐이었다. 총병은 가정 몇 명과 함께 말을 달려 돌진해 나와서 겨우 제 몸만 살았는데, 어떤 사람은 "포위하고 있던 왜병이 명나라 총병인 줄 알고 일부러 빠져 나가게 했다."라고 했다.

당시 조선군은 북문을 담당하고 있었는데 병마사 이복남, 방어사 오응정, 조방장 김경로 등이 화약창고에 불을 질러 자폭하여 자결을 하였다. 남원성 전투로 명나라 부총병관 양원과 군사 10여 명만이 탈출에 성공하였다. 부총병관 양원의 휘하 장수 중군 이신방(동문 담당), 천총 모승선(서문 담당), 천총 장표(남문 담당)등도 모두 전사하였다. 나중에 부총병관 양원이 명나라로 돌아갔는데, 명나라에서 그의 목을 참수하여 조선에 보내어 조리돌림을 시켰다. 난중잡록과 징비록 등의 기록에 의하면, 왜군(고니시 유키나가)과의 모종의 협상이 있었다. 남원성을 내어주는 대신 부총병관 양원이 무사히 남원성에서 빠져 나갈 수 있도록 서로 비밀협상을 맺은 징후가 있었다.

4. 일본 측 기록

⟨**대하내수원 조선기** 大河內秀元 朝鮮記 , **정한록** 政韓錄⟩

8월 12일 밤. 남원성의 남쪽 면에 3명의 장군(우키타 히데이에, 도도 다카토라, 군감 오오타 카즈요시)이 도착하였다.

8월 13일 시마즈 요시히로, 이토 스케타카 등의 병력이 도착하여 남원성을 포위하였다. 시마즈 요시히로는 가토 요시아키와 함께 북쪽에서 2개의 진영을 세웠다. 또한 궁, 철포대, 장도(長刀)를 성문 주위에 배치하였다.

8월 15일 밤. 달이 밝았다. 이날 밤 남원성을 낙성(落成)했다.

〈대마도 종(소오)씨 조선진기 宗氏朝鮮陣記〉

8월 14일 철포로 남원성 공격.

8월 15일 밤에 풀더미(草束)를 운반하여 성 아래에 쌓아서 소 요시토시의 대마도 병력들이 제일먼저 남원성을 넘어 들어가는데 성공하였다.

〈음력 8월 16일 밤 시마즈 요시히로(羽柴兵庫頭)주진장〉

지난 13일에 적국(전라도)의 남원성을 둘러싸 15일 밤에 남원성을 함락 했습니다. 적의 수급 421급을 참획하였고, 베어낸 코를 함께 보내겠습니다.

(9월 13일 도요토미 히데요시 주인(朱印)장 문서)

〈일향기 日向記〉

명나라 군대가 전라도의 전주와 남원에 주둔하고 있었다. 8월 13일 남원에 도착하였다. 2~3일 간의 전투로 드디어 15일 밤에 공격하여 무너뜨렸다. 이토 스케타카(伊藤民部大輔)가 제일 먼저 입성하여 적 17 수급을 베었다.

〈조선물어 상권 朝鮮物語 上〉

남원성 판관은 대장이니까 머리를 베어 그대로, 그 외에는 전부 코를 베어서 소금(염석회)과 같이 항아리에 채우고, 남원부 그림지도와 함께 아뢸 말씀을 첨부하여 보냅니다. 베어낸 적군의 수급은 총 3,726개입니다.

〈조선일일기 朝鮮日日記〉 일본 종군 승려 케이넨(慶念)일기

일본력 8월 12일, 남원성에 도착하여 포위했다.

8월 16일, 들이나 산이나 성곽 모두 불타버리고 조선 사람을 칼로 베어 죽이고 쇠사슬로 엮은 대롱으로 묶어서 포로가 된 부모는 자식을 부르고 자식은 그 부모를 부르는데 처음 보는 광경이다. 불쌍하다.

8월 18일, 조선 아이들을 들짐승 사냥하듯 한 곳으로 몰이하여 모조리 잡고 아이들의 부모는 모두 칼로 베어 죽여서 다시는 서로 못 보게 한다.

8월 20일, 전주에 도착. 3일 정도 머무르며 일본에서 온 사신(전령)과 만나 의논. 한성(도성)으로 진군하게 되었는데 앞으로 날씨가 추워지니 길을 나누어 서둘러 전진한다고 한다.

8월 21일, (지난번)남원 전투에서 일본군 부상자도 많아서 여기저기서 치료의 목소리가 많다. 치료를 바라는 부상자들이 너무나 많다. 고통에 신음하는 부상자가 너무 많아 불쌍하고 내 마음이 괴롭다.

5. 이복남과 그의 아들

+ 이복남(1555~1597) 시호 충장, 경주 이씨, 본관 우계

1588년 무과급제, 선전관, 나주판관(웅치전투 참전), 나주목사, 남원부사, 전라도 병마절도사 역임. 사후 병조판서 겸 지의금부사, 의정부 좌찬성 겸 판의금부사 추증. 남원성 전투당시 순천, 광양에 진출했다가 남원성에서 명나라 부총병관 양원의 지원요청으로 남원성으로 회군하여 남원성에서 전사하였다. 그의 아들 이성현(李聖賢 1589~1647년, 59세 졸)은 명나라 절강성 사람 맹이관(孟二寬)과 함께 이때 일본군에게 잡혀서 일본으로 끌려갔다. 모리 가문 문서에 의하면 이성현은 모리 데루모토에게 이름 한 자를

받아서 이가원유(李家元宥)로 개명하고 일본에서 지행(녹봉) 100석의 중간 관리가 되었고 나이토 모토히데의 딸과 결혼하여 3남4녀를 두었다고 한다. 이후 리노이에(李家)가문은 조선 왕족의 지류로 후대 받아 에도시대에는 녹봉 500석을 받았다고 한다. 일본의 아사히신문 편집국장, 아사히 학생신문사 사장 등을 역임한 이가정문(李家正文 리노이에 마사후미)씨가 그의 후손이다.

제23장
황석산성 전투

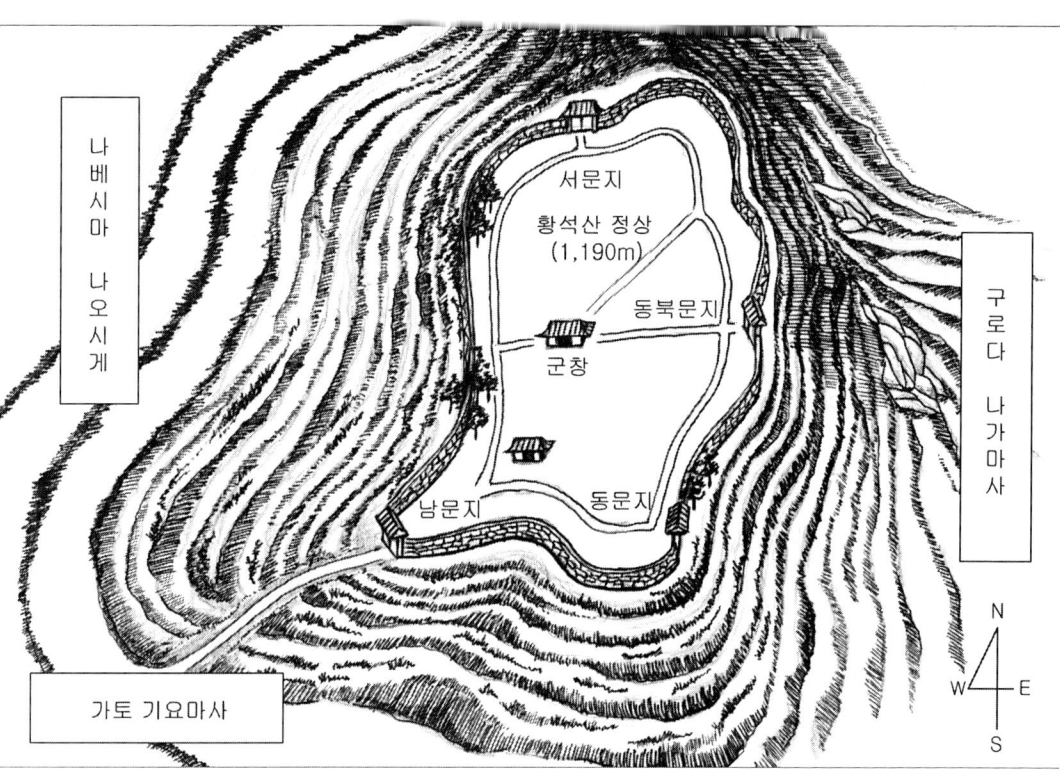

〈황석산성 복원도〉

삼국시대에 쌓았다고 하는 고성의 일부로 고려시대에 산성으로 사용한 흔적이 있음. 황석산 (해발 1,193m)정상에서 능선을 따라 축성. 둘레2.5km, 높이 대략3m(문화재청)이다. 문루는 나무로 만든 작은 형태의 문루로 추정된다. 성안에 몇몇 부속 건물터가 있고 현재 남문지 일부 성벽만 복원됨. 동문지, 동북문지 방향은 경사가 심한 절벽지형이다.

1. 가등청정(가토 기요마사)과 곽재우 장군

　일본군 우군(右軍)은 밀양과 합천을 경유하여 전라도로 향하는데 그 길목에는 화왕산성과 황석산성이 있었다. 처음에 일본군 우군(右軍)선봉대 가토 기요마사가 경남 창녕의 화왕산성 밑에 들어와 공격하려고 하자, 성중의 조선군들이 두려워했다. 이때 곽재우는 이들을 타이르며 말하기를, "두려워 말라, 적도 병법을 아는 자들이니 어찌 나를 쉽게 여길 수 있겠는가." 하였다. 가토 기요마사가 화왕산성을 우러러 보니 그 형세가 험하고 높으며 성중이 고요하고, 살기가 등등하니 섣불리 공격하기를 주저하며, 일주일 밤낮으로 서로 대치하고 있다가 공격하기를 단념하고 그대로 옆을 통과하여 합천을 지나서 안음현에 도착했다. 이보다 앞서 안음현의 유생 정유영이 수성지책을 먼저 강조하여 도체찰사 이원익이 이에 동의하고 안음현, 거창현, 함양군의 백성과 군사들을 모아 안음현감 곽준에게 황석산성의 수비를 맡기고, 김해부사 백사림으로 하여 돕도록 했다. 전 함양군수 조종도는 왜군이 재침하자 모든 읍이 모두 도망하였는데, 오직 황석산성만은 안음현감 곽준이 사수하기를 굳게 작성하니, 이를 믿고 처자를 거느리고 성중(황석산성)에 들어와 함께 하였다. 황석산성은 지리산과 덕유산의 육십령 고개에 위치한 전략상 요충지에 있는 주요 산성이었다. (육십령-도적떼가 많아서 60명 이상이 같이 모여서 넘어야 한다는 말에서 유래했다고 한다.)

2. 양측 병력 상황

　(1) 조선군 - 각종기록에 의하면 군사 수백 명에 일반 민간인(남녀노

소)수천 명(대략 3~4천 명으로 추정됨)

(2) 일본군 - 선발대 가토 기요마사 1만 명, 구로다 나가마사 5천 명, 나베시마 나오시게 1만 2천 명, 초쇼카베 모토치카 3천 명(초쇼카베 모토치카는 정유재란 때 수군으로 참전했다. 병력 3천 명이다.), 모리 히데모토의 모리 가문 군대 3만 명(모리 가문 군대는 선발대 가토 기요마사와 비슷 기기으로 출발했으므로 이날 전투에 직접 참여했는지는 정확하지 않다. 모리 가문 문서에도 전공 기록과 전투 기록이 없다. 다만 나중에 지휘관들이 모여서 공동 명의로 관백에게 보고한 문서는 있다. 장소가 협소하여 직접 전투에는 참가하지 않고 남동쪽 일대에 진을 치고 있었던 것 같다.)

3. 조선 측 기록

〈선조 수정실록 1597년 음력 8월〉

수많은 왜적이 황석산성 남문으로 쳐들어오자 안음 현감 곽준은 밤낮으로 독전을 하였으나, 김해부사 백사림은 사태가 위급함을 알고 그의 처자를 줄에 매달아 내려 보내고 도망하였다. 안음현감 곽준은 그의 아들과 사위들이 모두 울면서 빨리 계책세울 것을 청하자, 곽준은 웃으며 "이곳이 내가 죽을 곳인데, 무슨 계책을 다시 세운단 말인가." 하고는 태연하게 호상(胡床)에 걸터앉아서 끝내 죽임을 당하였다. 그의 두 아들 곽이상과 곽이후가 시체를 부둥켜안고 왜적을 꾸짖으니, 적이 함께 죽였다. 곽준의 딸은 유문호에게 시집을 갔는데, 유문호가 적에게 사로잡히자 이미 성을 빠져 나왔다가 그 말을 듣고는 스스로 목매어 죽고 말았다. 조종도는 전에 함양 군수를 지내고 집에 있었는데, 일찍이 "나는 녹을 먹은 사람이니, 도망하는 무리와 초야에서 함께 죽을 수는 없다. 죽을 때는 분명하게 죽어야 한다." 하고는 처자를 거느리고 성으로 들어갔는데 끝내 전사하였다.

〈난중잡록〉
청정(가토 기요마사)의 군사 선봉 수천 명이 먼저 진군하여 황석산성에 임박하였다. 다음날 적병이 고함쳐 말하기를 "성을 비워두고 나가면, 쫓아가 죽이지는 않겠다." 하니, 김해부사 백사림이 줄을 타고 성에서 내려가 도망을 가니 군사가 무너져 달아나기 시작하였다.

〈징비록-서애 류성룡〉
청정(가토 기요마사)이 서생포를 출발하여 서쪽 전라도로 향하며 행장(고니시 유키나가)과 함께 남원을 치려고 하였다. 이때 오직 의병장 곽재우만이 창녕의 화왕산성에 들어가 결사항전을 하기로 하였다. 왜적들이 산 밑에 이르러 화왕산성을 보니 전혀 동요하지 않는 것을 보고는 그대로 지나갔다. 안음현감 곽준과 전 함안군수 조종도, 전 김해부사 백사림은 안음의 황석산성으로 들어갔다. 백사림은 원래 무인이어서 성안의 사람들은 그에게 크게 의지를 했었다. 그러나 왜적이 황석산성을 공격한지 단 하루만에 백사림이 먼저 도망치자 성중의 군사들이 모두 무너졌다.

〈경상도 관찰사 이용순의 치계-선조실록 1597년 음력 9월 1일〉
전사(戰士)강홀이 보고하기를 "성중(城中) 사람들로서 피살된 자와 죽은 노약자들이 총 1백여 명이며, 서문 밖에서 피살된 사람들의 수효도 많았다. 황석산성에 다시 들어가 겨우 생존한 사람과 만나서 함락당한 이유를 물어보니 '수효를 셀 수 없이 많은 왜적들이 올라와 성을 포위하였는데 여러 산의 봉우리마다 진을 치고서 무수히 포(砲)를 쏘아대어, 4경(更)에 함몰되었다. 사람들이 도망하여 달아날 때 초목이 우거진 곳에서는 앞을 내다볼 수 없어서 왜군을 만나 피살된 사람도 많았다. 안음 현감(곽준)은 남문을 지키다가 피살되었으며, 김해 부사(백사림)는 성을 넘어서 도망갔는데 살았는지 죽었는지 알 수 없다. 낭초에 김해부사가 백성들과 약속하기를, 비록 죽을지언정 성중(城中)에 앉아 있겠다고 하자, 백성들은 그 약속을 믿고서 성중으로 들어가 있었다. 그런데 왜적들이 쳐들어오자 먼저 달아나버려, 온 성중 사람들로 하여금 그 기미도 모르고서 모조리 왜군의 손에 함몰되게 하였으므로 사로잡힌 사람의 족속들이 분하게 여기지 않는 사람이 없다. 김필동 이라는 자는 왜적들이 성을 넘어오기도 전에 김해(金海) 사람 20여 명을 인솔하고 몰래 성을 빠져나가 왜군에게 투항하였다.

안음 현감은 적들이 머리를 베어 갔고 그 이외에 피살된 사람들은 코를 베어 갔으며, 나머지 생존한 백성들은 성을 탈출할 즈음에 낙상(落傷)하지 아니한 사람이 없다. 목격한 바가 참혹 하였다." 하였습니다.

〈고대일록 孤臺日錄-정경운의 일기체 기록〉

사람들이 백사림에게 속임을 당하여 왜적의 칼끝에 헛되게 죽었으니 매우 애통하다. 백사림이 일찍이 황석산성에 있으면서 노약자는 성을 나가게 하라는 도체찰사(이원익)의 전령을 남몰래 숨겼다. 그리고는 자신의 어머니와 2명의 첩은 남몰래 성 밖으로 내보내고 다른 사람들에게는 알리지도 않았다. 또한 백사림은 많은 사람들 앞에서 큰소리로 말하기를 "비록 함양, 거창, 안음의 군사가 없다 하더라도 나 혼자서 김해사람들과 함께 황석산성을 지킬 것이다."라고 했는데 막상 왜군이 쳐들어오던 날에 제일 먼저 도망을 가버렸으니 모든 사람들이 분노하며 이를 갈았다.

4. 일본 측 기록

〈황석산성 주진장〉

전라도와 경상도의 경계에 있는 황석산에 있는 조선군 성에 김해상관(부사)이 병사를 이끌고 주둔하였습니다. 8월 16일 밤에 조선군을 크게 꾸짖고 공격하여 함락시켰습니다. 김해상관(사실은 안음 현감 곽준이다.)의 목을 베고, 성중에서 조선군 수급 353급을 베고, 골짜기에서 추가로 (조선인)수천 명을 죽였습니다. 작성일 8월 17일, 작성자 아키재상(모리 히데모토), 안코쿠지 에케이, 구로다 나가마사, 가토 기요마사, 나베시마 나오시게, 쵸소카베 모토치카 등등 공동 명의의 서신(1597년 9월 21일 히데요시 주인(朱印)장 문서)

〈가토 기요마사 행장 加藤淸正行狀, 일본전사 조선역 제129장〉

일본력 8월 13일 가토 기요마사 선발대가 황석산성에 제일먼저 도착하였다. 곧 죽속(竹束)과 목책을 설치하고 철포대를 배치하였다. (일본군 후속 병력이 도착하고)8월 16일 조선군을 크게 꾸짖으니 황석산성에 있던 조선의 장수(백사림)가 문을 열고 도망을 갔다. 가토 기요마사의 중신 모리모토 카즈히사(森本儀太夫)가 1번창(창병으로 구성된 선수 공격조)으로 남쪽 성안으로 공격해 들어갔다. 가토 기요마사의 휘하 칸다 쓰시마 카미(神田対馬守)가 안음현감의 목을 베었다. 가토 기요마사의 휘하 병력들이 제일 먼저 성중으로 들어가 성안의 조선군 수급 177급을 베었다.

칸다 쓰시마 카미(神田対馬守)의 관직명 대마수(対馬守)는 형식적인 관직명이다. 당시 일본의 다이묘가 아닌 중, 하급 무사는 영토명과 관직명이 일치하지 않았다. 도요토미 히데요시 시대에는 다이묘가 전공이 있는 가신에게 상으로 관직명을 형식적으로 내려준 경우가 많았나. 원래 카미(守)는 일본 조정에서 지방에 파견되는 행정관이 관직명이다.

〈구로다 나가마사의 코 청취장〉
1597년 음력 8월 17일 구로다 나가마사 휘하의 병력이 황석산성 전투에서 조선군 전사자 코를 베어 도요토미 히데요시에게 보낸 코 청취장. 조선 장수급 수급 13개, 코 25개, 조선군 생포 2명 등 합계 40명.

수급에는 김해상관(부사)이 포함되었다고 적혀있으나 이는 사실이 아니다. 김해부사 백사림은 무사히 도망을 갔다. 표시한 수급은 전 함안군수 조종도로 추정된다.

5. 주요인물
황석산성 전투에서 김해부사 백사림은 무사히 도망을 갔고, 이후 투옥되어 심문을 받았으나 곧 풀려났고 고향으로 무사히 낙향을 했다.

+ 곽준(1551~1597) 본관 현풍. 시호 충렬
의병장 김면이 의병을 모집할 당시 같이 참가하여 공을 세움.
경상도 초유사 김성일이 자여도찰방에 임명하고, 1594년 안음현감에 발탁 됨. 황석산성에서 아들 곽이상, 곽이후와 함께 전사. 딸은 자결하였다. 병조참판 추증.

+ **조종도**(1537~1597) 본관 함안. 시호 충의
임진왜란 당시 경상도 초유사 김성일과 함께 의병모집에 전력했다. 1596년 함양군수 역임.
함안조씨 대소헌 공파. 이조참판추증. 부인 전의 이 씨는 황석산성 전투당시 자결하였다.

제24장
직산 전투

〈직산 전투도〉

1. 명나라 부총병 해생의 기병대 2천명 직산 남쪽 산의 산기슭에 주둔.
2. 구로다 나가마사의 선발대 구로다 나오유키(黒田直之), 쿠리야마 토시야스(栗山利安) 등의 병력 1,500~2,000명이 북진 중 새벽에 명나라 기병대와 조우하여 격전.
3. 구로다 나가마사 본진 3천명이 오전에 전투 합류.
4. 명나라 지원군 유격 파새의 기병대 2천명 오후에 합류.
5. 왜군 우군의 본진 모리 가문의 선발대. 천안에서 북상하여 오후 3시경 전투에 합류. 명나라 군대 우측면 공격. 명나라 군대 철수.

1. 일본군 전주성 무혈입성

전주에 있던 명나라 군은 후퇴를 하여 1597년 음력 8월 19일 일본군은 전주에 무혈입성 하였다. 전주에서 일본군은 전라도와 충청도를 평정하기 위한 회의를 하여 구로다 나가마사 5천 명, 가토 기요마사 1만 명, 모리 히데모토 2만 5천 명, 군감 오오타 카즈요시, 타네나카 시게토시 등 5개 진영 약 4만 명이 8월 29일 전주를 출발하여 북진, 공주에 무혈입성 하였다. 공주에서 가토 기요마사와 군감 오오타 카즈요시는 우측으로 진군하여 9월 6일 청주에 도착하였고, 구로다 나가마사와 모리 히데모토는 천안으로 북진하였다. 이때 명나라 경리 양호(경리조선군무)가 상황을 듣고 평양에서 한성으로 달려와 제독 마귀를 불러서 싸우지 않은 상황을 꾸짖고, 제독과 함께 계획을 정해 부총병관 해생, 참장 양등산, 유격 우백영, 유격 파귀 등 기병대 2천기를 먼저 남쪽으로 내려 보냈다. 또한 뒤이어 유격 파새의 기병 2천기를 보내어 증원하게 하였다. 조선 조정에서는 이원익의 조선군을 청주로 출발시켰다.

2. 직산 전투 일본 측 기록

〈구로다 가보 黑田家譜, 일본전사 조선역〉

구로다 나가마사는 천안에서 부장 구로다 나오유키(黑田直之), 쿠리야마 토시야스(栗山利安) 등의 병력 1,500~2,000명을 선봉으로 먼저 출발시켰다. 구로다 나가마사의 선봉대가 천안에서 북상하여 직산현에서 10리 정도(일본식 一里는 3.93km이다.) 지점에 이르자 동이 트면서 산과 들을 가득 메운 명군을 발견하였다. 명나라 군대는 서쪽 산에 진을 치고 있었는데 명나라 군대가 사방 2~3리를 가득 메웠다. 일본군이 먼저 철포를 발사하며 전투가 벌어졌다. 이때 천안에서 북상중인 구로다 나가마사는 이 소식을 듣고 본진병력 3,000명을 이끌고 급히 전투에 합류하였다. 이때 구로다 나가마사는 학익진을 펼쳐서 명나라 (부총병 해생의) 군대를 압박하였다. 구로다 나가마사 본진의 구로다 카즈나리(黑田一成)는 휘하의 병력을 이끌고 제일 먼저 공격을 하였고 고토 모토츠구(後藤基次)는 서쪽 산을 점령하였다. 명나라 군대는 일본군의 본대병력이 많은 것을 보고 퇴각을 하였다. 구로다 나가마사는 동쪽 산에 직접 올라가 상황을 살피며 진영을 다시 짰다. 이때 구로다 나가마사가 동쪽 산에서 바라보니 명나라 대군은 일본군의 10배 이상의 대군이었다.

일본군 선봉장 구로다 나오유키(黑田直之)는 구로다 나가마사의 조카이며 카톨릭 신자로서 세례명은 '파울로'이다.

　당시 명나라 군대는 부총병관 해생의 군대로 왜군의 선봉이 흰옷을 입고 있어서 조선군으로 착각하여 공격하지 않다가 왜군의 조총 선제사격을 받자 갑자기 교전을 벌이게 되었다.

　명나라 부총병관 해생은 후퇴했다가 유격 파새의 기병 2천기의 지원군과 합류하여 다시 직산으로 내려가 구로다 나가마사의 본진을 공격했다. 그러나 서로 사상자만 발생하며 결판이 나지 않았다. 이때 모리 히데모토는 천안에 있었는데 직산에서의 소식을 듣고 군대를 이끌고 출발하였다. 이때 모리 히데모토의 선발대 시시도 모토츠구(宍戶元續), 요시미 히로나가(吉見広長) 등이 먼저 도착하여 명나라 군대의 측면을 공격하였다. 결국 명나라 군대는 후퇴하여 수원으로 퇴각했다. 일본군은 추격하지 않고 천안으로 퇴각했다. 구로다 가보(黒田家譜)에는 이때 명나라 장수 양등산 등 3명의 장수 2만여 기라고 기록하고 있다. 또한 일본군 전사 29명, 명나라 전사 200여 명으로 기록하고 있다. 그러나 이것은 사실이 아니다. 당시의 명나라 군대는 합계 4천여 기이며, 선조실록에는 '죽은 왜군이 거의 5백~6백에 이르렀고, 왜군 수급은 30여 개를 베었다.'라고 기록되어 있다. 사실은 명나라, 일본 양쪽 사상자가 각각 수백 명씩 전사한 것으로 추정된다. 구로다 나가마사기(黒田長政記)에도 구체적인 기록은 없는데 일본군 전사 29명은 군역장에 이름이 기록 된 무사 계급이고, 이름이 기록되지 않은 군졸(아시가루)을 포함하여 5백 명이 전사했던 것으로 추정된다.

3. 선조실록 기록

음력 9월 8일

접대 도감(接待都監)이 아뢰었다.

방금 당보(塘報)가 경리 아문(經理衙門)에 들어왔습니다. 전일에 떠난 명나라 군대가 직산(稷山) 남쪽 10리쯤 되는 지역의 험하고 좁은 데기 많은 곳에 매복해 있다가 어떤 장수의 수하인지 모르는 왜군의 선봉을 만나 말에서 내려 시살(廝殺)하다가 잠시 서로 물러났습니다. 또 명나라 병사가 진중(陣中)에서 달려와 보고하기를 "적의 머리 30급을 베었고 총에 맞아 죽은 자도 많았다. 오후에 각각 수습하여 진을 쳤는데 벤 수급(首級) 중에는 금회(金盔)와 금갑(金甲)을 입은 자가 몇 명 있었다. 이들은 필시 왜군의 우두머리일 것이다." 하였습니다.

음력 9월 9일

제독 접반사 장운익이 아뢰기를 "죽은 왜적이 거의 5백~6백에 이르고, 수급은 30여 개를 베었다고 합니다. 왜적이 산에 올라가 백기(白旗)를 드니 천안에 있던 대군(大軍)이 즉각 구름처럼 모여들었으므로 중과부적으로 퇴각하였는데 중국 병사들도 죽은 사람이 많다고 합니다."

4. 포로로 잡은 왜인들 공초내용

(1)모리 히데모토의 노정(奴丁·일꾼)의 공초

"왜장 모리(毛利·모리 히데모토)에게 소속된 노정(奴丁·일꾼)이었는데, 청주에 이르러 병을 얻어 뒤떨어졌다가 9월 24일에 사로잡혔습니다. 당초에 관백(關伯·도요토미 히데요시)은 여러 장수들에게 분부하기를 '조선의 남녀를 모두 죽이고 닭과 개도 남기지 않도록 하라. 그러한 뒤에 다음 분부를 듣도록 하라.'고 하였습니다. 남원을 함락시켰을 때 일본군의 전사자가 백여 명이나 되었고 서울로 진격하고자 직산(稷山)에 이르렀다가 중국군에게 저지당해 죽은 자가 5백여 명이었으며, 천 파총(千把摠)도 20여 명이나 죽었습니다."

(2)충청 병마사 이시언이 사로잡은 왜적 복전감개(福田勘介-후쿠다 칸스케)의 공초

"제 아비는 전 국왕의 장수였는데 관백(關伯)이 찬탈할 때 피살되었습니다. 이 때문에 나를 혐오하여 쫓아내서 가등청정(加藤淸正-가토 기요마사)의 부하가 되었습니다. 군사 1백여 명을 거느리고 처음에는 서생포에서 가토 기요마사를 따라 전라도로 향했습니다. 당초에 고니시 유키나가와 가토 기요마사의 뜻은 세 길로 나누어 직접 서울로 올라가려 했는데 관백(도요토미 히데요시)이 사람을 보내어 전령하기를 '서울은 침범하지 말고 9월까지 닥치는 대로 무찔러 죽이고 10월 안으로 서생포나 부산 등의 소굴로 돌아오라.'고 했습니다. 그래서 서울까지 3일 길밖에 안 되는데 곧바로 돌아간 것이며 전라도에도 머물 뜻이 없었습니다. 남녀노소를 막론하고 걸을 수 있는 자는 사로잡아 가고 걷지 못하는 자는 모두 죽였으며, 조선에서 사로잡은 사람들은 일본에 보내서 농사를 짓게 하고 일본에서 농사짓던 사람을 군사로 바꾸어 해마다 침범하고 아울러 중국까지 침범하려 하고 있습니다. 10월 안으로 청정은 울산에 새로운 진지를 만들 것이며 올해와 내년 사이에 다시 출동할 뜻은 없는 것 같습니다. 그러나 관백의 명령이 있으면 출동할지도 모릅니다. 고니시 유키나가와 가토 기요마사가 서로 의

견이 맞지 않는 것은 고니시 유키나가가 평양에서 패배한 일을 가토 기요마사가 늘 말하고 다니고 고니시 유키나가는 강화를 하려고 하는데 가토 기요마사는 반대하므로 서로 사이가 좋지 않은 것입니다. 당초 강화할 때 고니시 유키나가가 속여서 말하기를 '천조(명나라 조정)에서 장차 일본의 소원대로 해 줄 것이나.' 하였으므로 의지했는데, 봉사(封使-책사)가 돌아간 후에 다만 봉왕(封王-일본 국왕에 봉한다.)한다는 일만 있었을 뿐이고 실지의 이득이 없으므로 마침내 이루어지지 않았습니다. 강화를 하고자 하면 반드시 실지의 일을 가지고 가토 기요마사에게 말해야 이룰 수 있습니다. 또한 직산(稷山)의 싸움에서 갑비수(甲斐守-구로다 나가마사)의 군대가 많이 죽었으므로 부끄러워서 숨기고 있다 합니다마는 자세한 것은 알지 못합니다. 내가 이미 사로잡혔으니 항복한 왜인과 같이 대해 주면 죽도록 힘쓰겠습니다. 칼이나 창 쓰는 재주와 포 쏘는 기술은 남의 모범이 되지는 못하지만 몸을 방어할 수는 있습니다. 그 중에도 조총의 묘기는 잘 압니다."

왜군 복전감개(福田勘介-후쿠다 칸스케)는 음력 10월 6일 처형되었다. 후쿠다 칸스케는 무로마치 막부 마지막 쇼군(15대 쇼군) 아시카가 요시아키(足利義昭.1537~1597년)를 따르던 가신의 아들이거나 오다 노부나가(織田信長)의 가신의 아들로 추정된다. 오다 노부나가가 죽자 그의 가신들끼리 영토와 후계문제로 서로 전쟁을 벌였고 도요토미 히데요시가 승리하여 패권을 잡게 되었다.(1583년 시즈가타케 전투) 일본 기록에서도 그의 이름은 발견되지 않는다. 예하에 병력이 100명이 있다는 진술로 미루어 아시가루 대장으로 추정 된다.

5. 가토 기요마사의 서신

〈1597년 음력 10월 10일 청주에서 기록〉

이번에 청주 부근에서 조선의 국왕 매부와 그의 딸을 잡았습니다. 내년 봄에 순풍을 기다려 일본으로 보내겠습니다. 또한 포로로 잡은 조선인 중에 손기술이 있는 여자(관공서 소속의 세공사)와 조선의 봉관(기술직 관리), 양가의 아이, 젊은 여성들도 함께 진상하겠습니다.

1597년 음력 12월 1일 태합 히데요시 주인(朱印)장.

제25장
울산 왜성 전투

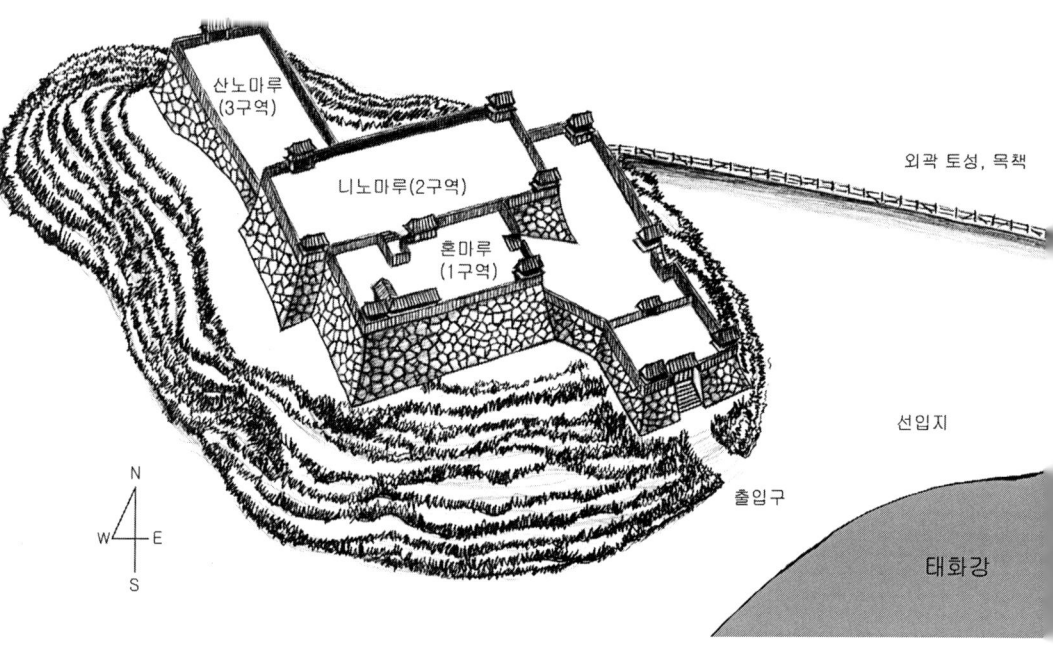

〈울산 왜성 복원도〉

현재 울산시 학성공원에 위치한 산성이다. 해발50m. 가토 기요마사가 설계를 하고 성벽자재 일부는 울산읍성을 허물어서 조달, 조선인 부역자 포함하여 대략1만 6,000명이 동원됐다고 한다. 기록에는 "높이가 2~7간(間)에 꺾임이 2번이다." (1간은1.8m) 성벽높이 대략3.6~12.6m, 길이 1.3km로 추정된다. 망루는 12개가 있었고, '천수각 터'는 위치 불명이다. 40여 일 동안에 긴급히 쌓았기에 천수각은 짓지 못한 것으로 추정된다. 1597년 10월~11월경에 축성을 시작했다. 당시 태화강은 울산 왜성 남쪽 성벽 가까이에 있어서 만조시에는 배를 정박했다고 한다.(선입지) 현재 퇴적과 간척으로 지형이 많이 바뀌었다.

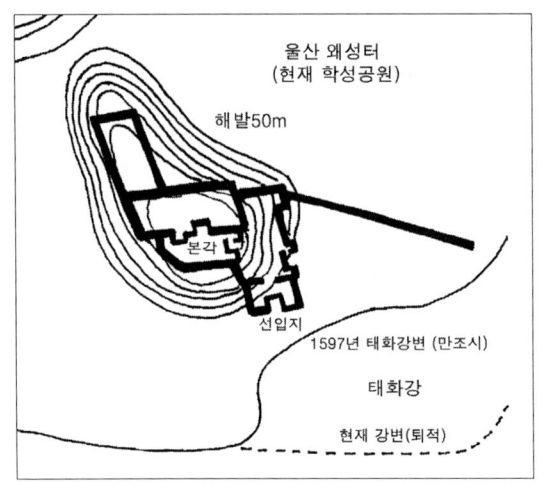

〈울산 왜성 남쪽 출입구 추정도〉

1. 울산 왜성 전투 이전상황(1597년 음력 12월)

1597년 음력 12월 명나라 경리(경리조선군무)양호와 제독 마귀가 기병과 보병 5만여 명을 이끌고 울산으로 남하하였다. 조선군도 12월 4일 도원수 권율이 선조를 접견하고 명군과 함께 남하하였다. 당시 조선군 규모는 장계상 1만 2,500명이나 실세 진두에는 1만 명 미만이 참가하였다. 당시 조선군은 3영으로 나누어 명나라 군대에 소속을 시켰다. 다음은 선조실록의 기록이다.

〈1597년 음력 11월 10일 기록〉
울산 왜성 참전 조선군 3영의 군사기록
1영 - 충청도 병마절도사 이시언 2천 명, 평안도 군사 2천 명.
2영 - 경상좌도 병마절도사 성윤문 2천 명, 방어사 권응수 200명, 경주 부윤 박의장 1천 명
함경도, 강원도 병사 2천 명.
3영 - 경상우도 병마절도사 정기룡 1천 명, 방어사 고언백 300명, 황해도 병사 2천 명.

장계상 합계 1만 2,500명이지만 실상은 다음과 같다.

〈제독 총병부에서 상황을 알리다-11월 10일〉
"충청도 병마절도사 이시언이 실제 거느린 군병은 1,500명이고, 고언백이 실제 거느린 군사는 100명이고, 김응서는 원래 거느린 군사가 2,100명 이였으나, 전사하거나 도망친 자들을 제외하면 실제로는 군세가 절대 부족

합니다. 날마다 줄어든 수효를 정확히 파악할 수는 없습니다."

〈병조에서 아뢰다-11월 10일〉
"양서(兩西-평안도, 황해도)지방에서 징발해온 병력이 도성 안에 4천 명이 넘는데 모두 풀베기와 성곽수리 등을 하는 역사에 소속되어 이미 시한이 반이나 지나갔으므로 날마다 고향으로 돌아가기를 바라고 있습니다. 그런데 이들을 만약 남쪽(울산)으로 보낸다면 반드시 원망을 할 것입니다."

〈병조에서 아뢰다-12월 11일〉
"대군은 이미 울산으로 내려갔는데 강원도 군사가 아직 오지 못했으므로 추후에 내려 보내기로 했습니다. 영동의 군사도 아직 오지 않고 있는데, 영동의 길은 눈이 쌓여있어 사람이 지나지 못한다고 합니다."

〈경리 접반사, 이조판서 이덕형의 치계-12월 23~24일경으로 추정〉
"경리 양호와 제독 마귀가 말하기를 '조선군이 현재 도착한 자는 단지 3,500명에 불과하니 (명나라 장수)이여매와 이방춘에게 소속시키는 것이 좋겠다.'하였습니다."

2. 울산성 전투 조선 측 기록(1597년 음력 12월 23일~1598년 음력 1월 4일)
〈음력 12월 23일〉
"축시(새벽 1시~3시)에 삼협의 명군이 세길로 나누어 새벽에 좌협 선봉이 울산의 왜적소굴에 이르러 패배한 양 유인해 반격하여 수급 500급을 베었

습니다."(도원수 권율, 경리 접반사 이덕형의 장계)

"오시(오전 11시 ~ 오후 1시 사이)에 부총병 이여매가 선봉으로 적진 20리 되는 곳에서 왜군을 만나 학익진으로 습격하여 왜적 400여 급을 베었습니다."(접반사 이덕렬 치계)

〈음력 12월 24일〉
"새벽에 울산 왜성 아래로 진격하여 여러 종류의 화포를 한꺼번에 발사하니 소리가 천지를 진동하고, 왜성 안에 연기와 불꽃이 솟구쳤습니다. 모든 군사가 왜성에 진격하여 공격했으나, 성벽이 견고하고, 겹겹으로 되어있고, 험하기에 실패했습니다. 시험 삼아 조선군의 대완구를 쏘아보았으나 산비탈이 가파르고 높아 효과가 없었습니다. 이날 왜적 800여 급을 베었는데 모두 왜성으로 도망쳐 들어갔습니다."(접반사 이덕렬 치계)

〈음력 12월 25일〉
"중군 고책과 총병 조승훈이 군대를 거느리고 서생포에서 지원 나오는 왜군을 차단하고 현재 명나라군이 왜성을 여러 겹으로 포위하고 공격하고 있는 중입니다."(승정원에서 아뢰다)

"군관 구회신에게 상황을 들으니, 조선과 명나라 군이 왜성을 공격 하였는데 매우 견고하여 대포로도 격파할 수가 없다고 합니다. 왜군이 성위에 있는 구멍으로 조총을 많이 쏘아 아군 피해가 많아지자 경리 양호가 징을 울려 공격을 중단했고 유격 진인이 부상을 입었다고 합니다. 현재 비

가 점점 심하게 오고 있습니다."(류성룡 치계)

"왜성을 공격할 때 남병의 전사자 700명, 조선군 전사자 200명, 왜군의 수급은 900여 급을 베었습니다."(제독 마귀 접반사 장운익의 치계)

"울산 왜성은 모두 네겹으로 되어 있는데 외성은 산 아래에까지 닿아 있고 흙으로 쌓은 것이 낮습니다. 그러나 그 안의 세겹은 석축으로 견고하게 쌓았고 성위에 방옥(성루)을 잇달아 설치하였는데 그 안에서 왜적들이 조총을 쏘아대니 우리군사가 가까이 갈 수가 없었습니다. 경리와 도독은 성의 북쪽 고지에 주둔하고 있으며 중군 고책은 동쪽, 오유충은 남쪽, 이방춘은 서쪽에 있으며, 이여매와 파새는 태화강변에서 서생포의 왜군을 차단하고 있으며, 조승훈, 파귀는 부산의 왜군을 차단하고 있습니다."(군문도감에서 아뢰다)

"경리와 제독은 왜성 맞은편 봉우리에 올라가 독전을 하고 있고 왜선 40여척이 태화강 하류에 정박하고 있었는데 절강병 2천명과 기병 1천기로 강안을 방비하게 하였습니다. 적의 목을 벤 것이 매우 많았는데 경리는 성을 함락시키기 전에는 숫자 세는 것을 허락하지 않았고 또한 우리 측 사상자 수도 말하지 말라고 했습니다. 도망쳐 나온 조선인 4명을 잡아 심문하니 '성중에는 양식도 없고 물도 없다. 왜군들이 불에 탄 쌀을 주워 먹기도 하고, 비가 오자 옷과 종이를 펴서 비에 적셔서 짜서 마시는 자가 많았다. 청정(가토 기요마사)은 서생포를 버리고 이곳에 온 것을 매우 한스럽게 여긴다.'하였습니다."(경리접반사 이조판서 이덕형, 도원수 권율 치계)

〈음력 12월 26일〉

"경리 양호가 중국 병사와 군마를 쉬게 하고 하루치 양식을 방출하며 도원수 권율에게 전령을 보내어 조선군으로 하여 나무방패와 마른 풀을 가지고, 왜성 아래로 진격하여 적의 진영을 태우게 하였습니다. 그러나 적의 탄환이 소나기처럼 쏟아져 조선군 사상자가 매우 많았으므로 길을 물린 수밖에 없었습니다. 어제 오후부터 오늘밤까지 비가 멈추지 않아, 추위와 배고픔에 지쳤고, 진흙에 무릎까지 빠질 정도였습니다. 아침에 어린아이 4명과 여인 2명이 도망쳐 나왔는데 그들이 말하기를 '청정(가토 기요마사)등 5장수가 아직 성안에 있는데 군량과 물이 떨어져 왜군들도 밤낮으로 걱정하고 있다.'하였습니다. 이른 아침에 왜선 30여척이 비오는 틈을 타서 한꺼번에 전진해와 상륙하려 하자, 좌협의 군사(절강성 병사)들이 포를 쏘며 싸웠으며 오후에 왜선이 물러가 포구밖에 모여 있습니다."(제독 접반사 장운익 치계)

〈음력 12월 29일〉

"경리가 새벽에 '나무를 준비해서 불을 놓아 적의 소굴을 불 태워 버리려고 한다.'하고는 삼협의 병마와 조선군에게 섶과 풀을 준비하여 불을 놓으려고 했는데 총탄이 빗발치듯하여 겨우 목책 밖까지 진격하고 더 이상 나가지 못했습니다. 오후에 왜선 26척이 왜성 남쪽에 이르자 중국군이 화포를 많이 쏘아 왜선이 물러갔습니다. 밤에 왜군 수십 명이 몰래 나왔는데 우협의 부총병 오유충의 병사들이 매복하여 섬멸하여 6명을 베었으며 나머지는 도망쳐 왜성에 다시 들어갔습니다."(경리접반사 이조판서 이덕형, 도원수 권율 치계)

"29일, 나는 경주에서 울산으로 가서 경리와 제독을 만났다.
멀리서 적병의 성루를 바라보니 매우 고요하여 사람의 소리라곤 전혀 없었다.
성 위에는 여장(성 위에 쌓은 낮은 담)을 설치하지 않고 사면으로 빙 돌려 장랑을 만들어놓았는데, 지키는 군사는 모두 그 안에 있다가 밖의 군사가 성 밑에 이르면 총탄을 빗발처럼 마구 쏘았다. 날마다 교전하게 되어 명나라 군사와 우리 군사의 시체가 성 밑에 쌓였다. 적군의 배가 서생포에서 구원하러 왔는데 강가(태화강)에서 물오리나 기러기 떼처럼 줄을 지어 정박하고 있었다."(징비록-류성룡)

〈음력 12월 30일〉
"가토 기요마사가 편지를 보내어 강화를 요청하였습니다. 경리 양호가 밖으로 유인하여 계책을 써서 사로잡겠다고 합니다. 지난밤에 김응서와 항왜(항복한 왜인)가 매복하고 있다가 물을 긷기 위해 왜성을 나온 왜적 30명을 쳐서 수급 5개를 베고, 5명을 생포하였습니다. 생포한 왜적이 말하기를 '가토 기요마사 등 6명의 장수가 왜성에 있으며 군졸은 1만여 명이지만 모두 굶주리고 병들어서 전투를 못하고 정병은 1천 명을 넘지 못한다.'라고 하였습니다. 중국군 군마 중에 죽어 넘어진 것이 1천여 필이며 아군의 군졸들도 굶주리고 추위에 떨고 있으니 만약 밖에서 왜적의 지원군이 오게 되면 매우 걱정스럽습니다."(제독 접반사 장운익 치계)

〈1598년 음력 1월 3일~1월 4일〉
"3일 밤에 적선의 왜적이 상륙하는 시끄러운 소리가 나더니 명나라 군대가 갑자기 왜성 포위를 풀더니 일시에 진을 옮겼습니다. 4일 아침에 모든 군마가 흩어지듯 밤사이에 붕괴되었으며 신은 부총병 해생이 있는 곳을 잃어버려 안동까지 왔으나 아직 만나지를 못하였으며 우선 머물면서 부총이 오기를 기다리고 있겠습니다."(부총병 해생의 접반사 호조참의 송순 치계)

"서생포의 왜적이 숫자를 알 수 없을 정도로 육로로 와서 왜성에서 5리쯤 떨어진 서쪽 강에 진을 치고 있었는데 부총병 이여매와 부총병 해생 등의 군대가 대치하고 있었습니다. 이날 새벽부터 명군이 방어도구도 없이 맨몸으로 왜성을 공격하였으나 사상자가 500여 명에 이르렀으며 끝내 성에 오르지 못한 채 퇴각을 하였습니다. 철수할 때 수륙의 왜군들이 30리 밖까지 추격하여 왔습니다. 그 가운데 노 참장이 거느린 군대는 맨 뒤에 있었기 때문에 거의 몰살당했다고 합니다. 명나라 전사자가 헤아릴 수 없이 많은데 혹 3천, 혹 4천이라고 합니다. 그러나 군중에서는 내용을 숨기고 있어 정확한 숫자는 알지 못합니다."(부총병 이여매의 접반사 이덕열 장계)

"왜성을 포위하고 있던 우협의 병사들이 점차 포위를 풀고 후퇴를 하였는데 왜선 수십 척이 강가에 정박하여 상륙하였습니다. 중국군은 후퇴하면서 먼저 보병을 보내고, 이어서 기병을 거느리며 뒤를 막으며 후퇴를 하였는데, 남쪽 강변에 있던 절강성 보병과 기병은 후퇴한 사실을 모르고 있다가 나중에 당황하여 도망치자 산위에 있던 왜군들이 줄을 지어 내려와서 한꺼번에 살육을 하여 사상자가 많았습니다."(충청 병마절도사 이시언, 경상좌도 병마절도사 성윤문 치계)

"명나라 사망자 700여 명, 부상자 3천여 명이며 유격 진인, 유격 양만금, 유격 진우충 등이 총탄에 맞았습니다. 후미에 있던 절강병과 조승훈의 기병은 숫자 파악이 불가능합니다."(경리 접반사 이덕형 치계)

울산왜성 전투당시 전사한 명나라 장수들은 유격 양만금, 천총 마내, 천총 이동빈, 천총 주도계, 천총 왕자화, 파총 곽안민, 초총 탕문찬 등으로 이들 모두 탄환에 맞아 전사하였다.

3. 일본 측 기록

〈가등청정전-청정기 加藤淸正記〉

가토 기요마사는 울산에 머무르며 울산성을 쌓는 일을 지휘하고 있었다. 그러나 날씨가 점점 추워지자 가토 기요마사는 가토 야스마사(加藤淸兵衛安政 가토 키요시)와 모리가문(毛利氏衆)병력을 울산에 주둔시켜서 성루를 축성하게 하고 가토 기요마사는 서생포로 갔다. 명나라 대군은 울산성 공사가 끝나지도 않았고 가토 기요마사가 자리를 비웠을 때 갑자기 쳐들어 온 것이다.

〈조선 정벌기 朝鮮征伐記 , 조선물어 朝鮮物語〉

아사노 좌경태부(浅野左京太夫 아사노 요시나가)와 공사봉행 오오타 카즈요시(太田一吉), 주코쿠의 모리가문 시시도 모토츠구(宍戸備前守)는 내일 울산으로 들어가려고 언양이라는 곳에서 진을 쳤다. 1리 정도 뒤에 강이 있었고, 강 건너편에 모리가문의 시시도 모토츠구(宍戸備前守)의 척후 기병 500명을 주둔시키고 3~5리 사이에 진을 쳤다. 일본력 12월 22일(조선력 12

월 23일)인각(새벽 3~5시)끝 무렵에 명나라 대군이 시시도 모토츠구(宍戸備前守)척후 기병 500명을 습격하여 잠을 자고 있던 사람들의 목을 베고 진영을 불태우고는 산으로 퇴각했다고 한다. 아사노 좌경태부(浅野左京太夫아사노 요시나가)는 원래 이날 아침에 울산으로 들어갈 생각이었으나 이 소식을 듣고는 격노하며 "명나라 군대를 그냥 내두고 돌아가기는 않겠다."라며 직접 말을 타고 500명의 병력을 이끌고 명나라 군대를 찾으러 출발했다.(조선물어에는 아사노 좌경태부(浅野左京太夫아사노 요시나가), 오오타 카즈요시(太田一吉), 시시도 모토츠구(宍戸備前守)의 병력도 함께 명나라의 흔적을 찾아 추격을 했다고 한다.)마침내 명나라 군대를 찾았으나 그들은 우리(일본군)를 기다리고 있었는지 명나라 80만 기의 군세가 맞은편 산봉우리에서 먼지를 일으키며 이쪽으로 우르르 쏟아져 나왔다. 오오타 카즈요시(太田一吉)는 이것을 보고는 대군과의 합전을 피할 수 없음을 알았다. 그러나 일본군은 일전도 하지 못하고 사방에서 패전하여 군신(君臣) 모두 서로의 생사를 알지 못했다. 아사노 좌경태부(浅野左京太夫아사노 요시나가)의 군세는 강물에 말과 사람이 모두 빠져 절반이 익사했다고 한다. 시시도 모토츠구(宍戸備前守)는 이 전투에서 마인(馬印-우마지루시)을 적에게 빼앗겼다. 너무 많은 일본군이 죽었고 울산성으로 간신히 퇴각했다. 울산성에서 가토 기요마사의 가신 가토 야스마사(加藤淸兵衛安政 가토 키요시)가 문을 열고 나와서 맞이하여 무사히 성으로 들어갔다. 아사노 좌경태부(浅野左京太夫아사노 요시나가) 휘하의 전사자는 440명이었다. 명나라의 대군에 놀라 인근의 장사꾼, 백성까지 가족을 데리고 성안으로 도망쳐 들어오니 대략 2만 명이나 되었다. 울산성에는 군량이 부족하여 이 사람들을 모두 먹이면 3일도 못 버틸 것이라고 하니 매우 걱정스러웠다.

12월 23일(조선력 12월 24일)묘각(오전 5-7시)에 명나라 진영에서 나팔이 울리더니 수많은 석화(石火), 화살, 대포가 울산성을 공격했다. 울산성의 외부 방책이 무너지자 일본군은 이를 피해 혼마루, 니노마루, 산노마루로 도망쳐 들어왔다. 이때 외부방책에 있던 상인과 인부들도 함께 도망쳐 들어왔는데 정문 출입문에서 75명, 말3필, 니노마루에서 24명, 말3필, 산노마루에서 34명, 말4필, 갓난아이가 밟혀 죽었다. 이때 오오타 카즈요시(太田一吉)는 동쪽의 정문 출입문을 담당하고, 아사노 좌경태부(浅野左京太夫아사노 요시나가)는 남쪽 화살창고 3개를 담당하고, 시시도 모토츠구(宍戸備前守)는 니노마루에, 가토의 병력들은 산노마루를 담당하고 있었다. 이날 밤에 기무라 마타조우(木村又藏)가 몰래 성을 빠져나가 25일 새벽에 기장에 있는 가토 기요마사에게 달려가 울산성의 위급함을 알렸다.

〈가등청정전-청정기 加藤清正記〉

이때 가토 기요마사는 기장에 있었는데 울산성에서 다급함을 알려왔다. 가토 기요마사는 곧바로 군사 500명을 거느리고 배를 타고 구원하러 울산으로 향했다. 가토 기요마사는 12월 26일에 아침에 수세 20척(조선 정벌기에는 10척이라고 한다.)에 검은색 남무묘법연화의 깃발을 세우고, 은으로 만든 투구를 쓰고 미열도를 잡고 배 앞에 서서 지휘를 하며 울산성에 도착했다. 명나라와 조선의 병사 수만 명이 가토 기요마사를 알아보고 지목했지만 감히 가까이 접근하지 못했다. 마침내 가토 기요마사는 병사들을 이끌고 당당하게 울산성에 들어갔다. 울산성의 (일본)군사들이 기뻐하며 용기백배하였다. 가토 야스마사(加藤清兵衛安政 가토 키요시)가 기병 5백기를 이끌고 문을 열고 나가서 싸웠으나 명나라의 위력에 눌려 크게 패하고 겨우 돌아왔다. 명나라 군대가 매일 울산성을 공격했는데 포와 돌이 소나기가 오듯 쏟아졌다. 어떤 경우에는 탄환하나에 일본 병사 두 사람이 함께 쓰러졌다. 또한 조선의 겨울은 매우 추워서 사상자가 속출했으나 적들은 오히려 개미떼처럼 성벽에 달라붙으니 일본의 여러 장수들이 중과부적이라서 퇴각하고자 하였다. 이에 가토 기요마사가 석러하니 밀이기를 "퇴가 해도 죽을 것이니, 나가서 싸우다가 죽는 것만 못하다."라며 말을 타고 나아가 말 위에서 큰 칼을 사방으로 휘두르니 번개처럼 번쩍이며 적을 참수한 것이 매우 많았다.

〈조선정벌기 朝鮮征伐記〉

적이 10일 동안 밤낮으로 포위하고 군사를 나누어 퇴로를 차단하자 성안에 식량과 물이 떨어졌다. 병사들은 모두 종이와 벽의 흙을 긁어서 먹었으며 소와 말을 잡아서 먹었다. 밤에 성 밖으로 몰래 나가서 연못의 물을 마셨다. 연못에는 죽은 시체가 많아서 물이 더러웠지만 그냥 마셨다. 다른 지역의 여러 일본 장수들이 울산성의 위급함을 듣고서 군대를 일으켜 대대적으로 울산을 구원하러 왔다. 명나라 경리 양호는 일본의 지원군이 3면으로 도착했다는 소식을 듣고는 당황하여 퇴각을 결정했다. 명나라 군대가 드디어 밤에 포위를 풀고 퇴각하니 일본의 여러 장수들이 추격을 하였다.

〈가등청정전-청정기〉

1월 4일 명나라 군대가 퇴각했다. 명나라 군대가 퇴각할 때 (일본)지원군이 밀어붙여 공격을 하니 아사노 좌경태부(浅野左京太夫아사노 요시나가)가 이에 힘을 얻고 문을 열고 철포로 공격하며 공격을 명령하니 가토 기요마사

휘하의 모리모토 가즈히사(森本儀太夫)등이 1번 창으로 적의 수급 2,370급을 베고 사로잡았다. 가토 기요마사가 너무 멀리 추격하지 말 것을 지시하여 일본군들이 울산성 주위를 둥글게 둘러싸고 있었는데 울산성을 구원하러 온 모리(毛利)가문의 군대 선발이 명나라 진영 깊숙이 달려 들어가 공격을 하였다. 이에 명나라 진영이 무너졌다. 모리(毛利)가문의 선발이 적을 깊숙이 공격하여 진영을 무너뜨리고 베어 죽이는 것을 보고는 후진의 일본 군세도 덩달아 달려들어 공격을 하니 명나라 군대가 모두 패배하였다. 가토 기요마사가 나중에 주코쿠 사람들(中國衆-모리가문 사람들을 뜻한다.)의 마인(馬印-우마지루시)을 알아보게 하니 모리 가문의 깃카와 히로이에(吉川広家)라고 한다.

〈음덕기 제80권 陰德記80〉
울산성 구원의 일

모리 히데모토(毛利宰相秀元)가 주코쿠의 병력 3만 명을 이끌고 조선에 주둔하고 있었다. 이것은 모리 데루모토를 대신하여 조선에 건너 온 것이다. 모리 히데모토(毛利宰相秀元), 하치스가 이에마사, 구로다 나가마사, 나베시마 나오시게 등은 군대를 이끌고 1월 2일 울산성을 구원하러 도착하여 산 위에 진을 쳤다. 이때 깃카와 히로이에(吉川広家)는 고성에 있었는데 울산성의 소식을 듣고는 구원하려고 했다. 그러나 겨울이라서 강가에 얼음이 단단히 얼어서 간신히 배 한 척만을 움직일 수가 있었다. 깃카와 히로이에(吉川広家)는 자신의 말 한 필과 하타모토(旗本-호위무사)기마대 20~30기 정도만 거느리고 배에 올라 부산을 거쳐서 1월 3일 낮에 울산에 도착하였다. 곧 모리 가문의 진영으로 가서 모리 히데모토(毛利宰相秀元)를 접견하고 군중에 합류하였다. 잠시후 깃카와 히로이에(吉川広家)는 산위에 올라가 적진의 모습을 살피고 있었는데 명나라 진영에서 소란스럽게 뭔가를 하고 있었다. 물건을 짊어지고 사람들이 퇴거를 하고 있었다. 깃카와 히로이에(吉川広家)는 "적이 퇴각한다."라고 말하고 말에 올라타 출발하려하자 안코쿠지 에케이(安国寺恵瓊)가 이를 보고 "히로이에는 지금 제정신입니까? 적의 대군을 상대로 어찌 기마병 20~30기로 달려 들어가 헛된 죽음을 당하려합니까." 하며 추격을 강하게 반대했다. 그러나 깃카와 히로이에(吉川広家)는 이를 무시하고 "전투는 나에게 맡기시오."라고 말하며 그의 하타모토(旗本)들을 이끌고 말을 채찍질하여 달려 나가기 시작했다. 여러 재진의 일본군 진영에서는 그의 모습을 보고 "저것은 뭐야? 어쩔 작정인가?"라고 수군거리고 있었다. 깃카와 히로이에(吉川広家)는 제일 먼저 명나라 진영으로 쳐들어갔다. 이때 명나라 군대는 이미 퇴각하고 있었는데 명나라 후진의 맨 뒤에 있는 진영으로 달려 들어가 마구 베었다. 명나라 군대는 재빠르게 퇴각했으므로 그날 깃카와 히로이에(吉川広家)가 벤 수급은 막상 얼마 안 되었다.(수백 명을 베었다.) 그러나 여러 장군들이 모여 "깃카와 히로이에(吉川広家)는 무엇 때문에 제1번으로 쳐들어갔는가? 아무튼 이 일로 울산성을 보전할 수 있었고, 우리의 기세를 대승리로 이끌었다는 것은 실로 깃카와 히로이에(吉川広家)의 무공 덕분이다." 하였다. 또한 가토 기요마사가 말하기를 "이번 울산성 전투에서 깃카와 히로이에(吉川広家)가 적의 마음을 헤아리고 때를 기다리지 않고 달려들어갔기 때문에 우리가 승리를 할 수 있었던 것이다. 깃카와 히로이에(吉川広家)는 단지 자신의 하타모토의 기세 20~30기로 쳐들어갔는데 그대의 마인(馬印-우마지루시)은 멀리서 보면 마치 잠자리와 같이 보여 눈에 띄지 않는다. 그대가 괜찮다면 나의 마인(馬印-우마지루시)을 주고싶다. 나의 마인(馬印)은 흰색이기에 서로 혼동할 수가 있으니 색을 바꿔서 사용하면 좋겠다." 하였다. 이리하여 가토 기요마사의 마인(馬印)은 흰색의 것, 깃카와 히로이에(吉川広家)의 마인(馬印)은 붉은색의 것을 사용하게 되었다.

〈아사노 가문 문서(浅野家文書)에 기록 된 울산성 구원군, 전사자 기록〉

(1)울산성 구원군 진영

제1대 나베시마 나오시게(鍋島加賀守直茂), 모리 이키수(毛利壱岐守吉成), 하치스가 아와수(蜂須賀阿波守家政), 구로다 나가마사(黒田甲斐守長政)

제2대 가토 요시아키(加藤左馬助嘉明), 이코마 카즈마사(生駒一正), 와키사카 야스하루(脇坂中務少輔安治)

제3대 모리 히데모토(毛利宰相秀元)

항로(수군으로 지원) 쵸소카베 모토치카(長宗元親), 가토 기요마사 수세 등 이외 소규모 병력들은 생략.

(2)울산성 전투 적병(명나라, 조선군 병력)전사자의 수

울산성 주변 4,700명, 태화강 주변 1,362명, 큰 산(大山) 주변 1,920명, 섬 953명, 서쪽의 폐허지역 820명, 또 다른 큰 산(大山-퇴각로에 있는 산) 350명, 퇴각로에 있는 산과 강변 사이 281명, 합계 1만 386명 (1598년 음력 1월 19일 작성-아사노 좌경태부 감찰무사 소필)

조선물어에는 1598년 음력 1월 6일자 기록으로 일본군(울산성 주둔)

1만 8,000명 중에 전사 2,800명, 조, 명 연합군 전사자는 1만 3,238명이라고 기록되어 있다.

제26장
사천 왜성 전투

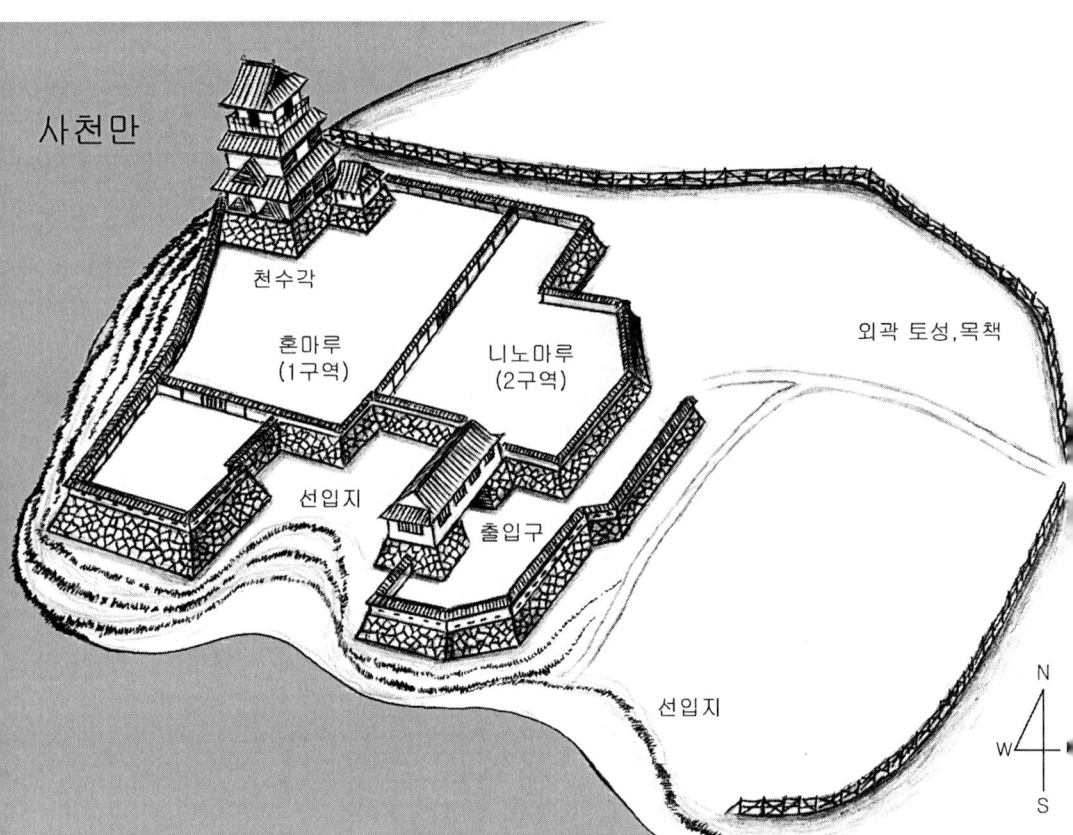

〈사천 왜성 추정도(선진리 왜성)〉

사천읍성에서 서남쪽 약6km떨어진 사천만에 위치. 삼면이 바다이고 동쪽면만 육지이다. 1597년 모리 요시나리(모리 카츠노부)가 축성하고, 시마즈 요시히로가 이후에 주둔했다. 고려시대부터 조창이 있었던 곳으로 토성터(통양창)에 왜성을 쌓아 만들었고 석축으로 쌓은 성벽은 둘레가 대략1km이다. 구획을 나눈 흔적이 발견된다. 서북쪽에 곽을 1개, 남쪽과 동쪽에 2개의 곽이 있었고 천수각(지휘부)이 있었다. 'ㄷ'자 형태의 왜성이다.

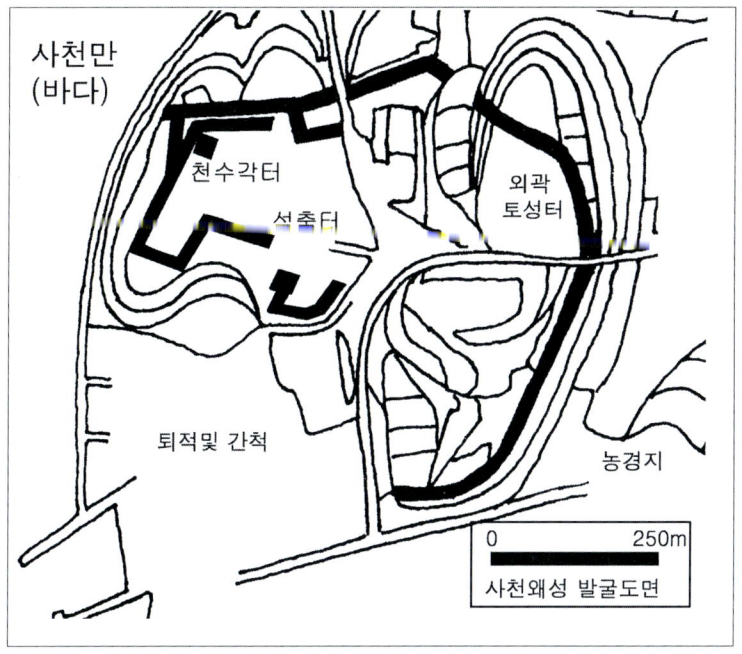

 울산왜성 전투 이후 명나라군은 후퇴를 하였고, 명나라 경리조선 군무 양호는 이 전투의 결과가 발단이 되어 탄핵을 받고 중국으로 귀국을 하게 되었다. 명나라는 대군을 다시 파병하여 흠차총독군무 (欽差總督薊遼保定等處軍務)형개가 군대를 크게 4개로 나누어 배치하여 4로(路)의 명나라 제독이 동시에 진격하게 하였다.

 동로군 제독 마귀는 다시 울산 왜성(가토 기요마사)을 공격하게 하고, 중로군 제독 동일원은 사천 왜성(시마즈 요시히로)을 공격하게 하고, 서로군 제독 유정은 순천왜성(고니시 유키나가)을 공격하게 하고, 수군 제독 진린은 수로를 맡게 하여 동시에 공격을 하게 하였다.

1. 사천 왜성 전투(1598년 음력 9월 20~10월 1일)

중로군의 조, 명 연합군 병력은 명나라 제독 동일원의 병력 2만 6,800명과 조선 경상우도 병마사 정기룡의 병력 2,215명으로 사천 왜성을 공격하였다. 이때 사천에 주둔한 왜군 병력은 시마즈 요시히로(島津義弘), 시마즈 타다츠네(島津忠恒) 부자의 병력 7~8천 명이었다.

(선조실록의 삼로의 군사, 병마, 군량 등 회자기록, 왜군의 적정상황 보고기록)

2. 조선 측 기록

⟨음력 8월 20일 경상 좌도 병마사 성윤문 치계⟩

포로가 되었던 사람들이 돌아와서 말하기를 "관백(關白 도요토미 히데요시)의 병이 위중하므로 흉적들이 철수하여 돌아갈 계획을 세우고 있다."고 하였습니다. 현재 서생포의 적들은 소굴을 불사르고 철수해 돌아가려 하고 있으며 부산과 동래의 적들도 소굴을 불사르고 서생포로 향하고 있는데 흉모를 헤아릴 수 없기에 군대를 정비하여 변란에 대비하고 있습니다.

⟨음력 8월 20일 전라 수사 이순신 치계⟩

일본에서 도망해 온 사람이 와서 말하기를 "도요토미 히데요시가 이미 병사했으므로, 흉적들이 철수해 돌아가려 하고 있다." 하였습니다. 또 왜인들이 말하기를, "금년은 불길한 해이다. 중국장수가 무수히 나오고 조선의 장수와 병사도 많다. 협공을 당할까 매우 우려되니 도망쳐 돌아가려 한다."라고 했습니다.

〈음력 9월 15일 경상 우도 병마사 정기룡 치계〉

왜적이 지리산 아래에 나타났는데 중국군이 추격하여 10여 급(級)을 베었습니다. 요사이 적에게 붙었다가 나온 자가 전후 2천여 명인데, 모두들 "관백(關白)은 이미 죽었고 또 남방에 변고가 있어서 관백의 어린 자식이 즉위는 하였으나 모두 그 자리를 빼앗을 계획을 하여 인새 실후이어 돌이 가려고 한다. 시마즈 요시히로도 그 자리를 빼앗아 자기의 자식을 세우려고 물자와 식량 및 기계를 벌써 배에 싣고는 10일에서 15일 사이에 철수하여 돌아갈 것을 결정하였다." 하였습니다. 아마 적의 철수는 헛소문이 아닌 듯합니다. 동 제독(동일원)이 선봉이 되어 고령에 가서 기회를 보아 적을 섬멸하려 하였는데 7일부터 비가 계속 내려 냇물이 넘치므로 군사를 움직이기 어려우니 걱정스럽습니다.

〈음력 9월 25일 군문도감〉

중로군 제독 동일원이 9월 20일에 진주로 진격하니 왜적이 소와 말과 여러 장비를 버리고 곤양과 사천방향으로 도망갔는데 단지 왜군 수급 7개를 베었으며 사로 잡혔던 조선인 400명을 구하고 진주로 입성하여 지키며 선발대를 보내어 왜적을 추격하고 있다고 하였습니다.

〈제독 접반사 이충원 치계〉

음력 9월 28일에 사천으로 진격하니 왜적의 무리 4백여 명이 구성(사천읍성)을 버리고 달아나 신채(新寨 사천 왜성)로 들어갔습니다. 명나라 군사와 우리 군사가 벤 적의 머리는 80여 급이었고 명나라 유격 노득공이 탄환을 맞아 죽었습니다. 적의 시체 중에 비단옷을 입은 자가 있었는데 항복한 왜인이 알아보고는 "이자는 사천 진영의 부장 장수이다."라고 하였습니다.

〈군문도감〉

마침내 10월 1일 사천 왜성에 진격하여 대포로 성문을 부수고 대군이 쳐 들어가려고 할 무렵 명나라 유격 모국기의 진영에서 실수로 화약통에 불 이 일어나 진중이 소란하자 왜적이 이를 바라보고 성문을 열고서 좌우로 나와 공격하고 사방에서 왜적들이 덮치니 대군이 허둥지둥 무너져서 사망 한 숫자가 거의 7천~8천 명이나 되었고 제독 동일원은 진주로 후퇴하였 다고 합니다.

〈음력 10월 17일 감사어사 진효의 사천왜성 전투 조사결과 보고 서, 사건 전말〉

중로군의 총병 제독 동일원의 보고에 의하면 "10월 1일 각처의 패전한 왜 적이 모두 시마즈 요시히로의 큰 진채(사천왜성)로 돌아갔다. 그 왜성은 3 면에 강이 있기에 1면으로만 공격을 받으므로 각기 진채를 분담하여 공 격하였는데 유격 팽신고의 진영에서 불이 나자(불랑기포 화약궤에 불이 붙 음) 교활한 왜적이 갑자기 돌격해 나오므로 한동안 서로 교전하여 서로 비 등하게 전투했다." 하였다. 또 우참의 양조령이 올린 글에 의하면 이날 공 격에 왜적이 감히 출전하지 못했었는데, 우연히 화약에 불이 붙어 연기와 불꽃이 하늘을 뒤덮자 우리 군사가 피해 달아나니 왜적이 그 시기를 틈타 갑자기 돌격해 왔다. 그러자 기병이 먼저 도망쳤고 보병은 세력을 잃어 낭 패가 되니 왜적이 추격하여 강까지 왔다가 돌아갔다. 우리 군사(명나라 군 대)는 매우 많이 손상되었고 군량과 말먹이도 모두 버렸다. 온 군대가 모두 출전을 하는데 군영을 설치하지도 않았고 기병과 보병이 일제히 공격하여 모두 후원병이 없었으니 왜적이 오는 것을 한번 보고서는 모두가 바람에 쓸리듯 무너져 기병이 앞에서 이리저리 뛰며 길을 막자 보병은 적의 칼날에 맞아 죽었으니 조사해 보건대 보병은 손쓸 틈이 없었으니 다소 용서할 수 있지만 기병은 먼저 도망쳤으니 죄가 더 크다.

3. 일본 측 기록

〈시마즈 가문 문서 982 島津家文書 982〉

도요토미 히데요시 사후(8월 18일 후시미성에서 사망) 도쿠가와 이에야스(德川家康) 등이 조선에 주둔하고 있는 일본군 철수 명령을 내렸다. 도쿠가와 이에야스 등은 미야기 토요모리(宮木豊盛), 도쿠나가 나가마사(德永寿昌) 등을 조선으로 파견해 철군 명령서를 여러 일본 장군에게 전달, 철수를 지시했다. 또한 조선과의 화해교섭을 추진했다.(1598년 8월 22일)

〈시마즈 가문 문서 983 島津家文書 983〉

조선과의 화해교섭 중에 부산포의 주둔 병력과 대마도 사람들은 우선 귀국이 결정되었다. (1598년 8월 25일)

〈시마즈 가문 문서 1088 島津家文書 1088〉

도쿠가와 이에야스, 우키타 히데이에, 마에다 도시이에, 모리 데루모토 등이 조선과의 화해교섭을 상의하여 가토 기요마사를 교섭 담당자로 결정하여 명나라, 조선과 교섭할 것을 지시했다. 교섭이 난항일 경우 대리인이 대신 교섭을 할 것과 원만한 교섭을 위해 인질과 조물을 공납할 것인지도

상의할 것을 지시. 모리 데루모토, 이시다 미츠나리, 아사노 나가마사 등이 규슈 치쿠젠의 하카타에서 귀국하는 일본 장수들을 기다리며 마중할 것을 통지함.(1598년 9월 5일)

〈시마즈 가문 문서 439 島津家文書 439〉
시마즈 요시히로(島津義弘), 시마즈 타다츠네(島津忠恒) 부자가 진주, 사천성에 주둔하고 있었는데 명나라 군대 대군이 진주로 진출했다.(1598년 9월 19일)

〈시마즈 가문 문서 297, 990, 439 島津家文書 297, 990, 439〉
10월 1일 명나라 대군이 사천성을 공격했다. 시마즈 요시히로(島津義弘), 시마즈 타다츠네(島津忠恒) 부자가 대철포(大鉄炮)로 공격을 하여 명나라 강남 대장 9명이 지휘하는 대군을 진주에 있는 강까지 추격하여 명나라 군대 3만여 명을 토벌했다. 잔당은 강까지 추격하여 쫓아냈다.

〈시마즈 가문 문서 1070 島津家文書 1070〉
시마즈 타다츠네(島津忠恒) 군대 1만 108수급, 시마즈 요시히로(島津義弘) 군대 9,520수급, 시마즈 요시히사(島津義久) 군대 8,383수급 등등 합계 3만 8,717수급 절취함.(시마즈 가문이 철수하며 인근 진주와 사천 일대 마을까지 모조리 초토화시키며 일반 마을사람까지 모두 학살한 것으로 추정된다.)

〈시마즈 가문 문서 297 島津家文書 297〉
고노에 사키히사(近衛前久 태정관 장관)가 시마즈 가문이 명나라 대군을 사천에서 격파한 것을 삼국무쌍(三国無双)이라며 격찬을 했다. 또한 태합(도요토미 히데요시)죽음에 의한 일본으로의 귀국을 권하다. (1598년 11월 8일)

〈음더기 제81권 陰徳記〉

(나중에 이야기를 들어보니) 명나라 대군이 사천성을 둘러싸고 공격을 했는데 선두에 신장이 매우 큰 병사 6명이 커다란 쇠막대로 내리치며 성의 외벽을 허물었다고 한다. 이 병사들은 덩치가 매우 컸으며 눈이 양옆으로 찢어져 올라갔으며 수염이 좌우로 나뉘어 얼굴을 덮은 무서운 외모였다고 한다. 이 사람들은 쇠막대를 마구 휘두르며 외부 방책을 마구 부수어 버렸다. 시마즈 요시히로는 이것을 보고 공격을 명령했다. 원래 사츠마의 사람들은 철포(조총)를 매우 잘 다루었다. 100보 떨어진 곳의 나뭇잎도 철포로 쏘아 정확히 맞춘다. 또한 날아가는 새도 철포로 쏘아 떨어뜨릴 정도이다. 시마즈 요시히로의 명령을 받은 다네가시마(種子島 종자도)사람들은 철포를 일제히 발사하여 이 거인들을 쏘아 맞췄다. 이 거인들은 철포에 맞아서 차례차례 쓰러졌다. 이 거인들은 명나라 속국의 타타르 사람들이라고 한다. 명나라가 속국 타타르에게 힘센 사람들을 원군에 파견해 줄 것을 요구하여 특별히 선별해서 보낸 사람들이라고 한다. 사천성 전투에서 시마즈 사람들이 철포로 계속 공격을 하자 명나라 측에서는 사상자가 속출했다. 명나라 군은 총탄을 피하기 위해 진영을 뒤로 조금 물러나 가려 했는데 그들의 진영에서 무슨 일인지(불이 나서) 어수선했다. 일본군은 이것을 간파하고 미우라 산자에몬(三浦三左衛門)이 기마 30기 정도를 이끌고 문을 열고 공격을 했다. 이어서 다른 일본 군세도 미우라 산자에몬(三浦三左衛門)에게 지지 않으려고 문을 열고 돌격을 했다. 갑작스런 일

본 군세에 명나라 대군은 당황하여 한 번에 전열이 무너지고 모조리 흩어지기 시작했다. 명나라 군대가 도망가는 길 앞에는 큰 강이 있었는데 길도 좁고 벼랑이 있었다. 명나라 군대는 도망을 가면서 매우 당황하여 화살을 쏠 생각도 못하고 일본군의 칼날을 받으며 차례차례 죽음을 당했다. 수주문(首注文)에 기록되어 있는 조선, 명나라 전사자는 3만 8,700명이다. 강물에 떨어져 익사한 명나라 사람들은 얼마인지도 모른다고 한다. 시마즈 요시히로의 무용은 지금 시작된 것은 아니지만 실로 고금무쌍이라고 사람들은 모두 감탄했다. 이 소식은 일본의 5대로(五大老)에게도 전해져서 시마즈 부자에게 공훈장과 서신이 보내졌다. 이 서신은 다음과 같다.

"이번에 조선의 사천이라는 곳에서 대명, 조선군이 대군을 일으켜 공격을 했다고 하는데 시마즈 요시히로 귀하와 아들 시마즈 타다츠네 등이 일전을 하여 적을 크게 쳐부수어 3만 8,700명을 토벌했다는 것. 그 충절은 더 이상 비할 것이 없습니다. 따라서 귀하의 사츠마 영지 외에 별도의 영지를 가중시켜 드리겠습니다. 목록은 별지에 기록했습니다. 게이쵸 4년(1599년) 1월 9일 도쿠가와 이에야스(江戶大納言家康) 등 5대로 공동 서명 주인(朱印)장."

+ 시마즈 요시히로(島津義弘 1535~1619)

규슈의 사츠마 국의 시마즈 가문 17대 당주이다. 시마즈 가문은 원래 가마쿠라 막부에서 지방관으로 파견한 슈고(守護)가문이다. 시마즈 요시히로는 15대 당주 시마즈 다카히사(島津貴久)의 2남으로 친형인 16대 시마즈 요시히사(島津義久) 등 형제들과 함께 규슈에서 정복전쟁을 벌여 세력을 크게 확장하였다. 이후 도요토미 히데요시의 규슈정벌(1586년~1587년)에 대항하여 전투를 벌였으나 결국 항복하고 복종을 맹세했다. 이후 임진왜란에 4번대로 참전하여 강원도로 진군했다. 시마즈 요시히로의 3남 시마즈 타다츠네(島津忠恒 1576~1638)는 18대 당주로 1609년 류큐 왕국(오키나와)에 수차례 출병, 침략하여 류큐 왕국을 가고시마의 직할지로 삼은 인물이다.

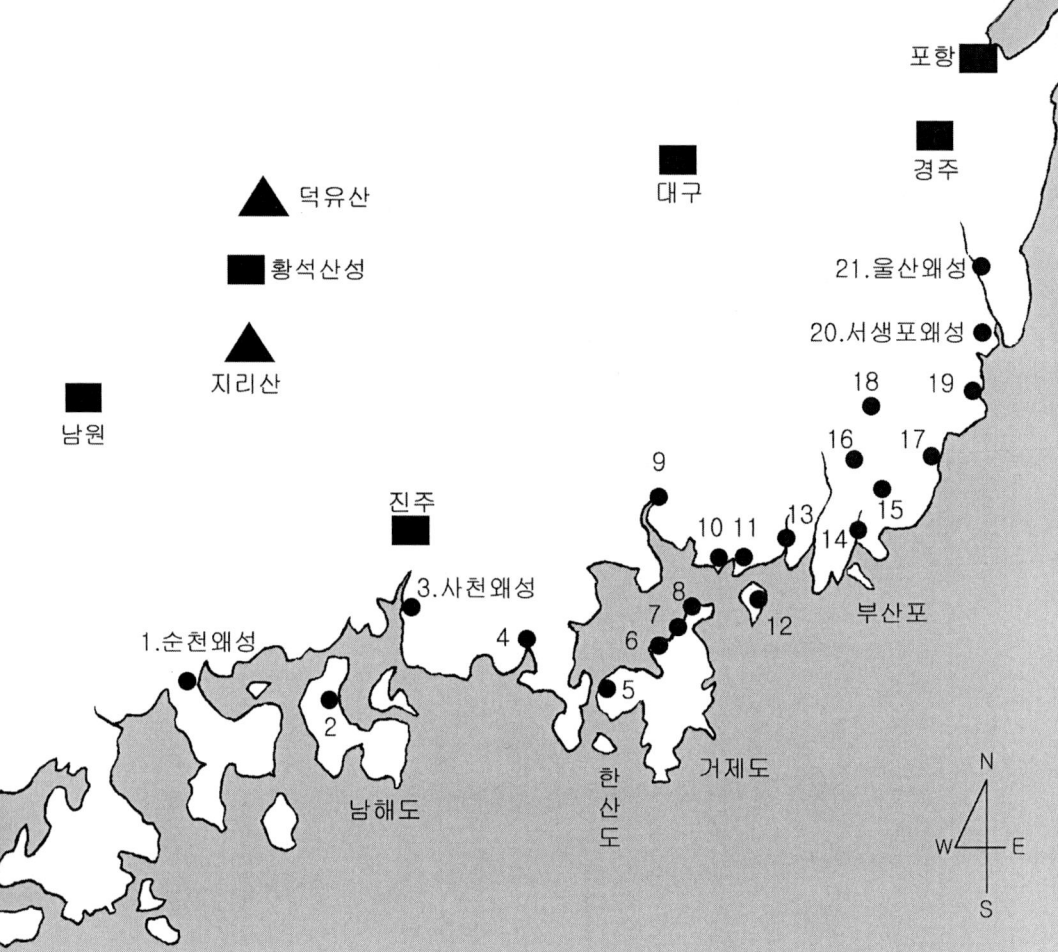

〈정유재란 당시 왜성 분포도〉

1. 순천 왜성
2. 남해도 왜성
3. 사천 왜성
4. 고성 왜성
5. 왜성동 왜성
6. 장문포 왜성
7. 송진포 왜성
8. 영등포 왜성
9. 마산 왜성
10. 웅천 왜성
11. 안골포 왜성
12. 가덕도 왜성
13. 김해 죽도 왜성
14. 부산 왜성, 부산지성(자성대)
15. 동래 왜성
16. 구포 왜성
17. 기장 왜성
18. 양산 왜성
19. 임랑포 왜성
20. 서생포 왜성
21. 울산 왜성

제27장
순천 왜성 전투

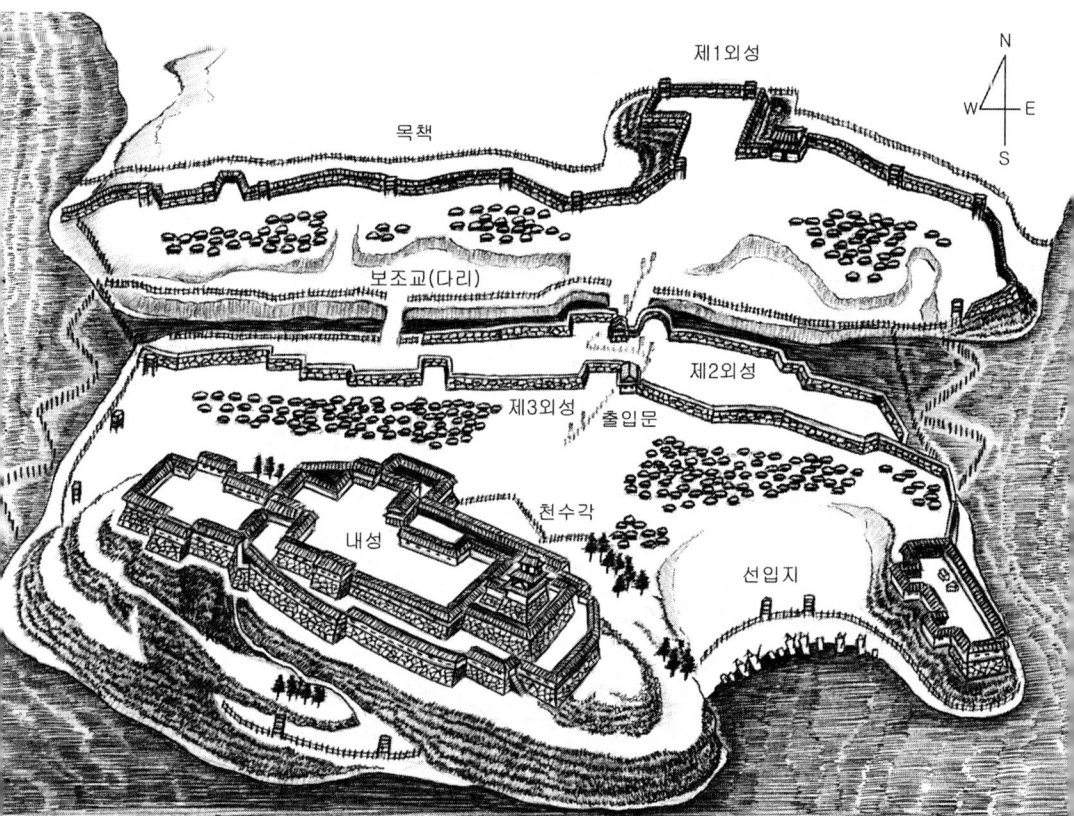

〈1598년 순천 왜성(왜교성) 추정도〉

현재 전남 기념물171호 지정. 외성 길이 2.5km(전체 둘레 3km), 내성길이 1.34km이며, 외성(토성, 석성)3개, 내성(석성)3개, 성문12개, 외성 평균높이 5m, 내성 평균높이 4m이다. 땅을 파서 바닷물을 끌어들여 해자를 만들어 그 위에 통로를 만들었는데 만조시에 멀리서 보면 다리처럼 보여서 왜교(예교)라는 명칭이 유래했다고 한다. 일본 기록에는 6백 척의 선박을 정박시킬 수 있다고 한다. 다만 수심이 얕아서 썰물 때에는 외부에서 지원을 받기가 힘들다고 한다. 실제로 명나라 함대가 전투 중에 썰물이 되어 좌초되었다.

1. 병력 규모

(서로군)

명나라군 - 제독 유정, 총병 이방춘, 조희빈, 오광, 유격 우백영, 남방위 등 2만 1,900명

조선군 - 전라병마사 이광악, 전라도 방어사 원신 등 5,928명

(수군)

명나라군 - 수군제독(도독)진린, 총병 이천상, 유격 허국위, 계금, 심무, 복일승, 양천윤, 장양상 등 1만 9,400명(실제로는 장양상 등은 1599년에 도착했다.)

조선군 - 수군통제사 이순신 등 7,328명

왜군 병력상황

순천부(순천 왜성) 고니시 유키나가 휘하 1만 4천여 명(고니시 유키나가, 마츠라 시게노부, 아리마 하리노부, 고토 가문, 오무라 가문 등 5가문 병력.)

남해도 왜성에는 소 요시토시의 병력 약 1천 명 주둔.

2. 조선 측 기록

〈전라도 방어사 원신의 치계. 1598년 9월 18~19일로 추정〉

남해의 왜적에 빌붙은 이문욱이 왜적의 진중으로부터 나와서 말하기를 "순천(順天)의 적군은 1만 5천 명이고, 왜성(순천왜성)의 형세는 3면이 바다이기에 1면만 공격이 가능한데, 땅이 질어서 실로 진격하기가 어렵다. 남해(남해도)의 왜적은 그 숫자가 8백~9백 명으로 장수는 탐욕스럽고 사나

운데 군사가 잔약하다."라고 하였습니다.

〈우의정 이덕형의 치계. 1598년 이조판서, 우의정, 좌의정 역임〉

음력 9월 20일에 소서행장(고니시 유키나가)이 유 제독(劉提督-유정)과 서로 만나려고 하자 제독이 기패관(旗牌官) 왕분헌을 세폭이다고 속이고, 우후 백한남을 도원수라고 속여 서로 만나려고 할 무렵에 명나라 군사가 지레 대포를 쏘는 바람에 소서행장이 크게 놀라 소굴로 도망가니 상 위의 과일, 면, 고기 따위의 음식물이 예교(曳橋)에서 10리나 낭자하였습니다. 명나라 군사들이 일제히 적의 소굴로 진격하고, 수군(水軍)도 때맞추어 예교 앞 바다에 정박하니, 적의 기세가 이미 꺾이어 나와 싸우지 못하였습니다. 명나라 군사들의 기세가 당당하여 적을 섬멸하기는 쉬울 듯하며, 현재 한창 기계를 만들고 땔감을 마련하여 성을 공격할 계획을 하고 있습니다.

〈연려실기술〉

행장(고니시 유키나가)이 말하기를 "중국의 대인이 이곳까지 내려오셨으니 마땅히 만나서 서로 우호를 맺읍시다." 하므로 제독 유정은 "오는 20일에 만나서 서로 화해하고 약속을 맺자."라고 답하였다. 이것은 그때 행장의 왜교 진영이 성은 높고 지세가 험한데 밖에는 목책을 많이 설치하여 공격하기가 매우 어려웠으므로 우선 성 밖으로 끌어내려는 계획이었다. 행장(고니시 유키나가)이 막사에 이르기 전에 명나라 군대의 형세가 매우 성대함을 멀리서 보고 의심을 품고서 전진하지 않았다. 조금 있다가 군중에서 비둘기를 날리는 동시에 (다른 기록에는 적을 잘못 살피고 먼저 불화살을 쏘았다고 함.) 명나라 군사가 갑자기 포를 쏘면서 쫓아오므로 행장 등이 놀라 달아나서 다시 성으로 들어가 버렸다. 이에 유정은 드디어 군사를 독려하여 세 갈래 길에서 급히 추격하여 힘을 합하여 공격했는데 좌협 이방춘이 기병을 거느리고 먼저 적의 길을 차단하니 적은 먼저 두 장수를 보호하여 들어가고, 미처 성에 들어가지 못한 나머지 사람들은 길에서 육박전을 벌였다. 이에 왜군 수급 98급을 베었고 명군의 피해도 많았으나 대군은 드디어 적의 성채를 포위하였다.

음력 9월 23일 밤에 왜적이 글을 보내서 '예로부터 전쟁에 어찌 서로 속임이 있으리오.'하였다. 밤중에 적의 진중에서 도망쳐 나온 사람이 말하기를, "왜병이 수만 명이라고 하지만 적진 중에 포로가 된 우리나라 사람이 반이 넘고, 왜군들 중에서도 그들의 장수가 일찍 돌아가지 않아 다 같이 죽는 화를 당하게 됨을 원망하는 자들이 있다." 하였다. 적은 또 밤에 성 북쪽 바다 어귀에 새로 성을 쌓고 성 위에는 포루를 많이 설치하고 포루 아래에는 구멍을 뚫어서 싸울 계획을 하였다.

〈우의정 이덕형의 치계〉
음력 10월 1일, 수군이 예교에 접근하자 왜적이 나와서 싸워 유격 계금은 오른쪽 팔에 탄환을 맞았으나 중상에 이르지는 않았고 탄환에 맞아 죽은 명나라 군사가 매우 많습니다. 제독 유정은 운제거(雲梯車)를 제작하고 있는 중이지만 현재까지 완성하지는 못했습니다.

〈전라 병마사 이광악의 치계〉
음력 10월 1일, 왜적이 여러 날을 포위당하여 형세가 궁해지자 어제 점심

때 강화를 한다고 하며 성 밖에 편지 1장을 내어 꽂았는데 제독 유정이 답하기를 '조선의 남녀를 내보내면 그 소원을 들어줄 수 있다.'라고 하였습니다.

〈우의정 이덕형의 치계〉

음력 10월 2일, 유 제독(劉提督)이 왜성을 공격할 때 모든 군사가 성 아래로 60보쯤 전진했는데 왜적의 총탄이 쏟아지자 제독은 끝내 깃발을 내려놓고 독전하지 않았습니다. 부총 오광의 군사는 대장의 호령이 있기를 고대하다가 순거(楯車)에 들어가 잠자는 때도 꽤 있었습니다. 그때 조수가 차츰 빠지자 수군도 물러갔습니다. 왜군은 명나라 군대가 일제히 진격하지 않는 것을 보고 밧줄을 타고 성을 내려와 부총 오광의 군대를 공격하여 명나라 병사 20여 명을 죽이자 오광의 군대는 놀라서 1백 보쯤 후퇴하고 각 진영의 사기도 모두 떨어졌으니 그날 한 짓은 아이들 장난과 같았습니다. 이미 독전하지도 않고 또 철수도 하지 않아 각 군대로 하여금 반나절을 서서 보내게 하고 다만 왜군의 탄환만 받게 했으니 제독이 한 짓을 도무지 알 수가 없습니다.

음력 10월 3일, 수군이 조수를 타고 전투를 벌여 대총(大銃)으로 행장(行長-고니시 유키나가)의 막사(천수각)를 맞추자 왜인들이 놀라고 당황하여 모두 동쪽으로 갔으니 만약 서쪽에서 공격하여 들어갔다면 성을 함락시킬 수 있었습니다. 김수가 제독을 찾아가 문을 열고 싸우자고 청하였지만 제독은 화를 내며 끝내 군대를 출동시키지 않았습니다. 제독이 행한 일은 참으로 넋을 빼앗긴 사람과 같아서 장수와 군졸들이 모두 업신여기고 있습니다. 마침 사천(중로군)에서 아군이 패전했다는 소식을 듣고는 마음이 혼란하여 후퇴를 결정하였으니 더욱 통곡할 일입니다. 제독이 수군(도독 진린)과 사이가 좋지 않은 것은 당초부터 공을 서로 다투는 마음이 있었기 때문이지만 끝내 일처리가 잘못되고 말았으니 더욱 통곡을 금할 수 없습니다.

〈도원수 권율의 치계〉

음력 10월 3일 밤에 수군이 조수를 타고 진격하여 헤아릴 수 없이 많은 왜적을 살상하였습니다. 명나라 수군은 치열하게 싸우느라 조수가 빠지는 것을 깨닫지 못하여 당선(唐船) 23척이 얕은 항만에 걸리자 왜적들이 불을 질렀는데 죽거나 잡혀간 중국군사가 매우 많았습니다. 그중에서 살아 돌아온 자는 1백40여 명이었습니다. 우리나라의 배 7척도 또한 얕은 곳에 걸렸는데, 다음날 수군이 일찍 조수를 타고와 구원하였으므로 무사히 돌아와 정박하였습니다.

〈난중일기 음력 10월 3일〉

명나라 사선19척, 호선 20여척이 불에 타니 도독 진린이 엎어지고 자빠지는 모습이 이루 말할 수 없었다. 안골포 만호 우수가 적탄에 맞았다.

〈우의정 이덕형의 치계〉

제독 유정이 10월 7일 밤에 철수하자 군대가 뿔뿔이 흩어져 왜교에서 순천에 이르기까지 쌀이 길바닥에 낭자하였고 왜교에 남은 식량도 아직 3천여 석이나 되었는데 모두 불태우라고 명령을 내렸으나 타지 않은 것은 왜적의 손에 들어가고 말았습니다. 철수할 때 수군은 조수를 이용해서 전진하여 성을 공격하려고 하였습니다. 금번의 거사에 우리 군사는 수륙을 합쳐 거의 1만 수천 명이나 되었고 성을 공격할 수 있는 무기도 매우 훌륭하였는데 적의 성을 한 쪽도 무너뜨리지 못하고 오히려 적에게 업신여김을 당하였으며 적에게 식량까지 제공하였으니 아픈 마음을 견딜 수 없습니다.

〈선조실록 1598년 음력 10월 24일〉

급사도감이 아뢰다.

서로에서 육군으로서 죽은 자는 200여 명이고 부상자는 600여 명이고 명나라 수군은 패선(敗船)이 23척인데, 명나라 큰 배 2척은 각각 1백여 명이 탑승하였고 그 외에는 30~40명이 탑승했으니 이렇게 계산하면 명나라 수군 전사자가 약 8백~9백 명에 이른다고 하였습니다.

3. 일본 측 기록

〈시마즈 가문 문서 990 島津家文書 990〉

순천성(순천 왜성)에 주둔중인 고니시 유키나가는 명나라 군대가 철수했다면 부산포로 철수하여 다른 일본 장군과 합류하여 일본으로 조속히 귀국할 것. 만약 명나라 군대가 계속 주둔하며 포위를 풀지 않으면 차선책으로 규슈 치쿠젠의 하카타에 주둔중인 모리 히데모토(毛利秀元), 아사노 나가마사(浅野長政), 이시다 미츠나리(石田三成), 시코쿠 사람들(四国衆), 분고 사람들(豊後衆), 구키 수군(九鬼水軍), 와키사카 야스하루(脇坂安治), 어궁철포중(御弓鉄炮衆 도요토미 히데요시 직속의 궁수, 포수들)을 다시 조선으로 항해하여 고니시 유키나가를 구원할 예정을 통지함. (1598년 음력 11월 3일)

〈우츠노미야 고려귀진물어 宇都宮高麗歸陣物語〉

일본력 9월 18일. 명나라 장군(제독 유정)은 일본진영으로 서신을 보내어 순천의 고성(古城)에서 서로 만나서 화평을 맺자고 청하였다. 고니시 유키나가는 이것을 믿고 화평을 맺고자하였다. 마츠라 시게노부는 여러 가지 이유를 말하며 반드시 적의 계략일 것이라고 말하였다. 그러나 고니시 유키나가는 이러한 직언들을 뿌리치며 회담장에 가려고 했다.

일본력 9월 19일. 고니시 유키나가는 명나라 장군을 맞이하려고 평상복으로 갈아입고 소규모의 병사들을 데리고 회담장으로 향했다. 순천 신성(왜교성)에서 고성(옛성) 사이에는 작은 하천이 있었는데 이 하천을 건너 좀 더 앞으로 나갈 때 숨어있던 명나라 군사가 갑자기 철포를 발사했다. 고니시 유키나가는 비로소 적의 계략을 알아채고 서둘러서 신성(왜교성)으로 돌아왔다. 이날 오후부터 명나라 남병, 조선군 수만 명이 산과 들을 가득 메우며 공격하기 시작했다. 명나라 군대는 계략이 실패하자 (순천 왜교성의) 외곽 총구의 담 34~35간(間, 1간은 1.8m이다.)까지 다가와 공격을 해왔다. 명나라 군대는 강철 방패(鐵盾 철순), 나무 방패(木盾 목순), 강철 벙거지(鐵笠 철립)등을 착용하고 철포, 반궁, 통시(筒矢)등으로 공격을 해왔다. (순천 왜교성의) 외곽 입구에는 마츠라 시게노부의 병력 3천 명과 섬사람들(고토 열도 사람들)이 방어를 하고 있었는데 외곽 총구의 담에서 철포로 적(명나라, 조선)을 공격했다. 명나라 군대가 철포 공격에 견디지 못하고 드디어 뒤로 물러갔는데 적의 중상자, 전사자가 매우 많았다. 마츠라 소속의 병사들이 성 밖으로 나가서 명나라 중상자, 전사자를 베어온 수급이 270급이었다.

일본력 10월 3일. 순천의 신성(왜교성) 앞바다는 수심이 얕았다. 이곳에는 일본으로 철수를 위한 크고 작은 선박 600척을 정박시키고 있었다. 또한 해안에는 목책을 둘러쳐서 바다로 부터의 공격에 대비하고 있었다. 이날 밤 만조(밀물)를 타고 명나라 함대 300여척이 공격해왔다. 이들은 석화시, 봉화시, 통시, 반궁을 사용하며 맹렬하게 공격을 해왔다. 그러나 앞서 말했듯이 (왜교성의)앞바다는 수심이 얕아서 썰물이 되자 명나라 대선(大船) 30여척이 좌초되었다. 이때 우츠노미야 구니쓰나(宇都宮国綱)의 병사들이 좌초된 선박을 공격하여 불태우고 포획했다. 소각한 명나라 선박 32척, 우츠노미야 사람들이 포획한 명나라 선박 5척, 마츠라 사람들이 포획한 명나라 선박 2척이다. 우츠노미야 사람들이 포획한 선박 5척 중에 1척과 마츠라 사람들이 포획한 2척, 명나라 포로 39명(제독 유정의 하인)은 나중에 철수하며 일본의 오사카(大坂)로 끌고 갔다.

제28장
노량해전

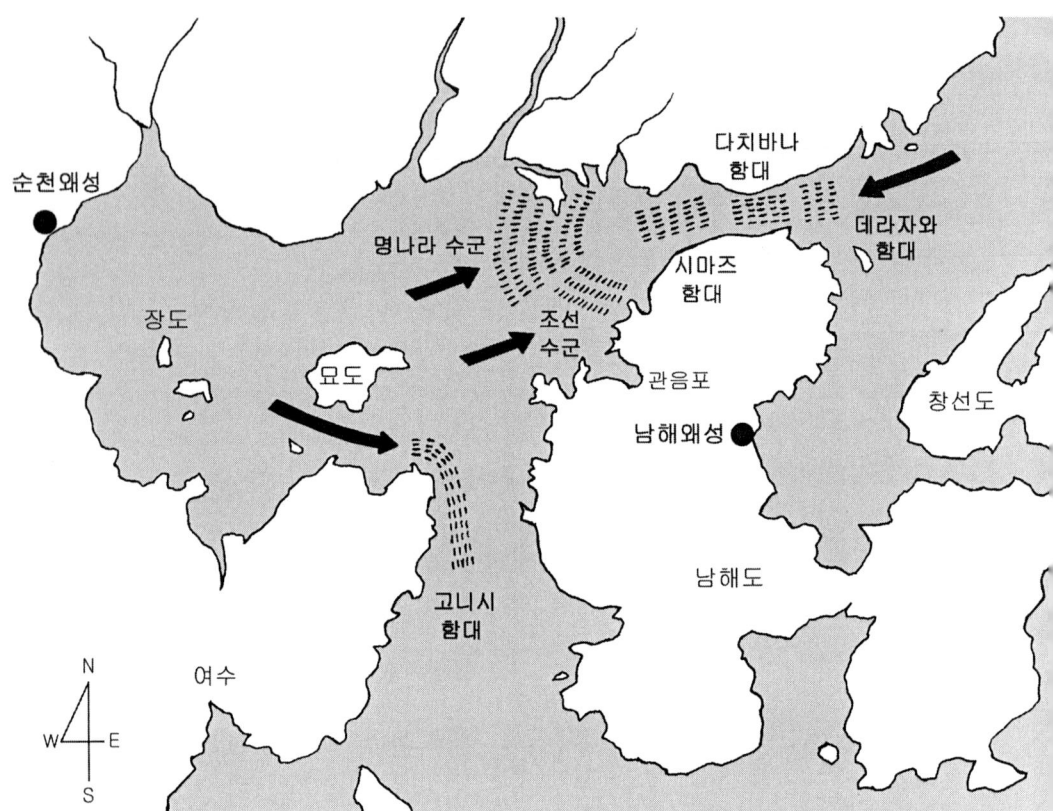

 도요토미 히데요시가 1598년 음력 8월 18일 일본에서 죽자 일본 내 정무담당 다이로(大老)들은 조선에서 철수하기를 결정하고 철수 명령을 내린다. 왜군이 본국으로 철수한다는 정보는 이미 명나라, 조선조정에서도 눈치를 채고(당시 기록을 보면 음력 8~9월경부터 관련 장계가 계속 올라오기 시작했다.)조, 명 연합군의 4로 병진 작전을 시행했으나 중로

군의 패전(사천 왜성 전투) 영향으로 동로군, 서로군도 적극적인 전투보다는 왜군과 대치하며 시간을 보내고 있었다. 당시 낙동강, 부산, 울산지역의 왜군들은 무리 없이 철수를 시작했으나 순천에 있던 고니시 유키나가만은 고립이 되어서 철수를 못하게 되었다. 육지에서는 서로군의 조, 명 연합군이 버티고 있었고 바다에는 조, 명 연합 수군이(명나라 도독 진린과 조선수군 통제사 이순신)순천 앞바다 묘도, 장도 일대에서 대기하며 수로를 막고 있었기 때문이다. 이에 고니시 유키나가는 명나라 서로군의 제독 유정과 협상을 하면서 한편으로는 뇌물을 주며 일련의 약속을 받았다.(서로 수차례 서신을 주고받았다.)내용은 대략 '일본 관백이 죽었으니 조선에서 철수를 순순히 할 것입니다. 약속대로 뒤에서 공격을 하지 말기 바랍니다. 모든 수급과 군기를 두고 갈 터이니 내가 성을 떠난 뒤에 입성하여 갖도록 하시오.'라는 내용으로 뇌물로는 조선의 젊은 여인, 일본도와 화승총, 붉은색 깃발(노보리, 사시모노), 각종 패물과 왜군 수급(사실은 조선인 남자포로를 베어서 왜인처럼 꾸며놓은 것)등이다. 서로군 제독 유정은 고니시 유키나가와 약속을 하고 약속을 지키겠다는 의미에서 중국인 가정(제독 유정의 개인 일꾼) 30명을(또는40명) 인질로 고니시 유키나가에게 보냈다. 고니시 유키나가는 이어서 명나라 수군 제독 진린과 조선 수군통제사 이순신에게도 뇌물을 주어 퇴로를 보장 받으려고 했다.

〈명나라 복선, 광동선, 사선〉

그림1. 복선(福船) 또는 복건선(福建船)이라고도 한다. 복건(福建)지역의 무역선을 모델로 한 군선이다. 100명을 태울 수 있다고 한다. 기본편성은 64명이다. 상부는 넓고 하부는 좁은 첨저형이다.

그림2. 광동선.(廣東船) 광동지역의 군선이다.

그림3. 명나라 사선(沙船)

 명나라, 청나라 시대에도 곡식운반용으로 널리 사용된 평저선이다. 배의 고물(뒷부분)에 갑판이 연장된 형태이다. 사선(沙船)이라는 명칭은 모래톱을 넘나들 수 있기에 얻은 이름이다. 주로 연해에서 사용되었다. 사선은 돛2~3개, 노는 보통 2~8개를 두었다. 중, 대형 사선은 길이가 50척, 70척, 100척(15~30m)이다. 대형 사선은 탑승인원이 80~100명 선이다. 순천 왜교성 전투당시에 모래톱에 좌초된 대형 사선에 100명씩 태웠다는 기록이 있다. 위 그림3은 도쿄 대학교 소장문서 '고려선전기'에 함께 수록되어 있는 그림으로 명나라 영파선(寧波船.ningpo)으로 소개하고 있다. 이 선박은 왜교성 전투에서 좌초된 명나라 사선으로 일본 오사카까지 끌려갔던 배의 3척 중 1척이다. 이외에도 호선((號船)도 참전 했다. 호선은 길이 10m정도의 돛1개짜리 첨저형의 작은 군선의 일종으로 30명 안팎이 탑승하는데 속도가 빨라서 절강성 등지에서 왜구토벌용으로 많이 사용되었다고 한다.

그림4.5.6. 도쿄 대학교 소장문서 '고려선전기'에 함께 수록되어 있는 삽화로 명나라 군선에 실려 있던 대포, 키, 노 등이다.

그림7.8. (모리 가문 계열)고바야카와 가문의 조선의 역(임진왜란)을 위한 선박 제조령 기록에 있는 대선(大船)승선용 줄사다리와 일본식 키.

1. 수군 병력 규모

(1)명나라 수군

⟨상촌집 명나라 구원의 일⟩

도독 진린(陳璘1543~1607). 자는 조작. 호는 용애. 광동성 나정주 동안현(東安縣) 사람. 흠차통령수병어왜총병관(欽差統領水兵禦倭摠兵官) 전군도독부도독첨사(前軍都督府都督僉事)

그의 손자 진영소는 감국수위사를 지내다가 명나라가 망하자 조선으로 망명하여 정착하였다. 광동 진씨 시조. 수병 5,000명(진구경, 등자룡)출전.

진구경. 도독 진린의 아들. 좌영도사로 양광의 수병 2천 명.

등자룡(鄧子龍). 흠차비왜부총병 서도독첨사로 수병 3천 명을 지휘함. 무술년(1598년) 6월에 출발하여 뱃길을 통해 고금도(古今島)에 9월에 도착해서 노량 해전에서 좌선봉으로 앞장서서 전투를 하다가 전사했다. 그때의 나이가 70세였다. 당시 등자룡은 좌선봉으로 이순신은 우선봉으로 최일선에서 전투를 하였다. 일본 측 기록에는 노량해전에서 등자룡이 제일먼저 일본의 선봉 시마즈의 함대를 공격했다고 한다.

계금(季金 이금). 자는 장경. 호는 용강으로 절강 태주부(台州府) 송문위(松門衞) 사람. 흠차통령절직수병유격장군(欽差統領浙直水兵游擊將軍) 서도 지휘첨사로 수군 3천 2백 명을 이끌고 정유년 10월에 바닷길을 통해 고금도(古今島)에 도착했다. 수군장으로 참전하였다. 노량전투에서 승첩을 올릴 때 참획한 것이 매우 많았다고 한다. 기해년 4월에 돌아갔음.

이천상(李天常). 자는 유경. 호는 영봉으로 절강성 소흥부 산음현 사람이며 무진사(武進士) 출신. 처음에 흠의천총(欽依千摠)으로 수병 2천 7백 명을 이끌고 나왔는데, 노량전투에서 왜적 2백 69급을 베고 포로 3백여 명을 구출하여 돌아왔으므로 그 공을 인정받아 유격으로 승진된 뒤 경자년 10월에 돌아갔음.

이외 명나라 수군 도독 진린 휘하 수군, 보병전력은 다음과 같다.
양천윤. 남직수병유격. 수병 2천 명
심무. 광동수병유격. 수병 1천 명.
복일승. 산동직례수병유격. 수병 1천 500명
왕원주(王元周)표하유격. 수병 2천명. 고금도 주둔함, 노량해전 미참가.
허국위. 흠차통령복영유격, 보병 1천 160명
심찬. 좌영지휘중군, 보병 2천 명
장여문. 표하광동영천총, 낭토(만주족)군사 4천 500명
장양상. 절강수병유격, 1천 500명. 기해년(1599년)에 왔으므로 노량해전에는 미참가.

선조 수정 실록에는 명나라 사선, 호선 등 500여 척이 조선에 도착했다고 한다. 일본의 '조선정벌기'에는 이때 명나라 함대 500여

척, 조선 함대 100여 척으로 기록하고 있으나 '일본전사 조선역'과 '정한록'에는 명, 조선 합계 500여 척으로 기록하고 있다.

(2)조선 수군

노량해전 당시의 조선 수군 상황은 수군 7,328명(1598년 10월 12일 선조실록 4로의 군사기록)으로 기록되어 있다. 노량 해전 당시 조선 수군의 판옥선은 대략 30여 척이었고, 피란선(주로 어선으로 포작선), 협선 등을 모아 합계 100여 척 규모로 추정이 된다. 당시 조선군의 판옥선의 숫자 등은 연려실기술과 이산해의 아계유고5권에 자세한 기록이 있다.

〈연려실기술〉

이순신이 조정의 명을 받고 단기로 달려서 회령포에 도착하니 그때는 바로 (칠천량에서)패전한 이후라서 전선과 기계가 남아 있는 것이 전혀 없었다. 도중에 경상 수사 배설을 만났는데 배설이 거느린 전선은 다만 8척 뿐이었고 또 녹도(鹿島)에서 전함 1척을 얻었다. 이순신이 전라 우수사 김억추를 불러서 전함을 수습하게 하였고 이때 경상도와 전라도가 모두 적의 소굴이 되어서 고니시 유키나가는 육로(순천)에 있었고 소 요시토시는 수로(남해)에 있었다. 수군이 탕진(蕩盡)된 뒤에 이순신은 병들고 쇠잔한 남은 군사로 13척의 전선을 거느리고 홀로 일어났다. 그때 한산도의 여러 조선장수가 각각 도망쳐 숨어서 본도 피난민들과 함께 여러 섬에 도망가 있었다. 이순신은 날마다 군관들을 보내어 여러 섬에 알리고 흩어졌던 군사를 불러 모아서 전함을 만들고 기계를 준비하여 소금을 구워 팔아서 두 달 동안에 수만 석의 곡식을 얻었으며 장수와 군사들이 구름처럼 모여드니 군사의 형세가 다시 떨쳐졌다. 무술년(1598년) 2월 17일에 고금도(古今島)로 나아가서 진을 쳤다.

〈아계유고 제5권-영의정 이산해〉

시폐(時弊)를 진달하는 차자.

삼가 아룁니다. 비로소 흉칙한 도적들(왜적)이 물러감으로써 나라가 편안하고 안정이 되었습니다. 8년 전만 해도 어찌 오늘날과 같이 안정될 날이 올 줄 알았겠습니까?

(지난날) 원균이 처음 명을 받았을 때에 선척(판옥선)의 수가 비록 1백여 척이라고 하였지만 그중에서 실제로 이용해서 왜적과 수전(水戰)을 벌일 수 있는 배는 60~70척에 차지 않았습니다. 원균이 (칠천량에서)패배한 후 이순신이 흩어지거나 불에 타 버리고 난 나머지를 수습하고 고치고 만들어서 겨우 30여 척의 배를 얻었습니다. 이 밖에는 모두 쓸모가 없었습니다. 오늘날의 주사(舟師-수군)가 어찌 실상이 있다고 할 수 있겠습니까?

판옥선은 높이가 높고 견고하며 많은 사람을 수용할 만큼 넓고 적을 방어할 만큼 많은 인원이 탈 수가 있으니 참으로 수전(水戰)하기에는 좋은 기구입니다. 그러나 공력이 가장 많이 들어서 배 한척을 만들자면 큰 집 한 채를 만드는 것과 동등합니다.

옛날의 전선(戰船)도 크고 작은 것이 있습니다. 큰 배는 공격하기에 유리하고 작은 배는 적을 추적하기에 유리합니다. 또 들으니, 정유년 변란 당시 이순신이 피란선(避亂船 주로 어선으로 포작선)을 모아서 해구(海口 노량해협)로 물러가서 진을 쳐놓고 직접 전함(戰艦 판옥선)을 타고 앞으로 나아가서 급히 공격하였다고 합니다. 이 역시 고금을 통해 분명히 입증된 것이라 하겠습니다. 어찌 반드시 모두 판옥선으로 만든 뒤에야 전투를 할 수 있는 것이겠습니까? 이렇게 하면 전선을 많이 만들 수 있고 격군(格軍 노꾼)을 충당하기가 쉬울 것입니다.

(3) 일본군

(순천 왜성 주둔 병력)

고니시 유키나가의 휘하 병력 1만 4천 명 순천 왜성 주둔. 조선인 포로 1만 명 이상. 노량해전 당시 조, 명 연합수군이 전투를 위해 노량해협으로 떠나자 부산으로 탈출. 이후 일본으로 퇴각했다. 함대 규모 대소(大小)600척.

(사천 왜성 주둔 병력)

시마즈 요시히로 사천왜성 주둔. 병력 약 7천~8천 명. 정유재란 재출병 당시 시마즈 가문 군역장에는 병력이 1만 명이다. 그러나 당시 사천에 주둔한 병력은 약 7~8천 명이었다고 한다. 정유재란 당시 사츠마의 출병 기록, 일향기(日向記)에 의하면 군선 121척, 군량미 1만 5천 석, 말 270기, 철포(조총)1,500정, 활 1,500장 등으로 기록되어 있다. 또한 1596년 시마즈 가문 군역각서(軍役覺書)에는 다음과 같이 기록하고 있다.

〈1596년 12월 시마즈 가문 군역 동원 계획서〉

마상중(馬上衆) - 말을 타는 중급이상의 무사들 262명.

도보소시중(徒步小侍衆) - 카치코사무라이슈. 도보 무사, 신분이 낮은 무사 300명. 원래 의미는 장군의 경호, 경비를 담당한 무사의 사람들이나 여기서는 마상중(馬上衆)에 붙는 도보무사계급.

도보중(徒步衆) - 카치슈. 아시가루(최하급 무사) 4,806명.

도구중(道具衆) - 하급 무사. 창봉행의 부하 병사로서 나가라 창(장창)을 가지고 출진한 나가라조의 사람들 665명.

무족중(無足衆) - 무소쿠슈. 상층 농민으로서 준무사의 신분이나 지행(知行 녹봉)이 낮기 때문에 종자(하인)가 없다. 철포를 휴대하는 것이 의무였다고 한다. 500명.

부환(夫丸) - 부마루. 인부 3,900명.

가자(加子) - 카코. 선장과 선원들 2천명. 이상 합계 1만 2,433명.

이것은 계획서이고 실제로는 1597년 정유재란 출병기록에는 시마즈 가문 병력 1만 명으로 기록되어있다.

(고성 왜성 주둔 병력)

다치바나 무네시게 고성 왜성 주둔. 병력 5천 명 이상. 정유재란 당시 다치바나 군역장에는 5천 명이었다. 동생 다카하시 군대 500명 등 포함하여 5천 명 이상이다.

(남해도 왜성 주둔 병력)

소 요시토시 남해도 왜성 주둔. 병력 1천 명 미만. 정유재란 당시 소 요시토시의 대마도 병력은 1천 명이었다.

이외 부산포에 있었던 데라자와 히로타카(寺沢広高)수군이 합류하였다. 데라자와 히로타카는 원래 병참과 운송을 담당했던 인물이다. 부산, 대마도, 이키, 규슈의 나고야 등을 수차례 항해했다. 데라자와 병력 중 부산에 주둔하고 있던 병력은 수부와 작업인부 포함하여 1천 명이었다. 이상 왜군 연합함대는 주력인 시마즈 가문 군대의 120여 척의 함선을 포함하여 합계 3백여 척의 함선, 병력 1만 5천 명 정도가 참전했다.

2. 노량 해전 조선 측 기록

〈연려실기술 제17권-선조조 고사본말〉

제독 유정이 수군 도독 진린에게 통지하기를 "적장이 철수하여 돌아가려 하니 놓아 보내는 것이 좋겠소." 하니 진린은 "수군과 육군의 책임이 다르니 마땅히 각자 자기의 할 바를 할 뿐이오." 하였다. 적선 십여 척이 먼저 묘도에 건너오므로 수군이 모두 잡아 죽였더니 행장(行長 고니시 유키나가)이 분노하여 40명의 명나라 병사들을 묶고는 두 사람의 팔을 잘라 보내면서 "전후에 속이기를 이와 같이 하니 나는 마땅히 가지 않겠다." 하였다. 제독 유정이 "수군 도독 진린 장군에게 강화하기를 빌면 될 것이오." 하였더니 행장은 마침내 은 백 냥과 보도(寶刀) 오십 자루를 진린에게 보내고 "서로 피를 보지 않는 것이 좋을 것이니 길을 빌려서 돌아가게 하여 주시오." 하였으므로 진린이 허락하였다. 왜적이 또 배 몇 척을 출발시키자 통제사 이순신이 맞이하여 죽이니 행장이 다시 진린에게 포위 풀기를 청하고 "강화가 이미 이루어졌는데 공격을 하는 것은 어찌된 일이오." 하니 진린이 답하기를 "내가 한 것이 아니고 조선의 이순신 장군이 한 일이다."고

하니 왜적들이 근심하였다. 행장이 이순신에게도 사람을 보내어 총과 칼 등 선물로 가지고 와서 매우 간절히 청하였다. 그러자 이순신은 그것을 물리치며 "임진년 이래로 무수히 많은 왜적들을 잡아서 얻은 총과 칼이 산처럼 높이 쌓였는데 원수의 심부름꾼이 여기는 뭘 하려고 찾아온단 말이냐."라고 야단을 치자 왜적의 사자는 아무 말도 못하고 물러갔다.

〈난중일기〉

1598년 음력 11월 14일, (고니시 유키나가 진영) 왜선 2척이 강화를 논의하기 위한 일로 바다 가운데까지 나오니 도독이 통역관을 시켜서 왜선을 마중해 오게 하였다. 그들로부터 붉은 기(旗)와 환도(環刀) 등의 물건을 받았다. 술시(오후 8시경)에 왜장이 작은 배를 타고 도독부로 들어가서 돼지 2마리와 술 2통을 바쳤다고 한다.

 음력 11월 15일, 이른 아침에 도독에게 가서 잠깐 이야기하고 돌아왔다. 왜선 2척이 강화를 논의하기 위한 일로 두 번 세 번 도독의 진중으로 드나들었다.
음력 11월 16일, 제독이 사람을 왜군 진영으로 들여보냈더니 조금 있다가 왜선 3척이 말과 창, 칼 등을 가져와서 도독에게 바쳤다.

음력 11월 17일, 어제 복병장 발포 만호 소계남과 당진포 만호 조효열 등이 왜군의 중간 배 1척이 군량을 가득 싣고 남해로부터 바다를 건너오는 것을 보고 한산도 앞바다까지 추격하자 왜적은 바다 기슭을 타고 육지로 올라가 달아났다고 하였다. 잡은 왜선과 군량은 명나라 군사들에게 다 빼앗기고 빈손으로 돌아와서 보고하였다.

〈연려실기술 제17권-선조조 고사본말〉
음력 11월 18일, 우리 군사(조선군)는 남해 관음포(觀音浦)에 주둔하고 명나라 수군은 곤양(昆陽) 죽도(竹島) 앞바다에 진을 쳤다. 밤중에 적이 구름같이 모여서 바로 왜교로 향하였다. 우리 군사와 명군 양군이 덮쳐서 공격하고 불붙인 섶과 화살과 돌을 잇달아 던지니 태반의 왜선이 불타고 부서졌다. 적은 그래도 죽을힘을 다하여 혈전을 하였으나 지탱하지 못하고 마침내 관음포로 물러갔다. 다음 날 19일 아침에 이순신이 직접 북채를 잡고 먼저 배에 올라가 추격해 죽이니 적이 배꼬리에 엎드려서 일제히 이순신을 향하여 총을 쏘았으므로 이순신이 탄환에 맞았다. 급히 장좌(將佐)와 아들 이회(李薈)에게 명령하여 방패로 자신의 신체를 가리게 하고 곡소리를 내지 못하게 하였다. 어떤 책에는 형의 아들 이완(李莞)이라고 하였다. 이회가 명령에 따라 직접 북을 울리고 깃발을 휘두르니 해가 아직 한낮도 되지 않았는데 물에 빠져 죽은 적군이 헤아릴 수 없이 많았으며 죽음을 면하고 도망친 것은 겨우 50여 척뿐이다. 이 싸움에서 9백여 명의 머리를 베었는데 왼쪽 귀를 잘라서 모두 명나라 배에 넘겨주었다. 행장(고니시 유키나가) 등은 한참 싸울 때에 몰래 묘도 서량(西梁)에서 달아났고 남해의 적은 육로로 미조항(彌助項)에 들어가니 종의지(소 요시토시)가 거두어 모아서 배에 태우고 갔다. 제독 유정은 왜교(순천 왜성)에서의 포화 연기를 보고 달려갔으나 적진은 이미 텅 비어 있었다. 도독 진린은 모든 군사를 거느리고 남해로 들어가서 양식 만여 섬을 거두었는데 소와 말은 헤아릴 수 없이 많았으며 수군이 전후에 죽이고 잡은 숫자가 천 명이나 되었다. 이때 우리나라 사람 중에는 왜놈으로 잘못 알려져 죽은 자도 많았다. (처음에) 왜적이 이순신의 배를 여러 겹으로 포위하였으므로 진린이 우리 배에 바꿔 타고 포위망을 뚫고서 곧장 들어가 구원하려 하니 적이 또 진린의 배를 포위하여 칼날이 거의 진린에게 닿게 되었다. 이에 진린의 아들 구경(九經)이 몸으로 막다가 찔려서 피가 뚝뚝 흐르는데도 오히려 움직이지 않았다. 이때 기패관(旗牌官)이 당파(鐺鈀)로 적의 가슴을 찔러서 바다에 던졌으므로 구경이 겨우 화를 면하였다. 적선이 잇달아 모여들어서 위로 조총을 쏘자 명군도 사력을 다하여 아래로 긴 창으로 찌르며 싸우니 물에 떨어져 죽은 자가 천 명이나 되었다. 조금 뒤에 진린이 요령을 흔들어 군사를 거두니 배 안이 고요하여 아무 소리도 없자 적이 의심하여 조금 물러났다. 명군이 높은 곳에서 분통(噴筒)을 적선에 흩어놓았더니 바람이 세게 불어 불이 맹렬하게 타올라 적선 수백 척이 잠깐 동안에 줄지어 타 버려서 바닷물이 모두 벌겋게 되었다. 이순신은 진린이 포위당한 것을 멀리서 바라보고 또한 포위를 꿰뚫고 전진하여 힘을 합쳐 혈전을 하는데 총병 등자룡(鄧子龍)의 배에 불이 나서 온 군사가 놀라 불을 피하느라고 시끄러운 틈을 타서 적이 등자룡을 죽이고 그 배를 불살랐다.(기해년 3월에 등자룡의 상여가 서울에 이르니 임금이 친히 나와서 제사지냈다.) 이때 이순신은 적선 중에 한 척이 가장 높은데, 위에는 붉은 색의 장막을 쳤으며, 금 갑옷을 입은 한 사람이 싸움을 감독하고 있으므로 군사를 모아 힘을 합쳐 공격하여 화살로 금 갑옷 입은 자를 쏘아 적중시키니 적이 진린을 버리고 와서 구원하였으므로 진린의 배는 포위에서 풀려 나왔는데 조금 뒤에 이순신이 탄환에 맞았다.

〈좌의정 이덕형 치계〉

11월 19일 사시에 예교(曳橋 순천 왜성)의 왜적이 모두 철수하여 바다를 건너갔습니다. 유 제독(유정)이 그 성으로 달려 들어가니 성중에는 다만 우리나라 사람 3명과 우마(牛馬) 4필만 있었습니다. 남해의 바다에서 진동하는 대포 소리가 멀리 들렸는데 이는 반드시 수군이 접전하는 소리인 것 같습니다.

19일 사천, 남해, 고성에 있던 왜적의 배 3백여 척이 합세하여 노량도(露梁島)에 도착하자 통제사 이순신이 수군을 거느리고 곧바로 나아가 맞이해 싸우고 중국군사도 합세하여 진격하니 왜적이 대패하여 물에 빠져 죽은 자는 이루 헤아릴 수 없고 왜선(倭船) 2백여 척이 부서져 죽고 부상당한 자가 수천여 명입니다. 왜적의 시체와 부서진 배의 나무판자, 무기 또는 의복 등이 바다를 뒤덮고 떠 있어 물이 흐르지 못하였고 바닷물이 온통 붉었습니다. 통제사 이순신과 가리포 첨사 이영남, 낙안 군수 방덕룡, 홍양 현감 고득장 등 10여 명이 탄환을 맞아 죽었습니다. 남은 적선 1백여 척은 남해로 도망쳤고 소굴에 머물러 있던 왜적은 왜선(倭船)이 대패하는 것을 보고는 소굴을 버리고 도망쳤으며 남해의 강 언덕에 옮겨 쌓아놓았던 식량도 모두 버리고 도망쳤습니다. 소서행장(小西行長 고니시 유키나가)도 왜선이 대패하는 것을 바라보고 먼 바다로 도망쳐 갔습니다.

〈이충무공행록〉

전투가 끝난 뒤 도독이 급히 배를 저어 가까이 와서 "통제사! 속히 나오시오! 속히 나오시오!" 하고 외쳤다. 이완이 뱃머리에 서서 울면서 "숙부

님께서는 돌아가셨습니다."고 하자 도독은 배 위에서 세 번이나 넘어지고 뒹굴며 큰 소리로 통곡하면서 "공은 죽은 뒤에도 나를 구원해 주셨소!" 하고는 다시금 가슴을 치며 한참이나 울었다. 이후 도독의 군사들까지도 모두 다 고기를 내어 던지고 먹지 않았다. 도독과 여러 장수들도 모두 만장을 지어 슬퍼하였으며 마지막 군사들을 철거하여 돌아갈 때에도 도독이 제사 지내려고 오겠다는 뜻을 미리 알려왔다. 그러나 마침 명나라 본국에서 귀국을 재촉하였기 때문에 아산 자택에는 가보지 못하고 백금 수백 냥만 보냈으며 아산현에 도착해서는 공의 아들들을 만나 보았다. 이회가 나가서 길에서 도독을 만나 말에서 내려 인사하니 도독은 손을 맞잡고 통곡하며 물었다. "그대는 지금 무슨 벼슬에 있는가?" 하니 이회가 "선친의 장례도 미처 치르지 않았기 때문에 아직 벼슬할 때가 아닙니다."고 하였더니 도독이 말하기를 "중국에서는 비록 초상 중에 있어도 공로와 상을 내리는 법전은 폐하지 않는데 그대 나라에서는 무척 더디다. 내가 상감께 말씀을 올리지!" 하였다. 위(임금)에서도 예관을 보내어 제사하고 우의정을 증직하였다.

1. 이순신　　　　　　2. 등자룡

+ 이순신(1545~1598) 본관 덕수. 시호 충무

1589년에 선전관, 정읍현감 역임. 1591년에 류성룡의 천거로 진도군수, 전라좌도 수군절도사, 삼도수군통제사를 역임하였다. 이후 비변사 탄핵으로 파직, 투옥되었다. 원균의 칠천량 패전으로 다시 수군통제사에 재임명(1597년 7월)되어 1598년 11월 노량해전에서 전사했다. 우의정추증, 선무공신1등. 영정은 현충사 구 소장 영정으로 이상범 화백의 영정을 참고하였다.

3. 노량 해전 일본 측 기록

〈일향기 日向記, 정한록 征韓録, 일본전사 조선역〉

시마즈 요시히로, 다치바나 무네시게, 소 요시토시, 데라자와 히로타카(寺沢広高) 등이 순천에 고립된 고니시 유키나가를 구원하기로 하고 한곳에 집결하여 함대를 거느리고 한밤중에 노량해협을 통과하고 있었다. 해협을 통과할 무렵 북쪽의 섬에 포진하고 있던 명나라 수군이 몰려오며 먼저 공격을 시작했다. 명나라 수군 선두(등자룡)의 배가 가까이 다가오자 선두의 시마즈 함대가 석화시(대포)로 쏘아 격퇴시켰다.(정한록에는 이때 200여 명의 명나라 수군이 죽었다고 한다.) 이어서 북쪽의 명나라 수군과 남쪽의 관음포에서 조선 수군이 합류하며 둥글게 해구(海口 노량해협 입구)를 둘러싸며 포위하듯 공격을 했다. 이 전투에서 조선, 명나라 선척은 500여 척이였다.(정한록) 이 전투에서 일본군의 선두는 시마즈 요시히로의 함대가 맡았기 때문에 시마즈 가문의 함대 피해가 매우 컸다. 시마즈의 함대에 이어서 일본의 후속 선단까지 합류하여 조선, 명, 일본의 함대가 서로 뒤섞여 난전이 되었다. 이 와중에 시마즈 요시히로 휘하의 카바야마 히사타카(樺山久高)의 선단은 다른 함대와 단절이 되었다. 카바야마 히사타카(樺山久高)의 선단은 해협을 돌파했으나 관음포에서 배가 좌초되어 배를 버리고 남해도에 상륙하여 도보로 섬을 횡단하여 나중에 퇴각하는 선박에 의해 구조되었다. 시마즈 요시히로의 본대도 조류 때문에 선단의 선회가 불가능하여 궁지에 빠졌다. 일본 수군은 철포(조총)와 석화시(대포)를 사용했는데 명나라 수군은 대석화시(더욱 큰 대포)를 사용하여 일본배가 더 많이 불타고 파손되었다. 또한 적의 크고 작은 배가 몰려와 웅수(熊手 쇠 갈퀴)와 겸(鎌 길이가 긴 낫)등을 사용하여 잡아당기고 기어오르며 사방에서 공격을 하였다. 이때 일본 배에서는 철포(조총)를 사용하여 이들을 쏘아 떨어뜨렸는데 다네가시마 히사토키(種子島久時)의 다네가시마(종자도)철포대의 철포 사격 등으로 이들을 격퇴시켰다. 시마즈 요시히로는 타고 있던 대선(大船)이 크게 파손되어 다른 선박에 구조되어 간신히 탈출하였다. 또한 시마즈 함대 뒤에 있던 다치바나 무네시게의 함대가 뒤따라오며 적을 공격하여 시마즈 함대가 무사히 빠져나올 수가 있었다. 같은 달 24일 새벽 부산포를 출항, 순풍타고 25일 대마도 도착, 26일 이키섬 도착, 12월 1일 규슈 치쿠젠의 하카타에 무사히 도착하였다.

노량해전에 대한 시마즈 가문 기록에는 선박의 손실에 대한 구체적인 기록은 없고 일본군 전사자는 이름이 있는(무사계급) 26명, 이외 전사자 다수(多)라고만 기록되어 있다. 실제로 격군(노꾼)과 잡병(아시가루)등 하급 전사자는 일본 기록에도 구체적인 기록은 없다. 다만 노량해전에서 다수의 전사자가 발생한 규슈 가고시마현 사츠마 지역에는 현재에도 상부연(想夫恋)이라는 내용의 춤이 전승되어 내려오고 있다.

4. 미망인들의 춤 상부연(想夫恋)

돌아오지 않는 남편을 그리워하는 내용의 규슈 가고시마현 사츠마 지역 민속 무형 문화재.

시마즈 요시히로의 영지인 사츠마 지역의 어민들도 조선과의 전쟁으로 많은 사람들이 뱃사람으로 강제동원이 되었는데 도요토미 히데요시가 죽어서 전쟁이 끝났다는 소식에 남편이 돌아오기만을 기다리고 있다가 노량해전에서 같은 날 같은 지역의 남자들이 대부분 전사하여 돌아오지 못하자 미망인들이 돌아오지 않는 남편들을 바닷가에서 기다리며 검은색 두건으로 얼굴을 감추고(눈물을 감추고) 남편의 영혼을 위로하는 춤으로 400년이 지난 지금도 이어지고 있다. 가사내용은 다음과 같다. '눈에 맺힌 이슬(눈물) 남에게 보이지 않으

렵니다. 훗날 둘이서 다시 만날 날을 기다리며 당신의 영혼을 먼저 보내니, 당신의 영혼을 위로하며 이 춤을 내 몸이 다 할 때까지 추겠습니다.'

제29장
코 베기와 조선인 포로

임진왜란, 정유재란을 겪으면서 많은 사람들이 포로로 일본에 끌려갔고 대부분은 다시 귀국하지 못했다. 또한 정유재란 당시 전라도 일대에서 일본군에 의한 조선인 코 베기가 대대적으로 시행이 되었다. 조선 측, 일본 측 기록에서도 이러한 기록은 다수가 발견되는데 당시의 참상이 끝이 없다.

1. 코 베기 조선 측 기록

〈난중잡록 제3권〉

(칠천량 패전 이후) 왜적이 한산도에 이르러 수군 진영을 모두 불태우고 한산도에 남아있던 사람들을 모두 살육했다. 당초에 도요토미 히데요시가 명령하기를 "사람 몸에 코는 하나이니 코를 베어서 코 하나는 사람 한 명을 죽인 것으로 표시하여 바치라." 하였으므로 정유년(1597년)에는 왜적이 사람만 보면 죽이건 안 죽이건 모두 코를 베어가니 전쟁이 끝난 수십 년간 거리에 코가 없는 사람들을 자주 볼 수 있었다.

2. 코 베기 일본 측 기록

〈음넉기 제79권 陰德記79〉

조선인의 코를 취한 일.

게이쵸 2년(1597년) 도요토미 히데요시는 조선에 주둔하고 있던 여러 일본 장군들에게 전령을 보내어 "조선의 적국(전라도)에 쳐들어가서 남녀 모두 한 명도 남기지 말고 베어서 죽여라. 또한 (죽여서)목을 베어 일본으로 보내면 무겁기 때문에 코를 베어서 일본에 보내도록 하라."라고 명령을 내렸다. 따라서 이 명령을 받은 조선 주둔 여러 장군들은 서로 경쟁을 하였고 병사들도 서로 경쟁을 하여 혼자서 코를 20~30개씩 베어 오는 자도 있었다. 이후로 조선 사람들은 일본군을 만나게 되면 "코를 내어줄테니 목숨만은 살려 달라."며 두 손을 모아 빌었다. 이렇게 취한 코는 나무상자에 소금을 함께 채워서 일본으로 보냈다. 그래서 전라도는 전쟁이 끝난 이후 수십 년이 지난 지금도 코가 없는 사람들이 많다고 한다. 도요토미 히데요시는 예전에 진주목사가 성을 굳건히 지켜서 일본군 사상자가 많이 발생한 것을 불쾌하다고 생각해 이렇게 조선의 많은 사람들을 죽였다고 한다. 그러나 그 죄는 다시 본인에게 되돌아오는 것이다. 일본에서도 히데요시공(公)의 이런 (만행으로) 그의 장래를 의심하지 않는 사람이 없었다.

여러 일본군 중에서도 깃카와 히로이에(吉川広家)의 코 절취 만행은 타의 추종을 불허하는데 기록이 너무 많아서 깃카와 히로이에가 1597년 9월 1일부터 26일까지 전라도 일대에서 코 절취를 벌인 것만 올리겠다.

〈깃카와 가문 문서 吉川家文書〉

9월 1일, 하야가와 나가마사(早川長政)가 깃카와 히로이에(吉川広家)에게 조선인 코 480개 받고 수령증 발급함.(吉川家文書716)

9월 4일, 하야가와 나가마사(早川長政)가 깃카와 히로이에(吉川広家)에게 조선인 코 792개 받고 수령증 발급함.(吉川家文書717)

9월 7일, 하야가와 나가마사(早川長政)가 깃카와 히로이에(吉川広家)에게 조선인 코 358개 받고 수령증 발급함.(吉川家文書718)

9월 9일, 하야가와 나가마사(早川長政)가 깃카와 히로이에(吉川広家)에게 조선인 코 641개 받고 수령증 발급함.(吉川家文書719)

9월 11일, 하야가와 나가마사(早川長政)가 깃카와 히로이에(吉川広家)에게 조선인 코 437개 받고 수령증 발급함.(吉川家文書720)

9월 17일, 하야가와 나가마사(早川長政)가 깃카와 히로이에(吉川広家)에게 조선인 코 1,245개 받고 수령증 발급함.(吉川家文書721)

9월 21일, 하야가와 나가마사(早川長政)가 깃카와 히로이에(吉川広家)에게 조선인 코 870개 받고 수령증 발급함.(吉川家文書/?)

9월 26일, 하야가와 나가마사(早川長政)가 깃카와 히로이에(吉川広家)에게 조선의 진원군(珍原郡), 영광군(霊光郡) 일대에서 죽인 조선인 코 1만 40개 받고 수령증 발급함.(吉川家文書722)

같은 시기 1597년 9월 한 달간 나베시마(鍋島勝茂)가문 기록의 조선인 코 1,551개의 기록과 비교하면 깃카와 히로이에가 전라도에서 벌인 만행은 타의 추종을 불허할 정도이다. 당시 우키타 히데이에는 1597년 9월 '전라도 해남 정방문 5개조'를 게시하였는데 토착주민, 백성은 환주할 것, 숨어있는 조선 관리를 밀고하면 포상할 것 등으로 주민들을 회유하였으나 깃카와 히로이에의 코 절취 만행은 10월에도 계속 되었다. 상당수가 조선군이 아닌 부녀자와 노약자들이다. 또한 조선물어(朝鮮物語)에는 정유재란 당시 조선 사람 코 18만 5,738개, 명나라 사람 코 2만 9,014개, 합계 21만 4,752개의 코가 일본으로 보내져 비총에 매장되었다고 한다.

3. 조선인 포로 이야기

수년 전에 역사스페셜에서 임진년에 포로로 잡혀서 일본에 끌려간 임해군의 자녀들에 대한 프로그램을 본적이 있었다. 방송 내용은 함경도에서 역적 국경인 등에 의해 임해군, 순화군과 조정대신들과 그의 가솔들이 잡혀서 왜군 2번대 사령관 가토 기요마사에게 포로로 넘겨지고(해정창 전투 참고) 이후 임해군과 순화군, 조정대신들은 강화협상으로 부산에서 풀려나게 되었으나, 자녀들은 협상결렬로 끝내 풀려나지 못해 일본으로 끌려가서 임해군의 아들은(당시 4세)나중에 승려가 되고 딸은(6세) 가토 기요마사의 가신(장수)의 양녀로 입양 후 나중에 그의 첩이 된다는 내용으로(나이 차이가 40년) 끝내 귀국하지 못하고 그곳에서 일생을 마감한 내용이었다. 사실 임진왜란, 정유재란 사이에 일본으로 끌려간 조선인 포로들은 각계각층 사람들로 그 규모는 최소 수만 명~최대 수십만 명으로 추정된다고 한다. 다음은 남원성 전투 패전과 명량해전 당시 조선수군의 후퇴로 인해 일본 수군에 의해 포로로 잡혀서 일본으로 끌려간 강항(姜沆)의 간양록(看羊錄) 기록이다. 강항(姜沆 1567~1618)은 임진왜란 당시 정6품 공조좌랑, 형조 좌랑 등을 역임하고 정유재란 당시 남원 일대에서 군량 등을 관리하다가 남원이 함락되자 배를 이용해 탈출하던 중 음력 9월 23일 전라남도 영광군 앞바다에서 일본 수군 도도 다카토라(藤堂高虎) 휘하의 노부시치로(信七郎)라는 자에게 붙잡혀 일본 시코쿠 지역과 교토로 끌려갔다가 천신만고 끝에 조선으로 다시 귀국한 인물이다.

〈간양록 看羊錄〉

나는 1597년 음력 5월 마지막 날에 부임을 받고 임지로 내려갔다. 이광정(李光庭)은 남원에 있으면서 나에게 군량 운반의 일을 맡겼다. 7월 말 경에 통제사 원균이 한산도에서 패전하였고, 8월 보름 경에 남원성이 끝내 함락되었다. 이때 왜군은 이미 한 부대가 노령을 넘어와 모든 사람들이 흩어졌다. 전 군수 순찰사 종사관 김상준은 북으로 올라가고 나는 영광군의 집으로 와서 부친을 모시고 집안 아이들을 거느리고 논잠포(전라남도 영광군 염산면 포구)로 나가서 배를 구하는 중이었다. 이때 신임 순찰사 황신이 나를 불렀으나 이미 육로는 길이 막혔다.

음력 9월 14일, 왜적은 이미 영광군을 불태우고 산과 바다를 수색하며 사람들을 모두 도살하므로 나는 밤 2경(오후 9~11사이)에 배를 탔다. 부친은 계부의 배에 옮겨 모시고 나는 나의 형제들과 두 형수, 처조부, 처부모, 나의 처와 첩과 함께 탔다. 배는 작고 사람은 많아서 배가 몹시 느리게 갔다.

9월 15일, 두 배가 함께 정박하여 잠을 자는데 피란하는 배가 서로 모인 것이 거의 100여 척이었다.

9월 20일, 해상의 왜선 1천여 척이 이미 전라우수영에 당도하였는데 통제사 이순신이 중과부적으로 우수영을 포기하고 바다를 따라 서쪽으로 퇴각했다는 소식을 들었다.

9월 21일, 밤에 나의 형제가 잠든 틈에 사공 문기(文己)라는 자가 자기 자녀들을 태워 올 생각으로 배에 묶은 줄을 몰래 풀어놓아 별안간 부친이 타고 계시는 배와 헤어지게 되었다. 배가 떠나서 진월도에 도착하니 통제사 이순신의 배 10여 척이 퇴각하여 이미 이곳을 지나갔다는 소식을 들었다. 뱃사공을 혼내며 배를 돌려 서쪽으로 올라가게 했으나 북풍이 세게 불어 배가 올라갈 수가 없었다.

위의 내용은 9월 16일에 있었던 명량해전의 일을 말한 것이다. 당시 이순신의 치계에는 다음과 같이 기록되어 있다. "신이 전라우도 수군절도사 김억추(金億秋) 등과 전선 13척, 초탐선(협선)32척을 수습하여 해남현의 해로를 차단하고 있었는데 적의 전선 130여척이 들어오기에 진도의 벽파정 앞바다에서 대포로 적선 20여척을 쳐부수고 수급 8급을 베었습니다. 또한 적선 중에 큰 배 한 척이 붉은색 깃발과 푸른색 비단의 휘장을 두르고 여러 적선을 지휘하니 녹도만호 송여종, 영등포 만호 정응두가 힘껏 싸워 적선 11척을 쳐부수었습니다. 항왜(항복한 왜인)가 붉은 색 깃발의 적선을 가르켜 말하기를 안골포의 일본 장수 마다시(馬多時, 일본 기록에는 구루시마 미치후사 來島通総)라고 하였습니다. 현재 우리 수군이 다행히 작은 승리를 거두어서 적의 예봉이 좌절되었으니 왜적이 감히 서해에는 진입하지 못할 것입니다."(선조실록 1597년 11월 10일)

그러나 일본 측 기록에는 당시 상황이 다음과 같다. "조선의 수영성(水營城 전라 우수영, 전라남도 해남군) 공격의 일. 도도 다카토라(藤堂高虎), 와키사카 야스하루(脇坂中務少輔), 가토 요시아키(加藤左馬介), 구루시마 수군(来島水軍), 스가다이라 다쓰나가(菅平達長) 등이 조선의 수영성을 공격했다. 조선의 대선(大船) 14척, 소선(小船) 수백 척이 있었다. 구루시마 미치후사(来島通総) 등이 선봉이 되어 해협을 돌파하여 싸웠는데 일본의 선봉 수군 피해가 컸다.(이때 선봉의 구루시마 미치후사는 전사했다.) 모리 다카마사(毛利高政), 도도 다카토라(藤堂高虎)가 이어서 조선 수군을 공격했다. 이때 모리 다카마사(毛利高政)도 두 군데 상처를 입고 바다에 떨어졌으나 구조되었다. 센 바람이 불자 조선군은 바람을 타고 멀리 도망을 가고 일본 수군은 조선 수영성을 점령했다. 이날 저녁에 수영성(水營城)의 조선 수군이 버리고 간 번선(番船 판옥선을 뜻한다.)과 작은배(小船)들을 불태웠다."(모리 다카마사 문서 06호 毛利高棟文書 06)

"일본 수군의 선봉에 있던 배들은 전선에 노 젓는 사공이 너무 많다.(전투원이 적다.) 이 전투에서 선봉의 구루시마 장군은 전사했다. 그밖에 선수(船手)의 가로(家老)의 과반수가 전사했다. 모리 장군(모리 다카마사)은 타고 있던 세키부네가 부서져서 작은배로 옮겨 탔다. 적(조선 수군)은 열십자의 낫을 걸고 활과 화포를 마구 쏘아대며 격렬하게 공격을 하였다. 그러나 이와 같은 위급한 상황에서 도도 다카토라(藤堂高虎)장군이 이끄는 함대는 조선 수군을 멀리 쫓아내었다. 도도 다카토라 장군도 이 전투에서 팔에 부상을 당했다."(고산공실록 高山公實錄 전라우수영 공격의 일)

〈간양록 看羊錄〉

9월 23일, 아침 사시(巳時 오전 9~11시)에 부친이 혹시 논잠포(전라남도 영광군 염산면 포구)에 계실까 생각하고 다시 논잠포로 향했는데 바다 안개가 자욱했다. 안개 속에서 문득 왜선 한 척이 돌연히 나타나자 뱃사공들이 왜선이 온다고 외쳤다. 사람들이 도망가려고 물속으로 뛰어내렸다. 그런데 뛰어내린 곳은 배를 정박시키는 물이 얕은 곳이기에 왜선이 다가와 왜군들이 우리를 끌어내어 모조리 포박하여 세웠다. 오직 김주천 형제와 노비 10여 명만이 언덕으로 달아났다. 나의 아들 용(龍)과 첩의 딸 애생(愛生)은 모래톱에 두고 나왔는데 조수가 밀려와 떠내려가니 아이들 우는 소리가 한참동안 들리더니 이내 아이들 소리가 끊어졌다. 나는 나이 30세에 이 아이를 얻었는데 꿈속에서 용(龍)이 물 위에 뜬 것을 보았기에 이름을 용(龍)이라 지었던 것이다. 그런데 누가 이 아이가 물에 빠져 죽으리라 생각했겠는가?

9월 24일, 무안현(현재 무안군)에 도착했다. 왜선 수천 척이 항구에 가득 있었다. 사람들 중에 절반 이상이 우리나라 남녀 포로들이다. 포로들 양옆에는 시체가 산과 같이 높이 쌓여 있었다. 3일 후에 왜적들이 나의 첩과 처의 조부, 큰 형수, 하인 10명 등을 따로 끌고 가서 첩은 다른 배에 싣고, 나머지는 모두 살해를 했다. 일찍이 큰 형이 죽던 날에 나에게 큰 형수를 부탁하며 말하기를 "네가 있으니 과부된 나의 아내는 의지할 곳이 있구나." 하였는데 갑자기 이런 일을 당하게 된 것이다. 또한 상전을 버리고 도망간 하인들은 목숨을 건지고 상전을 위해 차마 도망가지 않은 집안 하인들은 모두 살해를 당했으니 슬프기가 끝이 없다.

이윽고 왜선들이 출발하여 남쪽으로 내려갔는데 전라 우수영을 지나서 순천 왜교에 도착했다. 배들이 모두 줄지어 정박해 있었다. 다음날 왜선 한 척이 지나가는데 어떤 여자가 "영광사람! 영광사람!" 하고 부르는데 나의 첩, 애생(愛生)의 어미였다. 그녀는 이날 밤부터 매일 통곡을 하며 밥을 굶다가 죽었다고 한다. 가운데 형의 아들 가련(可憐)은 8살인데 병이 나서 구토설사를 하니 왜적이 바닷물에 던졌다. 조카 가련(可憐)이 물속에서 자기 아버지를 부르는 소리가 오래도록 끊어지지 않았다. 안골포를 출발하여 다음날 새벽에 대마도에 도착했다. 비바람 때문에 대마도에서 이틀을 머물고 다음날에 또 바다를 건너니 곧 일기도(이키섬)에 도착했다. 다음날 또 바다를 건너니 일본 장문주(長門州 주코쿠 나가토국)에 도착하였다. 다음날 해안을 따라서 주방주(周防州 주코쿠 스오국)에 도착하고 다음날에는 바다를 건너 이예주(伊豫州 시코쿠 이요국)에 도착하였다. 이곳부터는 육지로 올라가 육로로 길을 걸었다. 작은 딸은 6살인데 걷지 못하자 아내와 장모가 번갈아 업었다. 업고서 개울물을 건너다가 물속에 쓰러지자 굶주림으로 힘이 없어서 일어나지를 못했다. 언덕위에 있던 한 왜인이 이 모습을 보고 눈물을 흘리며 붙잡아 일으키며 말하기를 "아 너무도 심하다. 태합께서는 이 사람들을 잡아다가 어디에 쓰려는가? 어찌 하늘의 뜻이 이런가?" 하고는 급히 자기 집으로 뛰어가 밥과 숭늉을 가지고 와서 우리식구들을 먹였다. 왜인 가운데도 이와 같이 착한 사람도 있었다. 다시 10리쯤 가니 이예주(이요국) 대주성(大洲城 오즈성)에 도착하여 유치되었다. 우리 형제의 자녀 6명 중에 3명은 바다에 빠져 죽었고 2명은 왜국의 땅에서 죽었고(병사했다.) 작은 딸 하나만 남았으니 "무고한 너희들을 죽게 만든 것은 오직 나의 죄이다. 평생토록 부끄럽고 원통하여 나의 두 눈에서 눈물이 계속 흐르는구나."

강항(姜沆)은 이후에 일본인 승려 후지와라 세이카(1561~1619)와 다지마의 다이묘 아카마쓰 히로미치(1562~1600) 등과 교류를 하여 이들의 도움으로 조선으로 귀국할 수가 있었다. 이들은 강항과 교류하며 성리학(유학)을 연구했던 자들로 후지와라 세이카는 에도시대 초기 성리학자로서 일본 유학의 시조가 된 인물로 강항에게 생활비와 대마도까지 항로를 인도해줄 사공을 붙여줬으며 아카마쓰 히로미치는 증명서를 발급하여 일본의 여러 관문을 무사히 통과하게 해주었다. 강항은 이들의 도움으로 1600년 4월 교토를 출발하여 5월에 부산에 무사히 도착하였다. 그러나 강항의 귀국은 매우 특별한 경우이고 대부분의 경우는 다음과 같다.

〈일월록, 연려실기술〉

승려 유정(사명대사, 1544~1610)이 일본에 도착하여 먼저 강화하는 것의 이로움을 말하고 다음으로 포로되어 간 사람을 전부 돌려보내 달라는 말을 꺼내었더니 덕천가강(도쿠가와 이에야스)은 "임진년의 싸움을 나는 실상 알지 못하니 두 나라가 서로 태평을 누리는 것이 또한 옳지 않겠는가." 하고는 잡혀간 사람들을 전부 찾아서 함께 돌아가게 하면서 오직 요시라(要時羅 왜군 통역관)의 한 사건만은 그 잘못을 우리에게 돌리므로 유정은 "우리나라로서는 알지 못하는 바이다." 하고 대답하였다.

이리하여 을사년(1605년) 4월에 유정이 돌아올 때 우리나라 남녀 3천여 명도 돌아오게 되었다. 먼저 탐선(探船)을 보내서 조정에 일일이 보고하고 아울러 바다를 건너는 날짜도 알리면서 수군에게 진을 엄중하게 하여 위엄을 과시하게 하였는데 통제사 이경준(李慶濬)이 역풍을 만나서 그대로 하지 못하였다. 유정이 찾아 온 포로들을 통제사 이경준에게 맡기면서 편리한 대로 나누어 보내라고 했는데 수군 선장들이 앞을 다투어 나누어서 인수하고 구속하는 것이 포로된 것보다 더 심하였다. 그 출생한 곳을 물어봐서 어릴 때 포로가 되어서 본계(本系)를 자세히 알지 못하면 모두 자기의 종이라 칭하고 아름다운 여자는 그 남편을 묶어서 바다에 던지고 마음대로 자기의 소유로 만들었다. 일이 발각되어 통제사 이경준은 파면되고 이운룡(李雲龍)이 후임이 되었는데 각 도의 수사로 하여금 적발하여 사실대로 아뢰도록 하였으나 끝내 실상을 조사하지는 못하였다.

이후 1607년, 1617년, 1624년 등 수차례 쇄환사를 파견하여 조선인 포로들을 귀환시켰으나 대부분 방치되거나 조선수군에게 처리를 위임하면서 이들에 대한 기록들은 사회의 외면을 받은 채 사라졌다.

제30장
조선 군기(軍旗), 일본 군기(軍旗), 마인(馬印)

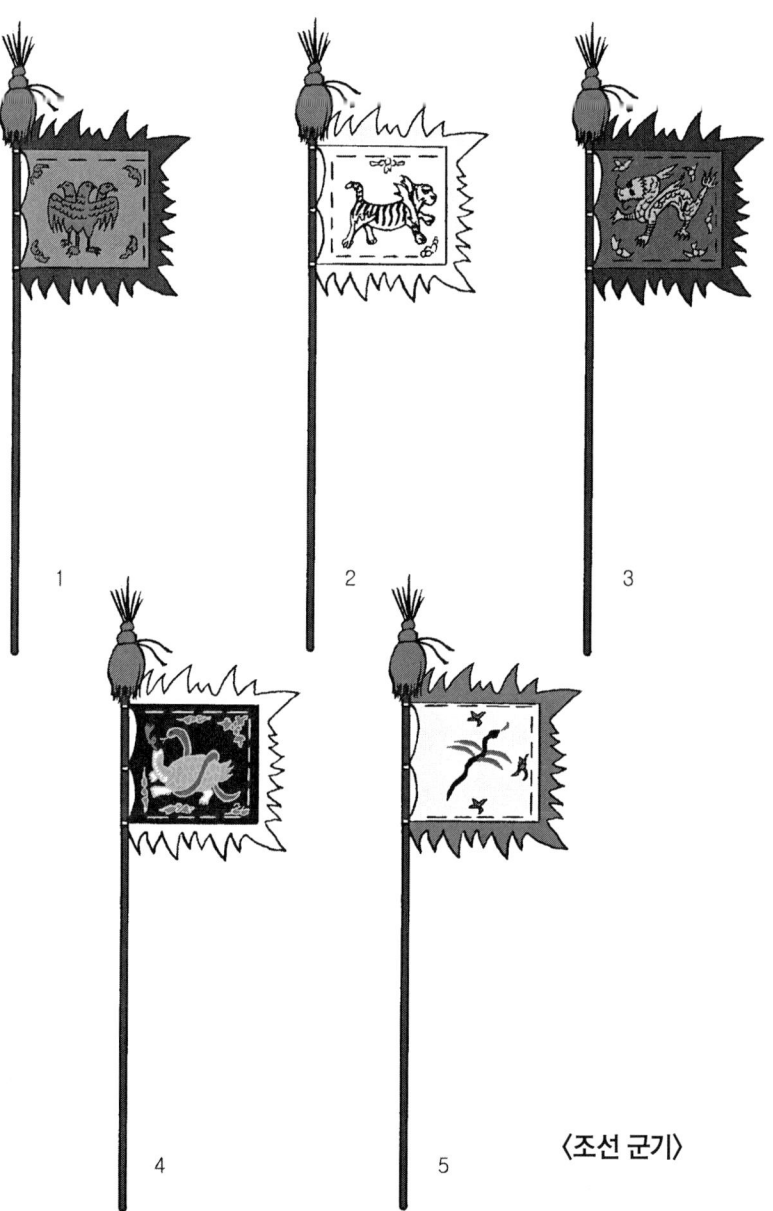

〈조선 군기〉

〈조선 군기〉

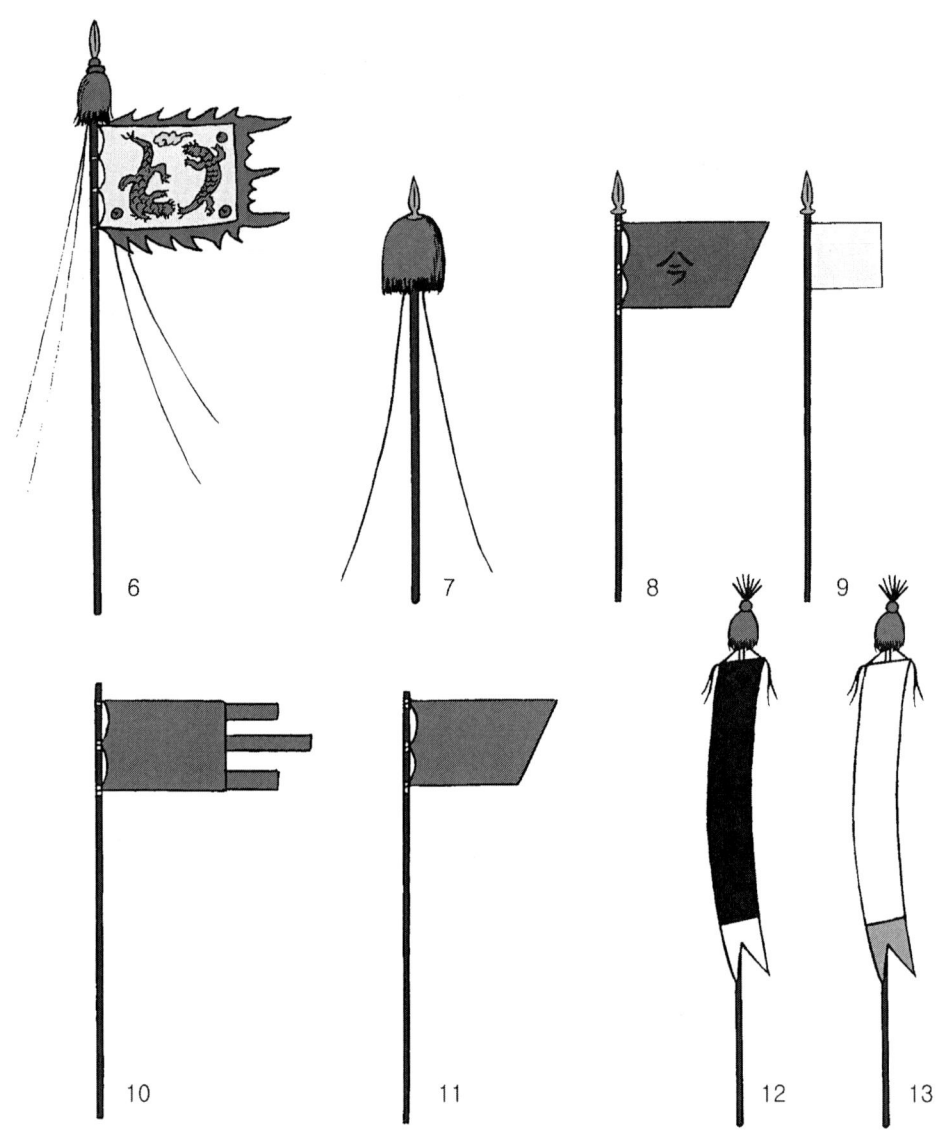

조선 측 군기

그림1~5번은 조선시대의 오방기이다. 세종오례와 반차도를 참고하였다. 5개의 색은 각 부대의 방위를 따른다.
1. 주작기(朱雀旗) - 적색의 바탕에 주작(朱雀)을 그렸다. 전군(前軍), 전영의 지휘용이다.
2. 백호기(白虎旗) - 백색의 바탕에 백호(白虎)를 그렸다. 우군(右軍), 우영의 지휘용이다.
3. 청룡기(靑龍旗) - 청색의 바탕에 청룡(靑龍)을 그렸다. 좌군(左軍), 좌영의 지휘용이다.
4. 현무기(玄武旗) - 흑색의 바탕에 현무(玄武)를 그렸다. 후군(後軍), 후영의 지휘용이다.
5. 등사기(騰蛇旗) - 황색의 바탕에 뱀(騰蛇)을 그렸다. 중군(中軍), 중영의 지휘용이다.

그림6. 교룡기(용기龍旗)이다. 군대의 총사령관 또는 임금 행차에 사용한다. 위 그림은 반차도의 정조 임금의 행렬에 묘사된 대형 교룡기이다. 이 교룡기는 5명이 필요하다. 황색과 붉은색.

그림7. 둑(纛)이다. 세종오례에는 검은 비단으로 만든다 하였다. 위 그림은 정조 임금의 행렬에 사용된 붉은색 둑이다. 원래의 용도는 군대가 출정할 때 제사를 지내는 용도이다.

그림8. 영기(令旗)이다. 지휘관이 명령을 내릴 때 사용한다. 청색 바탕으로 창에 달았다.

그림9. 당보(塘報)이다. 척후병이 사용하는 깃발이다. 길이 9척의 창에 달아서 사용했으며 노란색이다.(주척은 1척에 20.6cm, 영조척은 1척에 30.6cm이다.)

그림10. 휘(麾)이다. 지휘기이다. 5방색과 동일하게 각 방위별로 사용했다. 그림은 적색으로 남쪽 지휘를 담당한 장수가 사용하는 것이다. 세종오례에 나온다.

그림11. 기(旗)이다. 군대를 정돈할 때, 적을 공격할 때 이 기를 사용하는데 각 방위별로 5개의 기를 사용한다. 그림은 적색으로 남쪽 지휘용이다. 세종오례에 나온다.

그림12, 13. 고초(高招)이다. 오방기와 함께 사용한다. 해당 방위의 오방기와 고초를 사용하면 해당 부대가 신호에 따라 움직이는 것이다. 또한 지휘관의 친위대, 기마대를 지휘하는데 사용하기도 했다. 이것도 5가지의 색이 있다.

〈일본 군기와 마인〉

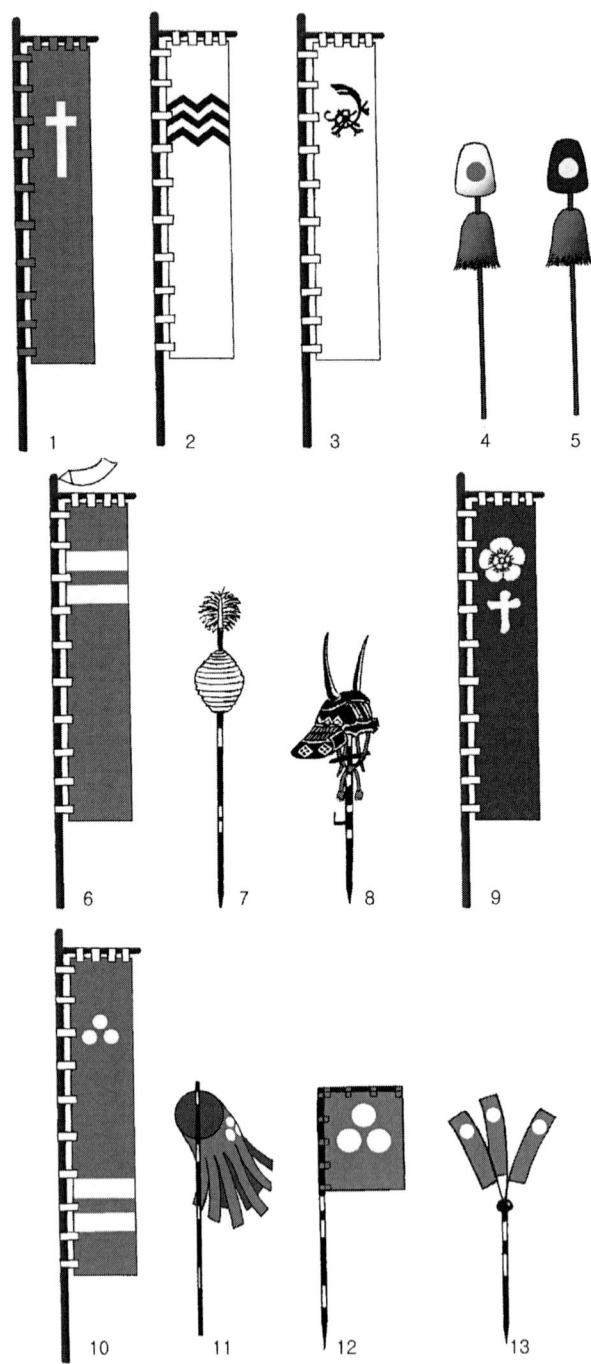

일본 측 군기와 마인(馬印 우마지루시)

그림1. 고니시 유키나가의 군기. 원래 로마 가톨릭 신자인 고니시 유키나가는 붉은 비단에 흰색 십자가 문양을 사용했으나 1587년 도요토미 히데요시의 천주교 금지령(금교령)으로 사용 중단한 군기이다. 그러나 임진왜란 당시 조선 측 기록으로 미루어 조선에서는 사용된 흔적이 있나.

그림2. 금교령 이후 일본에서 사용된 고니시 유키나가의 군기. 세키가하라 전투(1600년)에서 사용되었다고 한다. 흰색 바탕에 군청색 문양.

그림3. 고니시 유키나가 가문 문장. 흰색 바탕에 군청색 문양.

그림4.5. 고니시 유키나가의 마인(馬印 우마지루시-다이묘 또는 사령관의 말 옆에 세워 위치를 나타내는 표시)이다. 붉은색 갈기.

그림6. 대마도의 소 요시토시의 군기. 1번대 소속이다. 붉은색 바탕에 흰색 무늬.

그림7. 대마도의 소요시토시의 마인(우마지루시)

그림8. 대마도의 소 요시토시의 가부토(투구), 영어로 로드 헬멧(lord's helmet)으로 소개하고 있다. 검은색 투구로 양끝에 뿔이 달려있다.

그림9. 1번대 소속의 아리마 하리노부의 군기이다. 천주교 신자이다. 군청색 바탕에 흰색 문양.

그림10. 규슈 히라도 마츠라 토우(송포당松浦党)의 마츠라 시게노부의 군기이다. 마츠라 토우는 원래 왜구와 무사집단 연합체로 단련된 수군이라고 한다. 1번대 소속이다. 붉은색 바탕에 흰색 문양.

그림11. 마츠라 시게노부의 마인.(우마지루시) 붉은색.

그림12. 마츠라 토우의 사무라이 사시모노.(무사용) 붉은색.

그림13. 마츠라 토우의 아시가루 사시모노.(하급 군졸용) 붉은색.

〈일본 군기와 마인〉

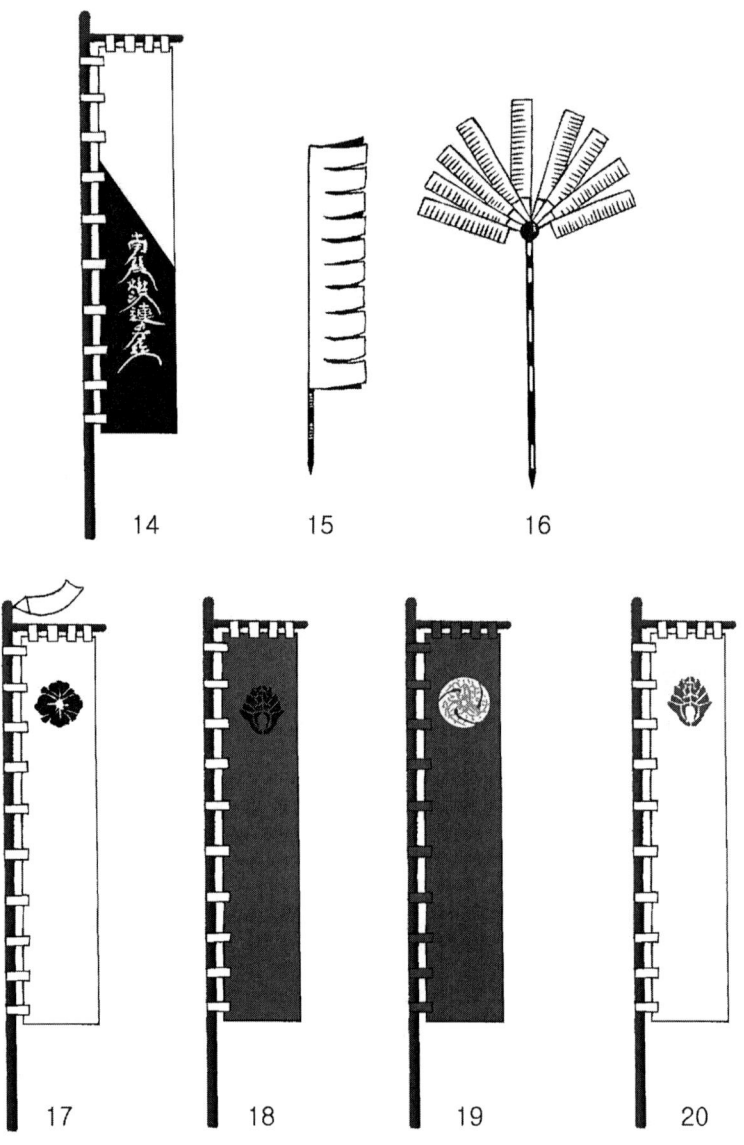

그림14. 가토 기요마사의 군기이다. 2번대의 총사령관이다. 도요토미 히데요시가 '남무묘법 연화경'이라는 문구의 깃발을 하사했기에 이를 사용했다고 한다. 검은색과 흰색.

그림15. 가토 기요마사의 사무라이 사시모노. 백색의 천을 사용했다.

그림16. 가토 기요마사의 마인(우마지루시)이다. 울산성 공방전에서 지원 온 모리 가문의 선봉장 깃카와 히로이에(吉川広家)에게 고마움의 표시로 가토 기요마사가 우마지루시를 하사했다. 가토 기요마사는 흰색의 것, 깃카와 히로이에는 붉은색의 것을 사용했다.

그림17,18. 나베시마 나오시게의 군기. 규슈 히젠국의 류조지 가문의 중신이었기에 류조지 가문의 군기를 사용했다고 한다. 2번대 소속. 흰색과 군청색 깃발, 검은색 문양.

그림19. 구로다 나가마사의 군기. 3번대 소속. 군청색 바탕이다.

그림20. 오오토모 요시무네의 군기. 3번대 소속. 이 문양은 규슈의 유명한 오오토모 가문의 문양이다. 살구잎 문양으로 휘하의 가신들에게도 사용하도록 하여 여러 변형들이 있다.

〈일본 군기와 마인〉

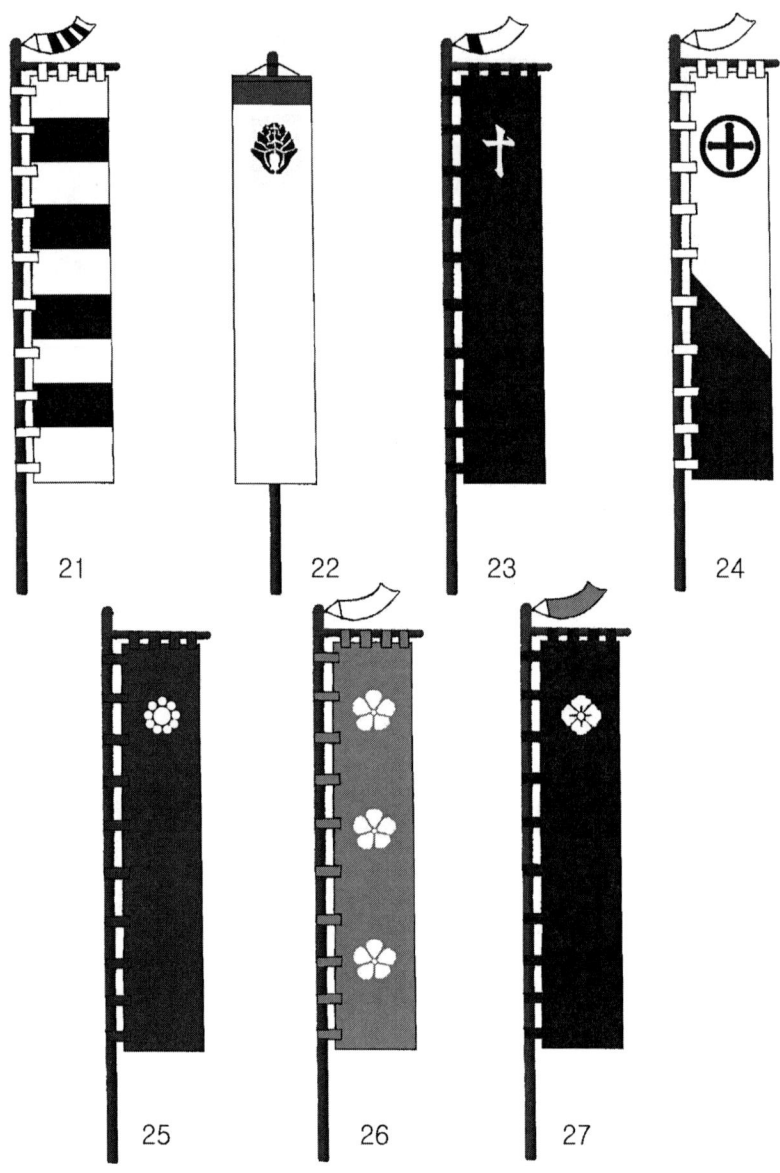

그림21. 이키(섬)의 모리 카츠노부(모리 요시나리)의 군기. 4번대 소속이다. 흰색과 검은색 줄무늬.

그림22. 다카하시 모토타네의 군기. 4번대 소속이다. 오오토모 가문 문양을 사용했다. 4번대 소속. 흰색 바탕에 검은색 문양.

그림23. 시마즈 요시히로의 군기. 규슈 가고시마현 사츠마 지역의 시마즈 가문 문양으로 4번대로 출전하였다. 검은색 바탕에 흰색 서체.

그림24. 시마즈 요시히로의 3남 이에히사(家久)의 군기. 사츠마 번주. 아버지 시마즈 요시히로를 따라 정유재란에 출전했다. 사천성 전투에서 병사 1천 명을 이끌고 성 밖으로 출동해 명나라 군대를 추격했다고 한다. 흰색 바탕에 검은색 문양.

그림25. 이토 스케타카의 군기. 규슈 휴가국 오비 번주이다. 원래 규슈의 시마즈 가문이 휴가국을 침공하자 오오토모 가문의 분고국으로 도망갔고, 이어서 시코쿠의 이요지방으로 도망 다녔으나 도요토미 히데요시의 가신이 되어 규슈정벌(1587년 시마즈가문 정벌)에서 길안내를 하여 옛 영토를 되찾아 다이묘로 복귀했다. 임진왜란에서 4번대 소속으로 출전했다. 군청색 바탕에 흰색 문양.

그림26,27. 아키즈키 타네나가의 군기. 4번대 소속. 붉은색과 검은색 바탕에 흰색 문양.

〈일본 군기와 마인〉

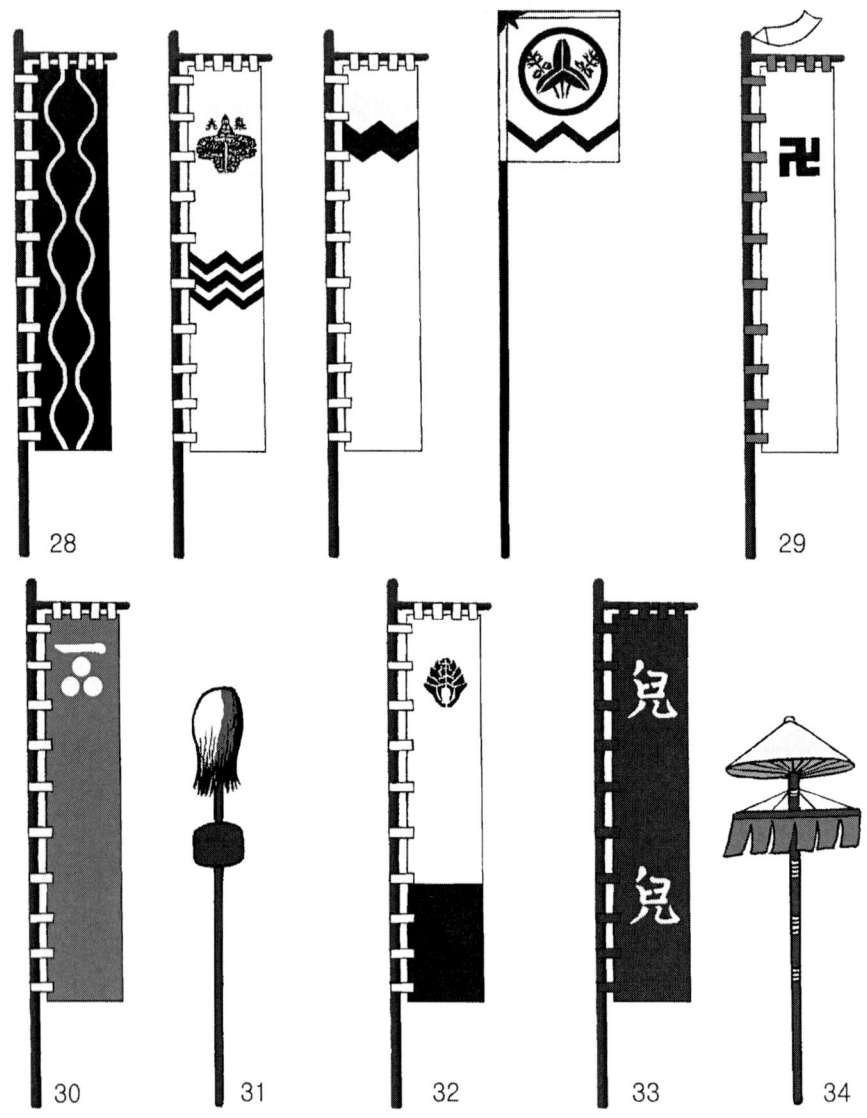

그림28. 후쿠시마 마사노리의 군기, 가문 문장의 깃발들이다. 임진왜란 당시 경기도 직산에 주둔했었다. 5번대 소속이다. 검은색과 흰색이다.

그림29. 하치스카 이에마사의 군기. 시코쿠 아와국 다이묘이다. 임진왜란 당시 아와국의 수군을 포함하여 7,200명을 이끌고 참전했다. 청주와 충주 일대에 주둔했었다. 아와국 수군은 대략 3,000명으로 창원에 주둔했었다. 5번대 소속이다. 흰색 바탕에 검은색 불교 문양.

그림30. 주코쿠의 모리 가문의 군기이다. 모리 가문 계열은 대부분 이 문양을 사용했다. 모리 데루모토, 고바야카와 다카카케 등이다. 붉은색 바탕에 흰색 문양.

그림31. 모리 데루모토의 마인(우마지루시)이다. 흰색 갈기.

그림32. 다치바나 무네시게의 군기이다. 6번대 고바야카와 다카카케의 소속으로 참전했다. 원래는 규슈의 오오토모 가문의 중신 집안사람으로 오오토모 가문의 문양을 사용했다. 흰색과 검은색.

그림33.34. 우키타 히데이에의 군기와 마인(우마지루시)이다. 군기는 군청색 바탕에 흰색 서체, 마인은 황금색 우산 모양에 붉은색 천.

〈일본 군기와 마인〉

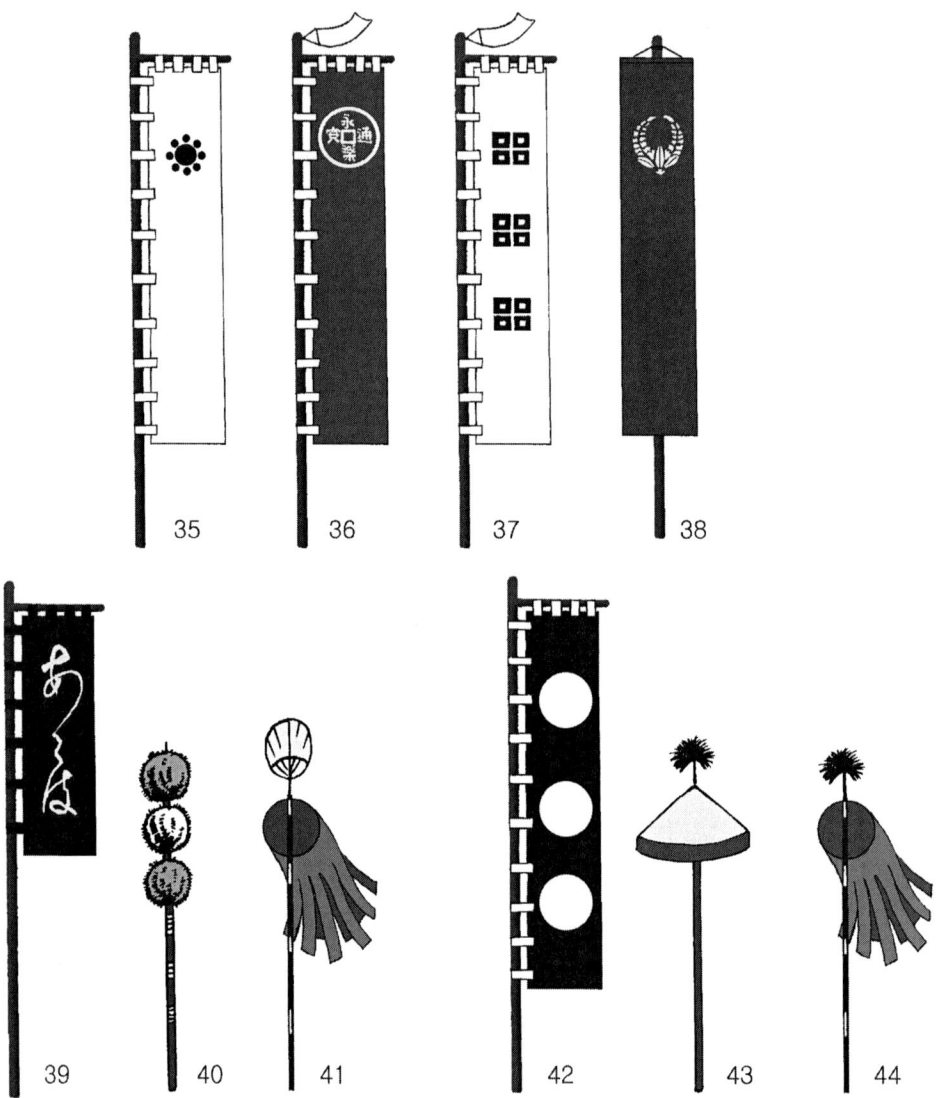

그림35. 호소카와 다다오키(나가오카 다다오키)의 군기. 구마모토 호소카와 번의 초대 시조. 후원군 9번대의 도요토미 히데카즈의 휘하로 참전했다. 1차 진주성 전투 등에 참전했다. 흰색 바탕에 검은색 문양.

그림36. 하세가와 히데카즈의 군기. 1594년 병사했다. 후원군 9번대의 도요토미 히데카즈의 휘하로 참전했다. 1차 진주성 전투 등에 참전했다. 군청색 바탕에 영락통보(명나라 주하, 무열저)무얌이다 오다 가문도 영락통보 문양을 사용했다.

그림37. 기무라 시게코레의 군기. 후원군 9번대의 도요토미 히데카즈의 휘하로 참전했다. 1차 진주성 전투 등에 참전했다. 도요토미 히데요시의 조카 '도요토미 히데츠구'의 모반사건에 연루되어 소명 후 할복 자결했다. 흰색 바탕에 검은색 문양.

그림38. 가토 미츠야스의 군기. 1593년 9월 서생포에서 병사했다. 5봉행으로 조선의 도성에 왔던 사람이다. 1차 진주성 전투에 참가했다. 봉행 이시다 미츠나리와 대립한 사람인데 이 때문에 이시다 미츠나리에 의한 독살설이 있다. 군청색 바탕에 흰색 문양.

그림39. 구키 요시타카의 군기(지물). 수군으로 참전했다. 검은색 바탕에 노란색 서체.

그림40. 구키 요시타카의 마인(馬印). 노란색과 흰색.

그림41. 구키 요시타카의 선인(船印 선박용 인). 노란색 부채에 붉은색 천.

그림42. 도도 다카토라의 군기. 수군으로 참전했다. 검은색 바탕에 흰색 원.

그림43. 도도 다카토라의 마인(馬印). 노란색.

그림44. 도도 다카토라의 선인(船印 선박용 인). 붉은색.

〈일본 군기와 마인〉

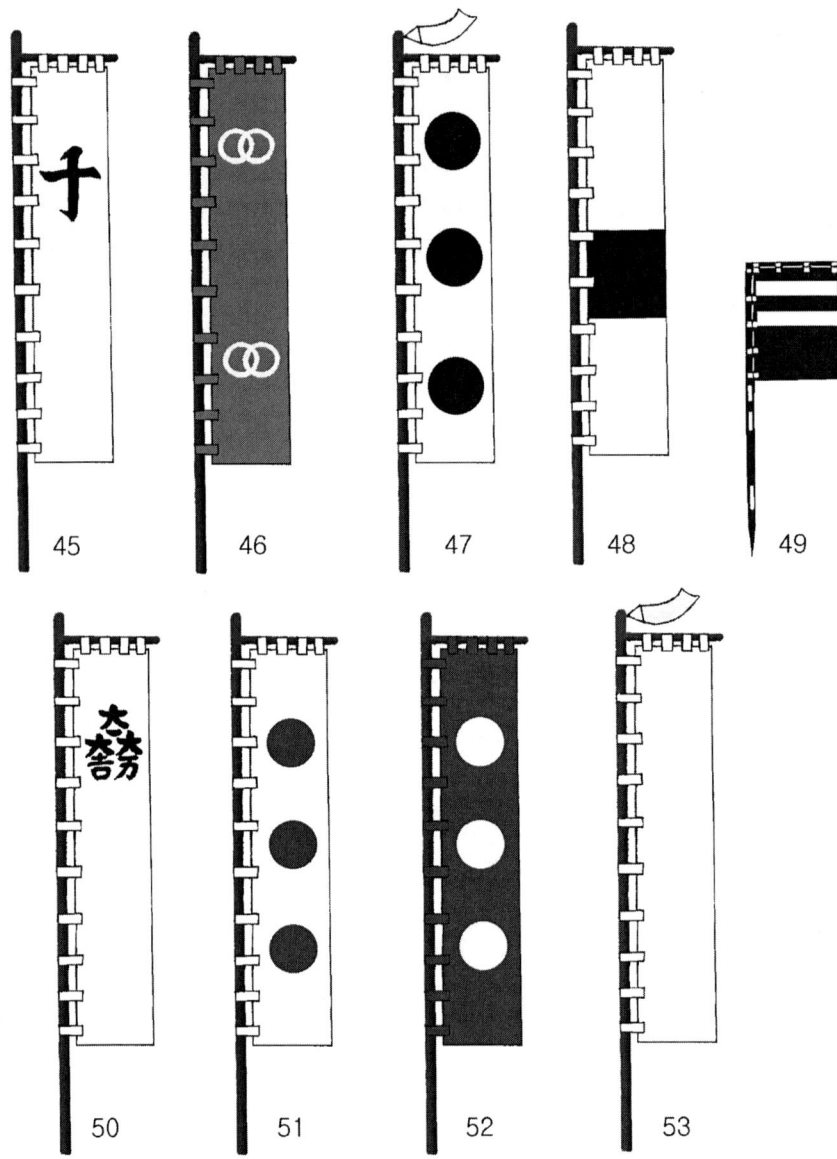

그림45. 가토 요시아키의 군기. 수군으로 참전했다. 흰색바탕에 검은색 서체.

그림46. 와키사카 야스하루의 군기. 수군으로 참전했다. 붉은색 바탕에 흰색 문양.

그림47. 데라자와 히로타카의 군기. 도요토미 히데요시에 의해 규슈 히젠의 나고야 지역을 관리했으며 주로 병참과 병력수송에 참가했다. 정유재란 당시 부산에 주둔 병력은 수부의 일부 1천명으로 알려져 있다. 흰색바탕에 검은색 원.

그림48. 세토나이카이(瀨戶內海)의 구루시마 수군의 군기(구루시마 미치후사의 아들 구루시마 나가시카(來島長親)의 군기이다.)일본의 유명한 해적(왜구) 무라카미 수군의 일족이다. 검은색과 흰색 줄무늬.

그림49. 구루시마 수군의 사시모노이다. 이것도 구루시마 나가시카의 사시모노. 구루시마 형제가 임진왜란, 정유재란에서 모두 전사하자 구루시마 미치후사의 아들 구루시마 나가시카(來島長親)가 일찍 상속받는다.

그림50. 이시다 미츠나리의 군기. 봉행이다. 고니시 유키나가와는 가깝게 지냈으나 무단파인 가토 기요마사와는 관계가 좋지 않았다. 따라서 적이 많았다고 한다. 세키가하라 전투(1600년)에서 패전하여 고니시 유키나가, 안코쿠지 에케이 등과 함께 참수되었다. 흰색바탕에 검은색 글자.

그림51.52. 오오타니 요시츠구의 군기. 봉행이다. 흰색바탕에 군청색 원. 군청바탕에 흰색 원.

그림53. 마시타 나가모리의 군기. 백색의 비단으로 무(無)문양이다. 봉행이다.

〈일본 군기와 마인〉

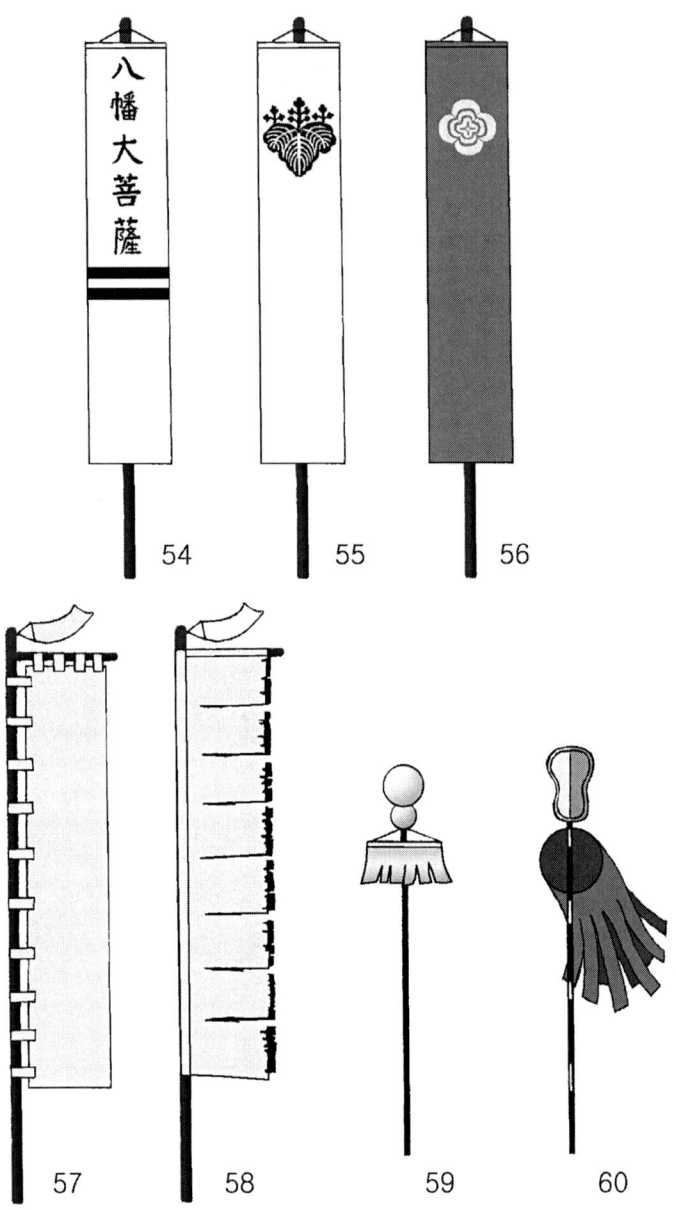

그림54. 무로마치 막부의 마지막 쇼군(15대 쇼군) 아시카가 요시아키(足利義昭 1537~1597년)의 군기. 바탕은 흰색이다. 원래 무로마치 막부(1336~1573년)와 조선의 관계는 우호적이었다. 그러나 오닌의 난(1467년)으로 쇼군의 권위는 실추되고 약 100년 동안 일본 전역에서 크고 작은 전쟁이 벌어지는 전국시대가 되었다. 이 당시에 왜구의 활동이 가장 많았다. 마지막 쇼군 아시카가 요시아키(足利義昭)는 오다 노부나가에 의해 쇼군으로 옹립이 되었으나 나중에 서로 대립하다가 교토에서 추방당하고 도요토미 히데요시의 도움을 받다가 오사카에서 사망했다.

그림55. 무로마치 막부의 가문 문장.

그림56. 쇼군 아시카가 요시아키의 마인(馬印). 붉은색 비단.

그림57,58. 도요토미 히데요시(1537~1598년)의 군기. 황금색 비단을 사용했다.

그림59. 도요토미 히데요시의 마인(馬印). 황금색이다.

그림60. 도요토미 히데요시의 선인(船印 선박용 인). 붉은색이다.

제31장
조선 무기, 일본 무기

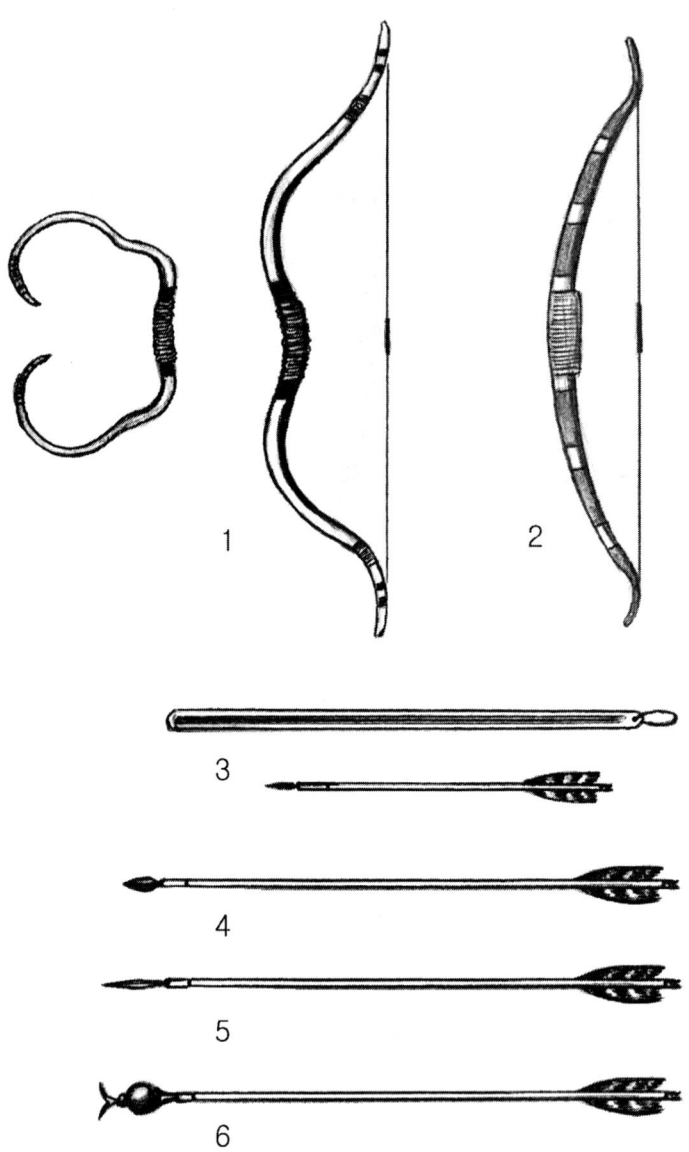

조선 활

그림1. 조선의 각궁. 물소뿔과 뽕나무, 대나무, 소 힘줄 등을 밀어 부레풀로 접합하여 만든 합성궁이다. 흑각궁이 대표적이다. 이외에 사슴뿔로 만든 녹각궁, 황소뿔로 만든 향각궁 등이 있다. 일본의 장궁보다 크기는 작지만 탄력성이 우수하여 사정거리가 더 길다. 일본에서는 조선의 활은 반궁(半弓)이라고 소개하고 있다

그림2. 소선의 죽궁. 대나무 활, 여름 장마철에는 비가 자주오고 습도가 높아 각궁을 사용하기가 힘들기 때문에 죽궁을 부분적으로 사용했다. 약 80보를 나가며 비를 맞아도 사용할 수가 있고 제작이 간단하여 보조용 활로 널리 사용되었다.

그림3. 통아와 편전. 편전은 일반 화살보다 크기가 작기 때문에 통아에 넣고 발사를 해야 한다. 관통력과 사정거리가 길고 날아가는 모습이 안 보여 적에게는 상당히 위협적이었다.

그림4. 유엽전. 전투용 화살로써 화살촉이 버들잎 모양이다. 일본의 화살촉에도 같은 형태의 유엽전이 있다.

그림5. 착전. 화살촉이 길고 뾰족한 전투용 화살이다. 갑옷에 대한 관통력이 높다고 한다.

그림6. 효시. 소리가 나는 화살, 신호용 화살이다.

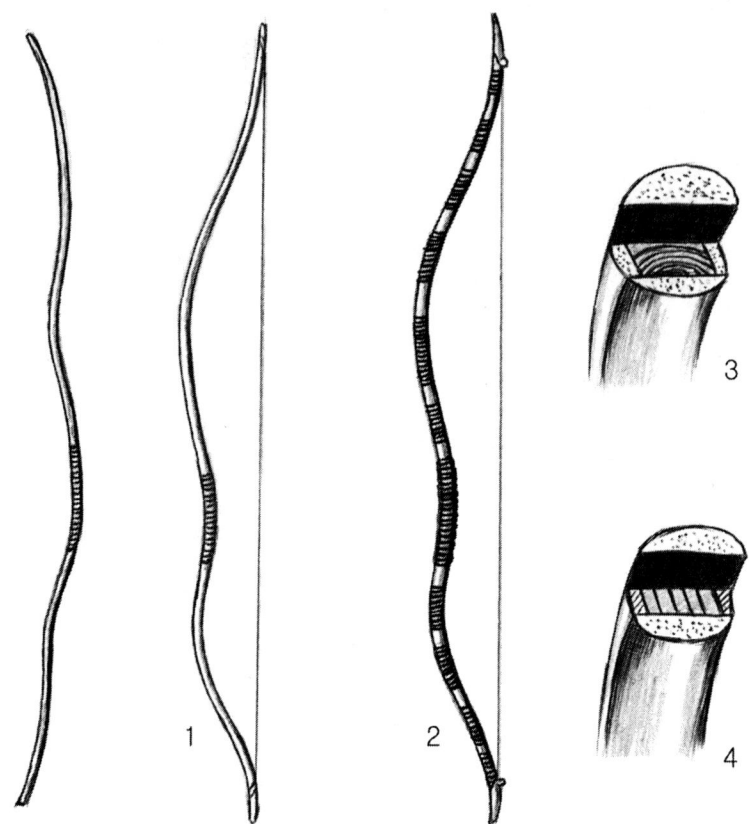

일본 활

그림1. 일본의 장궁. 나무와 대나무를 조합하여 만든 활이다. 주로 아시가루 활부대 등이 사용했다. 단하장상(短下長上)으로 아래가 짧고 위가 길다.

그림2. 일본의 중등궁.(重藤弓) '시게토유미'라고 한다. 나무와 대나무의 합성궁에 등나무를 수차례 감아서 사용하는 활로써 무가의 정식 궁이다. 감는 방식은 가문마다 다르다.

그림3. 일본 장궁의 단면. 중심에 사각의 나무를 넣고 그 둘레를 대나무로 부착시킨 것이다. 무로마치 초기~중기에 주로 사용된 제조 방식이라고 한다.

그림4. 일본 장궁의 단면. 무로마치 후기의 양식이다. 대나무를 가로로 자른 궁태와 측목을 가운데에 넣고 위 아래로 대나무를 붙여 만든 것이다.

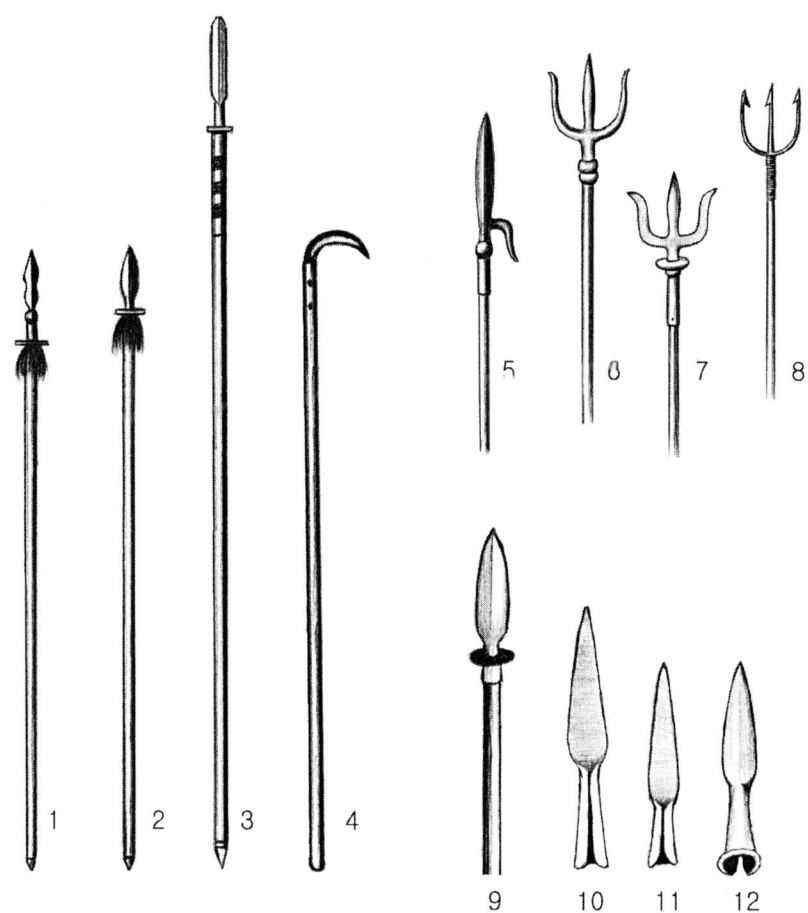

조선의 창

그림1. 세종오례 군례의 창. 창날 길이 1척 5촌, 자루 길이 10척(3.1m, 영조척)

그림2. 동래성 해자에서 출토된 창. 창자루가 온전한 상태로 발견되었다. 전체 길이 3m. 세종오례 군례의 창과 같다.

그림3. 장창.(목장창) 임진왜란 당시 명나라 절강병법을 채택하며 보유한 조선 후기의 창. 길이 1장5척(4.6m, 영조척) 무예도보통지의 그림을 참고했다.

그림4. 겸창(鎌槍). 긴 자루에 낫을 달아서 사용하는 병기로 수군에서 많이 사용했다. 일본 수군도 사용했다. 일본에서는 '치겸'이라고 한다. 길이는 대략 3m이상이다.

그림5. 요구창. 조선 시대 국왕을 호위하는 내시위(별시위)등이 주로 사용한 창이다. 창날 길이 1척5촌, 자루길이 7척(2.1m, 영조척)

그림6. 삼지창. 농업, 수렵용 도구에서 발전된 무기이다. 삼국시대부터 사용되었다.

그림7. 당파. 임진왜란 당시 명나라 척계광의 기효신서를 도입하며 사용한 무기이다. 길이 7척6촌(2.3m, 영조척)

그림8. 삼아창. 수렵용 창으로 임진왜란 당시 유응수의 의병 등이 사용했다고 한다.

그림9. 동래성 출토 창.

그림10,11,12. 용인 임진산성 출토 창. 단조로 말아서 만들었다. 조선 초기~중기의 창은 창날 아래의 구멍에 창자루를 끼워 넣는 투겁식 형태이다.

길이는 영조척(營造尺)으로 기준 삼았다. 영조척은 세종 12년(1430년)에 척도를 통일하여 전국적으로 시행한 척도이다. 1尺이 30.65cm이다. 목공척(木工尺)이라고도 한다. 주로 병기, 선박, 건축의 축조에 많이 사용했다.

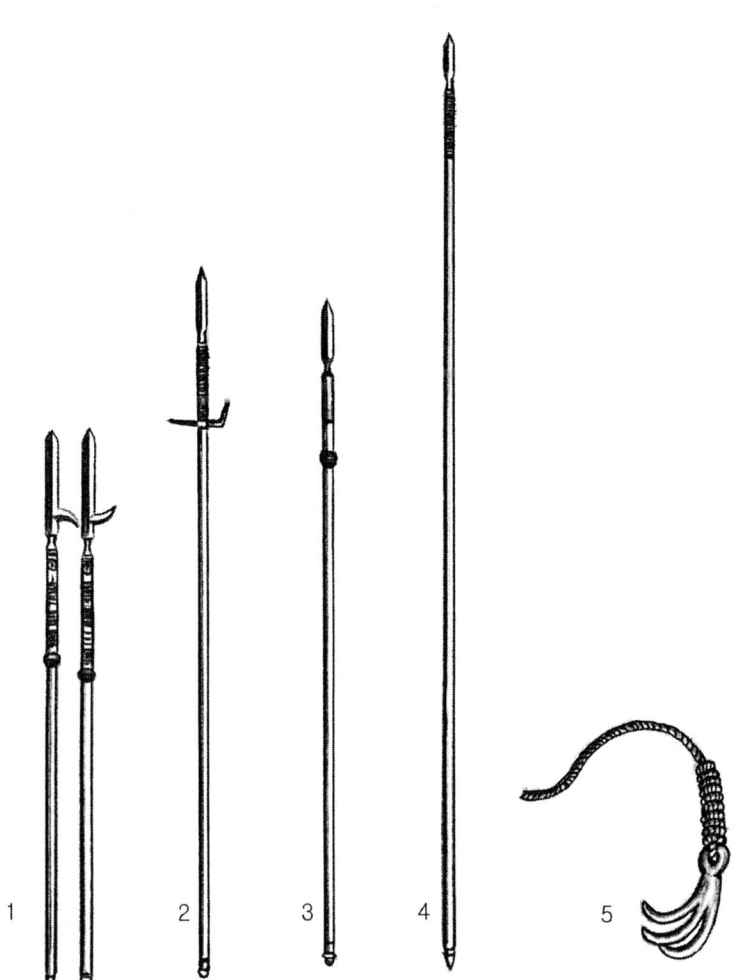

일본의 창, 웅수

그림1. 겸창(편겸창). 센고쿠시대(전국시대)에 주로 무장들이 사용한 창. 제작비가 일반 창보다 비싸서 일반 징발된 아시가루는 사용하지 못했다. 2번대 가토 기요마사도 편겸창으로 유명하다. 길이 2.6~2.8m내외이다.

그림2. 건창(鍵槍 가기야리).소창에 철제 갈고리를 부착한 형태의 창. 갈고리는 여러 모양들이 있다. 전국시대에 고안되어 사용되기 시작하였으며 전쟁터에서 매우 효과적이라서 사용빈도가 높았다고 한다. 전체길이는 대략 3m내외이다.

그림3. 소창(스야리). 가장 기본적인 창으로 아무런 장식이 없다. 직창(直槍)이라고도 한다. 전체길이 대략 3m이다. 실제로 가장 많이 사용된 창이다.

그림4. 장병창(長柄槍 나가에야리). 센고쿠시대(전국시대)부터 대유행한 장창이다. 길이는 무로마치 후기에는 4~5.4m, 에도시대에는 길이가 6m에 육박했다. 장병창은 징발된 농민이 사용했으나 집단으로 대열을 형성해 사용했을 경우 매우 큰 위력을 발휘하였다.

그림5. 웅수(熊手). 수군용 쇠갈고리이다. 상대방 배를 잡는 등의 용도로 많이 사용되었다.

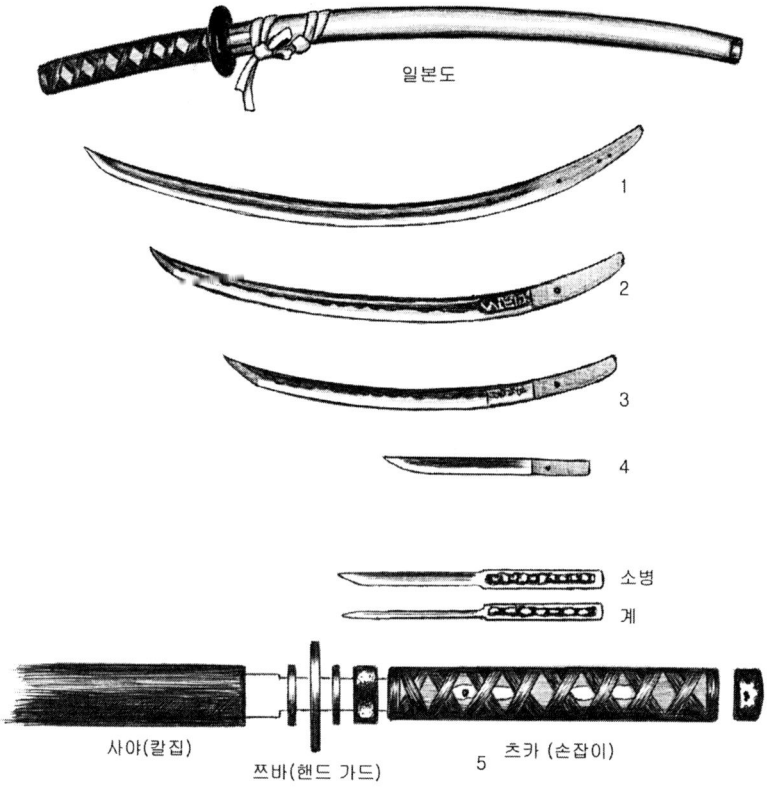

일본도

그림1. 태도(다치 TACHI). 도신의 길이가 대략 75cm(손잡이 합친 길이 대략1m). 그 이상의 것은 대태도로 분류한다. 칼날이 밑으로 향하게 하여 허리에 차는 형식이다. 양손으로 쥐고 사용하는데 절삭력이 매우 강력하다. 다만 착용방식 때문에 유사시에 시간이 지체되는 결점으로 타도의 양식으로 대체됐다고 한다.

그림2. 카타나(KATANA). 타도 양식의 도신 길이 60cm이상의 대표적 일본도. 칼날이 위로 향하게 허리에 꽂는 방식이다. 전국시대~에도시대의 대표적인 무기로 임진왜란 당시 왜군 주력무기이다. 겹철방식(경도가 다른 여러 겹의 철을 겹쳐서 만드는 방식)으로 제조되어 잘 부러지지 않고 절삭력이 높다.

그림3. 협차(와키자시 WAKIZASHI). 타도의 일종으로 무로마치 말기 이후 유행한 길이가 짧은 도검. 도신의 길이 60cm이하. 가벼우며 휴대가 간편하기에 태도나 카타나의 보조적 무기로 많이 사용된 도검이다. 무사뿐 아니라 도적, 해적들도 많이 사용했다고 한다.

그림4. 단도(TANTO).도신의 길이 30cm이하의 도검. 보조무기로 많이 사용 되었으며 센고쿠 시대(전국시대)에 접근전에서 상대의 갑옷을 뚫고 찌르기 위해 보조적 무기로 사용했다.

그림5. 일본도의 분해도. 일본도의 특징은 도신과 쯔바, 츠카(손잡이) 등 여러 부품이 자유롭게 교체가 가능하다는 점이다.

◆ 도요토미 히데요시의 도수령(刀狩令)

무로마치 중기 오닌(應仁)의 난으로 1백여 년간 센고쿠시대(전국시대)로 인해 수많은 도검이 일본 곳곳에서 대량생산(다바카타나-束刀)되었다. 일본에서는 이 시기를 도검의 질적 암흑시대라고 부른다. 그 수는 일본 전국적으로 수십만 자루 이상으로 추정된다고 한다. 전국통일을 한 도요토미 히데요시는 1588년 해적금지령과 함께 도수령(刀狩令)을 선포하여 칼 사냥을 하여 무사계급 이하의 백성들을 무장해제 시켰다. 도수령으로 수집된 칼과 창 등은 교토에 세우려는 불상의 재료로 사용될 것이라고 전해졌으나 대부분의 경우 전쟁(임진왜란)에 고스란히 투입이 되었다.

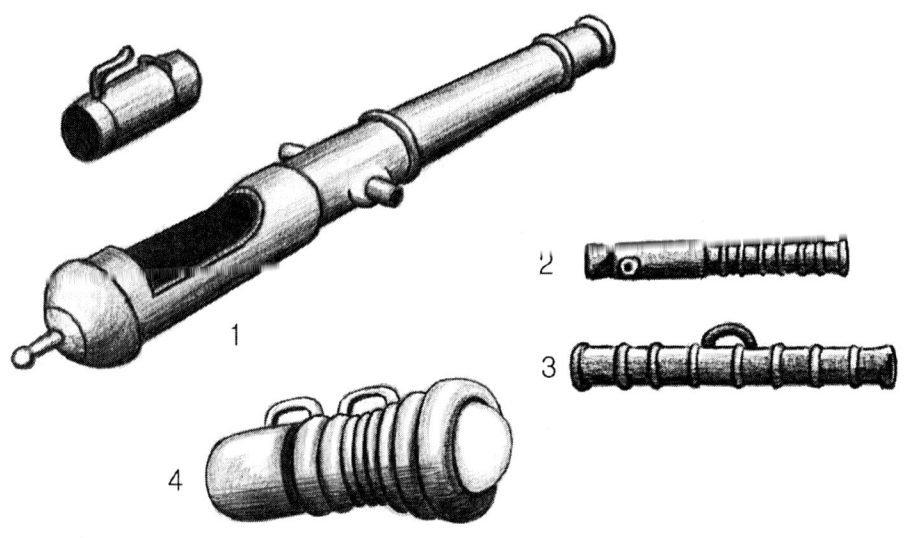

불랑기와 조선의 총통

그림1. 불랑기. 후장식 화포이다. 포신 뒤쪽 자포실에 화약과 포탄이 장전된 자포를 넣어 발사하는 방식으로 연속사격이 가능하다. 임진왜란 때 명나라 2차 지원군과 함께 들어온 화포이다.(학계에서는 조선 명종 18년(1563년)~임진왜란 전후로 조선에 들어왔다고 본다.) 불랑기는 프랑크(Frank)라는 영어 발음에서 유래했는데 명나라 남부지역(광동)에 나타난 포르투갈 상인을 지칭한다. 불랑기 포에 대한 명나라의 최초기록은 1517년 '광동첨사'가 포르투갈 상인의 대포(불랑기 포) 사격모습을 보고 기록한 것이다. 이후 1521~1522년에 명나라 광동해도부사 왕홍의 함대와 포르투갈 함대가 둔문(홍콩 인근)에서 격돌하여 전리품으로 20문의 포르투갈 대포를 노획하여 대량으로 복제하여 제조하였다. 일본 기록에는 덴쇼 연간(1573~1591년)에 규슈의 분고 지역 다이묘 오오토모 소린(大友宗麟)이 포르투갈인에게 화포 몇 개를 사들여 실전에 처음으로 사용하였다고 한다. 오오토모 소린은 '구니호로보시'(나라를 멸망시키는 무기)라고 명명하며, 규슈의 사츠마 지역의 '시마즈'가문과의 전투에서 사용했다. 그러나 오오토모 가문이 패하자 불랑기는 '오오토모 소린'이 사용한 이후 일본 다이묘들에게 경시되어 버렸다. 그러나 임진왜란 경험을 통해 대포의 군사적 가치를 일본에서도 새롭게 인식을 하고 생산을 하기 시작했다. 일본에서는 후랑기, 석화시(石火矢)라고도 부른다.

그림2. 승자총통. 선조 때 경상병마사를 역임한 김지가 개발한 화기이다. 1583년 니탕개의 난 때 사용하여 큰 효과를 봤다. 이후 임진왜란 당시에도 사용했으나 왜군의 화승총보다는 명중률이 떨어졌다. 서애집에는 "승자총통은 (소리만 요란해)군사의 함성을 도와줄 뿐 (조총보다)명중하지도 않는다." 하였다. 길이 50~60cm, 무게 3.25~4.5kg, 구경 18~31mm이다. 철환 15개 또는 피령 목전(나무화살)을 발사하며 사정거리 600보에 이른다.

그림3. 현자총통. 임진왜란 당시 제일 긴요하게 사용한 화포이다. 해전에서 많이 사용되었다. 조선의 화포 천자, 지자, 현자, 황자는 크기와 구경만 다를 뿐, 구조적으로는 비슷하다. 현자총통은 길이가 75~79cm, 구경 65~75mm으로 차대전(길이 1.5m의 대형화살) 또는 철환 100개를 발사한다.

그림4. 대완구. 무거운 발사체를 쏘는 화포이다. 주로 돌을 깎아서 만든 포단석 등을 발사하는 공성용 무기이다. 사거리가 짧고 수평발사가 불가능하고 박격포처럼 포물선으로 사격을 한다.

조선의 전립, 투구

그림1. 전립(戰笠). 모립(毛笠)이라고도 한다. 짐승의 털을 다져서 압축하여 만들고 색상은 검은 색이다. 조선시대 무관과 병사들이 널리 사용했다. 고위무관의 전립은 공작 깃털 등을 고리로 연결하고 옥단자, 금, 은 증자를 달기도 했다.

그림2. 첨주형 투구. 동래성 해자에서 출토된 조선군의 투구이다. 세종실록, 국조오례의에도 나온다. 조선 초기~중기의 가장 보편적인 철제 투구이다. 철판 4개를 철띠와 쇠못으로 고정하여 만들었다. 루이스 프로이스 일본사에는 "조선 병사들은 가죽갑옷에 포르투갈식 철모를 쓰고 있었다."라고 기록하고 있다. 실제로 16세기 포르투갈 병사의 투구와 모양이 비슷하다.

그림3. 간주형 투구. 명나라 군대가 들어오면서 기효신서를 도입하여 조선에서도 임진왜란 전후로 사용한 것으로 추정된다. 조선 중기 이후의 투구이다. 국내와 일본, 중국에 다수가 보관되어 있다. 당시 일본의 기록과 기록화에는 명나라 군사는 모두 간주형 투구로 묘사하고 있다.

그림4. 16세기 포르투갈 병사의 투구. 철제이다.

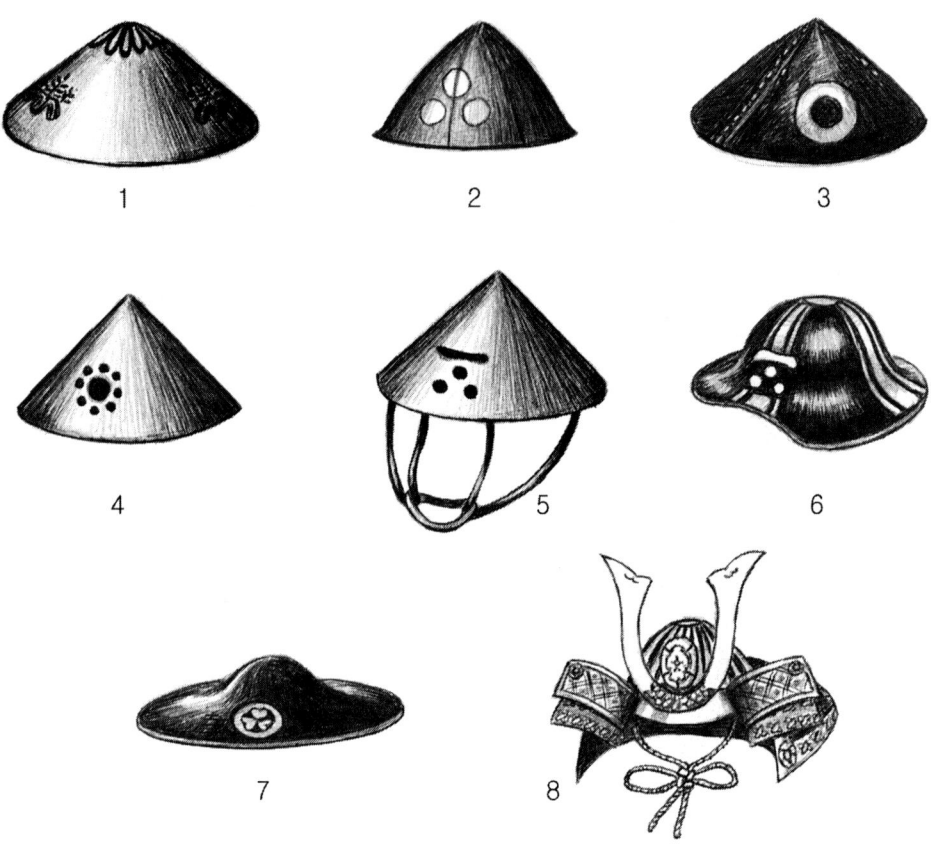

일본군 진가사(진립)와 가부토(투구)

일본군의 진가사(陣笠)는 최하급 무사, 아시가루 등이 사용한 삿갓의 일종으로 국가가 지급하는 것이 아니고, 각 다이묘들이 대량으로 만들어서 자기의 병사들에게 지급하는 방식이기에 각 가문 별로 모양과 규격, 재질이 모두 다르다.

그림1. 대마도 소 요시토시의 병사들이 사용한 진가사. 황금색이다. 오동잎 문양은 조선통신사의 일본방문을 성사시킨 공훈으로 도요토미 히데요시가 하사한 문양이라고 한다. 대마도 민속박물관 소장.

그림2. 규슈 히라도의 마츠라 가문 철포대의 진가사. 6장의 철판을 붙여서 만들었다. 히라도 박물관 소장.

그림3. 가토 가문의 진가사. 가죽에 옻칠을 했다. 개인 소장품.

그림4. 규슈의 구마모토 호소카와 가문의 진가사. 구마모토 전시관 소장품.

그림5. 주코쿠의 모리 가문의 진가사. 모리 박물관 소장품.

그림6. 주코쿠의 모리 가문의 에도시대 진가사. 에도시대에는 상급무사들도 가볍고 편리하기 때문에 사용했다고 한다. 나무에 옻칠을 했다. 모리 박물관 소장품.

그림7. 에도 막부 후기형 진가사. 문양은 도쿠가와 가문의 문양이다. 치바현 마츠도(松戶) 시립 박물관 소장품.

그림8. 오다 노부나가(織田信長, 1534~1582)의 가부토(투구). 복원품.

| 참고서적 및 참고논문 |

《3일 만에 읽는 일본사》 다케미쓰 마코토 ｜ 서울문화사

《중국의 역사(대명제국)》 데라다 다카노부 ｜ 혜안

《무기와 방어구》 도다 도세이 ｜ 들녘

《조선의 무기와 갑옷》 민승기 ｜ 가람기획

《사무라이》 스티븐 턴불 ｜ 플래닛미디어

《임진왜란 관련 일본 문헌 해제》 최관, 김시덕 ｜ 도서출판 문

《마주 보는 한일사》 한국, 일본 역사 교사 모임 협의회 ｜ 사계절

《반차도, 정조의 화성행차》 한영우 ｜ 효형출판

참고서적 및 참고논문

三鬼清一郎. 1996.「朝鮮役における軍役体系について」, 史学雑誌75-2.

三鬼清一郎. 1968.「朝鮮役における水軍編成について」,
　　　　　名古屋大学文学部二十周年記念論集.

山本博文. 1983.「豊臣政権期島津氏の蔵入地と軍役体制」,
　　　　　『史学雑誌』92-6.

加藤益幹. 1984.「豊臣政権下毛利氏の領国編成と軍役」,
　　　　　『年報中世史研究』9.

藤木久志. 1995.『雑兵たちの戦場-中世の傭兵と奴隷狩り-』,
　　　　　朝日新聞社.

吉田政博. 1995.「戦国期における陣僧と陣僧役」,『戦国史研究』30.

宇田川武久. 1976.「中世海賊衆の終末」,『日本歴史』333.

宇田川武久. 1981.『瀬戸内水軍』,教育者歴史新書〈日本史〉65.

宇田川武久. 1988.「壬辰・丁酉の倭乱と李朝の兵器」,
　　　　　『国立歴史民俗博物館研究報告』.

Osprey-Samurai Invasion Japan's Korean War 1592

Osprey-Fortress-067-Japanese Castles in Korea 1592-98